# ecossistemas urbanos

## princípios ecológicos para o ambiente construído

Frederick R. Adler
Colby J. Tanner

tradução | Maria Beatriz de Medina

©Copyright original 2013 Cambridge University Press
©Copyright da tradução em português 2015 Oficina de Textos

Grafia atualizada conforme o Acordo Ortográfico da Língua Portuguesa de 1990, em vigor no Brasil desde 2009.

**Conselho editorial**    Cylon Gonçalves da Silva; Doris C. C. K. Kowaltowski; José Galizia Tundisi; Luis Enrique Sánchez; Paulo Helene; Rozely Ferreira dos Santos; Teresa Gallotti Florenzano

**Capa** Malu Vallim
**Diagramação** Casa Editorial Maluhy Co.
**Preparação de figuras e projeto gráfico** Maria Lucia Rigon
**Preparação de texto** Carolina A. Messias
**Revisão de texto** Pâmela de Moura Falarara
**Tradução** Maria Beatriz de Medina
**Impressão e acabamento** Prol Editora Gráfica

Dados Internacionais de Catalogação na Publicação (CIP)
(Câmara Brasileira do Livro, SP, Brasil)

Adler, Frederick R.
   Ecossistemas urbanos : princípios ecológicos para o ambiente construído / Frederick R. Adler, Colby J. Tanner ; tradução Maria Beatriz de Medina. -- São Paulo : Oficina de Textos, 2015.
   Título original: Urban ecosystems : ecological principles for the built environment.

ISBN 978-85-7975-165-3

1. Ecologia urbana (Biologia) 2. Ecologia urbana (Sociologia) I. Tanner, Colby J.. II. Título.

15-01000                                                            CDD-307.76

Índices para catálogo sistemático:
   1. Ecossistemas urbanos : Sociologia urbana
      307.76

Todos os direitos reservados à **Editora Oficina de Textos**
Rua Cubatão, 959
CEP 04013-043   São Paulo  SP
tel. (11) 3085-7933   (11) 3083-0849
www.ofitexto.com.br      atend@ofitexto.com.br

# Prefácio

Este livro descreve os desafios e oportunidades que os ambientes urbanos apresentam às plantas e animais que habitam as cidades e o modo como esses organismos e ecossistemas inteiros reagem. Os contornos gerais da vida são sempre os mesmos: necessidade de encontrar recursos, de evitar ser morto ou comido e de reproduzir-se com sucesso. Os ecologistas estudam há muito tempo como esses fatores determinam quais espécies vivem num determinado lugar e como elas interagem entre si e com o ecossistema. Mas só recentemente o foco da ciência ecológica se voltou para a vida em ambientes urbanos.

A ciência da Ecologia se desenvolveu no final do século XIX por meio da integração de três avanços: a História Natural detalhada das espécies e dos seus hábitos, a ênfase de Darwin na interação entre espécies e na mudança destas no decorrer do tempo e o melhor entendimento da fisiologia de plantas e animais. O novo campo lutou para definir a verdadeira natureza do seu objeto de estudo: as comunidades de plantas e animais que coexistem e interagem num só lugar e ao mesmo tempo. Cada comunidade seria um todo bem entretecido ou um mero agrupamento frouxo? Que fatores básicos determinam o funcionamento das comunidades?

Diante dessas perguntas fundamentais, os ecologistas adiaram o pensamento sobre a imensa desorganização que as cidades causam nos processos naturais até que esses mesmos processos pudessem ser mais bem compreendidos. Conforme essa compreensão surgia, os ecologistas começaram a dar atenção às cidades. A prática moderna da Ecologia Urbana nasceu de várias fontes distintas. Na Europa do século XIX, o estudo das plantas em jardins urbanos, cemitérios e canteiros de obras altamente perturbados constituiu a base das informações de História Natural. Esses estudos foram os primeiros a distinguir espécies nativas de introduzidas e mostrar que o clima e a poluição urbanos determinam quais espécies vegetais persistem.

Nos Estados Unidos, os primeiros estudos se concentraram na interação entre os seres humanos e a natureza. Contemporâneo dos primeiros estudos sobre plantas europeias, George Perkins Marsh enfatizou o efeito potencialmente catastrófico dos seres humanos sobre o meio ambiente. Diante do possível colapso ambiental, a expressão Ecologia Urbana foi vinculada aos desafios ecológicos por trás do planejamento urbano. Um grupo de sociólogos que costuma ser chamado de Escola de Chicago utilizou ideias ecológicas relativas a comunidades, competição e disseminação espacial para descrever como os seres humanos e as suas instituições mudam com o passar do tempo. Num ataque ao planejamento urbano tradicional, Jane Jacobs enfatizou a natureza ecológica das cidades e o perigo de ignorar como elementos diferentes interagem.

A avaliação mais puramente ecológica das comunidades vegetais e animais e a inter-relação entre pensamento ecológico e ciência social encontraram uma possível síntese no estabelecimento de dois sítios de pesquisa ecológica a longo prazo nas cidades de Phoenix e Baltimore, nos Estados Unidos. Esses sítios serão monitorados durante décadas para fornecer dados básicos sobre o funcionamento ecológico a estudos paralelos em florestas, pradarias e charcos não urbanos. Além de oferecerem dados ecológicos fundamentais, esses estudos estimularam a tentativa de criar uma nova síntese que vincule os elementos humano e não humano num único arcabouço.

### Organização do livro

Este livro é estruturado como uma peça de teatro em cinco atos, cada um com várias cenas.

- O primeiro ato apresenta o cenário, o ambiente construído, e os protagonistas, moradores não humanos do mundo urbano;
- O segundo ato apresenta a tensão básica entre consequências intencionais e não intencionais;
- No terceiro ato a ação se intensifica, com o desenvolvimento dos fatores abióticos, como nutrientes e tempo local, que criam os desafios enfrentados pelos protagonistas;
- O quarto ato é o clímax, no qual descobrimos quais protagonistas acabam bem, quais acabam mal e por quê;
- O quinto ato é a solução que vê os seres humanos como organismos urbanos e nos desafia a pensar aonde vamos a partir daqui.

Para alguns personagens, como o pombo-comum, podemos considerar que a história é uma comédia. Tudo acaba bem, e os pombos comemoram uma nova ordem. Para outros, como o tordo-pintado, é uma tragédia em que o seu mundo desaparece. Para os seres humanos urbanos, não é comédia nem tragédia, mas um drama épico no quintal dos fundos. Nada se resolve, porque a história continua e até se acelera, mas esperamos sair dela mais sábios, mais observadores e mais capazes de ver o mundo e nos ver.

*Como usar este livro*
Este livro se baseia num curso de um semestre da Universidade de Utah e é projetado para ser lido diretamente ou usado em sala de aula. Em sala, em vez de apresentar as informações em aulas expositivas num único trimestre ou semestre, recomenda-se misturar aulas com discussões e apresentar alguns tópicos de forma menos detalhada em sala de aula. Centralizar a discussão da turma em artigos curtos fundamentados nos textos destacados no final de cada capítulo dá aos alunos a oportunidade de se concentrar em ideias próprias e trocá-las. A associação de atividades em sala a aulas de campo, com base na disponibilidade de sítios e especialistas locais, mostra que a Ecologia discutida neste livro está por toda parte. Por exemplo, cursos d'água e reservatórios ilustram a transformação do movimento urbano da água; parques, praças e campos abandonados dão destaque aos fatores que controlam a biodiversidade urbana e a distribuição de espécies invasoras; e o próprio *campus* universitário permite uma visão geral dos tipos de terra urbana e do seu manejo.

Em termos intelectuais, a meta central deste livro é apresentar um arcabouço de princípios fundamentais para pensar sobre os processos ecológicos em ambientes urbanos. Por essa razão, só apresentamos resultados estatisticamente significativos e não incluímos as barras de erro que, naturalmente, podem ser encontradas nas referências primárias. Mas, de forma mais imediata, buscamos conscientizar os leitores de que os ecossistemas urbanos são realmente ecossistemas e que processos fundamentais da vida acontecem à nossa volta. Para a maioria, a cidade consiste em edificações, ruas e seres humanos que as usam, ignorando o modo como os moradores urbanos interagem com a ecologia. Os moradores urbanos, geralmente sem querer, configuram a ecologia à sua volta, enquanto ela configura a vida dos seres humanos urbanos, tendo eles consciência disso ou não.

Enquanto trabalhávamos neste livro, voltamos a Salt Lake City e, quando o avião sobrevoava em baixa altitude o Salt Lake Valley, olhamos pela janela as áreas periurbanas residenciais plantadas com árvores que não estariam lá cem anos atrás; o retificado e poluído rio Jordan ladeado por uma tira verde estreita e ameaçada; os armazéns com seus terrenos abandonados e cheios de mato; e os campos esportivos cobertos de grama não nativa capaz de tolerar o pisoteio constante, antes de pousar na extensão pavimentada do aeroporto. Esses meios ambientes, tão diferentes entre si e tão diferentes da estepe coberta de artemísia do sopé dos morros circundantes, estavam amontoados em contraste próximo e adjacente. Como seriam diferentes do ponto de vista de um pássaro ou da semente flutuante de uma planta! Embora cheio de gráficos e tabelas de origem bastante humana, esperamos que este livro seja um caminho para ver o mundo urbano com olhos diferentes.

# Sumário

1 **Os ecossistemas urbanos e a ciência da Ecologia** | 9
    1.1  Ecossistemas construídos — 10
    1.2  Hábitats urbanos — 13
    1.3  Organismos urbanos — 28
    1.4  A ciência da Ecologia — 34
    1.5  O que torna diferentes os ecossistemas urbanos? — 43
    1.6  As metas da Ecologia Urbana — 47
    Perguntas e leituras — 49

2 **Contabilidade urbana: metabolismo, energia e pegada ecológica** | 55
    2.1  Metabolismo urbano — 58
    2.2  Balanço energético urbano — 66
    2.3  A pegada ecológica urbana — 73
    2.4  Comparação com outros organismos sociais — 83
    Perguntas e leituras — 90

3 **Processos do ecossistema urbano** | 99
    3.1  Clima urbano — 101
    3.2  O ciclo urbano da água — 120
    3.3  Dinâmica urbana de nutrientes — 133
    3.4  Amplificação ecológica urbana e suas consequências — 159
    Perguntas e leituras — 171

4 **Ecologia dos organismos urbanos** | 181
    4.1  Biodiversidade urbana — 182
    4.2  Espécies invasoras e homogeneização biótica — 207
    4.3  Interação entre espécies em ambientes urbanos — 220
    4.4  Doenças infecciosas urbanas — 239
    4.5  Características de organismos urbanos — 252
    4.6  Evolução urbana — 281
    Perguntas e leituras — 291

5 **Consequências da Ecologia Urbana** | 309
    5.1  Doença e saúde humana — 310
    5.2  Princípios ecológicos e política urbana — 324
    5.3  As cidades e o futuro — 343
    Perguntas e leituras — 347

**Glossário** | 355

**Índice de organismos** | 373

**Índice remissivo** | 377

# 1 Os ecossistemas urbanos e a ciência da Ecologia

Todo outono o tempo esfria, os dias se encurtam, o solo começa a secar e as folhas caem das árvores decíduas nas regiões temperadas. Essas folhas acarpetam o chão, mudando o modo como nutrientes e água se infiltram no solo, determinando quais plantas crescerão na próxima primavera, alterando a comunidade dos insetos e modificando o próprio cheiro da floresta. A persistência dessas mudanças depende da disponibilidade de água e calor e das propriedades das próprias folhas, com algumas mais resistentes à decomposição e outras bem menos. Às vezes essas mudanças são benéficas para a própria árvore, às vezes não. As árvores não perdem as folhas para criar essas mudanças, mas as mudanças acontecem mesmo assim, como consequência final da remoção da água das profundezas subterrâneas e da captura e do armazenamento da luz solar no decorrer de um verão inteiro.

A árvore importa energia, água e nutrientes de uma área relativamente pequena abaixo e em torno dela para obter sucesso ecológico e evolutivo pela sobrevivência e reprodução. Condições climáticas além do seu controle a forçam a perder parte dessa importação duramente obtida e criam todo um conjunto de consequências não intencionais para a própria árvore, assim como para o ecossistema circundante (Fig. 1.1).

Os temas centrais deste livro refletem as similaridades e diferenças entre cidades e árvores. Como uma árvore, as áreas urbanas mudam os hábitats à sua volta e importam e concentram recursos para um conjunto de propósitos intencionais. A concentração desses recursos e os produtos resultantes deles geram uma série de consequências não intencionais. No entanto, comparadas às árvores, as áreas urbanas aproveitam uma variedade muito mais ampla de recursos vindos de uma região muito maior, têm um efeito mais generalizado sobre o ambiente que ocupam e exportam esses efeitos para uma área mais extensa.

Neste capítulo, estabelecem-se as bases da Ecologia Urbana. Inicia-se pela apresentação do conceito de engenheiro do ecossistema, papel desempenhado com perfeição pelos seres humanos urbanos. Em seguida, passa-se a conhecer alguns hábitats das áreas urbanas e as plantas e animais que os ocupam. Isso serve de alicerce para examinar

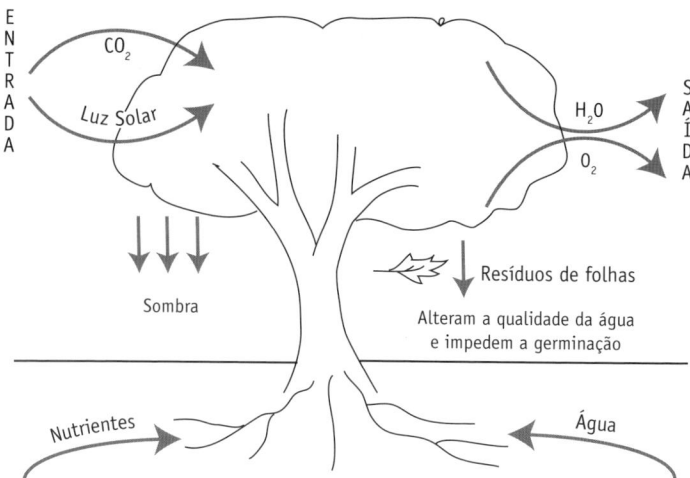

Fig. 1.1 Como as cidades, as árvores importam e exportam toda uma variedade de materiais, em geral transformando-os no processo. Essa entrada e saída de material cria uma série de consequências intencionais e não intencionais

as questões centrais da própria ciência da Ecologia, o modo como essas questões se encaixam no contexto urbano e as principais formas pelas quais os ecossistemas urbanos diferem dos que sofrem menos influência humana. Finalmente, esboçam-se as metas do estudo da Ecologia Urbana e deste livro em particular.

## 1.1 Ecossistemas construídos

Todos os organismos, por menores que sejam, mudam o meio ambiente com a sua presença e o seu uso de recursos. A maioria simplesmente usa os recursos disponíveis, fazendo com que a sua existência afete apenas alguns organismos próximos. Os primeiros caçadores-coletores humanos podem ter compartilhado o meio ambiente dessa maneira, embora os primeiros seres humanos tenham se envolvido na extinção de alguns grandes mamíferos (Barnosky et al., 2004).

Outros organismos, por sua vez, causam efeitos tão grandes que são chamados de *engenheiros do ecossistema* (Fig. 1.2), de acordo com Jones, Lawton e Shachak (1994).

- Os castores constroem represas que mudam o fluxo da água e transformam cursos d'água em piscinas que inundam a floresta circundante.

Fig. 1.2 Três engenheiros do ecossistema: castores, pica-paus e formigas

- Os pica-paus furam árvores vivas ou mortas, criando lares para si e outros pássaros e animais, e abrem caminho, nas árvores vivas, para várias pragas e, nas árvores mortas, para a decomposição.
- As árvores mudam os padrões de clima e fluxo da água à sua volta e soltam folhas que alteram as propriedades do solo e determinam quais outras plantas conseguem germinar e crescer.
- As formigas cavam ninhos que alteram a estrutura do solo e o movimento da água dentro dele, cortam a vegetação em volta e importam alimentos e recursos num raio de muitos metros. Dessa maneira, criam *cidades* com elevada densidade de indivíduos que permitem uma comparação reveladora com as cidades humanas.

Esses animais e plantas transformam o meio ambiente, alterando o equilíbrio de um tipo de comunidade, como uma floresta com poucas plantas aquáticas, para outro, como um lago com poucas árvores. A agricultura pouco intensiva, na qual apenas uma porção relativamente pequena de terra é usada para produzir safras enquanto as terras intermediárias continuam a sustentar a flora e a fauna mais ou menos sem perturbações, pertence a essa categoria.

A transformação de ecossistemas pode ocorrer em vários graus. As mudanças podem ser sutis, como um furo numa árvore, ou extremas, como a substituição de um ecossistema inteiro. Um recife de coral pode transformar uma grande área de mar raso numa comunidade ricamente diversificada. Uma planta não nativa, como o bromo-vassoura (*Bromus tectorum*), que hoje domina vastas extensões do oeste da América do Norte, pode substituir a flora e a fauna nativas por uma comunidade simplificada e menos diversificada. Mas foram os seres humanos modernos que dominaram a arte da substituição de ecossistemas.

As cidades podem transformar uma floresta sombreada numa paisagem de rochas expostas ou um deserto numa floresta sombreada. Essas cidades transformadas abrigam um conjunto de plantas e animais totalmente diferente da região circundante e alteraram profundamente o tempo local e o movimento da água. A concentrada demanda humana de alimentos exige grandes áreas de agricultura de elevada intensidade e cria outro conjunto de novos meios ambientes dominados por espécies únicas, como milho, gado e soja.

Podem-se considerar os seres humanos como engenheiros definitivos do ecossistema, que criam toda uma série de mudanças simultâneas (represamento de rios, construção de casas, deslocamento de recursos, alterações do clima) em áreas muito grandes. No entanto, os seres humanos agem como engenheiros no ambiente urbano não só modificando os recursos e materiais disponíveis no local, como fazem os castores ao cortar e deslocar árvores, mas também importando uma imensa quantidade de materiais, energia e nutrientes distantes e exportando os resíduos resultantes. Esse nível sem precedentes de entrada e saída cria, para as plantas e animais que persistem ou prosperam no novo ambiente, uma intensificação da vida semelhante à sofrida pelos moradores humanos das cidades densamente povoadas.

Entretanto, de certa maneira, os seres humanos, mais do que criar hábitats novos, recriaram ou ampliaram os hábitats preferidos dos nossos ancestrais mais distantes (Lundholm, 2011). Durante a evolução humana, os povos trocaram as florestas pelo cerrado e se refugiaram em penhascos, cavernas e formações rochosas. As primeiras cidades, construídas com pedra natural, recriam muitos aspectos rochosos daqueles hábitats, embora não as novas estruturas de aço e vidro. O outro componente do hábitat humano ancestral, o cerrado que mistura campo aberto e grupos de árvores, refletiu-se na mistura de gramados, jardins e árvores que formam as áreas periurbanas residenciais onde muitos preferem morar (Orians; Heerwagen, 1992).

Nas áreas urbanas, os efeitos dos seres humanos nunca estão ausentes, quase por definição. Mas esses efeitos variam de intensidade na paisagem urbana e vão de ambientes preservados, como os parques, a ambientes transformados, como quintais e jardins, e ambientes substituídos, como edificações, ruas e aterros sanitários. O modo como plantas, animais e outros organismos ganham a vida nessa combinação de ambientes é o foco central deste livro.

## 1.2 Hábitats urbanos

Este livro trata do funcionamento dos ecossistemas e da vida de plantas e animais no meio ambiente urbano. Mas, na verdade, o que se quer dizer com *urbano*? Há muitas definições em uso, geralmente baseadas num patamar específico de densidade populacional. Por exemplo, o Japão define área urbana pela densidade de pelo menos 40 pessoas por hectare. Em comparação, Mumbai, na Índia, a cidade mais densamente povoada do mundo, tem quase 300 pessoas por hectare e, na área central dessa cidade, amontoam-se mais de mil pessoas por hectare. Essa densidade excede cinco vezes a de uma família de quatro pessoas morando numa casa de 200 m² com um andar só, mesmo sem contar o quintal, a rua ou outros espaços entre as casas. O estado norte-americano mais densamente povoado é Nova Jersey, com pouco menos de cinco pessoas por hectare. Se toda a população humana fosse espalhada igualmente pela superfície terrestre do planeta, haveria 0,5 pessoa por hectare (Wilson; 2011).

Outras definições envolvem a densidade de edificações ou a distância entre elas (Gaston, 2010b). Este livro não se prende intimamente a nenhum valor específico e se concentra no modo como as mudanças características da urbanização afetam os processos do ecossistema e dos organismos. Quando o propósito é o planejamento, definições diferentes podem trazer consequências distintas e devem ser consideradas com mais atenção (Raciti et al., 2012).

Seja qual for a definição, as áreas urbanas cresceram imensamente nos últimos três séculos. A primeira década do século XXI marca a primeira vez na história em que a maioria dos habitantes mora em cidades, contra menos de 10% em 1700 (Gaston, 2010b). Isso leva à concentração da população humana, com mais de metade dos habitantes numa pequena fração da área habitável da Terra. Na verdade, as cidades ocupam apenas 1% a 3% da área do planeta (dependendo da definição e do método de análise), enquanto a agricultura e as pastagens ocupam cerca de 20% (Vitousek et al., 1997b).

Hoje há mais de 400 cidades com mais de um milhão de habitantes, contra um punhado delas antes de 1800, como a antiga Roma, a Bagdá medieval ou Londres na época da industrialização. A população urbana atual se distribui em cidades de tamanhos muito diferentes, com a maioria residindo em cidades menores e relativamente poucos vivendo nas megacidades de mais de dez milhões de habitantes (Fig. 1.3).

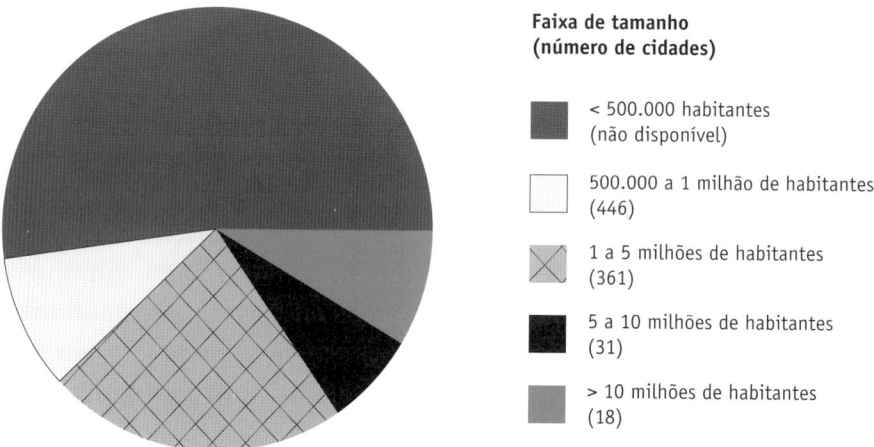

Fig. 1.3 Percentual de habitantes urbanos em cidades de tamanhos diferentes, junto com o número total dessas cidades no mundo
Fonte: adaptado de Gaston (2010).

Todos os engenheiros do ecossistema modificam hábitats, e o ambiente urbano inclui um dos hábitats mais modificados da Terra: o *ambiente construído*. Mas o meio ambiente urbano consiste em uma grande variedade de hábitats, dos completamente construídos àqueles com pouca ou nenhuma rua ou edificação. Os hábitats urbanos variam de acordo com o grau de modificação e o tipo e a quantidade de entradas, como os poluentes – nutrientes em excesso ou venenos como o arsênico. Na verdade, o uso urbano da terra, embora tradicionalmente se considere que decresça de mais a menos construído em função da distância do núcleo urbano, é uma reação complexa e idiossincrásica a fatores históricos e geológicos que raramente lembra um arranjo concêntrico organizado (Ramalho; Hobbs, 2011).

Os hábitats urbanos dividem-se em quatro categorias amplas (Fig. 1.4).

i) Os *hábitats construídos* se estruturam basicamente com construções humanas.
ii) Os *hábitats de resíduos* foram, em grande parte, substituídos pelo lixo humano.
iii) Os *hábitats verdes* são cobertos principalmente por plantas.
iv) Os *hábitats aquáticos* são cobertos principalmente por água.

Várias listagens meticulosas de terras urbanas mostram de que modo os vários usos da terra se associam a tipos diferentes de terra. Em Manchester, no Reino Unido, as áreas com densidade populacional humana alta, média e baixa diferem no percentual associado às diversas coberturas da terra, como pode ser observado na Fig. 1.5 (Douglas, 2011). O ambiente construído é decomposto em edificações e outras *superfícies impermeáveis*, superfícies em que a água não penetra, como ruas e estacionamentos. Com raras exceções, até as áreas mais populosas têm porção substancial de terra coberta por vegetação, com boa parte dela na forma de pradarias manejadas ou gramados, conforme mostrado na Fig. 1.6 (Best Foot Forward; Institute of Wastes Management, 2002).

Embora todos os ecossistemas incluam uma variedade de tipos de hábitat, as áreas urbanas são incomuns por terem hábitats profundamente diferentes e muito próximos, com transição drástica (Fig. 1.7).

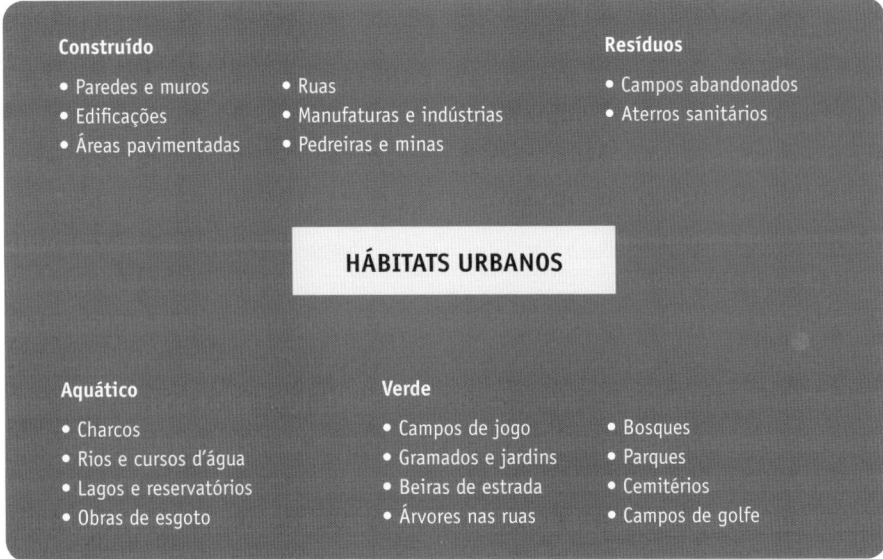

Fig. 1.4 As várias categorias de hábitat urbano

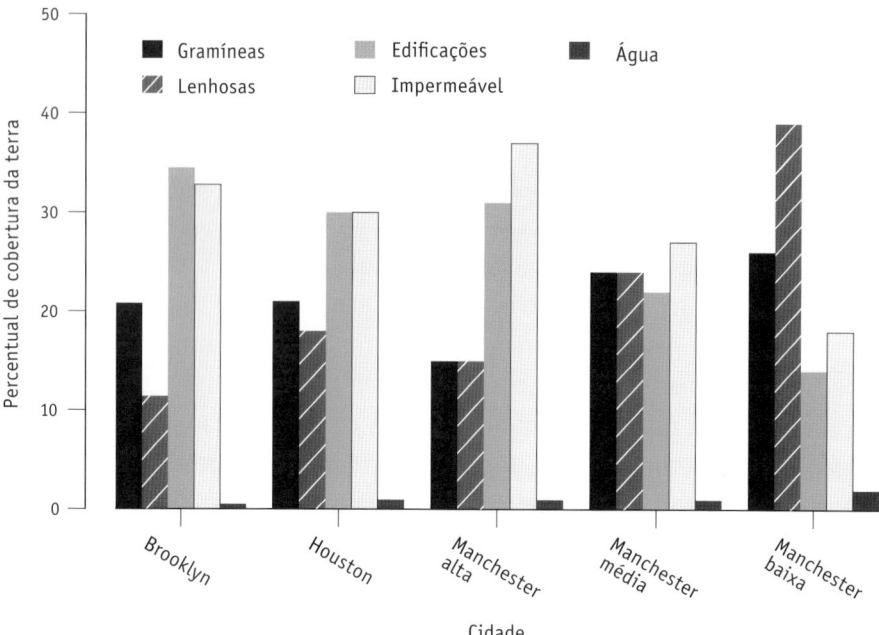

Fig. 1.5 Distribuição de hábitats em duas cidades dos Estados Unidos comparada a seções de alta, média e baixa densidade de Manchester, no Reino Unido. As áreas de densidade alta têm preponderância de hábitats construídos, enquanto as de densidade baixa geralmente são verdes
Fonte: adaptado de Douglas (2011).

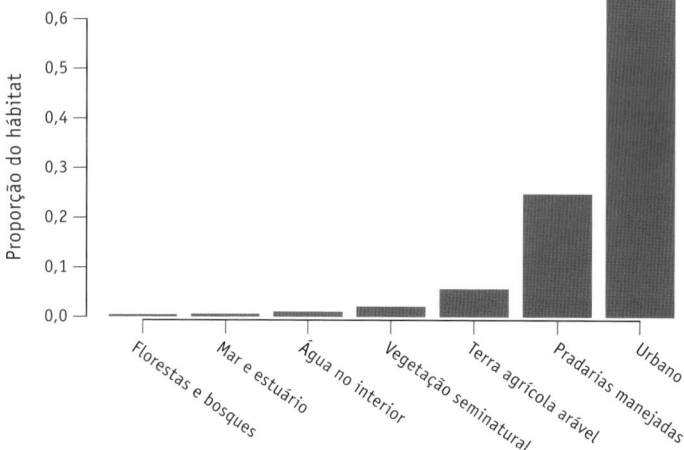

Fig. 1.6 Distribuição de hábitats em Londres
Fonte: adaptado de Best Foot Forward e Institute of Wastes Management (2002).

Fig. 1.7 As áreas urbanas contêm uma mistura de hábitats vizinhos e contrastantes que variam de completamente construídos por seres humanos a hábitats praticamente sem modificações

Do ponto de vista dos organismos que só podem sobreviver em alguns desses hábitats, o meio ambiente urbano pode parecer um conjunto de ilhas de hábitat (muitas vezes chamadas de *manchas*) separadas por ambientes inóspitos.

### 1.2.1 Hábitats construídos

Os hábitats construídos definem efetivamente as áreas urbanas, projetadas para uso humano até a exclusão quase completa de outros organismos (Fig. 1.8). Ainda assim, esses hábitats sustentam vida, e os detalhes da localização, da arquitetura e dos materiais determinam quais organismos conseguem persistir.

Em algumas cidades, *paredes e muros* cobrem tanto a área vertical quanto a área horizontal da cidade. Embora geralmente bastante inóspitas por conta da exposição a alto nível de luz, radiação ultravioleta, temperatura e poluentes e da baixa disponibilidade de água, ainda assim as paredes acomodam algumas espécies. Por exemplo, paredes construídas com materiais porosos como pedra calcária podem sustentar líquens, musgos e trepadeiras (Fig. 1.9), juntamente com várias algas e cianobactérias (Rindi, 2007). Junções e rachaduras, principalmente na parte inferior dos muros, permitem o acúmulo de água e nutrientes (Wheater, 2011). As plantas que sobrevivem nessas ilhas de vida conseguem sustentar comunidades de pequenos insetos, aranhas e lesmas (Trocha et al., 2007).

As *edificações* são estruturas físicas mais complexas do que apenas as suas paredes. Jardineiras em janelas e jardins em telhados sustentam pequenas comunidades de flores e plantas (Fig. 1.10). A estrutura física das edificações oferece locais para ninhos de aves de rapina que se alimentam dos pombos e pardais que habitam o centro da cidade,

Fig. 1.8 O ambiente construído de Paris

Fig. 1.9 As paredes de edificações antigas são o hábitat de plantas robustas

como os gaviões; telhados para ninhos de outros pássaros, como gaivotas, pássaros marinhos e corvos; além de chaminés e sótãos para o abrigo de morcegos e andorinhões. Dentro das edificações, os seres humanos dividem o espaço com várias *pragas*, como camundongos, ratos

Fig. 1.10 Jardineiras nas janelas, como essas de Dublin, permitem pequenas manchas de verde em paredes inóspitas

e baratas, além de insetos que ali se abrigam na invernada, como mariposas e besouros. As aranhas capturam insetos que entram acidental ou intencionalmente em busca de comida, água ou lixo.

Entre as *áreas pavimentadas*, estão as calçadas, os estacionamentos e as praças da cidade. As plantas que colonizam áreas pavimentadas têm de superar os desafios do pisoteio e do solo compactado, mas as que os superam conseguem vicejar em frestas da pavimentação que acumulam água e nutrientes. Nas áreas mais pisoteadas, só gramíneas e plantas herbáceas de pouco crescimento tendem a sobreviver, e muitas são *plantas anuais* com autopolinização ou dispersão pelo vento que levam uma existência fugidia nessas manchas de vida curta. Outras áreas, principalmente aquelas próximas à base de paredes e muros, são menos pisoteadas, e plantas mais altas e de vida mais longa conseguem sobreviver.

As *ruas* se distinguem de outras áreas pavimentadas pelo tráfego de veículos. As ruas propriamente ditas tendem a sustentar poucos ou nenhum animal ou planta como residentes e podem reduzir a qualidade do hábitat num raio de muitas centenas de metros por causa da modificação dos hábitats vizinhos, do barulho e de outros tipos de poluição (Eigenbrod; Hecnar; Fahrig, 2009). Os animais podem inclusive perecer na tentativa de atravessar ruas, logo elas atuam como barreiras à *dispersão*. As passagens subterrâneas, às vezes projetadas especificamente para a passagem de animais, e a tubulação de drenagem sob autoestradas são usadas por muitas espécies (inclusive seres humanos) como um modo relativamente seguro de atravessar ruas e estradas.

### 1.2.2 Hábitat de resíduos

O efeito da atividade econômica e comercial urbana se estende além das residências e locais de trabalho onde se concentra a atividade humana. Quando deixam de ser usados, estacionamentos e edificações permanecem na paisagem como *campos abandonados* (*brownfields*). Materiais descartados são transportados e concentrados em aterros sanitários.

Os *campos abandonados* são áreas industriais e manufatureiras que deixaram de ser ou raramente são usadas (Fig. 1.11). Como em outros locais muito perturbados, as primeiras espécies a chegar são tipicamente as plantas anuais e as gramíneas mais robustas, dispersas pelo vento, seguidas por plantas perenes mais altas e, em climas suficientemente úmidos, árvores. Locais com grande quantidade de lixo ou escombros podem ter pouca retenção de água e solo inóspito para muitas plantas. Tipicamente, os primeiros insetos são herbívoros com elevada dispersão e predadores que vivem de insetos mortos que não conseguem sobreviver às condições difíceis. No entanto, conforme a comunidade vegetal muda, a animal, iniciada pelos insetos, também se altera (Straussand; Biedermann, 2006).

Fig. 1.11 Um campo abandonado em Edimburgo, no Reino Unido

Os *aterros sanitários*, quando ativos, têm grau elevado de perturbação e toxinas e só sustentam as plantas mais rijas. No entanto, oferecem recursos estáveis e renováveis a organismos capazes de usá-los e defendê-los, como gaivotas saprófagas. Além disso, o calor produzido pela decomposição nos aterros sanitários é capaz de prolongar a temporada de crescimento das plantas.

### 1.2.3 Hábitats verdes

Poucas cidades, mesmo no seu núcleo mais densamente povoado, consistem apenas em hábitats construídos, sem incluir áreas cobertas basicamente de plantas. Nas cidades europeias, o percentual de espaço verde varia de menos de 2% a até 46%, correspondendo a uma faixa de 3 $m^2$ a 300 $m^2$ por pessoa (Gaston, 2010b). Em Sheffield, na Inglaterra, a distância média até um espaço verde público é de 400 m, e 96% dos habitantes moram a uma distância máxima de 900 m, o equivalente a uma caminhada de 15 minutos (Barbosa et al., 2007), e muitos deles, naturalmente, têm acesso a áreas verdes particulares em seus próprios quintais ou jardins.

Os hábitats verdes variam em tamanho, uso, gerenciamento e regime de perturbação e se dividem em três categorias baseadas no seu histórico e propósito (Meurk, 2011).

i) *Remanescentes* são manchas de hábitat deixadas quase sem perturbações.
ii) Os locais *espontâneos* foram recolonizados por plantas, às vezes sobre *substratos* difíceis como calçadas ou paredes.
iii) Os *locais deliberados* são gerenciados intencionalmente, com cultivo e paisagismo que podem envolver promoção de espécies desejáveis e remoção das indesejáveis.

Os bosques em áreas urbanas tendem a ser pequenos e *fragmentados*, separados em manchas isoladas. Em geral, as árvores são baixas, com um percentual pequeno de cobertura (Moffatt; McLachlan; Kenkel, 2004). A perturbação de seres humanos e de animais de estimação torna difícil a sobrevivência e o crescimento de plantas pequenas entre as árvores. É comum as florestas urbanas serem remanescentes ao longo de rios ou em encostas íngremes onde é difícil construir (Jim, 2011). Animais pequenos que dependem desses hábitats, como os roedores, podem ter os movimentos restritos por conta da fragmentação e se acumular em densidade altíssima. Algumas manchas são pequenas demais para sustentar predadores grandes, melhorando as condições que permitem o aumento da população de animais menores (Munshi-South; Kharchenko, 2010).

Os parques apresentam grande variedade de características ecológicas e da resultante distribuição e abundância de espécies. Os parques mais recentes e os mais próximos do centro da cidade costumam sofrer manejo mais intenso, com corte de grama e controle de ervas daninhas, e sustentam espécies capazes de coexistir com grama e seres humanos. Com clima e regime de manejo adequados, os parques abrigam uma densidade elevada de esquilos e podem sustentar uma mistura de espécies urbanas e não urbanas de aves.

Os *cemitérios* são muito semelhantes aos parques, mas nas cidades mais antigas alguns deles ficam relativamente sem perturbação durante longos períodos e podem manter populações de espécies nativas remanescentes (Fig. 1.12). As lápides sustentam grande variedade de líquens e foram usadas até em estudos científicos (Leger; Forister, 2009).

Fig. 1.12 Os cemitérios podem ser um oásis de vida nas cidades mais antigas
Foto: cortesia de Kara Houck.

Os *campos de golfe e de outros jogos* também se parecem com os parques, mas apresentam manejo contrastante. Nos campos de golfe, árvores, arbustos e corpos d'água oferecem variedade estética e desafios para o jogo e também hábitats para plantas, aves, pequenos mamíferos e insetos. Outros tipos de campo de jogo costumam ser menos hospitaleiros, formados geralmente de solo nu ou grama extremamente pisoteada (Fig. 1.13).

Fig. 1.13 Campos de jogo intensamente usados e com muitos melhoramentos oferecem pouca oportunidade para espécies além da grama
Foto: cortesia de Kara Houck.

Os *gramados e jardins* estão entre os hábitats urbanos mais variáveis e disseminados. Estima-se que os gramados cubram 3% da área dos Estados Unidos e da Inglaterra. Hoje, a grama é o maior cultivo irrigado dos Estados Unidos (Milesi et al., 2005). Os gramados e jardins de cidades menos densamente povoadas podem cobrir uma fração substancial da área urbana, como quase 20% em Dayton, no Estado americano de Ohio (Daniels; Kirkpatrick, 2006). Os jardins na frente e nos fundos das casas costumam ter manejo bem diferente: os australianos, por exemplo, põem jardins com arbustos e árvores na frente e hortas ou flores nos fundos (Daniels; Kirkpatrick, 2006). Embora o manejo dos gramados tenda a favorecer apenas algumas espécies preferidas de gramíneas, muitas outras plantas persistem, principalmente nos contornos. Os jardins podem sustentar grande variedade de polinizadores e outros insetos.

As *beiras de ruas e estradas* enfrentam uma variedade extremamente grande de perturbações, como ruído e vento dos veículos que passam, poluentes que vão de óxidos de nitrogênio no ar ao sal[1] (espalhado em países de regiões temperadas para evitar a formação de gelo nas ruas), além dos metais e da borracha que se soltam da superfície. Esses ambientes potencialmente estressantes podem abrigar uma elevada diversidade por conta da concentração de água criada pelo escoamento e da disponibilidade do nutriente nitrogênio. Em alguns lugares, espécies raras que se especializam em hábitats difíceis persistem ao longo das vias. Borboletas, predadores como gaviões, psitacídeos (papagaios) e pombos costumam prosperar ali, bem como urubus e outros saprófagos que se aproveitam das carcaças de animais atropelados.

As *árvores das ruas* podem estar ligadas a empresas ou residências particulares ou serem propriedade pública da cidade ou da comunidade (Dawe, 2011). Essas árvores precisam tolerar uma miríade de estresses, como perda de solo, má retenção de água em solo raso, poluição, sombra dos edifícios, avarias causadas por vândalos e outras perturbações provocadas por seres humanos. Muitas adoecem e têm longevidade de apenas 10 a 15 anos (Dawe, 2011). Os canteiros centrais das vias de trânsito podem ser especialmente estressantes, cercados como estão de pavimentação e tráfego. As árvores que conseguem sobreviver alteram de muitas formas o meio ambiente à sua volta. As plantas que crescem na base das árvores podem se beneficiar do solo mais estável e permeável à água, da temperatura reduzida do ar e dos nutrientes depositados por cães. As árvores protegem edificações e superfícies vizinhas do Sol e do vento, com o potencial de melhorar o hábitat para seres humanos e outros animais próximos.

### 1.2.4 Hábitats aquáticos

Os seres humanos gostam de viver perto d'água, e os moradores urbanos não são exceção. A maioria das cidades se aglomera junto a rios ou litorais (Francis, 2012) e, portanto, inclui vários *hábitats*

---

1. (N. R. T.) No hemisfério norte, na maioria dos países com inverno rigoroso, usa-se o sal nas estradas ou nas ruas para impedir a formação de gelo, pois a presença de sal abaixa o ponto de congelamento de água impedindo a sua solidificação. Essa prática comum tem muitos efeitos, por exemplo, ela aumenta a salinidade dos rios urbanos, interfere no crescimento de vegetação e produz efeitos de longo prazo na biota aquática e terrestre. Alguns fatores aumentam o pH dos solos urbanos, tornando-os mais básicos: a água de irrigação rica em sais minerais, o efeito do rico intemperismo sobre o entulho e o sal usado para impedir a formação de gelo nas ruas (no hemisfério norte).

*aquáticos*, áreas cobertas principal ou parcialmente por água. Esses hábitats podem ser remanescentes ou modificações de corpos d'água anteriores ou recém-criados por seres humanos.

Os *charcos*, áreas em que o solo está saturado de água, geralmente se perdem nas áreas urbanas com a construção civil ou as mudanças do fluxo da água que provocam a secagem do solo. Os brejos são ímãs que atraem plantas e animais selvagens, mas também sumidouros para muitos produtos urbanos, como poluentes, nutrientes e particulados. A capacidade de limpeza dos charcos já está bem estabelecida, mas a entrada de material a longo prazo pode levar ao seu aterramento e secagem.

Nas áreas urbanas, os *rios e cursos d'água* costumam ser canalizados (retificados) para aumentar a velocidade do fluxo e controlar as enchentes que ocorrem por conta do escoamento da água pluvial por grandes áreas impermeáveis (Fig. 1.14). Essas inundações rápidas perturbam os organismos no fundo e ao longo das margens, além de carregar a água e o solo de poluentes, às vezes até de esgoto não tratado. Os organismos que persistem em rios e cursos d'água urbanos têm de ser capazes de tolerar essas condições e, em casos extremos, podem se assemelhar às espécies que vivem em redes de esgoto. Os *hábitats ripários* à beira de rios e cursos d'água abrigam plantas, sejam gramíneas, sejam arbustos ou

Fig. 1.14 Um rio urbano retificado e emparedado, com uma barragem que retarda e estabiliza o fluxo d'água, lhe acrescenta oxigênio e impede que peixes subam o rio nadando

árvores, que têm papel importante no funcionamento e na estabilidade do solo e que, muitas vezes, são os únicos bosques remanescentes em áreas urbanas (Moffatt; Mclachlan; Kenkel, 2004). Esses hábitats conseguem sustentar elevada diversidade de plantas e animais, mas enfrentam os estresses urbanos típicos da perturbação e da poluição.

Os *canais*, embora em geral retos como os rios urbanos canalizados, são projetados para ter velocidade baixa de fluxo e nível d'água controlado. Esse regime os torna suscetíveis à invasão de plantas aquáticas. *Lagos e reservatórios* podem ter uma variedade de espécies semelhante à dos canais. Frequentemente *eutróficas* (sobrecarregadas de nutrientes), essas áreas conseguem sustentar anfíbios e patos em invernada. O *sistema de esgoto* tem nível altíssimo de nutrientes e sustenta larvas e vermes que alimentam aves. Plantas que adoram nutrientes, como a urtiga, podem crescer em áreas vizinhas e sustentar comunidades de insetos.

Embora a maioria das pesquisas relativas aos hábitats aquáticos e à urbanização tenha se concentrado na água que entra e sai da cidade, os hábitats costeiros vizinhos também são profundamente influenciados pela urbanização. Na verdade, verificou-se que o hábitat aquático costeiro é sensível a fatores do mesmo tipo que o hábitat urbano *terrestre*, como o aumento da estrutura vertical e o endurecimento das superfícies (Bulleri; Chapman, 2010).

### 1.2.5 Distribuição dos hábitats

Assim, os meios ambientes urbanos contêm muito mais hábitats do que o ambiente construído das vias e edificações. Embora os moradores humanos urbanos possam não notar essa diversidade, a maioria dos moradores não humanos depende dela. Os hábitats urbanos, além de diversificados, estão bastante comprimidos, com hábitats muito contrastantes bem próximos uns dos outros. Por exemplo, os dois lados da mesma rua podem ser mais diferentes do que lugares em cidades de continentes distintos. Como os hábitats urbanos vizinhos interagem por meio da troca de materiais, organismos e nutrientes ou de alterações do movimento da água e do vento, todos dependem uns dos outros como partes do mesmo ecossistema urbano.

A distribuição de hábitats depende de como as cidades crescem. Historicamente, a maioria delas se espalhou de dentro para fora começando por um centro original, com a densidade decrescendo gradualmente. A tecnologia e os meios de transporte modernos possibilitaram outros padrões, como o surgimento de novos centros urbanizados a alguma distância do povoamento original, os quais potencialmente se espalham e, enfim, se aglutinam (Gaston, 2010b). Esses padrões, juntamente com a tendência atual de bairros residenciais dispersos com baixa densidade, às vezes chamada de desenvolvimento *extraurbano* ou espraiamento, alteram a distribuição dos tipos de hábitat urbano (Francis, 2012).

As cidades mediterrâneas, tradicionalmente mais compactas, expandiram-se muito em área nas últimas décadas, aumentando o uso de terra, energia, meios de transporte e até de água, porque moradias com baixa densidade têm mais jardins e piscinas. Em Barcelona, a população total permaneceu constante entre 1981 e 2001, mas o núcleo urbano perdeu 400.000 moradores e a periferia ganhou 500.000, com redução tanto da densidade de moradias quanto do número de pessoas por residência. Algumas dessas tendências se devem menos à preferência dos habitantes do que à realidade econômica: morar na cidade ficou caro demais (Domene; Saurí; Parés, 2005).

Como as manchas de hábitat são geralmente pequenas, os organismos ou processos do ecossistema que dependem de áreas maiores podem se perder quando uma região se urbaniza (Fig. 1.15). Portanto, o

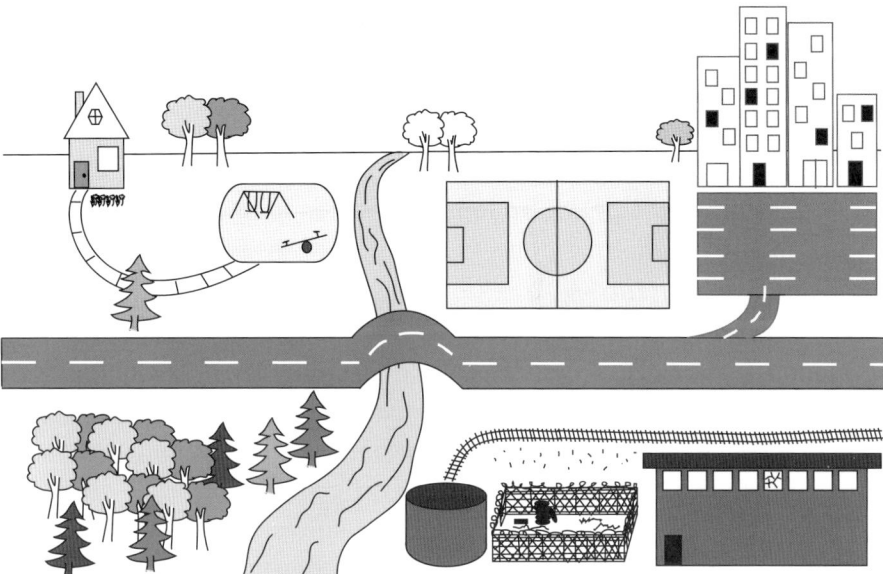

Fig. 1.15 Em áreas urbanas, hábitats muito contrastantes podem ocorrer lado a lado, e manchas adequadas de hábitat podem ser isoladas por regiões inóspitas entre si

Fig. 1.16 O onipresente pombo-comum *Columba livia*

mosaico de hábitats do meio ambiente urbano é propício a alguns organismos, mas a fragmentação resultante e as barreiras potencialmente hostis e perigosas entre as ilhas de hábitat podem ser fatais a outros.

A complexa mistura de hábitats também pode ser um desafio para os cientistas. Os estudos de Ecologia Urbana são especialmente sensíveis à *escala espacial* (ou tamanho) da área estudada. Os estudos de áreas pequenas talvez não registrem fatores importantes que afetam um processo, mas pode ser difícil realizar e analisar estudos de áreas grandes.

## 1.3 Organismos urbanos

Às vezes os pais se irritam quando os filhos, ao terem a oportunidade de ver animais caros e exóticos no zoológico, passam o tempo todo correndo atrás de pombos no meio da multidão (Fig. 1.16). Às vezes caluniado como *rato de asas*, o pombo-comum (*Columba livia*) é um caso clássico de sucesso urbano. Nativo de penhascos da Europa e do norte da África, os pombos seguiram os seres humanos pelo mundo inteiro, fazendo ninho em edificações e subsistindo com os muitos alimentos que os seres humanos plantam e descartam.

Para muitos humanos, os seres vivos da cidade são as pessoas e *pragas* ocasionais como pombos e ratos. No entanto, o interessante é que as áreas urbanas abrigam representantes de quase todas as formas de vida. No caso de alguns grupos de espécies, como plantas e pássaros, as cidades podem ter até *biodiversidade* – a variedade de espécies presentes na área – mais alta do que as regiões circundantes, embora a maioria dos grupos de organismos tendam a ser menos diversificados nas cidades (McKinney, 2002).

O estudo da biodiversidade urbana dá uma boa ideia dos fatores que controlam o lugar onde vivem espécies diferentes e até que ponto elas são comuns nos vários hábitats. Os seguintes quatro aspectos da escolha de hábitat, da modificação de hábitat e do movimento de recursos e espécies têm papel fundamental no controle da diversidade da vida na cidade.

- Os seres humanos tendem a se instalar em locais desejáveis com água disponível, clima tolerável e substancial variação *topográfica*.
- Os seres humanos fragmentam as áreas urbanas num mosaico bastante comprimido de hábitats contrastantes que podem favorecer diversos organismos.
- Os seres humanos trazem vastos recursos sob a forma de água, nutrientes, alimentos e resíduos.
- Os seres humanos importam diretamente, de forma intencional ou não, muitas espécies novas do campo circundante ou de outros continentes.

Dentro da área urbana, vários grupos de plantas e animais têm uma relação *em calombo* entre a diversidade e o grau de urbanização. O número de espécies de mamíferos, aves, abelhas, formigas e lagartos pode ser mais alto em áreas residenciais suburbanas com nível intermediário de modificação (McKinney, 2002), nas quais os quatro fatores listados anteriormente são mais importantes. Por outro lado, às vezes a *biomassa* (massa total de organismos vivos) mais alta ocorre na área mais urbanizada (Fig. 1.17), o que remete à questão dos pombos, cuja população em área urbana pode pesar coletivamente mais do que todas as aves somadas numa área não urbana de tamanho comparável.

Os estudos que ligam o número de espécies à densidade da população humana se dedicaram a organismos conhecidos e visíveis como aves, mamíferos e plantas e deram menos atenção a anfíbios, peixes e insetos (Luck, 2007), conforme indicado na

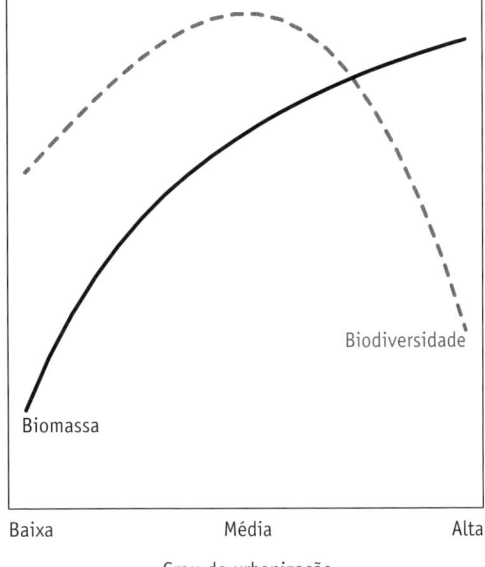

Fig. 1.17 Padrões de biodiversidade e biomassa típicos, embora não universais, em áreas urbanas, com um pico de biodiversidade em regiões de desenvolvimento imobiliário moderado e um pico de biomassa no centro da cidade

Fig. 1.18. Além disso, nem todas as regiões da Terra receberam a mesma atenção, concentrada em cidades da América do Norte e da Europa (Fig. 1.19) que ficam em latitude mediana do hemisfério norte (Evans, 2010), como mostra a Fig. 1.20.

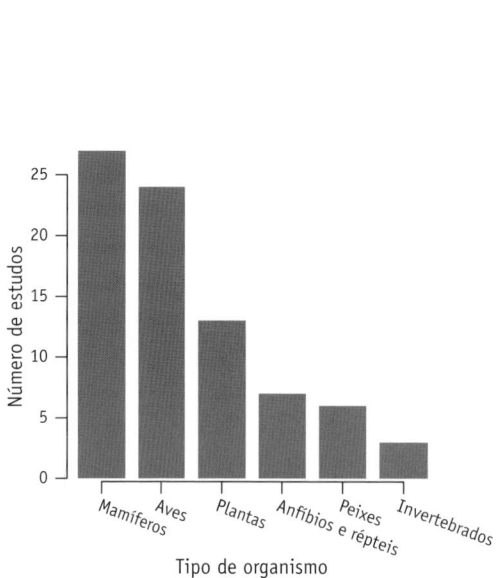

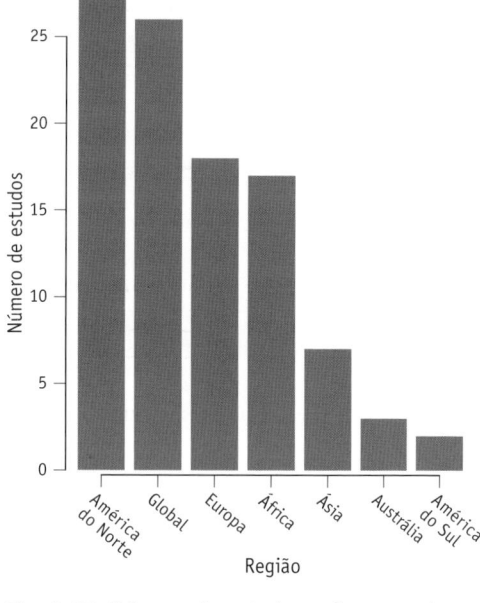

Fig. 1.18 Número de estudos sobre o modo como a população humana afeta a biodiversidade de tipos diferentes de organismo
Fonte: adaptado de Luck (2007).

Fig. 1.19 Número de estudos sobre o modo como a densidade populacional humana afeta a biodiversidade em diferentes regiões. A indicação América do Sul inclui as Américas Central e do Sul
Fonte: adaptado de Luck (2007).

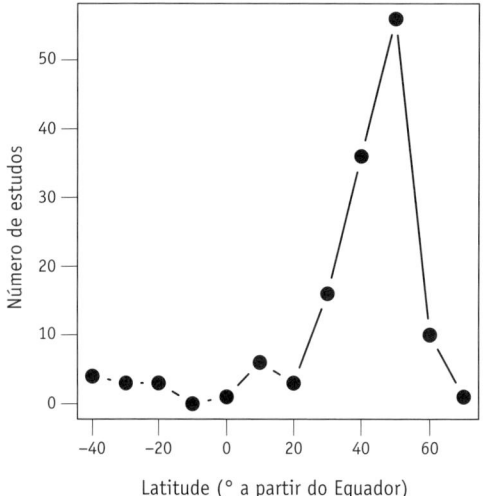

Fig. 1.20 Distribuição de estudos sobre a Ecologia e a história de vida de populações urbanas em função da latitude
Fonte: adaptado de Evans (2010).

### 1.3.1 Classificação da vida urbana

Há várias maneiras proveitosas de classificar os organismos que vivem em áreas urbanas. Em primeiro lugar, as espécies podem se distinguir pelo lugar de onde vêm. As espécies importadas ou introduzidas são ditas *exóticas* ou não nativas. Em segundo lugar, as espécies podem ser classificadas pela capacidade de sobreviver em diferentes graus de urbanização. As espécies urbanas podem ser separadas em três grandes categorias, como mostra a Fig. 1.21 (Blair, 2001).

- *Oportunistas do meio urbano*: Essas espécies são bem-sucedidas em hábitats urbanos por serem altamente tolerantes à poluição, perturbação e presença humana, consumirem subprodutos da vida urbana e, em geral, terem boa dispersão. Representam as poucas espécies que prosperam no centro altamente construído da cidade, e muitas podem ser encontradas em cidades do mundo inteiro.

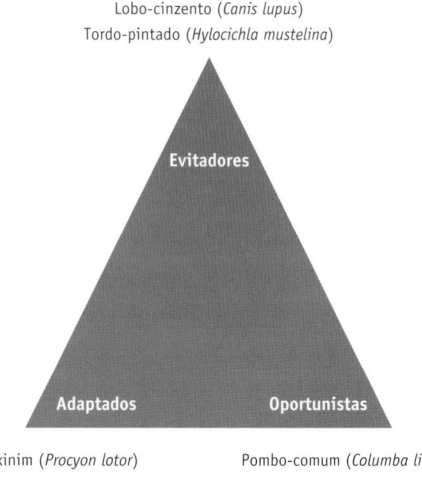

Lobo-cinzento (*Canis lupus*)
Tordo-pintado (*Hylocichla mustelina*)

Guaxinim (*Procyon lotor*)
Raposa-vermelha (*Vulpes vulpes*)

Pombo-comum (*Columba livia*)
Rato-marrom (*Rattus norvegicus*)

Fig. 1.21 Exemplo de três reações ao meio ambiente urbano. A maioria dos organismos fica em algum ponto entre esses extremos
Fonte: adaptado de Blair (2001).

- *Adaptadas ao meio urbano*: Essas espécies são capazes de persistir em hábitats urbanos por terem alimentação variada e capacidade de aproveitar hábitats recém-perturbados, principalmente na ausência dos seus predadores habituais. São encontradas em hábitats moderadamente urbanizados e em áreas periurbanas residenciais.
- *Evitadoras do meio urbano*: Essas espécies são sensíveis ao molestamento advindo de presença humana, perturbações e outros aspectos do hábitat urbano. Só persistem em fragmentos de hábitat menos urbanizado, como bosques ou charcos.

As espécies oportunistas e adaptadas são chamadas de *sinurbanizadas* ou *sinantrópicas*. Nesse ponto de vista, pelo menos na maior parte do seu alcance, o pombo é um oportunista exótico do meio urbano.

### 1.3.2 Características da vida urbana

As espécies urbanas bem-sucedidas tendem a uma alimentação diversificada e alcance geográfico grande, sendo, portanto, equipadas para conviver com novidades, tanto em termos de clima quanto de recursos disponíveis. Por exemplo, gaivotas e guaxinins aprenderam a aproveitar o lixo (Fig. 1.22). Os ambientes urbanos também apresentam grande variedade de novos estresses, como luz e ruído, poluição, calor e perturbação por seres humanos ou animais de estimação, e muitos animais simplesmente não conseguem conviver com um ou mais desses estresses. Os animais que conseguem persistir em hábitats urbanos aprendem a evitar a perturbação humana saindo à noite, usando locais escondidos ou desenvolvendo maneiras de tolerar o estresse.

Fig. 1.22 Guaxinim urbano ataca uma lata de lixo

Os insetos têm papel importante, mas subestimado no ecossistema urbano (McIntyre, 2000). Os insetos urbanos bem-sucedidos têm características semelhantes às de aves e mamíferos urbanos. As abelhas urbanas tendem a uma alimentação mais diversificada e sobrevivem visitando grande variedade de flores. Em geral, os insetos urbanos conseguem se mover rapidamente de um lugar a outro e têm grande alcance geográfico. Embora a maioria das espécies de insetos urbanos viva ao ar livre, importantes pragas oportunistas do meio urbano, como as baratas, prosperam nas edificações. Esses insetos usam as estruturas humanas como proteção e os materiais residuais das atividades humanas como alimento.

As plantas, com a sua incapacidade de se deslocar depois que as sementes germinam, têm de lidar com os ambientes urbanos de modo diferente dos animais. Muitas plantas urbanas são capazes de chegar rapidamente a locais recém-perturbados e germinar por meio de sementes dispersas pelo vento ou que sejam efetivamente espalhadas por seres humanos. O onipresente dente-de-leão (*Taraxacum officinale*) tem muitas dessas características: suas sementes são lançadas ao vento como paraquedas e são capazes de brotar quase instantaneamente em gramados e locais perturbados. As plantas mais bem-sucedidas em hábitat urbano conseguem tolerar o nível elevado de nutrientes, prejudicial a plantas mais delicadas como as orquídeas, e algumas toleram até o alto nível de poluentes tóxicos.

Organismos menos visíveis podem servir de indicadores úteis das condições do hábitat urbano. Os líquens, por exemplo, são extremamente sensíveis à poluição e, na maioria das áreas urbanas, têm diversidade menor do que em hábitats não urbanos. Existe a hipótese de que a *zona canina* próxima à base das árvores, regada e nutrida pela urina dos cães, tenha uma população de algas muito diferente de setores do tronco da árvore apenas alguns centímetros mais acima (Gilbert, 1989). Como os líquens, os musgos também são sensíveis à poluição e à perturbação humana. Entretanto, o *Bryum argenteum*, uma espécie de musgo, é encontrado no mundo inteiro, mas apenas em áreas urbanas (Fig. 1.23).

Fig. 1.23 O musgo especialista urbano *Bryum argenteum* ou musgo verde-prateado

Alguns organismos urbanos mais disseminados, como ratos, camundongos e pombos, têm como hábitat ancestral as formações rochosas que os seres humanos colonizaram em primeiro lugar muito tempo atrás e reproduziram, pelo menos em parte, nas edificações (Lundholm,

2011). Como o *Bryum argenteum*, o rato-doméstico (*Mus musculus*) é sempre encontrado em associação com habitações humanas.

### 1.3.3 Conclusões

As áreas urbanas se caracterizam por hábitats novos, alto nível de entrada e saída de insumos, alto nível de perturbação e consequências intencionais ou não das ações humanas. Alguns organismos persistem adaptando-se a essas condições extremas, outros se aproveitam delas e se disseminam, e muitos organismos não conseguem tolerá-las e têm de evitar as cidades. Geralmente, os oportunistas do meio urbano são encontrados em cidades do mundo inteiro e representam as espécies com maior probabilidade de continuar existindo nas futuras gerações.

## 1.4 A CIÊNCIA DA ECOLOGIA

A Ecologia é o estudo das relações entre os organismos e o meio ambiente e se concentra nas forças que controlam a distribuição e a abundância de espécies, o modo como essas espécies vivem e as características dos ambientes ou ecossistemas que elas habitam (Cain; Bowman; Hacker, 2008). Já se mostraram os hábitats modificados e alguns organismos que formam o ecossistema urbano, agora se apresentam as abordagens ecológicas do seu estudo.

A ciência da Ecologia pode ser decomposta em cinco áreas amplas e sobrepostas:

- a Ecologia dos Ecossistemas descreve fluxos de energia, água, nutrientes e outros materiais;
- a Ecologia de Comunidades descreve padrões de biodiversidade e interação entre espécies;
- a Ecologia de Populações descreve como os fatores importantes da Ecologia de Comunidades controlam a dinâmica populacional de espécies específicas;
- a Ecologia Comportamental e Fisiológica descreve como os organismos reagem aos desafios de ambientes diferentes;
- a Ecologia Evolutiva descreve como custos e benefícios de diversas estratégias ecológicas se traduzem em sobrevivência e reprodução.

Esta seção apresenta as questões centrais e os princípios de cada área e destaca mudanças importantes dos ecossistemas urbanos.

## 1.4.1 Ecologia de Ecossistemas

A Ecologia de Ecossistemas acompanha os fluxos de energia, água, nutrientes e outros materiais pelo ecossistema, buscando entender como esses fluxos afetam os organismos vivos e são afetados por eles.

- A *energia* é o supremo motor dos sistemas ecológicos, e a sua disponibilidade é determinada pela *produtividade primária*, a conversão de luz solar em energia química por meio da *fotossíntese*, e pelo destino dessa energia armazenada, como o consumo pelos animais do açúcar fotossintetizado. Como essas moléculas que armazenam energia podem se deslocar pela água, alguns ecossistemas, como os cursos d'água e os recifes de coral, persistem principalmente por meio de energia importada.
- O *clima* e o *tempo* configuram a temperatura, a precipitação pluviométrica, a umidade e os ventos de uma região, estabelecendo limites aos lugares onde os organismos podem viver. Os desertos quentes e secos têm muito menos biomassa viva do que as áreas úmidas e menos quentes, e as árvores altas não persistem em áreas com vento intenso. Por sua vez, os organismos vivos podem alterar o *microclima* local. Árvores grandes aumentam a umidade, moderam a temperatura e reduzem o vento.
- A *hidrologia* descreve o movimento e a disponibilidade de água. A água é essencial para a sobrevivência de plantas e animais e tem papel fundamental no movimento dos nutrientes. O ritmo e a duração do fluxo e da disponibilidade de água, lentos e constantes ou rápidos e intermitentes, determinam em grande medida que organismos conseguem viver em determinado local. Por outro lado, as plantas afetam o fluxo da água. Uma encosta árida tem fluxo de água mais rápido e apresenta mais erosão do que uma encosta coberta de mata.
- Os *nutrientes* como carbono, nitrogênio e fósforo também são essenciais à vida. A disponibilidade de nutrientes é determinada pelo ritmo de entrada e saída e pela eficiência da reciclagem. A reciclagem pode ocorrer dentro do mesmo local, entre organismos vivos e mortos, por exemplo, ou entre locais geográficos diferentes, quando os nutrientes são levados pela água ou pelo vento.

Os *princípios da Ecologia de Ecossistemas* giram em torno das seguintes propriedades dos ciclos de materiais e energia:
i) a disponibilidade de energia e materiais essenciais depende das fontes de entrada, do destino da saída e do grau de reciclagem;
ii) os ciclos dependem das propriedades físicas e biológicas do material;
iii) os ciclos de energia e de diferentes materiais interagem entre si;
iv) os ciclos de locais e momentos diferentes estão interligados.

Os ciclos do ecossistema urbano são profundamente alterados. Todas as cidades importam quantidade imensa de energia química sob a forma de combustíveis fósseis. Os moradores urbanos usam essa energia para viver e para deslocar água, nutrientes e materiais a grandes distâncias. Os motores de combustão interna e as superfícies pavimentadas alteram a temperatura e a umidade, e os particulados podem semear nuvens e mudar os padrões de precipitação. O Cap. 3 examina com detalhes como a urbanização modifica e amplia os processos do ecossistema.

### 1.4.2 Ecologia de Comunidades

A Ecologia de Comunidades estuda os padrões de biodiversidade e o modo como as espécies sobrevivem e interagem num meio ambiente dado. As espécies podem ser classificadas como produtoras, consumidoras, parasitas ou decompositoras, e comunidades diferentes podem ter equilíbrios diferentes entre esses estilos de vida. Do mesmo modo, comunidades diferentes podem ser dominadas por interações diferentes entre espécies, como competição, predação, infecção ou mutualismo. A seguir, são descritos os processos naturais mais importantes que regulam as comunidades ecológicas.

- A *perturbação* remove ou danifica indivíduos e abre espaço para outros organismos. A perturbação pode vir de várias fontes, como vento, enchentes, incêndios ou pisoteio, e cada uma delas é controlada, pelo menos em parte, pela própria comunidade. Por exemplo, as florestas densas reduzem o vento, e gramíneas como o bromo-vassoura promovem incêndios.
- A *sucessão* descreve como uma comunidade se recupera de perturbações e como a espécie de uma comunidade em recuperação muda com o tempo. O curso da sucessão depende da

extensão espacial, da magnitude e da frequência das perturbações. Áreas constantemente limpas permanecem em estado de *sucessão pioneira*, geralmente caracterizado por ervas de crescimento rápido com sementes pequenas. Áreas com perturbações menos frequentes podem chegar a um estado de *sucessão tardia*, com crescimento mais lento e plantas e animais de vida mais longa.

- A *fragmentação* descreve como o meio ambiente adequado para uma espécie específica se distribui no espaço. Uma orquídea pode vivenciar uma paisagem altamente fragmentada, com poucos hábitats adequados, em consequência de sua necessidade de um tipo especial de solo. Uma erva de crescimento rápido também pode vivenciar uma paisagem altamente fragmentada, mas por causa da aparência imprevisível dos locais recentemente perturbados dos quais depende. Um pássaro capaz de usar uma ampla variedade de hábitats para sobreviver e se reproduzir pode vivenciar o hábitat como não fragmentado.
- A *invasão biológica* descreve a chegada de espécies exóticas a uma área. Todas as regiões são suscetíveis a invasões em maior ou menor grau, dependendo do ritmo com que novas espécies chegam e da probabilidade de que persistam.

Os princípios da Ecologia de Comunidades se concentram no modo como interagem as espécies presentes numa área, e esse modo depende de:

i) tipo, distribuição e qualidade do hábitat;
ii) mudanças no decorrer do tempo em virtude de perturbação e sucessão;
iii) processos do ecossistema que governam a disponibilidade de energia e nutrientes;
iv) processos que controlam a chegada e a sobrevivência de novas espécies.

Como supremos engenheiros do ecossistema, os seres humanos alteram cada um dos processos que estruturam as comunidades (Fig. 1.24). Com a construção de edificações e estradas e com a supressão de inundações e incêndios, eles alteram a magnitude e a frequência das perturbações: fragmentam hábitats com ações como a construção de estradas e transportam espécies exóticas intencionalmente para a horticultura e a agricultura ou não intencionalmente em navios e aviões. A Ecologia da Comunidade Urbana se concentra no modo como essas comunidades

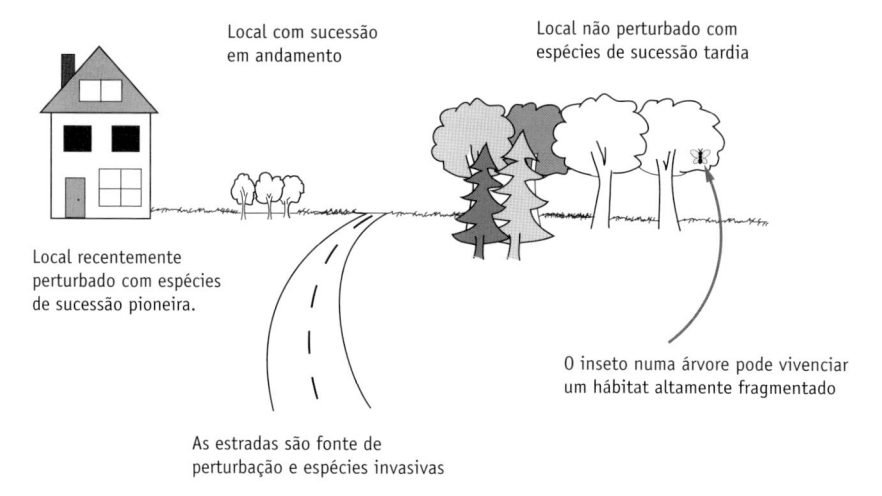

**Fig. 1.24** As espécies que habitam um local específico dependem tanto do meio ambiente quanto do modo como elas interagem

reagem às mudanças criadas pela ação humana (Cap. 4) e examina com detalhes os efeitos sobre a biodiversidade (seção 4.1), os tipos de espécie que persistem (seção 4.2) e a sua interação (seção 4.3).

### 1.4.3 Ecologia de Populações

A Ecologia de Populações acompanha a população de uma única espécie e descreve como o número de indivíduos é controlado pelos fatores importantes da Ecologia de Comunidades. Essa dinâmica populacional determina as espécies que se extinguem, as que conseguem persistir e as mais abundantes num meio ambiente dado. O resultado depende do ajuste dos seguintes aspectos da *estratégia* de uma espécie e do seu meio ambiente.

- A *história de vida* descreve quando os membros da espécie se reproduzem, quantos filhotes têm e quanto tempo vivem. Por exemplo, as espécies da sucessão pioneira tendem a ter a primeira reprodução em tenra idade, *fecundidade* elevada e vida curta. Ao contrário, as espécies de sucessão tardia têm, tipicamente, reprodução retardada, poucos filhotes e vida mais longa.
- A *dispersão* descreve como e em que estágio da vida os membros de uma espécie se deslocam entre locais diferentes: como semente, como indivíduo jovem ou como adulto. A dispersão determina como as populações ocupam hábitats adequados e permanecem numa paisagem fragmentada.

- A *dormência* descreve a capacidade de sobreviver a condições hostis em estado relativamente inativo em certos estágios da vida, como o de semente. Por exemplo, as plantas anuais do deserto subsistem principalmente como *banco de sementes* subterrâneo, capaz de aguardar muitas décadas até que chuvas suficientes induzam a germinação.

Os *princípios da Ecologia de Populações*, como os da Ecologia de Comunidades, descrevem como as espécies prosperam em resposta a características dos seus hábitats, como arranjo espacial e frequência das perturbações, disponibilidade e distribuição de recursos no tempo e no espaço e interação da espécie com competidores, predadores e doenças.

Os seres humanos afetam a sobrevivência e a reprodução de organismos urbanos diretamente pela caça ou programas de remoção e indiretamente por modificações do hábitat, fragmentação e introdução de competidores, predadores e doenças (seção 4.4). A Ecologia de Populações Urbanas se concentra no modo como as populações reagem a essas mudanças. Os ecossistemas urbanos podem acelerar a reação das populações por meio de espécies que usam estratégias ineficazes e são levadas à extinção local e as que têm estratégias efetivas e atingem elevada densidade.

### 1.4.4 Ecologia Comportamental e Fisiológica

Comportamento é o modo como os organismos reagem ao meio ambiente, abrangendo tolerância ou agressão diante de competidores, comunicação com membros da própria espécie, evitação de predadores e estratégias para a coleta de recursos. A Fisiologia descreve o tamanho e o formato dos organismos, a sua capacidade de lidar com várias formas de estresse e a sua condição reprodutora. A Ecologia Comportamental e Fisiológica estuda como os organismos reagem aos seguintes três aspectos que caracterizam todos os ambientes: o ambiente físico, a disponibilidade de recursos e o meio ambiente biótico.

- O *ambiente físico* é composto dos muitos fatores *abióticos* enfrentados pelo organismo. O substrato onde vive, seja duro e infértil, seja macio e fértil, determina estratégias comportamentais e fisiológicas, como a germinação das plantas e a construção de ninhos e abrigos pelos animais. A *luz* afeta os horários de atividade, reprodução, migração e saída da dormência. O *ruído* pode interferir na comunicação ou atrapalhar comportamentos reprodutivos delicados. A *temperatura* pode controlar a velocidade do desenvolvimento, o momento da reprodução e a capacidade de buscar recursos em horas diferentes do dia. A *perturbação* logo reconfigura o ambiente físico e pode exigir respostas comportamentais e fisiológicas rápidas.

- A *disponibilidade de recursos* determina se o organismo deve se concentrar na coleta de recursos ou se tem energia suficiente para tentar atingir outros objetivos, como a reprodução e a evitação de predadores. Num ambiente rico em recursos, geralmente a população aumenta. Então, os indivíduos enfrentam dificuldades competitivas maiores que favorecem tipos de comportamento e fisiologia diferentes de quando as populações são pequenas. O comportamento e a fisiologia também têm de reagir à disponibilidade de recursos no tempo e no espaço. A dispersão, a dormência e o comportamento social são favorecidos em ambientes altamente variáveis.

- O *meio ambiente biótico* consiste em interações entre coisas vivas, realizadas no palco preparado pelo meio ambiente físico. Dentro de uma única espécie, os indivíduos competem intensamente por alimento, parceiros sexuais e abrigo. Sobreviver exige não ser comido por predadores ou herbívoros nem morrer de doenças. Outros organismos também podem alterar o meio ambiente físico, como ao compactar o solo com o pisoteio, remover o solo ao cavar ou inundar o solo com a construção de barragens. As espécies invasivas, como competidoras, predadoras e doenças, podem criar novos desafios mesmo quando o meio ambiente físico permanece praticamente inalterado.

Os *princípios da Ecologia Comportamental e Fisiológica* descrevem o modo como as espécies lidam com as dificuldades físicas, bióticas e de recursos apresentadas pelo meio ambiente. Alguns organismos não conseguem enfrentar essas dificuldades nem persistir na área, enquanto outros ajustam o corpo ou o comportamento para lidar com os novos desafios.

Os ecossistemas urbanos transformam esses três aspectos do meio ambiente (Fig. 1.25). O ambiente construído inclui muitos substratos duros e impermeáveis. Esses ambientes são mais claros, barulhentos e quentes do que os hábitats circundantes, e sofrem um novo regime de perturbações. Os poluentes podem atrapalhar as vias bioquímicas.

Fig. 1.25 Os novos hábitats diversificados do meio ambiente urbano de Vancouver, no Canadá, criam estresse com temperatura, poluição, espécies invasoras, iluminação artificial e perturbações físicas e provocam uma grande variedade de reações fisiológicas e comportamentais

Os recursos urbanos, embora geralmente de tipo diferente daqueles de ambientes não urbanos, tendem, em média, a ser altamente disponíveis, previsíveis no espaço e no tempo e distribuídos em manchas concentradas. O ambiente biótico urbano sofre taxa elevada de invasão biológica e cria interações entre espécies que antes não se conheciam. O grau de transformação varia imensamente, tanto dentro das cidades quanto entre elas, provocando reações comportamentais e fisiológicas diferentes. A Ecologia Comportamental e Fisiológica Urbana estuda o modo como os organismos reagem ou deixam de reagir ao meio ambiente alterado por seres humanos (seção 4.5). Os moradores humanos do meio ambiente urbano enfrentam vários desses mesmos desafios, com uma grande variedade de efeitos sobre sua saúde (seção 5.1).

### 1.4.5 Ecologia Evolutiva

Para subsistir, cada organismo precisa de uma estratégia para lidar com os desafios criados pelos ambientes biótico e abiótico. A Ecologia Evolutiva compara as consequências da *aptidão* (os efeitos sobre a sobrevivência e a reprodução e, portanto, sobre o crescimento de uma população) de estratégias diferentes.

- A *teoria da história de vida* prevê quais padrões de sobrevivência e reprodução terão mais sucesso em ambientes diferentes e como eles podem evoluir em resposta à mudança de condições. Os padrões de perturbação podem ter um papel fundamental, por exemplo, porque os organismos de um hábitat instável serão estimulados a se reproduzir o mais cedo possível.
- A *teoria do forrageio* pergunta que comportamentos serão melhores para localizar e obter acesso a recursos. Os animais têm de sopesar os benefícios de coletar alimentos ou de se acasalar em relação aos riscos de serem comidos, e a melhor opção dependerá do meio ambiente e do seu estado de saúde.
- A *teoria da dispersão* compara as abordagens do movimento. O sucesso de estratégias diferentes depende do grau de fragmentação ambiental, que afeta tanto a probabilidade de encontrar um novo local adequado quanto de atravessar terrenos inóspitos interpostos para chegar até lá. Muitos animais têm de decidir quando se deslocar em ou entre hábitats, enquanto as plantas criam sementes com propriedades que determinam se têm probabilidade de se dispersar por grandes distâncias.
- A *teoria evolutiva* acrescenta o realismo da evolução genética a essas considerações estratégicas e questiona com que rapidez as soluções genéticas evoluem quando uma espécie tem de enfrentar novos problemas. Esse ritmo evolutivo depende do ritmo das mutações, do tamanho da população, da fecundidade, da idade com que os organismos se reproduzem e do fluxo de genes entre populações.

Os *princípios da evolução* descrevem as condições em que novas características têm probabilidade de evoluir. As espécies precisam ter variabilidade suficiente para que a seleção natural ocorra, o que exige uma população suficientemente grande. A população, principalmente num meio ambiente novo, também precisa estar isolada o bastante do resto da espécie para evoluir ao longo de um caminho separado. O novo meio ambiente tem de favorecer as novas características que surgirem com intensidade suficiente para que ocorra a seleção natural.

A Ecologia Evolutiva busca fazer previsões específicas sobre a reação dos organismos às alterações humanas. As aves abandonarão a migração quando houver comedouros de pássaros num local que não congela mais no inverno? Animais como os peixes começarão a se reproduzir mais jovens e com tamanho menor em virtude da pesca? As plantas produzirão sementes que não serão mais levadas pelo vento porque muitas caem em estacionamentos e morrem? A Ecologia Evolutiva Urbana se concentra em entender a rapidez e a frequência da evolução em hábitats urbanos e quais as diferenças evolutivas entre hábitats urbanos e não urbanos (seção 4.6).

## 1.5 O QUE TORNA DIFERENTES OS ECOSSISTEMAS URBANOS?

Cada um dos grandes componentes da Ecologia (seção 1.4) pode ser fundamentalmente alterado nos ecossistemas urbanos (Collins et al., 2000). As principais diferenças entre os sistemas urbanos e não urbanos formam a base dos processos ecológicos específicos discutidos neste livro.

### 1.5.1 Ecossistemas urbanos

Os aspectos novos dos ecossistemas urbanos resultam da modificação do hábitat e da mudança de entradas e saídas provocadas pela capacidade humana de adotar comportamentos voltados a metas, conforme ilustrado na Fig. 1.26 (McDonnell; Hahs, 2008). Atingir quase qualquer objetivo dentro do ambiente construído exige entrada e saída de energia e materiais. Essas entradas e saídas têm consequências intencionais e não intencionais (Richter; Weiland, 2011). Construir uma estrada exige energia, mão de obra e materiais e cria grande variedade de perturbações, todas com o propósito de facilitar o transporte. Mas essa estrada também cria toda uma série de consequências não intencionais: as flores que vivem ao lado da estrada recebem a água e os poluentes que dela escorrem não pela característica do projeto, mas como subproduto não intencional da impermeabilidade da pavimentação. Os animais correm perigo ao atravessar a estrada como consequência não intencional da alta velocidade do transporte.

Invariavelmente, os sistemas urbanos têm uma entrada imensa de energia, água, nutrientes e materiais (seção 2.3). Os combustíveis fósseis e os alimentos transportados concentram calorias em nível sem precedentes. Os reservatórios e sistemas de distribuição levam a água distante a lares e jardins urbanos, à indústria urbana e até à agricultura urbana. Fertilizantes ricos em nitrogênio e fósforo extraídos a grande distância melhoram gramados e jardins. Tijolos, cimento, metal, madeira, papel e plástico chegam às toneladas e são usados em construções, embalagens e mercadorias.

**Entrada**

- Energia
- Água
- Nutrientes
- Materiais
- Espécies exóticas

Modificação do hábitat

Baixa reciclagem

Resíduos
Calor
Produtos químicos

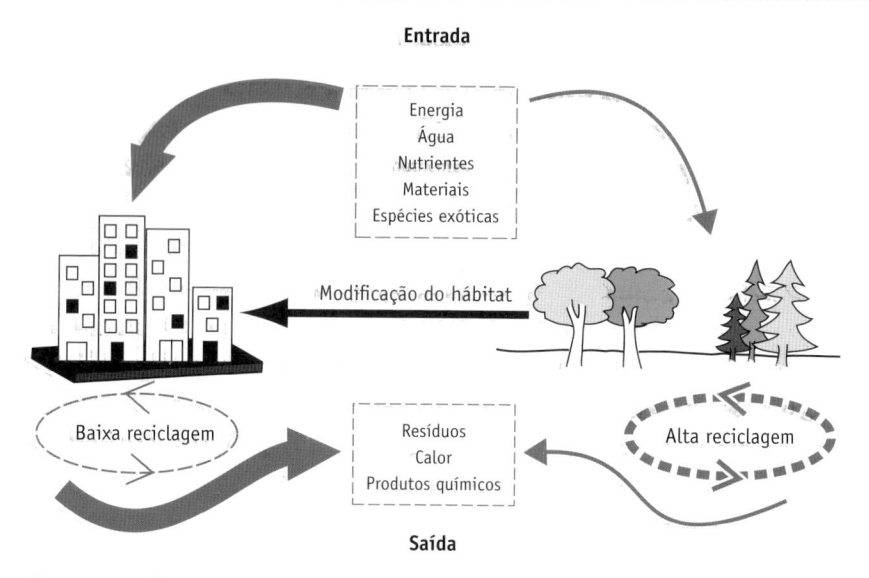

Alta reciclagem

**Saída**

Fig. 1.26 Diferenças entre os ecossistemas urbanos e os menos afetados por seres humanos

O movimento de materiais, a construção civil e a elevada densidade populacional humana criam níveis de perturbação diferentes, em termos de tipo, frequência e magnitude, dos existentes em outros ecossistemas. Os canteiros de obras são esvaziados de uma comunidade que será substituída por um ambiente totalmente construído, em alguns casos, ou por terrenos altamente manejados, em outros. As plantas perto das calçadas enfrentam pisoteio constante e risco de vandalismo. Essa variedade de perturbações cria uma paisagem muito fragmentada na qual o hábitat adequado para um organismo pode se fragmentar em manchas pequenas e distantes.

A modificação do hábitat com a pavimentação e a construção de edificações aumenta a probabilidade de escoamento rápido da água depois de tempestades e reduz a de absorção pelo solo. Ao contrário dos cursos d'água, boa parte da água urbana chega em tubos que, em sua maioria, embora não na totalidade, são inacessíveis a plantas, animais e bactérias do solo.

Nas áreas urbanas, as propriedades básicas do fluxo de ar e do tempo local também se transformam. O ar é aquecido pelo calor absorvido e produzido pelas edificações, e a umidade é configurada pela água liberada pela combustão e por gramados irrigados.

As áreas urbanas têm nível alto de produtos químicos, alguns novos, outros já conhecidos. Os plásticos e medicamentos introduzem compostos que podem ter efeitos inesperados sobre plantas e animais. A queima de combustíveis fósseis gera grande quantidade de poluentes, como os óxidos de nitrogênio. O Sol que cai sobre esses compostos cria outros problemas químicos, como a produção de ozônio. Até o dióxido de carbono, fonte de moléculas de carbono para a fotossíntese das plantas, pode ser elevado ao dobro do nível das áreas não urbanas vizinhas.

A saída de produtos urbanos é grande porque a entrada é grande e a reciclagem tende a ser baixa. As áreas urbanas produzem resíduos sob a forma de lixo e esgoto que, depois de vários graus de tratamento, retornam aos corpos d'água e à terra, geralmente longe da própria cidade. Outros poluentes criados em áreas urbanas entram no ar e na água e se espalham em ambientes próximos e distantes. As espécies exóticas introduzidas em áreas urbanas podem invadir ecossistemas não urbanos vizinhos. Por maior que seja, frequentemente essa saída não se iguala à entrada. O desequilíbrio entre entrada e saída pode levar à concentração de produtos químicos ou nutrientes específicos nas áreas urbanas. Esses materiais e nutrientes concentrados podem ser *sequestrados* por edificações ou solos cobertos pela pavimentação e, assim, efetivamente removidos do seu ciclo natural.

### 1.5.2 Organismos urbanos

A magnitude de entrada e saída e a modificação rápida do hábitat apresentam aos organismos urbanos novos desafios que excedem muito as dificuldades típicas de sistemas não urbanos. Os organismos que persistem e prosperam precisam estar pré-adaptados à presença humana, ser capazes de ajustar o comportamento ou a fisiologia ou evoluir com rapidez suficiente para se reproduzir.

Além de criar novos tipos de hábitat com padrão espacial complexo, a urbanização gera novos padrões de mudança do hábitat no decorrer do tempo. O desenvolvimento social e econômico provoca em áreas urbanas um processo de sucessão bem diferente do encontrado em ecossistemas não perturbados (Young, 2009). Bairros antigos podem lembrar velhas florestas por ter plantas maiores e baixo nível de perturbação, mas a decadência urbana pode criar campos abandonados que lembram locais de sucessão pioneira. Outras áreas sofrem perturbação ou manejo constante, o que mantém uma diversidade de estágios de sucessão (Cadenasso; Pickett, 2008).

Os organismos urbanos também têm de lidar com alterações da dinâmica de recursos, e os bem-sucedidos são mais capazes de aproveitar o aumento dos insumos. Os seres humanos das cidades também importam outras espécies, intencionalmente ou não, num ritmo que excede o de ecossistemas com alterações humanas menos extremas. Algumas espécies exóticas, como a formiga-açucareira (Linepithema humile), chegam a novos hábitats pegando carona no sistema de transportes. As plantas exóticas chegam intencionalmente para adornar jardins, lares e parques e têm a possibilidade de escapar. Em consequência, grandes jardins urbanos podem ter mais espécies do que qualquer hábitat da Terra, mais ainda que as florestas tropicais (Thompson et al., 2003). Os animais de estimação podem atuar como predadores e fonte de resíduos, doenças e perturbações.

### 1.5.3 Ciência urbana

A diferença final entre ecossistemas urbanos e não urbanos tem mais a ver com a ciência da Ecologia propriamente dita do que com os ecossistemas e organismos estudados. Encontrar locais de estudo em áreas urbanas pode ser difícil por conta da propriedade privada ou do tráfego humano intenso. Muitos processos importantes ocorrem em grande escala espacial, o que acentua a dificuldade de encontrar sítios de pesquisa adequados. Grandes forças políticas e econômicas tornam quase impossível a realização de experimentos controlados em grande escala.

O surgimento relativamente recente do estudo científico da Ecologia Urbana tem muitas causas (Gaston, 2010a). O interesse começou com três percepções psicológicas: atualmente a maioria dos seres humanos mora em cidades, os seres humanos passaram a dominar os processos do ecossistema no mundo inteiro (Vitousek, 1997) e as cidades são realmente ecossistemas com funcionamento próprio. A avaliação da dependência econômica humana em relação aos ecossistemas se estende à aceitação do efeito que o hábitat, principalmente o hábitat urbano extremamente construído, exerce sobre a saúde e o bem-estar humanos. Essa nova atitude levou muitos cientistas a abordar os desafios substanciais desse novo campo, que inclui, além da dificuldade logística da pesquisa, o desafio intelectual de trabalhar com cientistas e cientistas sociais com formações muito diferentes.

### 1.5.4 Conclusões

A diferença entre ecossistemas urbanos e não urbanos, embora grande, pode ser considerada mais de grau do que de gênero. Cada um dos principais processos do ecossistema foi estudado em sistemas mais antigos e desenvolveu-se um corpo de princípios ecológicos para prever as suas consequências. O fato de esses princípios continuarem a se aplicar aos processos modificados do sistema urbano constitui a base de trabalho deste livro (Niemela, 1999).

Se é possível ampliar as teorias ecológicas para entender as reações dos seres humanos propriamente ditos é mais discutível. Como qualquer organismo, o ser humano decide onde morar, o que comer e como reagir ao estresse, mas o faz com ferramentas superiores de cognição, comunicação e transporte. Este livro se concentra nos novos ambientes que os seres humanos criam para os outros organismos e deixa como pano de fundo as causas das decisões humanas e o seu efeito sobre a sociedade humana.

## 1.6 As metas da Ecologia Urbana

Este livro descreve o funcionamento dos ecossistemas urbanos desde o movimento de materiais e nutrientes até as interações e a fisiologia dos organismos que os habitam. Concentra-se em três temas que interligam a miríade de processos que ocorre em áreas urbanas (Gaston, 2010b):

- as áreas urbanas transformam os *hábitats*;
- as cidades aumentam imensamente entradas e saídas e reduzem a reciclagem de materiais e nutrientes;
- a modificação de hábitats, entradas e saídas provoca consequências intencionais ou não no ecossistema urbano e nos organismos que o habitam.

A ciência da Ecologia Urbana é apenas parte do empreendimento maior de compreender e planejar as cidades. Essas abordagens podem se distinguir pelo contraste entre *Ecologia em Cidades*, estudo dos processos ecológicos e da vida dos organismos dentro das cidades, e *Ecologia de Cidades*, que usa o pensamento ecológico para entender como interagem a Ecologia Urbana, a Sociologia e a Economia (Pickett, 2001). Embora busque entender as cidades como um todo por meio da interligação de processos do ecossistema, da população e das comunidades, este livro apresenta apenas alguns problemas científicos e políticos criados pelo comportamento humano.

Parte-se da premissa de que os princípios da ciência da Ecologia podem ser aplicados ao contexto da cidade. A meta principal deste livro, portanto, é apresentar esses princípios e usá-los para entender o ecossistema urbano. Na verdade, o ponto de partida deve ser que o ecossistema urbano é, de fato, um ecossistema (Cadenasso; Pickett, 2008). Exatamente como qualquer outro ecossistema, os nutrientes se deslocam e circulam enquanto as espécies persistem, se extinguem, interagem e se adaptam (McDonnell; Hahs, 2008). A grande diferença é que os motores primários são os seres humanos, com a sua tecnologia poderosa e o comportamento voltado a metas, e não os fatores abióticos, como clima ou disponibilidade de nutrientes, que, tipicamente, governam outros ecossistemas. Assim como os cientistas podem estudar a Ecologia dos Desertos sem mergulhar profundamente nas causas climáticas da aridez, este livro estuda a Ecologia Urbana sem pretender explicar o comportamento humano que a configura.

O estudo científico das áreas urbanas se decompõe em duas amplas abordagens. A primeira se aproveita do *gradiente urbano-rural*, a sequência de hábitats e efeitos urbanos que avançam do núcleo urbano para fora (McDonnell; Pickett, 1990), ou, em termos mais gerais, a variedade de hábitats das cidades sem um núcleo claramente definido (Ramalho; Hobbs, 2011). Em termos ideais, podem-se atribuir as diferenças observadas a um fator específico que difere entre os locais urbanos e os não urbanos próximos, levando em conta as diferenças geográficas e os efeitos amplos do clima (McDonnell; Hahs, 2008). A urbanização é um experimento não controlado em andamento, e esse tipo de estudo de observação costuma ser a melhor ferramenta dos ecologistas. A segunda abordagem é mais tradicional e projeta experimentos, como a remoção de espécies específicas ou o acréscimo de recursos, para identificar causas dentro de teias complexas de interação. Em geral, esses experimentos têm uma escala espacial e temporal muito menor do que os estudos de observação.

Com o uso do gradiente, os cientistas estudaram grande variedade de questões em toda a gama de abordagens ecológicas (Fig. 1.27). A meta deste livro não é apresentar o resultado de todos os estudos, mas extrair deles o modo como os princípios ecológicos atuam no ambiente urbano. Em geral, esses estudos se concentraram na primeira tarefa essencial, a de caracterizar o meio ambiente urbano, mas esse grande corpo de trabalho suscitou as primeiras ideias sobre o funcionamento dos princípios ecológicos nesses ambientes (McDonnell; Hahs, 2008).

Além de avaliar o ecossistema urbano sob o ponto de vista do cientista ecológico, também se busca avaliá-lo do ponto de vista dos

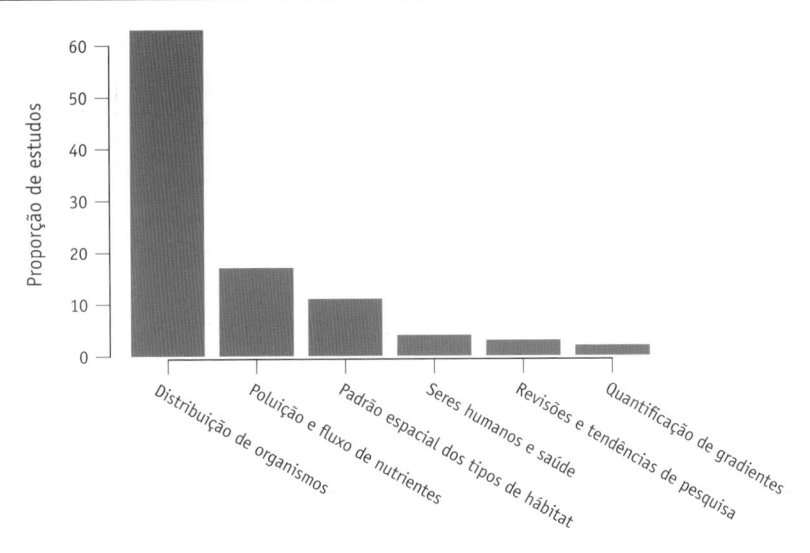

Fig. 1.27 Percentual de estudos que se concentram em tópicos diferentes da Ecologia Urbana
Fonte: adaptado de McDonnell e Hahs (2008).

organismos urbanos. Para as plantas e animais da cidade, o ecossistema urbano apresenta um conjunto de novos desafios na antiga batalha da sobrevivência e da reprodução. Esses dois pontos de vista contribuem para uma avaliação mais ampla das cidades como ecossistemas e comunidades ecológicas, além de serem lugares onde as pessoas moram, trabalham e se divertem.

PERGUNTAS E LEITURAS

Perguntas para discussão

*Sobre a seção 1.1*
1. Como e por que os seres humanos atuam como *engenheiros* de um ecossistema?
2. Quais são os efeitos positivos e negativos dos seres humanos como engenheiros do ecossistema dentro e além da porção modificada do ecossistema? Os engenheiros do ecossistema não humanos têm efeitos positivos e negativos similares?
3. Quais as semelhanças e diferenças entre os seres humanos e os outros engenheiros do ecossistema?
4. Quais as vantagens e desvantagens de ser um engenheiro do ecossistema?

*Sobre a seção 1.2*

1. Que hábitats você vê nas Figs. 1.8 a 1.14? Como você os veria se fosse um pássaro?
2. Cite os tipos de hábitat da sua região e discuta a variabilidade que essa coleção de hábitats leva ao ambiente urbano local.
3. Com que hábitats você está mais familiarizado na sua região? Por quê?
4. Compare os hábitats da sua região com os da fotografia de Paris (Fig. 1.8). O que é similar e diferente entre eles?
5. Use a sua lista de hábitats locais e cite as plantas e animais conhecidos que utilizam cada tipo de hábitat.
6. Em que cada um dos hábitats da sua lista se parece com os hábitats correspondentes (caso existam) de fora da cidade e em que difere deles?

*Sobre a seção 1.3*

1. Que características permitem a uma espécie viver em ambiente urbano? Compare essa lista de características com a dos seres humanos; por que os seres humanos são aptos a viver em cidades?
2. Como você descreveria as características de personalidade de quem é apto a viver em cidades? Elas se parecem com as dos oportunistas do meio urbano?
3. Por que, até certo ponto, a biodiversidade pode aumentar com o aumento da urbanização? Que tipos de espécie costumam ser responsáveis por essa biodiversidade? Que importância isso tem?

*Sobre a seção 1.4*

1. Como a visão da cidade se altera quando se pensa nas cinco abordagens da Ecologia?
2. Esse ponto de vista é afetado pela escala espacial ou temporal do foco adotado? Por exemplo, tem importância você se concentrar apenas na rua onde mora e não na cidade inteira? Por que a escala deveria ser parte importante dos estudos ecológicos urbanos?
3. Pense numa espécie comum que viva perto de você e descreva-a em termos de cada abordagem da Ecologia. Agora faça o mesmo com uma espécie não encontrada em ambientes urbanos. O que

as semelhanças e dessemelhanças entre essas descrições indicam sobre os processos ecológicos urbanos?
4. Como as reações comportamentais e fisiológicas à urbanização se comparam às reações evolutivas? Por que isso pode criar dificuldades para os cientistas que estudam a reação de uma espécie à urbanização crescente?

*Sobre a seção 1.5*
1. Que indícios é possível encontrar de que é grande a entrada e saída de insumos da cidade?
2. Entre os animais vistos na sua cidade, qual a posição dos animais de estimação? Como eles interagem com outros organismos urbanos?
3. Como e onde você realizaria um experimento ecológico perto da sua casa ou sala de aula? Que dificuldades você prevê na realização desse experimento?

*Sobre a seção 1.6*
1. Leia o ensaio de Robert Young (2009). Por que as pesquisas anteriores sobre Ecologia Urbana não se tornaram parte da Ecologia oficial?
2. O que mudou (isto é, ideais, pontos de vista, necessidades, a própria pesquisa) para levar a Ecologia Urbana à ciência oficial?
3. Quais as suas metas e objetivos em relação a esse campo de estudo?

## Outras leituras

*Sobre a seção 1.1*
C. G. Jones, J. H. Lawton, and M. Shachak. Organisms as ecosystem engineers. *Oikos*, **69** (1994), 373–386.
J. Lundholm. Urban cliffs. In I. Douglas, D. Goode, M. C. Houck, and R. Wang, eds, *The Routledge Handbook of Urban Ecology*. (London: Routledge, 2011), 252–263.

*Sobre a seção 1.2*
O. Barbosa, J. A. Tratalos, P. R. Armsworth, *et al*. Who benefits from access to green space? A case study from Shefield, UK. *Landscape and Urban Planning*, **83** (2007), 187–195.
O. L. Gilbert. *The Ecology of Urban Hábitats*. (New York: Chapman and Hall, 1989).
C. P. Wheater. *Urban Hábitats*. (New York: Routledge, 1999).

## Sobre a seção 1.3

R. B. Blair. Birds and butterflies along urban gradients in two ecoregions of the United States: is urbanization creating a homogeneous fauna? In J. L. Lockwood and M. L. McKinney, eds, *Biotic Homogenization*. (Dordrecht, the Netherlands: Kluwer Academic, 2001), pp. 33-56.

N. E. McIntyre. Ecology of urban arthropods: a review and call to action. *Annals of the Entomological Society of America*, **93** (2000), 825–835.

M. L. McKinney. Urbanization, biodiversity, and conservation. *Bioscience*, **52** (2002), 883–890.

## Sobre a seção 1.4

M. L. Cain, W. D. Bowman, and S. D. Hacker. *Ecology*. (Sunderland, MA: Sinauer Associates, Inc., 2008).

E. P. Odum. *Ecology*, 2$^{nd}$ ed. (Boston, MA: Holt, Rinehart, and Winston, 1975).

S. T. A. Pickett, M. L. Cadenasso, J. M. Grove, et al. Urban ecological systems: linking terrestrial ecological, physical, and socioeconomic components of metropolitan areas. *Annual Review of Ecology and Systematics*, **32** (2001),127–157.

## Sobre a seção 1.5

M. L. Cadenasso and S. T. A. Pickett. Urban principles for ecological landscape design and maintenance: scientific fundamentals. *Cities and the Environment*, **1** (2008), Article 4.

J. P. Collins, A. Kinzig, N. B. Grimm, et al. A new urban ecology. *American Scientist*, **88** (2000), 416–425.

J. Niemela. Is there a need for urban ecology? *Urban Ecosystems*, **3** (1999), 57–65.

P. M. Vitousek, H. A. Mooney, J. Lubchenco, and J. M. Melillio. Human domination of the earth's ecosystems. *Science*, **277** (1997),494–499.

## Sobre a seção 1.6

M. J. McDonnell and S. T. A. Pickett. Ecosystem structure and function along urban-rural gradients: an unexploited opportunity for ecology. *Ecology*, **71** (1990), 1232–1237.

S. T. A. Pickett, M. L. Cadenasso, J. M. Grove, et al. Urban ecological systems: linking terrestrial ecological, physical, and socioeconomic components of metropolitan areas. *Annual Review of Ecology and Systematics*, **32** (2001), 127–157.

R. F. Young. Interdisciplinary foundations of urban ecology. *Urban Ecosystems*, **12** (2009), 311–331.

### Laboratórios

A. Usando as funções *mostrar régua* e *adicionar polígono* do Google Earth, trace quadrículas de 1.000 m$^2$ ao longo dos gradientes urbano-rurais de onde você mora. Comece pelo centro da cidade e marque uma quadrícula a cada 10 km (você pode modificar essa escala de acordo com o tamanho da cidade), afastando-se do centro para o Norte, o Sul, o Leste e o Oeste. Depois de fazer cinco quadrículas em cada direção, aproxime separadamente cada quadrícula e estime a área coberta pelos vários tipos de hábitat (construído, de resíduos, verde e aquático). Registre esses valores e faça um gráfico mostrando como eles mudam de acordo com o gradiente urbano-rural. A sua região tem um gradiente claro?

B. Nas quadrículas construídas em A, usando ruas, pontos de referência ou GPS, desenvolva um regime de amostragem, como uma área específica ou um número de amostras aleatórias dentro de cada quadrícula. Vá até cada quadrícula e registre todos os organismos que encontrar. Se não souber o nome oficial, invente um, mas não se esqueça de obter uma boa imagem ou amostra, como a folha de uma planta ou um inseto único. Anote o número aproximado que encontrar de cada um deles. Tente classificá-los como oportunistas, adaptados e evitadores do meio urbano. Como em A, represente graficamente o número de cada tipo de organismo num gradiente urbano-rural. Descreva os principais problemas que encontrou.

C. Em um rio ou curso d'água que passe pela sua cidade, colha amostras de invertebrados aquáticos ao longo do gradiente urbano-rural. Para colher amostras em cada local, segure pequenas redes a jusante enquanto chuta o fundo do rio (movimentando pedras, plantas e cavando o fundo do rio). Recolha os organismos em vidros para coleta de amostras e identifique-os usando uma tabela de classificação de macroinvertebrados de água doce. Verifique as características de cada organismo e observe as mudanças da comunidade ao longo da transeção. Se possível, registre os insumos a montante (como escoamento das ruas, entrada de fonte pontual, escoamento agrícola) e os atributos do curso d'água (como temperatura, vazão de água e nível de canalização) de cada local de amostragem. Desenvolva hipóteses sobre os principais fatores que controlam a comunidade do curso d'água.

# 2 Contabilidade urbana: metabolismo, energia e pegada ecológica

As cidades têm papel cada vez mais importante na sociedade: pela primeira vez na história, mais da metade da população mora em área urbana. Essa concentração de pessoas e dos artefatos a elas associados, cada vez maior e mais exigente, provoca toda uma série de perguntas sobre os efeitos dos seres humanos sobre o meio ambiente:

i) como sobrevivem as áreas urbanas, com a sua população densa, demanda elevada de recursos e grande produção de resíduos?
ii) como quantificar os efeitos ecológicos das cidades?
iii) como esses efeitos dependem das propriedades da região circundante?
iv) os métodos usados para descrever e quantificar os efeitos humanos podem se aplicar a outros engenheiros do ecossistema e organismos sociais?

Este capítulo apresenta quatro abordagens para quantificar o uso urbano de recursos e as suas consequências ambientais.

- O *metabolismo urbano* acompanha o que entra e sai da cidade como se ela fosse um único e enorme organismo. Assim como uma ave come, bebe e coleta material para o ninho, as cidades recebem a entrada de comida, água, materiais e energia. A mesma ave excreta resíduos e às vezes consegue criar filhotes. As cidades também produzem vários resíduos e exportam produtos manufaturados, culturais e biológicos.
- O *balanço energético urbano* se concentra numa única moeda, a *energia*, como motor da vida urbana. Todo aspecto do metabolismo urbano, seja a importação de alimentos e materiais, seja a construção de moradias ou o tratamento dos resíduos, exige energia. Como e onde essa energia é coletada e usada nos revela muito sobre o modo como a cidade funciona e sobrevive.
- A *pegada ecológica* estima a área de terra (e às vezes de oceano) que a cidade exige para colher os seus insumos, tratar os seus

produtos e cumprir as suas tarefas. A terra necessária para a produção de alimentos e energia, a terra necessária para absorver e tratar os resíduos e a terra na qual se constroem ruas e casas podem ser resumidas num único nome: a pegada ecológica. A pegada das cidades pode ser centenas ou até milhares de vezes maior do que os seus limites políticos.

- A abordagem dos *serviços do ecossistema* também quantifica os efeitos da urbanização numa única moeda, mas usa dinheiro em vez de energia ou terra. O valor monetário de um charco é o custo das estações de tratamento de água que seriam necessárias para substituí-lo, e o valor de uma árvore é a energia poupada pela sua sombra, abrigo e captação de carbono. Embora toda essa contabilidade seja incompleta e só represente grosseiramente o valor de fatores mais intangíveis, como a biodiversidade, o valor total dos serviços do ecossistema pode exceder a produção econômica global (Costanza et al., 1997).

O modo de avaliar as cidades pode depender tanto do modo como cada um pensa sobre elas quanto de como cada um contabiliza o uso e a transformação de recursos das cidades. Há muitas metáforas para a cidade (Bettencourt et al., 2007), mas aqui se apresentam apenas cinco.

- A *cidade como superorganismo*: embora uma colônia de formigas ou uma colmeia seja formada por múltiplos indivíduos, o grupo inteiro age, de certa forma, como um único indivíduo composto que come, se reproduz e, finalmente, morre. Dentro da cidade, pode-se pensar nos parques como *pulmões* e nos charcos como *rins*. As cidades não são constituídas apenas de pessoas, mas de máquinas, estruturas e animais de estimação. Esse conglomerado de entidades que exigem energia e material é o superorganismo urbano, com os seus processos metabólicos, produtos e efeitos sobre o meio ambiente.
- A *cidade como comunidade ecológica*: essa metáfora vê a cidade como menos integrada do que um superorganismo e mais parecida com uma comunidade ecológica frouxamente interligada, caracterizada pelos organismos que nela vivem, cada um com as suas necessidades. Essa comunidade tem padrões próprios de disseminação física, sucessão em vários estágios de desenvolvimento e reciclagem de recursos.
- A *cidade como parasita*: os parasitas ganham a vida tirando recursos do hospedeiro e depositando os seus resíduos no corpo

desse hospedeiro. Grandes concentrações de pessoas podem ser vistas dessa mesma maneira, pois as cidades exigem da região circundante recursos como alimentos, água, ar limpo e materiais e despejam nessa mesma região os seus resíduos.

- A *cidade como câncer*: um pouco como os parasitas, os cânceres obtêm e usam recursos dos hospedeiros. Mas, ao contrário dos parasitas, os cânceres não são de outra espécie, e sim células do próprio hospedeiro. Nesse ponto de vista, as pessoas fazem parte da natureza, mas uma parte que passou a seguir regras próprias (Hern, 2008). O câncer tem várias particularidades, como ignorar os mecanismos de regulação de crescimento do organismo e os sinais para morrer, recrutar vasos sanguíneos para lhe trazer oxigênio e nutrientes do resto do corpo e espalhar-se para outros órgãos (metástase) (Hanahan; Weinberg, 2000). Nesse sentido, as cidades fugiram ao controle *natural* do crescimento importando alimentos e energia e concentrando o poder político necessário para aumentar essa importação. As cidades criam *sistemas circulatórios* próprios para água, nutrientes, materiais e energia e podem se espalhar rapidamente, criando comunidades-satélites com potencial de crescimento e exigência similares de recursos.

- A *cidade como paciente*: a boa saúde depende de curar e prevenir doenças. Assim como o médico tem de decidir o modo de tratar e cuidar do paciente diante da incerteza a respeito do futuro e de como o complexo organismo humano reagirá a tratamentos diferentes, os planejadores urbanos têm de pensar na solução e na prevenção de problemas. No caso do planejamento urbano, metas conflitantes, como crescimento econômico e qualidade de vida para pessoas e animais, têm de ser equilibradas diante da incerteza e das pressões políticas.

É óbvio que essas metáforas têm conotações muito diferentes. Poucas pessoas gostam da ideia de serem pequenas partes de um parasita ou câncer, enquanto fazer parte de um superorganismo parece pelo menos um tanto heroico. O mais importante é que cada metáfora concentra a atenção em aspectos diferentes da interação da cidade com os seus arredores, sejam as suas necessidades, sejam os seus resíduos ou produtos, e oferece um arcabouço para pensar a respeito de processos, problemas e oportunidades urbanos.

## 2.1 Metabolismo urbano

A palavra metabolismo designa os processos pelos quais um organismo mantém a vida por meio da obtenção de insumos como alimentos e da transformação desses insumos em estruturas, crescimento, reprodução ou resíduos. Os ecossistemas urbanos têm vias metabólicas de entrada, processamento e saída que podem ser analisadas como as de um organismo único. Nessa contabilidade, as cidades importam alimentos, água, materiais e energia; transformam essas entradas em novos seres humanos, edificações e produtos; transportam seres humanos, materiais e resíduos de um lugar a outro; e exportam uma variedade de resíduos biológicos e não biológicos (Fig. 2.1).

Conforme as sociedades ficaram mais centralizadas, a entrada e a saída de materiais aumentaram enormemente. Mesmo sem incluir a água, o morador de uma área urbana moderna importa diariamente mais ou menos o próprio peso em materiais. Grande parte disso é energia armazenada em combustíveis fósseis, rapidamente exportada como gás depois da combustão. Em apenas uma semana, os moradores urbanos geram o próprio peso em resíduos sólidos (Best Foot Forward;

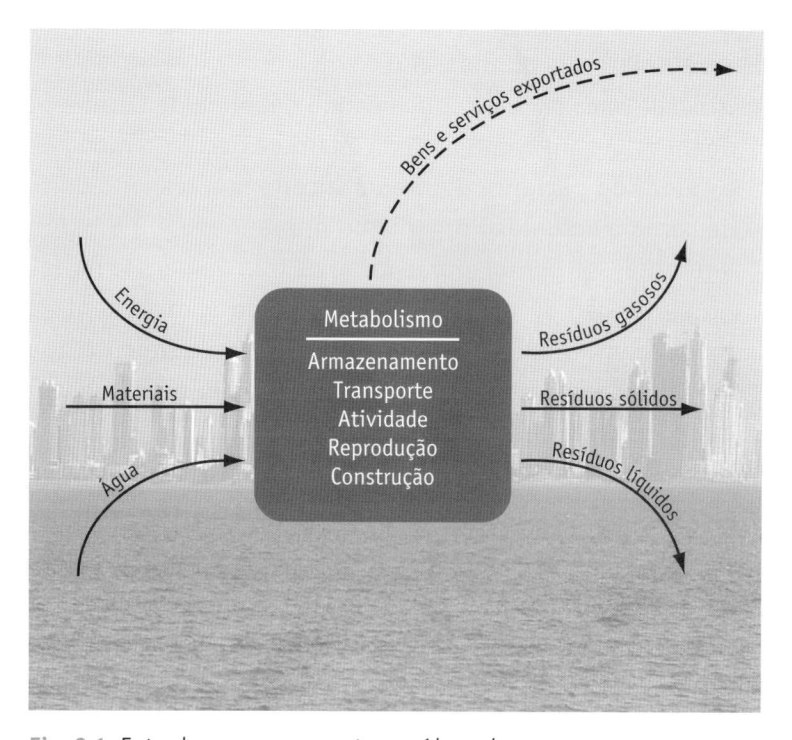

Fig. 2.1 Entradas, processamento e saídas urbanas

Institute of Wastes Management, 2002). No decorrer da vida, a diferença entre importação e exportação acaba como armazenamento de aproximadamente alguns milhares de vezes o peso da pessoa na forma de edificações e mercadorias (Fig. 2.2). O habitante médio de Londres, por exemplo, acrescenta anualmente ao ambiente urbano 2,1 t de materiais, com o valor exato dependendo dos materiais incluídos (Best Foot Forward; Institute of Wastes Management, 2002).

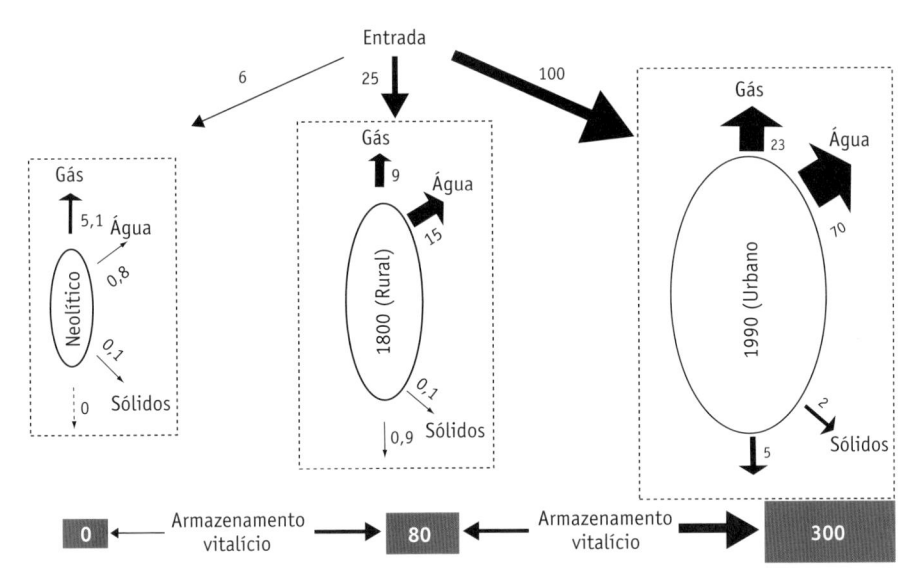

Fig. 2.2 Importação e exportação anual (em toneladas) de diversos materiais em várias sociedades
Fonte: adaptado de Decker et al. (2000).

As necessidades de um indivíduo humano são relativamente pequenas: uma pessoa come aproximadamente 250 kg de alimentos sólidos por ano, inspira 300 kg de oxigênio e bebe 1.200 kg de água; e produz cerca de 100 kg de resíduos sólidos, 500 kg de resíduos líquidos e 1.000 kg de resíduos gasosos (aproximadamente 60% na forma de vapor d'água e a maior parte do restante como dióxido de carbono).

No Neolítico, as entradas e saídas adicionais de um indivíduo, antes do surgimento da agricultura, provinham de combustíveis sólidos, principalmente lenha, usados para aquecimento, preparo de alimentos e proteção (Fig. 2.2). Já o meio ambiente urbano moderno exige entradas, saídas e armazenamento que excedem imensamente os de seus ocupantes humanos.

### 2.1.1 Alimento e água

Embora consumam mais ou menos o mesmo número de calorias dos habitantes de áreas não urbanas ou mesmo dos ancestrais do Neolítico, os moradores urbanos compram alimentos em lojas e restaurantes, o que resulta no descarte de uma quantidade substancial de comida não vendida. A quantidade de alimentos jogados fora por lojas ou moradores urbanos varia pelo mundo, por exemplo, o total de resíduos sólidos de Bangcoc é formado por menos de 2% de restos de comida, embora os moradores realmente descartem cerca de 20% dos alimentos (Færge; Magid; Penning de Vries, 2001). Entretanto, em Hong Kong, 30% dos resíduos sólidos são comida e, em cidades como Los Angeles e Cidade do México, mais de 40% dos resíduos sólidos são restos de comida (Decker et al., 2000; Ngo; Pataki, 2008). Cada morador urbano pode importar o dobro de comida que consome (Warren-Rhodes; Koenig, 2001).

Os habitantes urbanos, como a maioria dos habitantes dos países desenvolvidos, usam grande quantidade de água. Nos Estados Unidos, o uso doméstico é de aproximadamente 500 L por dia, cerca de 150 vezes o consumo pessoal. Esse volume inclui o uso dentro e fora de casa, mas não o consumo de água para a manufatura ou geração de energia, que pode ser cinco vezes maior do que o consumo doméstico.

A dificuldade de recolher e tratar a água da chuva faz com que, em essência, toda a água usada seja importada pela cidade ou extraída do chão com bombas. Se toda a chuva que cai numa cidade fosse captada para uso doméstico, sem deixar nada para as áreas naturais ou escoamento até os cursos d'água, a maioria das grandes cidades dos Estados Unidos mal teria o suficiente para sobreviver e, em áreas mais secas, algumas sequer sobreviveriam (Fig. 2.3).

A maior parte da água doméstica é usada fora de casa, principalmente

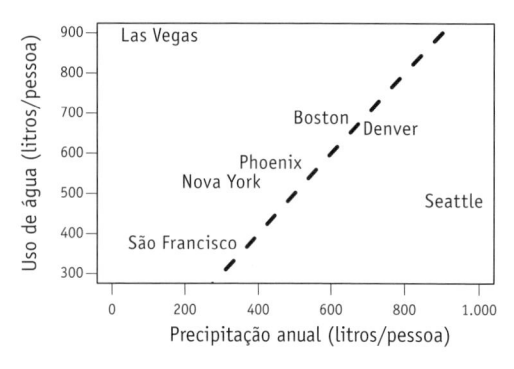

Fig. 2.3 Água da chuva disponível (litros/pessoa/ano que caem em toda a área metropolitana) comparada ao uso anual doméstico de água *per capita* em sete cidades selecionadas dos Estados Unidos. Embora Denver tenha precipitação menor que Boston, a sua densidade populacional também é menor. A linha tracejada indica onde o uso da água é igual à precipitação
Fonte: adaptado de Simmons et al. (2011).

para irrigar gramados e jardins (Simmons et al., 2011). Portanto, o uso de água é menor em áreas mais densamente povoadas que tenham quintais menores (Fig. 2.4A). O uso de água fora de casa depende da temperatura e aumenta em áreas mais quentes e, geralmente, mais secas (Fig. 2.4B).

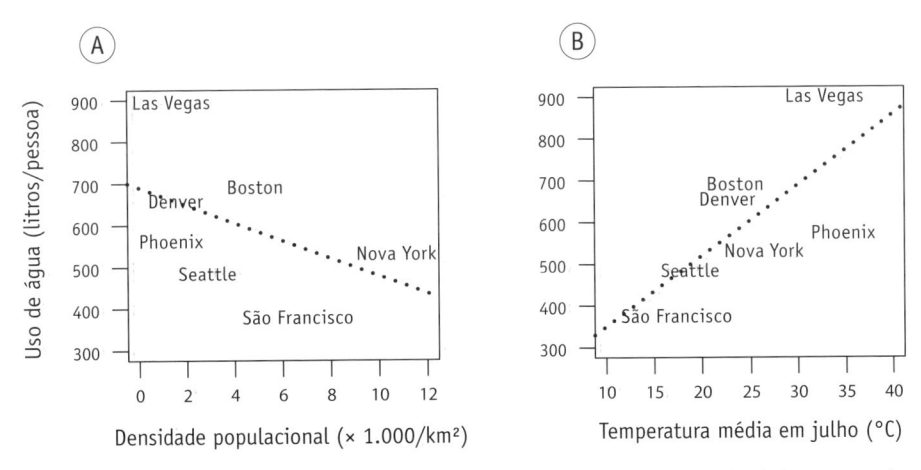

Fig. 2.4 (A) Densidade populacional (habitantes por quilômetro quadrado) comparada ao uso doméstico de água *per capita*. (B) Temperatura média em julho (verão no hemisfério Norte, em graus Celsius) comparada ao uso doméstico de água *per capita*. As linhas pontilhadas indicam o melhor ajuste da relação
Fonte: adaptado de Simmons et al. (2011).

Como é típico de áreas urbanas, tanto o reúso quanto a reciclagem de água são raros. Na verdade, a água da chuva costuma ser tratada como um incômodo pelos planejadores urbanos, que contam com um suprimento de água vindo de fora do ecossistema urbano. O esgoto, mesmo quando relativamente limpo, é diretamente exportado para estações de tratamento e descartado a jusante, embora algumas cidades estejam reutilizando parte da água sob a forma de *água cinza* (água residual, ou água de esgoto tratada), gerada pelo uso doméstico (Smith, 2009).

### 2.1.2 Materiais e energia

A concentração de artefatos humanos no ambiente construído talvez seja o aspecto mais notável das áreas urbanas modernas. Os materiais necessários para pavimentar e construir edificações são quase todos importados de fora da área. Atualmente, os seres humanos deslocam mais rochas e sedimentos do que todos os processos naturais combinados (McKinney, 2010). Numa cidade jovem em crescimento, a entrada de materiais pode exceder economicamente as exportações valiosas por um fator de dez (Brunner, 2007; Cuddihy; Kennedy; Engel-Yan, 2007) e o que sobra é armazenado no ambiente construído ou descartado como resíduo (Decker et al., 2000).

À medida que as cidades crescem, os materiais são importados de distâncias cada vez maiores e o seu transporte exige mais energia. Portanto, as cidades podem violar o padrão típico de crescimento dos ecossistemas em que produção e respiração chegam a se igualar quando os recursos locais se esgotam e o acúmulo de biomassa se interrompe (Fig. 2.5). Antes dos combustíveis fósseis, as cidades pré-modernas paravam de crescer quando importar recursos se tornava caro ou lento demais (Decker et al., 2000).

Em contrapartida, a população da moderna cidade de Hong Kong aumentou de pouco menos de 4 milhões de habitantes para cerca de 7 milhões entre 1971 e 1997, todas amontoadas em 120 km² de terra edificada. Nesse período, o consumo *per capita* de plástico, ferro e aço mais do que dobrou, enquanto a entrada de materiais mais tradicionais como vidro e madeira se reduziu (Tab. 2.1). Atualmente, usa-se quase tanto plástico quanto alimentos (Warren-Rhodes; Koenig, 2001).

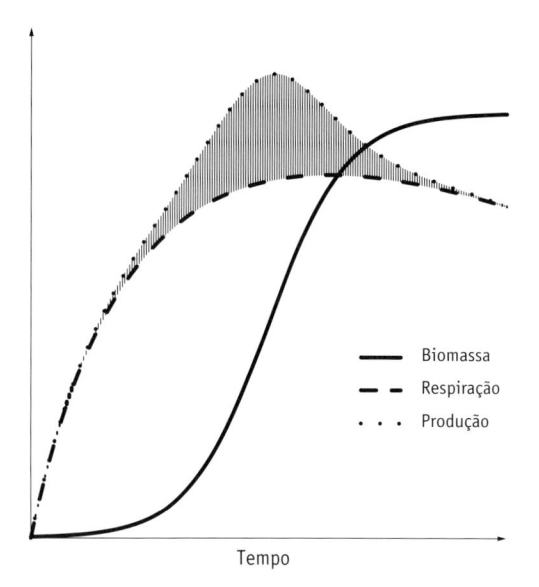

Fig. 2.5 Quando um ecossistema típico se recupera de perturbações, a produção excede a respiração (região sombreada), levando ao crescimento da biomassa, que cessa quando os recursos locais foram totalmente utilizados
Fonte: adaptado de Decker et al. (2000).

Muitos desses materiais, como os de embalagem, são de uso diário, outros servem para a construção de ruas e edificações, formas primárias de armazenamento urbano de materiais. A construção de novas moradias consome 450 kg de material por metro quadrado de área útil (Decker et al., 2000). Nos Estados Unidos, uma casa relativamente pequena de 150 m² pode pesar até 60.000 kg, cerca de 300 vezes mais do que uma família de quatro pessoas.

Tab. 2.1  Mudanças do uso de materiais em Hong Kong

| Material | Entrada *per capita* em 1971 (kg/ano) | Entrada *per capita* em 1997 (kg/ano) | Mudança desde 1971 (razão) |
|---|---|---|---|
| Cimento | 330 | 510 | 1,5 |
| Vidro | 25 | 19 | 0,8 |
| Ferro/aço | 170 | 380 | 2,2 |
| Papel | 94 | 140 | 1,5 |
| Plástico | 63 | 180 | 2,9 |
| Madeira | 170 | 110 | 0,6 |

*Fonte: Warren-Rhodes e Koenig (2001).*

Embora os materiais importados para um meio ambiente urbano cumpram o seu papel intencional, como oferecer abrigo, muitas importações também têm consequências não intencionais, por exemplo, a entrada involuntária do chumbo em canos d'água ou do metal pesado cádmio em revestimento de pisos pode criar um acúmulo local de poluentes perigosos (Brunner, 2007). Há uma relação negativa aproximada entre a quantidade utilizada de materiais diferentes e o seu impacto ambiental (Fischer-Kowalski; Hüttler, 1999): os que são usados em grande quantidade, como água, areia e pedregulho, podem ser coletados no ambiente com pouca transformação, já aqueles usados em pequena quantidade, como pesticidas e substâncias químicas perigosas, são compostos novos e potencialmente prejudiciais (Fig. 2.6).

A energia é a maior dessas entradas (seção 2.2). Mesmo no Neolítico, o peso total da importação de combustível já excedia o de alimentos, e continua assim na atual época de combustíveis fósseis concentradíssimos. Quando a cidade cresce, a entrada de alimentos, materiais e energia e a saída de resíduos têm de percorrer distâncias maiores, aumentando a energia necessária para sustentar o metabolismo urbano. Além de transportar recursos e resíduos, os seres humanos também precisam se movimentar. Atualmente, o transporte é o setor de maior consumo de energia de muitas grandes cidades, por outro lado, nem mesmo atletas chegam a usar metade da sua energia para se movimentar.

### 2.1.3 Resíduos

Em virtude da conservação da matéria, toda entrada não armazenada no ambiente urbano tem de ser exportada em forma sólida, líquida ou gasosa. Em comparação com outros ecossistemas, as áreas urbanas têm substancialmente menos reciclagem, que atua como forma de armazenamento temporário. Imagine, por exemplo, uma cidade que importe 1.000.000 t de água por dia. Se essa água for usada apenas uma vez, toda essa quantidade tem de ser importada e exportada todos os dias. Entretanto, se essa água for usada duas vezes, somente 500.000 t de água nova terão de ser importadas por dia, com a mesma redução do total exportado (Fig. 2.7). Um total de um terço do plástico e mais de metade do vidro, materiais geralmente usados em embalagens, são exportados como resíduos. Apenas uma fração minúscula de ferro, aço e madeira, materiais geralmente usados na construção civil, são exportados, sendo o restante armazenado no ambiente urbano (Tab. 2.2).

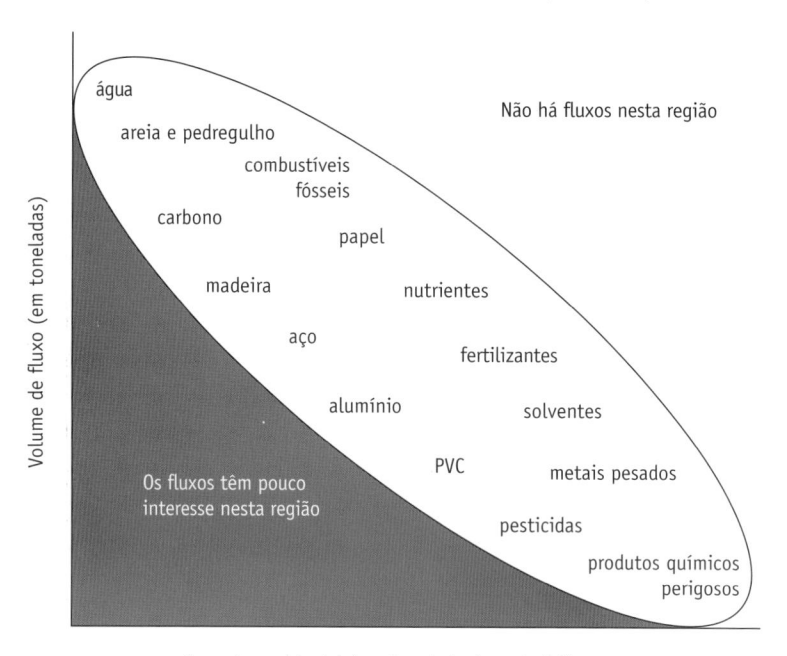

Fig. 2.6 Diagrama que mostra o impacto ambiental e a quantidade usada de vários materiais
Fonte: adaptado de Fischer (1999).

Na maioria das áreas urbanas, os resíduos sólidos vão para aterros sanitários, mas, quando a capacidade desses aterros se esgota, esses resíduos têm de ser levados para mais longe, aumentando o consumo de energia e a área terrestre diretamente perturbada pela cidade. O acúmulo resultante de resíduos sólidos pode criar problemas ecológicos, sociais e econômicos. A reciclagem pode reduzir a produção de resíduos,

Tab. 2.2   Mudanças da saída de materiais em Hong Kong

| Material | Saída *per capita* em 1971 (kg/ano) | Saída *per capita* em 1997 (kg/ano) | Mudança desde 1971 (razão) |
|---|---|---|---|
| Alimentos | 36 | 110 | 3,0 |
| Vidro | 14 | 13 | 0,9 |
| Ferro/aço | 6 | 13 | 2,1 |
| Papel | 64 | 91 | 1,4 |
| Plástico | 17 | 60 | 3,5 |
| Madeira | 59 | 5 | 0,1 |

*Fonte: Warren-Rhodes e Koenig (2001).*

o que de fato ocorre nas cidades que adotam essa prática, as quais demonstram uma real redução do armazenamento de resíduos sólidos (Kennedy; Cuddihy; Engel-Yan, 2007). Em algumas cidades grandes, o acúmulo de resíduos criou novos meios de vida. Nas megacidades modernas, os *catadores* ganham a vida procurando alimentos em latões de lixo e aterros sanitários, reciclando assim os resíduos e reduzindo o seu armazenamento (Decker et. al, 2000). Além de locais para a reciclagem de resíduos sólidos, os aterros sanitários podem prestar outros serviços, por exemplo, na produção de metano para recuperar parte da energia investida no tratamento de subprodutos dos resíduos (Decker et al., 2000).

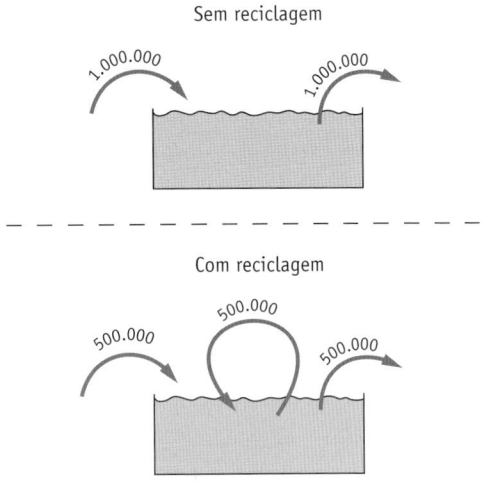

Fig. 2.7 Efeito da reciclagem sobre a entrada e a saída de água

### 2.1.4 Conclusões

Como um organismo individual, as cidades recebem a entrada de materiais, água, energia e alimentos. Elas transformam e armazenam parte dessa entrada e geram resíduos no processo. Embora cubram apenas 1% a 3% da área terrestre do planeta e abriguem 50% da população, as cidades são responsáveis por cerca de 70% da produção de $CO_2$, 60% do uso residencial de água e 76% do uso industrial de madeira (McKinney, 2010).

Em média, o habitante de uma cidade como Londres, ou seja, num país desenvolvido, mobiliza, desloca e transforma vasta quantidade de materiais (Tab. 2.3). Esses materiais possibilitam a concentração de seres humanos nas cidades, com o florescimento de oportunidades e produtos econômicos e culturais. Atualmente, os pesquisadores estão dando os próximos passos para entender como o metabolismo urbano reage a fatores humanos, como história, padrão de moradia e desenvolvimento econômico.

Tab. 2.3 Entrada e saída anual *per capita* de materiais em Londres (em toneladas)

| Substância | Massa |
|---|---|
| Entrada de energia | 1,8* |
| Entrada de materiais | 5,7 |
| Alimentos | 0,93 |
| Entrada de água | 120.000 |
| Residencial | 60.000 |
| Comercial/industrial | 26.000 |
| Vazamentos | 34.000 |
| Saída de resíduos sólidos | 3,6 |
| Residencial | 0,47 |
| Comercial/industrial | 1,08 |
| Construção/demolição | 2,05 |

*Equivalente a toneladas de petróleo.
Fonte: Best Foot Forward e Institute of Wastes Management (2002).

## 2.2 Balanço energético urbano

Todos os ecossistemas precisam de energia, mas os ecossistemas urbanos são os que mais exigem energia na Terra. Ao contrário de materiais, nutrientes e água, que, em princípio, podem ser reutilizados indefinidamente, toda energia acaba se dissipando em calor. A energia usada para locomoção, por animais ou veículos, não pode ser reutilizada nem reciclada numa forma passível de uso, já a energia usada no crescimento ou em reações químicas pode ser armazenada nas ligações químicas, mas uma fração dela é perdida toda vez que é usada. Como nada pode se mover nem crescer sem energia, quantificar a entrada e o uso de energia é uma forma eficiente de resumir o metabolismo de um ecossistema.

Com exceção dos hábitats supridos pelo calor geotérmico ou energia química das rochas, que são relativamente poucos, os ecossistemas recebem energia do Sol. O Sol oferece uma pequena quantidade de aquecimento direto para *ectotermos* (animais de sangue frio) e plantas, mas a maior parte da energia solar entra nos ecossistemas por meio da fotossíntese. As plantas e muitas algas usam a fotossíntese para transformar energia solar, dióxido de carbono e água em açúcares que armazenam energia sob forma química. Essa é a energia disponível sob a forma fossilizada de carvão, petróleo ou gás natural aos consumidores que comem as plantas, aos consumidores que comem consumidores e aos seres humanos. Uma pequena quantidade de energia pode ser importada por um ecossistema quando presas se mudam para ele, quando consumidores ou predadores saem temporariamente para procurar recursos ou quando a água deposita materiais ricos em energia, como folhas ou animais mortos.

Para comparar os diversos ecossistemas, deve-se distinguir *energia de potência*. A energia é a capacidade do sistema de realizar trabalho, como mover objetos ou promover reações químicas. O *joule* (J) é a unidade básica de energia, enquanto a potência, geralmente expressa em joules por segundo (J/s) ou *watts* (W), mede o uso de energia por unidade de tempo. Por conveniência, mede-se a potência na conhecida unidade watt e a energia em quilowats-horas (kWh). A definição das unidades básicas de energia e potência e os principais fatores de conversão estão na Tab. 2.4.

Tab. 2.4   Unidades básicas de energia e potência

| Símbolo | Nome | Definição | Conversão |
|---|---|---|---|
| J | joule | unidade básica de energia | |
| kJ | quilojoule | | 1 kJ = 1.000 J |
| W | watt | unidade básica de potência | 1 W = 1 J/s |
| Kcal | quilocaloria | unidade de energia alimentar | 1 kcal = 4,185 kJ |
| kWh | quilowatt-hora | unidade alternativa de energia | 1 kWh = 3.600 kJ |

Como base de comparação, qual a potência de um ser humano médio que consome 2.000 kcal por dia? As quilocalorias podem ser convertidas em watts da seguinte forma:

2.000 kcal = 2.000 kcal × 4,185 kJ/kcal ≈ 8.400 kJ
8.400 kJ = 8.400 kJ × 1.000 kJ/J = 8.400.000 J
1 dia = 60 s/min × 60 min/h × 24 h/dia = 86.400 s
2.000 kcal/dia = 8.400.000 J / 86.400 s ≈ 100 J/s = 100 W

Assim, um único ser humano usa, para funcionar, um pouco menos de energia do que duas lâmpadas incandescentes comuns (e mais ou menos o mesmo que sete lâmpadas fluorescentes compactas). No decorrer de um dia, o corpo dessa pessoa usa:

100 W × 24 h = 2,4 kWh

Os habitantes de ambientes urbanos usam muitíssimo mais energia do que isso para importar, processar e exportar materiais e resíduos.

Como segundo padrão de comparação, pode-se calcular o uso de energia de um ecossistema típico alimentado pelo Sol. Este fornece em média cerca de 160 W/m² na Terra inteira, embora esse valor seja mais alto nas regiões próximas do Equador e mais baixo nas regiões próximas dos polos. As plantas convertem 5% a 10% dessa energia em ligações químicas por meio da fotossíntese e fornecem cerca de 10 W/m² a 15 W/m² caso a área inteira seja coberta de plantas ativas na fotossíntese (Zhu; Long; Ort, 2008). Um consumidor, como um herbívoro, consegue converter no máximo 10% dessa energia em biomassa. Essa baixa eficiência de conversão significa que a quantidade de energia disponível para os organismos se reduz conforme se passa dos produtores para níveis cada vez mais altos de consumidores (a *pirâmide de energia*, Fig. 2.8).

Os ecossistemas não urbanos são restritos por outros fatores que limitam a fotossíntese, como a disponibilidade de água e nutrientes. O balanço energético varia de 0,1 W/m² em desertos e em alto-mar a até 4,0 W/m² em sistemas que recebem entrada substancial de matéria orgânica, como leitos de ostras, recifes de coral e algumas florestas tropicais (Odum, 1997). Em comparação, ecossistemas urbanos de alta densidade podem usar 100 W/m² a 300 W/m² (Fig. 2.9). Embora cubram apenas 1% a 3%

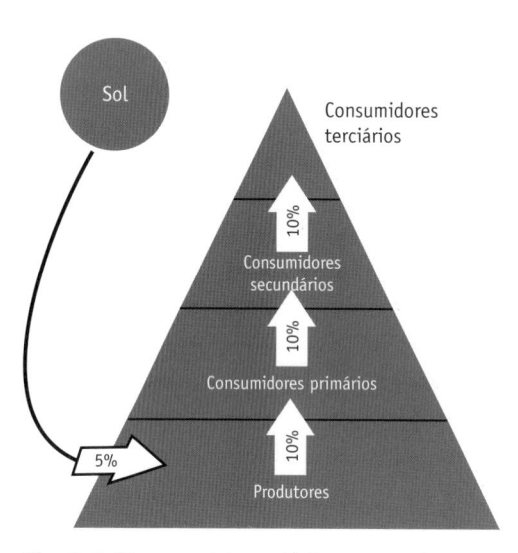

Fig. 2.8 Um ecossistema típico tem cada vez menos energia disponível conforme se passa dos produtores primários (plantas) para os consumidores (herbívoros) e predadores

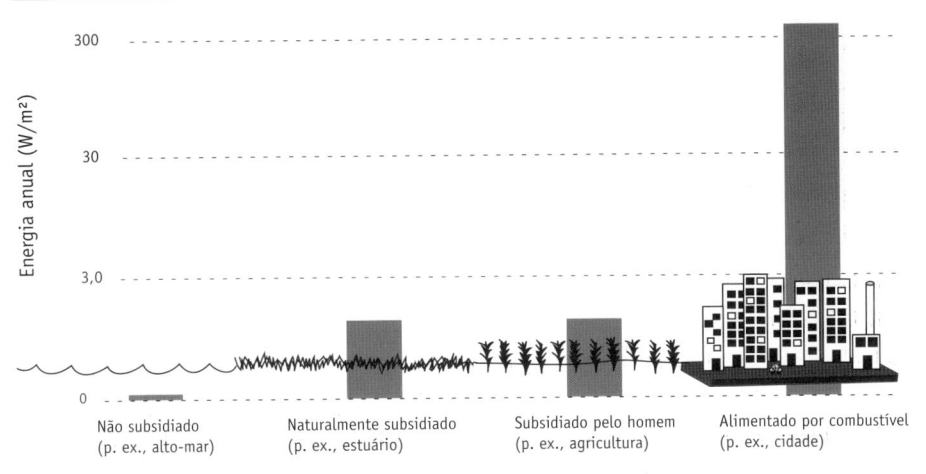

**Fig. 2.9** A energia usada numa cidade moderna movida a combustível pode exceder a de um ecossistema típico por um fator de cem ou mais
Fonte: adaptado de Odum (1975).

da área da Terra, as cidades têm o potencial de consumir quase tanta energia quanto todos os ecossistemas não urbanos combinados (Alberti, 2005).

### 2.2.1 Uso urbano de energia

Como o consumo urbano de energia excede a fotossíntese, a energia tem de ser importada. Portanto, os ecossistemas urbanos são *heterotróficos*, ou seja, recorrem à energia solar fixada por plantas longínquas. Em épocas anteriores, a maior parte da energia vinha da madeira ou de outros combustíveis de biomassa colhidos no meio ambiente urbano ou perto dele. Desde cerca de 1900, a maior parte da energia tem vindo de combustíveis fósseis, e atualmente menos de 10% vem de combustíveis de biomassa (Smil, 2000). Os combustíveis fósseis concentram energia solar armazenada durante milhões de anos. Com mais acesso a fontes de energia distantes e antigas, os ecossistemas urbanos conseguem alcançar uma densidade populacional mais elevada, o que exige uma infraestrutura adicional de coleta de energia. Essa retroalimentação cria a extrema demanda de energia das cidades modernas.

Ao contrário da maioria dos ecossistemas, o ecossistema urbano não é limitado pela energia solar disponível no local; quando precisa de mais energia, importa mais combustível. Isso rompe a restrição que gera a pirâmide típica dos ecossistemas (Fig. 2.8) e cria uma pirâmide invertida, com o *topo maior* composto de consumidores, principalmente sob a forma de seres humanos (Fig. 2.10). A pouca importância da produtividade primária corrente no meio ambiente urbano é destacada pelo fato de que, com as muitas superfícies construídas e a vegetação reduzida, o meio ambiente urbano pode ter produtividade primária mais baixa do que a área circundante (Imhoff et al., 2004).

A maior parte da energia importada só é diretamente disponível para seres humanos; os organismos urbanos não humanos ainda dependem da produtividade primária para obter boa parte da sua energia. As porções construídas do ambiente urbano não sustentam praticamente nenhuma fotossíntese, enquanto as manchas remanescentes de vegetação podem ser altamente produtivas por conta do suprimento mais homogêneo de recursos e flutuações reduzidas de temperatura (Shochat et al., 2006). Por exemplo, no sudeste dos Estados Unidos, relativamente úmido e fértil, um aumento de cerca de 2% de cobertura urbana terrestre causou uma redução de apenas 0,35% da produtividade primária. Portanto, os animais urbanos vivenciam uma paisagem energética muito fragmentada que intercala áreas de disponibilidade alta e baixa de energia.

Assim como os ecossistemas urbanos usam até cem vezes mais energia por unidade de área do que um ecossistema não urbano médio,

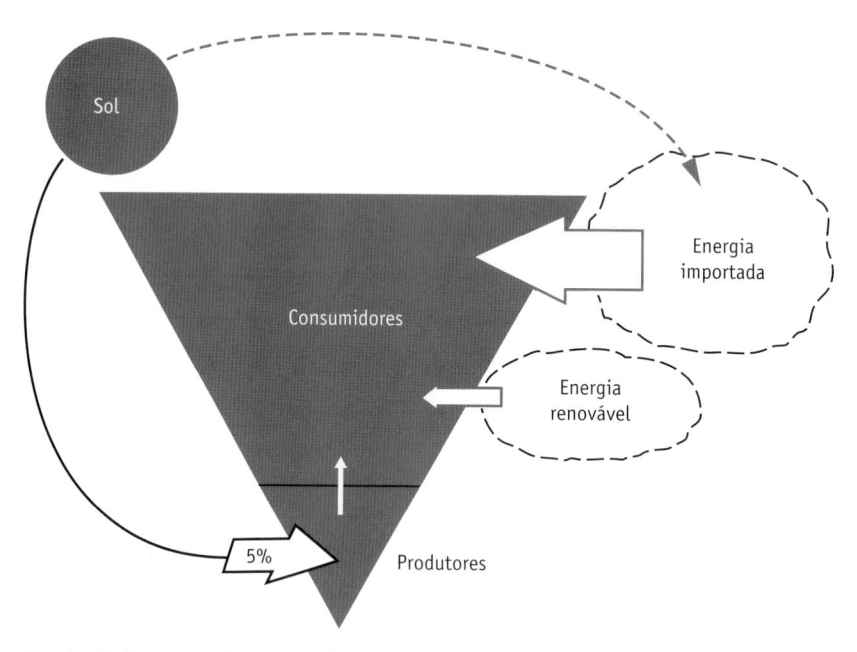

Fig. 2.10 Nos ecossistemas urbanos, a imensa massa de consumidores não é sustentada pela produção primária local, mas por energia importada

o morador típico de um meio ambiente urbano de país desenvolvido usa cem vezes a energia necessária para sustentar um único indivíduo, cerca de 10.000 W – ou seja, 40 vezes mais energia do que um indivíduo numa sociedade de caçadores-coletores (Decker et al., 2000). Essa energia adicional faz o metabolismo urbano funcionar: cria e desloca materiais, água, alimento, resíduos e energia e mantém o ambiente construído. Os materiais usados para criar o ambiente construído têm um custo energético associado que inclui produção, transporte e construção. A produção de 1 kg de cimento, vidro ou aço exige respectivamente 1,63 kWh, 7,17 kWh e 11,67 kWh (Venkatarama Reddy; Jagadish, 2003). Depois, é preciso cerca de 0,03 kWh para transportar cada 1 kg desses materiais por 100 km (Venkatarama Reddy; Jagadish, 2003). Construir 1 m² de uma edificação típica consome cerca de 1.600 kWh (Decker et al., 2000), energia suficiente para manter um ser humano adulto durante quase dois anos.

Muitos fatores determinam quais cidades consomem mais energia. As cidades com mais sazonalidade consomem mais energia *per capita*: as cidades quentes usam energia para se manter mais frias e as cidades frias usam energia para se manter quentes (Kennedy; Cuddihy; Engel-Yan, 2007). As características populacionais e demográficas da cidade também afetam o uso de energia: as cidades mais densamente povoadas exigem transporte com gasto de energia menos intenso, e as cidades com mais automóveis por habitante usam mais energia no transporte (Kennedy; Cuddihy; Engel-Yan, 2007), como mostra a Fig. 2.11. Embora essa tendência se mantenha entre as cidades da mesma região, o uso de energia em regiões diferentes varia de acordo com muitas outras características, por exemplo, cidades com renda *per capita* mais baixa usam menos energia (Alberti, 1999).

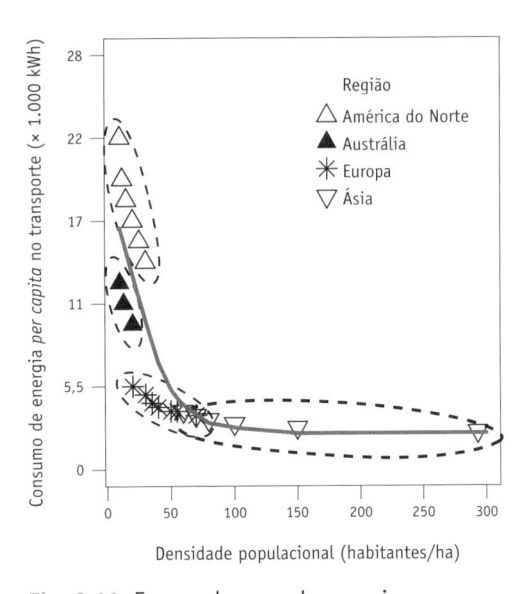

Fig. 2.11 Em geral, o uso de energia no transporte é mais baixo em cidades mais densamente povoadas
Fonte: adaptado de Kennedy, Cuddihy, Engel-Yan (2007).

Nas últimas décadas, o número de lares da América do Norte aumentou mais depressa do que a população, ou seja, há menos pessoas por residência, o que leva ao aumento do uso de combustível *per capita* e da conversão de terra agrícola para terra urbana (Liu et al., 2003). Entretanto, o aumento da eficiência compensou essas mudanças e produziu pouca mudança na média de consumo de energia residencial *per capita* desde 1980 (Holden; Norland, 2005). O espraiamento urbano, ou desenvolvimento imobiliário extraurbano de baixa densidade, aumenta o transporte e as emissões de carbono *per capita* (Ewing; Pendall; Chen, 2003; Gonzalez, 2005). No entanto, quem vive em cidades mais densamente povoadas compensa isso parcialmente com mais viagens aéreas (Holden; Norland, 2005).

A produção de um único hambúrguer de lanchonete, sem incluir a energia investida em máquinas, edificações, embalagens, tratamento de resíduos, mão de obra humana, transporte da loja à residência do consumidor nem energia solar para dar início ao processo todo, exige de 2,2 kWh a 5,6 kWh de energia, o equivalente à energia necessária para fazer até 50 seres humanos funcionarem durante uma hora. A grande variedade dessa estimativa de energia vem das diferenças de meio de transporte, exigências de refrigeração e práticas de cultivo de alface (Carlsson-Kanyama; Ekström; Shanahan, 2003).

As maçãs importadas pela Grã-Bretanha exigem quantidade semelhante de energia. Desde 1950, essas maçãs suprem cada vez mais o mercado britânico (Fig. 2.12). Elas podem ser enviadas da relativamente vizinha França, ou da Nova Zelândia, do outro lado do planeta. É necessário cerca de 0,75 kWh para importar 1,0 kg de maçã para os supermercados britânicos, enquanto a produção local do mesmo quilo de maçã exige cerca de 0,025 kWh (Jones, 2002).

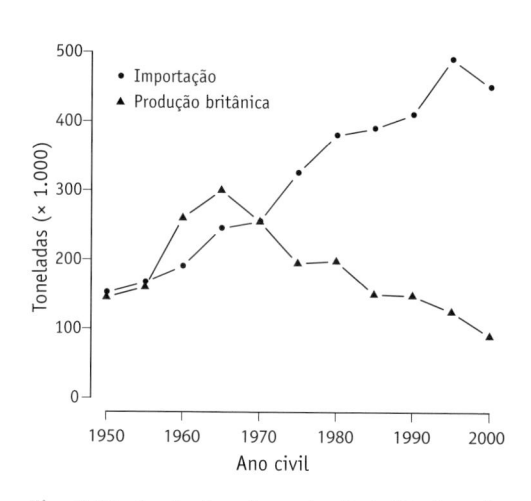

**Fig. 2.12** Produção e importação britânicas de maçã na segunda metade do século XX
Fonte: adaptado de Jones (2002).

Quando os habitantes urbanos ficam mais ricos, a sua alimentação se torna mais intensiva em termos de energia. Por exemplo, na Suécia, a energia necessária para alimentar uma pessoa varia de 1.400 kWh a 5.500 kWh por ano. O valor mais baixo resulta da alimentação baseada em produtos locais consumidos na estação, e o mais alto reflete a alimentação rica em carne e produtos importados. As frutas e hortaliças locais exigem consideravelmente menos energia para serem produzidas, mas não oferecem tanta energia por quilo quanto a carne (Carlsson-Kanyama; Ekström; Shanahan, 2003).

### 2.2.2 Conclusões

Os ecossistemas urbanos exigem quantidade imensa de energia, excedendo muito a que está disponível no local. Na verdade, o uso de energia nos Estados Unidos excede por um fator de dois a produtividade primária líquida do país inteiro (Wilson, 2011). Em geral, os combustíveis fósseis necessários para o funcionamento do metabolismo urbano vêm de fontes distantes. Os materiais que suprem a infraestrutura urbana e os alimentos que nutrem os habitantes também vêm de longe, e sua produção, transporte e distribuição exigem quantidade de energia ainda maior. A concentração sem precedentes de importação com energia subsidiada cria um desequilíbrio extremo entre consumo e produção, comparável apenas aos leitos de ostras ou recifes de coral mais produtivos.

Embora talvez seja a ilustração mais nítida da intensidade do ecossistema urbano, a contabilização da energia meramente lança as bases da imensa variedade de efeitos ecológicos da urbanização. A energia importada está por trás da transformação dos processos do ecossistema e das comunidades ecológicas que constitui o foco deste livro.

## 2.3 A PEGADA ECOLÓGICA URBANA

O metabolismo urbano descreve toda a variedade de entradas e saídas de uma área urbana, mas não facilita a comparação entre cidades diferentes nem avalia a capacidade do ecossistema local de sustentar uma cidade. A *pegada ecológica*, a área total de terra produtiva necessária para sustentar uma população, cria uma unidade de medida conveniente para essas comparações e avaliações (Wackernagel; Rees, 1996).

Por definição, as cidades têm densidade populacional suficientemente alta numa área suficientemente grande para exigir modificação substancial da terra e extensa infraestrutura para importar e exportar mercadorias e resíduos (Luck et al., 2001). Historicamente, só surgiram cidades onde era possível importar recursos com eficiência para alimentar e suprir a população (daí as famosas estradas romanas), principalmente à margem de rios ou onde se cruzavam as rotas comerciais.

A pegada ecológica quantifica a superfície terrestre necessária para criar e deslocar insumos como alimento, água, energia e materiais usados em uma área urbana, assim como a terra necessária para tratar e transportar os produtos – resíduos e poluição – que dela saem. Como tal, a pegada ecológica quantifica dois temas principais da Ecologia Urbana: a modificação do hábitat e o aumento de entradas e saídas. A pegada ecológica também pode rastrear a terra usada para fornecer as entradas e processar as saídas, seja na forma mais tradicional de *interior* externo à cidade, seja do lado oposto do globo (o *outro distante*) (Rees; Wackernagel, 1996).

### 2.3.1 Elementos da pegada

Embora haja várias abordagens para o cálculo da pegada, tudo começa pela classificação de atividades humanas básicas e tipos de uso da terra (Quadro 2.1, Fig. 2.13). As atividades que usam a terra direta ou indiretamente podem ser divididas em cinco categorias: (i) produção de alimentos, (ii) moradias e outras estruturas, (iii) transporte, (iv) bens e serviços e (v) resíduos. Essas atividades exigem seis tipos de uso de terra diferentes:

- a *terra agrícola* produz safras para alimentar seres humanos e animais domésticos, juntamente com alguns produtos usados em bens e serviços, como material de construção.
- as *pastagens* sustentam animais para a produção de carne e laticínios, além de produtos como lã e couro.

Quadro 2.1 Cinco atividades e seis tipos de uso da terra empregados para calcular a pegada ecológica. *Alto* e *baixo* indicam o nível relativo de uso de cada atividade; por exemplo, a terra agrícola é usada para produzir, em primeiro lugar, alimentos e, em segundo lugar, bens e serviços

| | Atividade | | | | |
| --- | --- | --- | --- | --- | --- |
| Tipo de uso de terra | Alimento | Moradia | Transporte | Mercadorias | Resíduos |
| Agrícola | Alto | | | Baixo | |
| Pastagem | Alto | | | Alto | |
| Floresta | | Baixo | | Alto | |
| Construída/degradada | | Alto | Alto | Baixo | Baixo |
| Energia | Baixo | Baixo | Alto | Alto | Baixo |
| Água | Alto | | Baixo | | Baixo |

*Fonte: adaptado de Lewan e Simons (2001).*

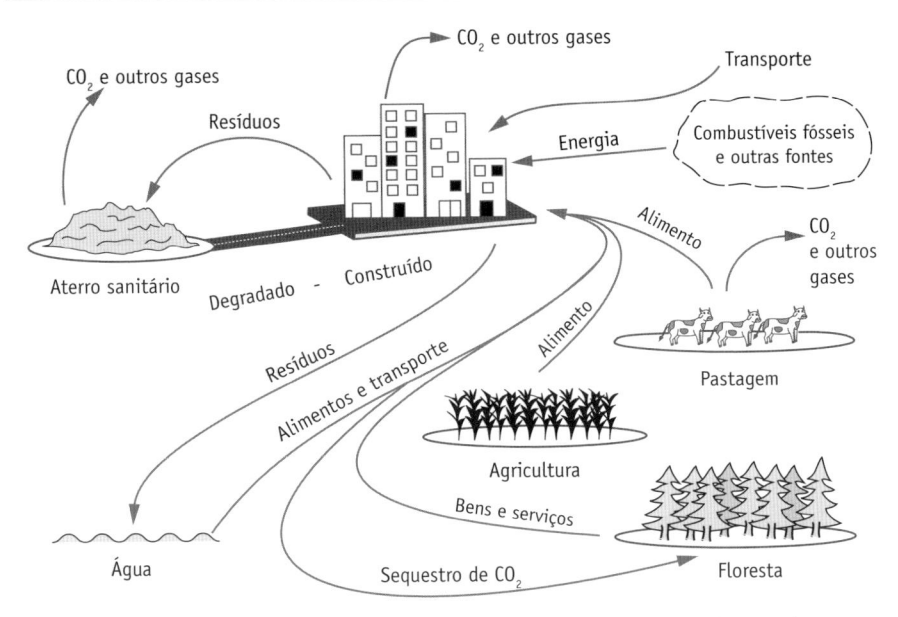

Fig. 2.13 Atividades e tipos de uso da terra envolvidos no cálculo da pegada ecológica

- as *florestas* produzem madeira usada em construções, produção de papel e outras mercadorias.
- a *terra construída ou degradada* é muito modificada e praticamente indisponível para outros organismos. Essa terra é ocupada por edificações para moradia e produção de mercadorias, ruas e estradas para transporte e distribuição de bens e serviços ou terra usada para mineração e descarte de resíduos.
- a *área de energia* pode ser vista de duas maneiras: em primeiro lugar, ela pode descrever a terra necessária para absorver o dióxido de carbono gerado pelo uso de combustíveis fósseis; em segundo lugar, pode descrever a terra necessária para produzir combustível de biomassa, como lenha, em quantidade suficiente para substituir a energia extraída pelos combustíveis fósseis.
- a *água* oferece alimento e corredores de transporte e recebe a saída de resíduos.

### 2.3.2 Cálculo da pegada

As quantidades resumidas pelo metabolismo urbano podem ser usadas para calcular a pegada ecológica. Os 7,4 milhões de habitantes de Londres têm uma pegada de cerca de 300 vezes a área da Grande Londres (Tab. 2.5). Os materiais usados em maior quantidade – areia, pedregulho, argila, cimento e outros materiais de construção – têm uma pegada geral menor do que os materiais usados em quantidade muito menor, como papel, plástico e bens manufaturados (Fig. 2.6).

A pegada ecológica do consumo de madeira, papel, energia e alimentos pelas 29 maiores cidades da região do Báltico é 200 vezes maior do que a área das cidades propriamente ditas (Folke et al., 1997). Cada $km^2$ de cidade exige 18 $km^2$ de florestas, 50 $km^2$ de terra agrícola e 133 $km^2$ de área marinha em virtude da demanda elevada de frutos do mar nessa região e da baixa produtividade média dos sistemas marinhos (Fig. 2.14).

Os resíduos, embora mais difíceis de quantificar, podem criar uma pegada ainda maior. O estudo que analisou a região do Báltico, por exemplo, limitava-se à área necessária para absorver nitrogênio, fósforo de resíduos humanos e dióxido de carbono produzido pela queima de combustíveis fósseis. A região tem áreas úmidas aproximadamente suficientes para absorver o nitrogênio (30 $km^2$ a 75 $km^2$ por $km^2$ de cidade)

Tab. 2.5   Principais componentes da pegada ecológica dos moradores de Londres

| Componente | Hectares por pessoa | Percentagem do total ou subtotal |
|---|---|---|
| Energia | 0,69 | 10 |
| Gasolina | 0,38 | 55 |
| Eletricidade | 0,31 | 45 |
| Materiais e resíduos | 3,05 | 44 |
| Papel e plástico | 1,66 | 54 |
| Alimentos | 2,80 | 40 |
| Carne | 0,78 | 28 |
| Ração para animais de estimação | 0,42 | 15 |
| Leite | 0,33 | 12 |
| Transporte | 0,34 | 5 |
| Carros | 0,29 | 84 |
| Água | 0,02 | 0,3 |
| Terra construída | 0,05 | 0,7 |
| Total | 6,95 | 100 |

Fonte: Best Foot Forward e Institute of Wastes Management (2002).

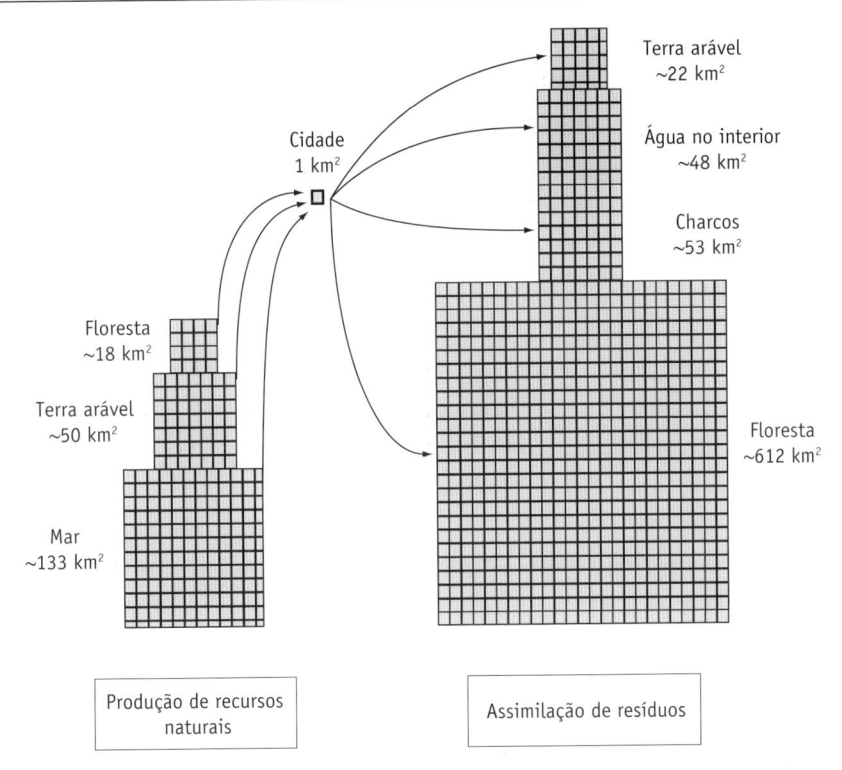

**Fig. 2.14** Componentes da pegada ecológica dos Estados Bálticos (segundo Folke, 1997)

e terra agrícola mais do que suficiente para o fósforo (cerca de 11 km² a 30 km² por km² de cidade). O sequestro de dióxido de carbono, a sua remoção da atmosfera e o armazenamento em tecidos vivos exigiriam todos os cursos d'água terrestres existentes (cerca de 48 km² por km² de cidade) e mais do que a área de florestas existente (de 354 km² a 874 km² por km² de cidade), mesmo sem considerar os outros resíduos criados pela queima de combustíveis fósseis (Venetoulis; Talberth, 2008). A pegada da assimilação de resíduos, portanto, é pelo menos o dobro da pegada do consumo. Combinadas, essas pegadas são aproximadamente iguais à área de toda a região geográfica que engloba as 29 cidades.

Em vez de computar a área necessária para sequestrar carbono como área de energia componente da pegada ecológica, um método alternativo calcula a área necessária para produzir a quantidade de combustíveis de biomassa para criar originalmente a energia. A produtividade primária média da Terra é de aproximadamente 15 kg de carbono por dia por hectare. Cada morador urbano da região do Báltico produz cerca de 10 kg de dióxido de carbono por dia. Com uma densidade média de cem pessoas por hectare, a produção de dióxido de carbono por seres humanos excede a produtividade primária por um fator de cerca de 60. Em parte, as áreas muito maiores encontradas com o método do sequestro de carbono resultam da baixa produtividade das florestas de coníferas dessa região. Ambos os cálculos pressupõem uma floresta jovem em crescimento que acrescenta biomassa e absorve carbono muito mais depressa do que uma floresta madura.

### 2.3.3 Limitações da pegada

Houve muitas críticas tanto ao método de cálculo quanto à interpretação da pegada ecológica. O cálculo detalhado de uma pegada depende do local, da quantidade e do tipo de consumo e da região de origem de materiais e alimentos. Pode ser difícil obter boa parte dessas informações, o que, na prática, cria problemas para o cálculo da pegada. Além disso, algumas críticas levantam questões importantes sobre a própria Ecologia Urbana, as quais são destacadas aqui.

Em primeiro lugar, concentrar-se na pegada ecológica das cidades pode criar uma visão negativa da vida urbana. Embora as áreas urbanas realmente possam ter pegadas imensas que se estendem muito além das suas fronteiras físicas, a pegada por indivíduo costuma ser menor na cidade do que em áreas não urbanas. A concentração de infraestrutura de transporte e distribuição de mercadorias e serviços que caracteriza as cidades pode torná-las substancialmente mais eficientes do que áreas não urbanas povoadas de forma mais difusa. Em geral, o uso de recursos *per capita* é, de fato, mais baixo nas cidades mais antigas, que parecem ter a infraestrutura mais deteriorada (Kaye et al., 2006).

Em segundo lugar, fundamentalmente, é difícil explicar toda a complexidade do metabolismo urbano exprimindo todos os efeitos com a moeda única da área terrestre. Por exemplo, alguns cálculos incluem a *terra de biodiversidade*, preservada para manter as espécies nativas (Chambers; Simmons; Wackernagel, 2000). Mas que fração de terra é necessária para manter um número adequado de espécies, onde ficaria essa terra e, talvez o mais importante, como se tomam as decisões de preservação? É difícil incluir na análise da pegada valores como biodiversidade e outros aspectos da qualidade de vida, como água limpa ou vista agradável. Do mesmo modo, a demanda de água urbana provoca no meio ambiente tensões difíceis de incluir na pegada (McManus; Haughton, 2006). Muitas formas de resíduos dificultam a contabilização. O estudo da região do Báltico, por exemplo, contabilizou o nitrogênio por meio da área de charcos necessários para o processamento, mas não incluiu o efeito do acúmulo de nitrogênio na cidade nem os possíveis efeitos da poluição distante, como os criados pela chuva ácida. As cidades também geram calor substancial, tanto com a combustão quanto com a retenção de energia solar, o que leva a alterações do clima que não ocupam a área terrestre.

Em terceiro lugar, contabilizar o uso da terra somando os diversos tipos de terra deixa de lado o fato de que a mesma terra pode servir simultaneamente a propósitos diferentes. Por exemplo, a terra dos pastos e plantações pode sustentar biodiversidade substancial e absorver carbono e outros resíduos. Além disso, a própria paisagem urbana diversificada sustenta uma biodiversidade apreciável, embora um tanto incomum.

Em quarto lugar, a pegada ecológica não inclui os muitos benefícios das cidades. As pessoas se mudam para as cidades pelo acesso a uma variedade maior de produtos do mundo inteiro. Embora a produção e o transporte dessas mercadorias tenha mesmo um custo ecológico real, pode haver benefícios econômicos igualmente reais para a região-fonte capazes de se traduzir em benefícios ecológicos, se administrados de forma adequada (McManus; Haughton, 2006). Como qualquer visitante de Nova York e de Londres sabe, os habitantes urbanos têm acesso a recursos culturais que só as cidades podem oferecer. Em outras palavras, as cidades podem ser consumidoras líquidas de produtos da natureza, mas são produtoras líquidas de artefatos econômicos, sociais e culturais humanos (Rees, 2003). Na verdade, a produtividade intelectual é mais alta nas grandes cidades, ainda que o uso *per capita* do recurso seja mais baixo (Bettencourt et al., 2007).

Sozinha, a pegada ecológica não permite prever consequências ecológicas. Em algum momento da década de 1980, a pegada ecológica conjunta de todos os habitantes da Terra ultrapassou a área total do planeta. Entretanto, ao contrário de um balão que explode ao exceder a sua capacidade, os ecossistemas da Terra não entraram em colapso. Há várias soluções para esse aparente paradoxo: alguns afirmam que os seres humanos vivem uma dívida e que o custo ecológico de exceder a capacidade começa a ser visto sob a forma de mudança climática, extinção acelerada de espécies e acúmulo de resíduos em regiões distantes da ocupação humana; outros afirmam que a pegada ecológica pressupõe recursos fixos e ignora a capacidade humana de expandir a base de recursos. No último século, a eficiência do uso da energia mais do que dobrou (Smil, 2000). A produção agrícola por hectare aumentou até seis vezes (Wilson, 2011), em parte por causa da entrada maior de nutrientes e energia. Inovações constantes poderiam efetivamente expandir o tamanho do planeta em relação à pegada ecológica humana. Este livro não pretende resolver esse debate, apenas ajudar a entender os efeitos ecológicos de consumo, resíduos e modificação do hábitat.

### 2.3.4 Serviços do ecossistema

A *moeda* mais popular entre os economistas é, naturalmente, o dinheiro. Os *serviços do ecossistema*, valor econômico gerado por elementos do meio ambiente natural, se dividem em três categorias gerais: fornecimento de água e alimento, cultura e regulação (como clima e controle da poluição).

Estocolmo ilustra algumas oportunidades e desafios dessa abordagem (Bolund; Hunhammar, 1999). Os hábitats urbanos, como as árvores das ruas, os gramados, os parques, as florestas urbanas, os charcos, lagos e cursos d'água, oferecem ao menos seis tipos de serviços do ecossistema (Fig. 2.15).

- *Filtragem do ar*: um hectare de floresta mista remove cerca de 15 t de particulados, enquanto as florestas de abetos conseguem remover até 45 t. Estocolmo é uma cidade muito arborizada, com até 10% da área composta de florestas.

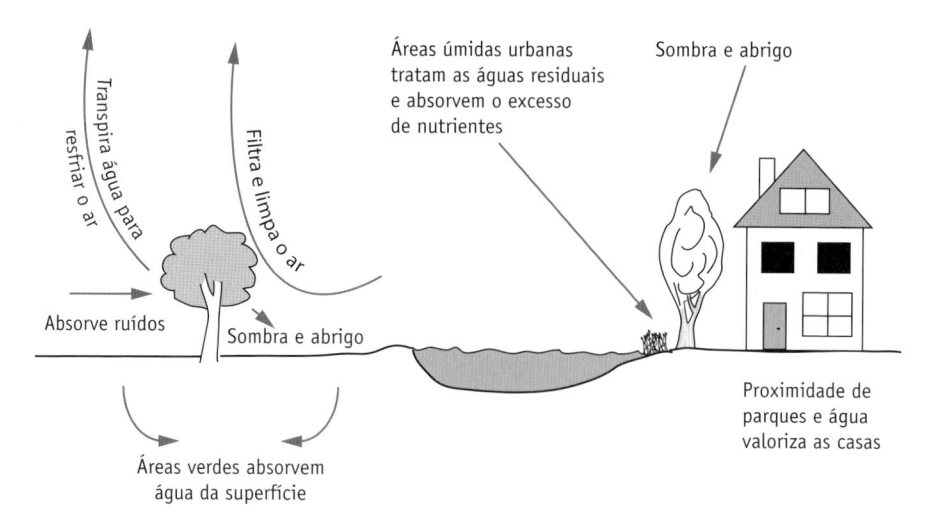

Fig. 2.15 Alguns serviços do ecossistema oferecidos por hábitats urbanos em Estocolmo, na Suécia

Fonte: adaptado de Bolund e Hunhammar (1999).

- *Regulação do microclima*: nessa região, uma árvore grande transpira 450 L d'água por dia, consome até 300 kWh de energia no processo e resfria o ar. Combinadas aos benefícios de fazer a sombra no verão e proteger do vento no inverno, três árvores por terreno construído podem economizar de 50 a 90 dólares por ano. Do mesmo modo, lagos e cursos d'água absorvem energia e resfriam as áreas circundantes.
- *Redução de ruído*: o excesso de ruído pode criar estresse psicológico e reduzir a produtividade econômica (Guite; Clark; Ackrill, 2006). Embora se saiba que gramados, árvores e arbustos absorvem ruídos, os benefícios econômicos não foram quantificados. As alternativas da engenharia, como reduzir o ruído construindo barreiras acústicas ao longo de estradas ou equipar edificações com janelas muito bem isoladas, tendem a ser caras.
- *Drenagem de águas pluviais*: as áreas de vegetação absorvem muito mais água do que superfícies impermeáveis como os estacionamentos e podem reduzir, por um fator de seis, a quantidade de água que escoa para os cursos d'água e a rede de águas pluviais. É difícil quantificar o valor econômico da resultante redução da erosão e das inundações.
- *Tratamento de esgoto*: os charcos e áreas úmidas retêm até 96% do nitrogênio e 97% do fósforo e podem ser mais baratos do que construir e operar estações de tratamento de esgotos.
- *Recreação/cultura*: os hábitats verdes reduzem o estresse, estimulam exercícios e promovem a boa saúde (seção 5.1), e os moradores pagam um excedente substancial para morar perto de água e parques.

Em cinco cidades do Reino Unido, serviços como sequestro de carbono, redução do escoamento de água urbana, redução da temperatura máxima e manutenção da biodiversidade são menores nas áreas com alta densidade de edificações (Tratalos et al., 2007). A terra menos intensamente construída presta serviços substanciais, indicando que áreas moderadamente urbanizadas cumprem a dupla tarefa de lugar para viver e parte do ecossistema em funcionamento, o que põe em questão o cálculo de toda a terra construída como parte da pegada ecológica. De várias maneiras, áreas urbanas com uso misto preservam mais serviços e funções do ecossistema do que terras sob cultivo agrícola intensivo (Gaston; Davies; Edmondson, 2010).

Pôr esses serviços do ecossistema no contexto do ecossistema urbano como um todo traz um novo ponto de vista (Pataki; Carreiro; Cherrier, 2011). A capacidade das árvores urbanas de absorver dióxido de carbono é limitada e, em Los Angeles, é de menos de 1% do total gerado. A capacidade das árvores de capturar particulados se restringe à sua superfície e não é substancialmente mais eficaz do que a de superfícies não vivas, como as paredes (Pataki; Carreiro; Cherrier, 2011). A capacidade das árvores de reduzir o ozônio urbano resfriando o clima da cidade pode ser compensada pela sua produção de compostos orgânicos voláteis (seção 3.4). Portanto, a contabilidade da necessidade de serviços deveria também incluir os *desserviços ao ecossistema*, como as emissões, as alergias e o custo financeiro e ecológico da manutenção. Até o efeito resfriador bem estabelecido das árvores em clima seco depende de rega substancial, o que, por sua vez, exige energia e pode esgotar a água de outros locais.

### 2.3.5 Conclusões

A pegada ecológica explica os muitos efeitos que a cidade provoca sobre o meio ambiente com o cálculo da área terrestre necessária para sustentar a existência da cidade. Embora haja muitas dificuldades associadas a esse cálculo, o princípio ecológico básico de que o intenso metabolismo urbano exige uma área substancial é inegável. A pegada ecológica estima apenas o tamanho dessa área.

Essa contabilidade tem muitos paralelos com a abordagem energética (seção 2.2). Nas cidades mais densamente ocupadas, o uso de energia é aproximadamente cem vezes maior do que o do ecossistema circundante. A simples geração dessa energia explica uma fração substancial da pegada ecológica.

Pode ser mais difícil especificar com exatidão a terra ou a água apropriada como parte da pegada. Os gases do efeito estufa associados ao uso do automóvel podem ser gerados a distância, em siderúrgicas e refinarias de petróleo, e o custo ecológico de comer carne bovina pode ser percebido como desmatamento no outro lado do continente (Lenzen; Peters, 2009).

As áreas urbanas consomem imensa quantidade de energia e materiais e, consequentemente, transformam a terra que os fornece. O metabolismo urbano, a contabilidade da energia e a pegada ecológica são resumos úteis, mas não avaliam os efeitos ecológicos complexos criados pelas áreas urbanas. Entender esses efeitos, que incluem carga de nutrientes, mudança climática local, alteração das interações entre espécies, novos comportamentos animais e até mudança evolutiva, é o foco principal do restante deste livro.

## 2.4 Comparação com outros organismos sociais

Qualquer animal grande que viva em grupos sociais exigirá grande quantidade de alimento e materiais. Todos os engenheiros do ecossistema aumentam o seu impacto com o uso de materiais para reconstruir o meio ambiente (Fischer-Kowalski, 1998). Os seres humanos se destacam pela complexidade da sociedade e pela extensão do trabalho de engenharia, que provoca demandas maiores e mais extremas ao meio ambiente. Esta seção compara os seres humanos com outros animais e se concentra detalhadamente em aproximar e contrastar colônias de formigas com cidades humanas.

Mesmo quando não sociais, animais grandes podem alterar profundamente o meio ambiente. Alguns, como o alce, exigem tanta energia que consomem uma fração substancial das suas plantas favoritas e dão vantagem competitiva às plantas de que menos gostam (Hulme, 1996). O maior animal terrestre vivo, o elefante, arranca árvores e arbustos inteiros, o que pode mudar a frequência dos incêndios, alterar o suprimento de alimento de outros organismos e prejudicar solos e plantas em zonas ripárias em nível suficiente para transformar o movimento de nutrientes (Naiman, 1988). A adição do comportamento social, como entre os elefantes, acentua e concentra esses efeitos.

Os seres humanos os ampliam ainda mais com a sua elevada densidade populacional. Pelo uso típico de energia, uma população de carnívoros aproximadamente do tamanho dos seres humanos teria uma densidade de cerca de 0,001 habitante por hectare, e herbívoros de tamanho semelhante teriam densidade apenas dez vezes maior (Wilson, 2011), ou 0,01 indivíduo por hectare. Esses valores estão centenas de vezes abaixo das cidades e, na verdade, são menores do que se a população de seres humanos se espalhasse por igual em toda a área terrestre do planeta (seção 1.2).

### 2.4.1 Aplicação da contabilidade urbana a uma colônia de formigas

Obviamente, as formigas diferem profundamente dos seres humanos no tamanho e na capacidade mental, mas são parecidas no comportamento extremamente social, na distribuição quase mundial e na grande variedade dos seus efeitos sobre a ecologia. Na terra, as formigas vivem por toda parte, a não ser nos polos e em poucos locais com luz solar limitadíssima (Ward, 2006). Os fósseis indicam que a morfologia das formigas ficou praticamente inalterada nos últimos 30 milhões de anos. A principal inovação que fez delas um sucesso mundial foi a ampliação da dieta, que passou da predação e do forrageio para muitas formas de coleta de alimentos, como comer sementes, caçar em grupo e até versões de agricultura e pecuária. O estilo de vida social e flexível permite às várias espécies de formiga criar muitas mudanças associadas às cidades humanas. Na verdade, algumas espécies de formiga são muito bem-sucedidas em ambiente urbano (Menke et al., 2010).

## Moradia

Como os seres humanos, as formigas modificam estruturalmente o espaço onde vivem. Os formigueiros são reconhecidos como locais cobertos de pedras e solo escavado no processo de construção. Esses montes podem cobrir até 10% da área circundante e desempenhar muitos dos mesmos papéis dos lares humanos, como defesa, regulação da temperatura e drenagem de água (Elmes, 1991). Também são impressionantes as grandes áreas limpas criadas pelas formigas colhedoras de sementes do gênero *Pogonomyrmex*, que conseguem ocupar 6 $m^2$ com um único ninho.

Nem todas as formigas vivem no solo. As formigas tropicais do gênero *Azteca* foram meticulosamente estudadas em consequência da relação mutualista com as árvores do gênero *Cecropia*, das quais as formigas recebem uma fonte de nutrientes e um lugar para morar em troca de proteger as árvores de herbívoros. Como parte dessa defesa, a colônia de *Azteca* costuma limpar uma grande área em torno da sua árvore, imitando a vegetação reduzida característica do ambiente construído.

Algumas formigas protegem o seu território contra a invasão de outras formigas e chegam a instalar *avisos* na forma de marcas químicas que, na verdade, indicam *entrada proibida*. Isso pode ser considerado uma forma de propriedade privada, embora não imposta pela polícia, como no caso humano. Essas regiões defendidas alteram a distribuição espacial das colônias de formigas e criam uma distribuição regular de lares que mais parece um bairro residencial periurbano do que uma cidade densamente povoada. Outras formigas produzem herbicidas como o ácido fórmico para remover plantas indesejadas que crescem perto da sua árvore-lar, e produzem uma monocultura vegetal tão extremada quanto alguns hábitats agrícolas (Frederickson; Greene; Gordon, 2005).

## Mercadorias

As formigas colhedoras de sementes, assim como outras formigas do deserto, além de construir grandes formigueiros e limpar a área em volta, importam cascalho, carvão e pedras para cobrir os seus montes (Hölldobler; Wilson, 1990). Não se sabe com certeza o propósito desses objetos, muitos de cor escura, mas há a hipótese que ofereçam alguma forma de controle da temperatura. Além de importar materiais de construção, muitas formigas também importam alimentos sob a forma de sementes. A combinação de importação de sementes e modificação do solo perto do ninho pode levar ao crescimento, na vizinhança do formigueiro, de uma flora bem diferente da que nasce na área circundante.

## Transporte

Algumas formigas, como as colhedoras de sementes e as cortadeiras dos gêneros *Atta* e *Acromyrmex*, constroem sistemas de trilhas (Fig. 2.16). Essas áreas sem vegetação chegam a se estender por dezenas e até centenas de metros, ou seja, dezenas de milhares de vezes o comprimento de uma formiga. Esse sistema pode cobrir um hectare inteiro, tornando a sua área comparável à pegada ecológica de uma pessoa (Hölldobler; Wilson, 2008). Outras espécies de formiga fazem extensos sistemas de túneis que exigem a remoção de uma imensa quantidade de solo (Elmes, 1991).

Fig. 2.16 A formiga cortadeira *Atta*, agricultora e engenheira do ecossistema

### Alimentos

Como as cidades humanas, a maioria das colônias de formiga apresenta *forrageio de lugar central*, ou seja, os indivíduos moram num local central e ali concentram alimentos vindos de uma área maior. Essa necessidade favorece o desenvolvimento de estratégias inovadoras para a coleta de alimentos. Algumas formigas, como as cortadeiras que fazem trilhas, são agricultoras que usam as folhas que coletam para cultivar um fungo coevoluído que lhes serve de alimento (Fig. 2.16). Essas formigas conseguem coletar mais de 15% da produção de folhas novas das florestas tropicais (Hölldobler; Wilson, 1990). Elas cuidam constantemente das suas hortas de fungos para remover *ervas daninhas* indesejadas e chegam a usar as próprias fezes como adubo. Outras formigas mantêm depósitos de comida acima do solo criando pulgões e outras espécies aparentadas de hemípteros que se alimentam de seiva. As formigas limpam esses insetos e os protegem de predadores em troca do acesso à secreção rica em carboidratos excretada por eles (Fig. 2.17).

Fig. 2.17 Formigas cuidam de pulgões para obter as suas secreções adocicadas

### Resíduos

Como no caso dos seres humanos, a concentração de indivíduos e recursos num local central leva ao acúmulo de resíduos. As formigas colhedoras de sementes formam uma pilha de descarte bem definida (Fig. 2.18) para os resíduos sólidos, com pouca vegetação viva, mas que pode oferecer recursos a futuras gerações de plantas (Gordon, 1999).

As formigas cortadeiras têm um sistema complexo de remoção de resíduos das suas hortas de fungos. A maioria das espécies separa o material potencialmente contaminado em câmaras especiais dentro do formigueiro, capazes de guardar até 500 kg de resíduos. Algumas espécies removem os resíduos para um depósito externo. As operárias do lixão são cuidadosamente segregadas das outras, têm mortalidade mais alta e são selecionadas entre as operárias mais velhas. Essas formigas mostram forte aversão aos próprios resíduos, que podem ser usados como força dissuasora para impedir que formigas ataquem um jardim (Hölldobler; Wilson, 2008).

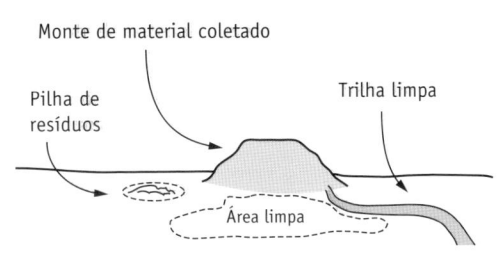

Fig. 2.18 Formigueiro de *Pogonomyrmex*, formiga colhedora de sementes, e os seus arredores

### Água
O movimento da água é alterado pelas áreas nuas em torno dos formigueiros e pelo movimento do solo no seu interior. Muitas formigas são intolerantes a inundações e criam modificações, principalmente na estrutura do formigueiro, para dispersar a água rapidamente e reduzir esse perigo.

### 2.4.2 Efeitos ecológicos das formigas
Em princípio, as mudanças criadas por uma colônia de formigas poderiam ser combinadas num único número como a pegada ecológica ou numa análise detalhada do fluxo de energia. Em vez de tentar fazer esse cálculo, destacam-se alguns efeitos ecológicos criados por essas sociedades de insetos.

### Solo
Como organismos que vivem basicamente no solo, as formigas têm um efeito substancial sobre a sua estrutura e fertilidade. Na verdade, as formigas reviram mais solo do que as minhocas, criando os bolsões de ar necessários para as raízes das plantas crescerem (Ward, 2006). Uma colônia de vários milhões de formigas cortadeiras consegue escavar até 8 m$^3$ de solo, com o peso de muitas toneladas.

*Modificação do hábitat*
As áreas limpas em torno dos formigueiros apresentam semelhanças com o ambiente urbano construído. A falta de plantas leva ao acúmulo de nutrientes, e as bordas das áreas limpas, como a beira das vias de trânsito, podem ter aumento da fertilidade, às vezes suficiente para compensar a falta de biomassa das áreas limpas (MacMahon; Mull; Crist, 2000). Em outros locais, principalmente nos trópicos, as formigas aparam as raízes das plantas perto do ninho, o que leva ao acúmulo de nutrientes e, finalmente, ao seu vazamento para o solo mais profundo.

*Efeitos sobre a biodiversidade*
No mundo inteiro, várias espécies de formigas se tornaram muito invasivas. A formiga-açucareira (*Linepithema humile*), pequena formiga nativa da América do Sul, invadiu muitos continentes. Em algumas regiões da América do Norte, essas formigas invasoras eliminam quase todas as espécies nativas de formiga (Holway, 1998). Na Austrália, a formiga-de-cabeça-grande (*Pheidole megacephala*) reduz as populações de muitos insetos, mas, como os seres humanos, aumenta a população local de baratas (Hoffmann; Parr, 2008). Além do efeito sobre outros insetos, algumas formigas promovem o estabelecimento de espécies vegetais invasoras, em geral por acidente, quando deslocam as suas sementes para novos hábitats. Como os seres humanos que plantam jardins, as sementes levadas pelas formigas podem modificar as espécies vegetais locais para que se adéquem às que elas preferem.

As variedades de espécies invasoras introduzidas podem ter características desconhecidas pelas formigas. Por exemplo, as formigas-de-cabeça-grande têm efeito tão grave sobre as formigas nativas e outros insetos porque, entre outras razões, vivem em densidade altíssima, excedendo, por um fator de até dez, a biomassa das formigas nativas que desalojam. Essa densidade elevada é possibilitada pela criação de pulgões e talvez mais ainda por mudanças da sua estrutura social. Várias formigas *andarilhas* que invadiram muitos continentes, como a formiga-açucareira e a formiga-de-cabeça-grande, podem ser *unicoloniais*. Nessas espécies, formigas de ninhos distantes mostram pouca hostilidade quando se encontram. A remoção da competição intraespecífica pode aumentar a eficiência com que essas formigas conseguem coletar recursos e melhorar a capacidade de desalojar agressivamente as espécies nativas.

### 2.4.3 Conclusões

Os efeitos ecológicos dos engenheiros do ecossistema dependem de seis fatores principais (Jones; Lawton; Shachak, 1994):

i) uso vitalício de recursos *per capita*;
ii) número e tipo de fluxos de recursos modificados;
iii) densidade populacional;
iv) distribuição espacial da população, seja aglomerada, seja dispersa de forma mais homogênea;
v) tempo de ocupação do local;
vi) durabilidade das construções.

As cidades humanas concentram grande número de indivíduos, e o metabolismo de cada um deles excede em muito as necessidades biológicas individuais de comida, água e materiais. As cidades persistem por longos períodos e mudam a estrutura física da terra e da água com estruturas de vida prolongada, como edificações, ruas, estradas e canais. As sociedades de formigas mais organizadas são semelhantes e criam sociedades de vida longa com densidade altíssima de formigas que alteram grande variedade de processos do ecossistema. Algumas colônias da formiga colhedora de sementes (*Pogonomyrmex*) são visíveis de satélites e duram até 50 anos (Fig. 2.19). Essas estruturas persistentes, tanto de seres humanos quanto de formigas, cumprem metas consideradas intencionais, no caso dos seres humanos, e resultantes da evolução, no caso das formigas: defesa, reprodução e eficiência. Entretanto, os efeitos não intencionais podem ir muito além dessas metas e, em geral, além das fronteiras da cidade ou colônia. Na verdade, pode-se dizer que as formigas, como os seres humanos, *agem localmente e afetam globalmente*.

Como no caso da pegada ecológica, para explicar esses efeitos é preciso admitir que as formigas não *removem* terra, nem mesmo aquela terra que deixam sem plantas. Muitos tipos de vida continuam debaixo da terra, e os nutrientes e a água daquela área podem beneficiar plantas vizinhas. Os formigueiros acabam morrendo e o ecossistema rebrota, embora os efeitos possam perdurar durante décadas. As mudanças que as formigas fazem numa área são complexas; beneficiam algumas plantas ou insetos e prejudicam outros. A densidade elevada de formigas pode levar a uma paisagem mais variada e a uma biodiversidade maior ou menor, assim como nas cidades humanas.

Apesar de todas as semelhanças, a abrangência, a permanência e o alcance dos seres humanos excedem em muito os das formigas. Os

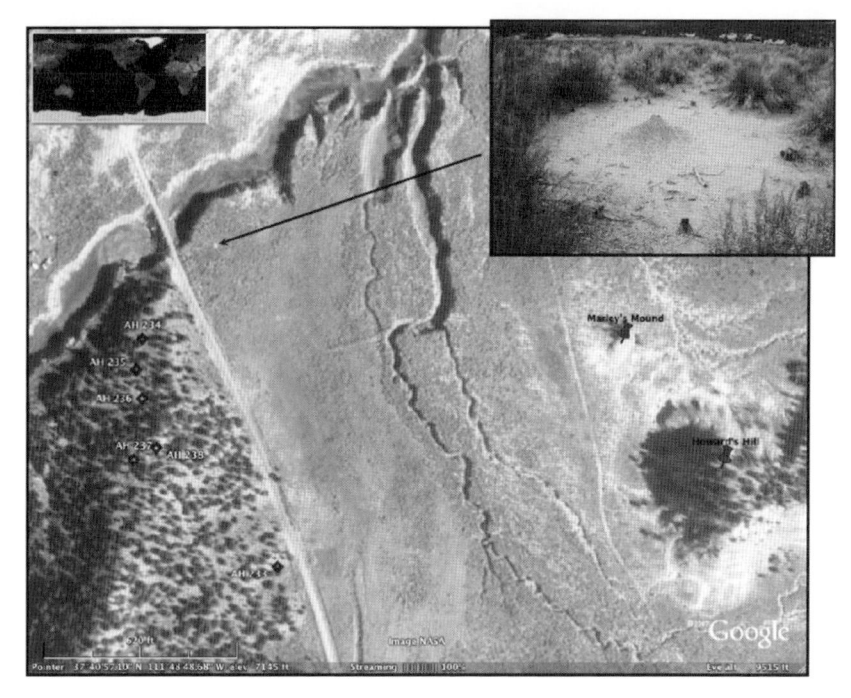

Fig. 2.19 As áreas limpas em torno de colônias de *Pogonomyrmex*, formiga colhedora de sementes e engenheira do ecossistema, são visíveis do espaço
Foto: cortesia de Dennis Bramble.

seres humanos perpetuam e acentuam o seu efeito por meio da capacidade inigualável de acumular conhecimento e tecnologia. Grandes inovações como fogo, linguagem e agricultura, todas bastante recentes do ponto de vista evolutivo, constituem as bases sobre as quais a civilização humana se desenvolveu e sobre as quais os atuais ecossistemas urbanos continuam a crescer (Rees, 2000).

## Perguntas e leituras

Perguntas para discussão

*Sobre o Cap. 2*
1. Que metáfora mais se adéqua à cidade onde você mora? Seria a mesma para outras cidades que já visitou? Por quê?
2. As respostas à pergunta 1 mudam a maneira como você realizaria um estudo sobre Ecologia Urbana, da hipótese ao método e às conclusões?

3. Cite cinco aspectos específicos da cidade onde você mora que a associam a cada uma das metáforas citadas. Alguns itens da sua lista podem ser usados mais de uma vez, mas tente listar o máximo de opções possível.
4. Já propuseram a metáfora adicional da cidade como cena de um crime. Como essa metáfora se compara às outras? Que tipo de questões suscita?
5. Há alguma outra metáfora que você proporia para a cidade? O exercício de criar metáforas é útil ou é apenas uma distração que nos afasta das questões reais?

*Sobre a seção 2.1*
1. Por que a centralização provocou mais importação, exportação e armazenamento de energia e materiais do que nas sociedades pré-urbanas? Que efeitos esse processo de importação e exportação causa sobre os habitantes da cidade?
2. Por que, na sua opinião, a reciclagem de água e materiais é reduzida nas áreas urbanas? Que efeitos isso tem fora da cidade?
3. Como as cidades conseguem manter um crescimento quase indeterminado? Na sua opinião, quais são os efeitos ecológicos, dentro e fora da cidade, desse fenômeno relativamente recente?
4. Como você projetaria um estudo para verificar a sua hipótese da pergunta 3?

*Sobre a seção 2.2*
1. Como as cidades conseguem chegar a tamanha densidade de seres humanos?
2. Que fatores contribuem para os ecossistemas urbanos exigirem tanta energia? Quais desses fatores são mais destacados no seu local?
3. Como essa entrada de energia afeta (física e biologicamente) a ecologia local da sua área?
4. Quais seriam as possíveis consequências para a ecologia local se novas fontes de energia (renováveis ou não) se tornassem disponíveis?

*Sobre a seção 2.3*
1. Como a sua pegada ecológica se relaciona com a ecologia local e/ou a afeta? Isso muda se você incluir os serviços do ecossistema na sua área?

2. Cite algumas dificuldades de usar a pegada ecológica para comparar cidades diferentes. Como você corrigiria esse problema?
3. Leia o artigo de Pataki et al. (2011) e delineie os serviços e desserviços do ecossistema associados às árvores do seu bairro.

*Sobre a seção 2.4*
1. Do ponto de vista do ecossistema modificado por engenheiros, em que as cidades humanas se assemelham a formigueiros e em que são diferentes? Que fatores promovem as similaridades e que fatores impedem que os dois fiquem ainda mais parecidos?
2. Em que esses dois ecossistemas construídos diferem no que diz respeito aos efeitos sobre os processos ecológicos locais e globais?
3. Embora formigas e seres humanos modifiquem os seus arredores para ajustá-los às suas necessidades, algumas espécies de formigas são mais aptas do que outras a viver em cidades humanas. Por que isso acontece?
4. O conflito reduzido entre ninhos de formigas unicoloniais tem algum paralelo com a violência reduzida de muitas sociedades humanas modernas?
5. Qual dos seis fatores relacionados aos efeitos ecológicos dos engenheiros do ecossistema (seção 2.4.3) diferencia com mais clareza formigas de seres humanos? E qual diferencia seres humanos de elefantes?

### Exercícios

*Sobre a seção 2.1*
1. A Fig. 2.7 mostra que há redução de 50% da importação de água quando 50% da água é reciclada.
   a. É verdade que há redução de 75% do uso da água se 75% da água for reciclada?
   b. Redesenhe a figura usando esse percentual.
   c. Calcule os valores de entrada, saída e reciclagem quando se recicla uma fração $p$ da água.
   d. Em média, quantas vezes a água é reutilizada em cada caso? Que problemas isso pode criar?
2. O reúso reduz entradas e saídas. O uso de materiais por mais tempo tem o mesmo efeito?

a. Suponha que um *campus* universitário precise de cem edificações, cada uma delas pesando 1.000 t. Se essas edificações fossem construídas num período de 20 anos, quanto material seria importado a cada ano para novas construções?
b. Se cada edificação dura 20 anos, quanto material seria importado durante cada um dos 20 anos após o término da construção? Por que essa quantidade continua a mesma depois?
c. Agora suponha que cada edificação dure 40 anos. Quanto material seria importado durante cada um dos 40 anos após o término da construção? Qual é a média?
d. Calcule a importação durante e após o período de construção caso as edificações só durem dez anos. Qual é a média?
e. A quantidade média de material importado será inversamente proporcional à duração das edificações? De que maneira isso se assemelha ao resultado sobre reciclagem ou dele diverge?

3. A Fig. 2.5 mostra o padrão típico de crescimento de biomassa num ecossistema. Podem-se calcular alguns valores para ver o que está por trás desse processo. Suponha-se que a biomassa parta de cem (em unidades arbitrárias, por exemplo, em kg) e que, a cada ano, a produção seja de 20% da biomassa e a respiração seja de 5% da biomassa, e que 90% da biomassa existente sobreviva.
   a. A biomassa total no ano seguinte é a biomassa sobrevivente mais a produção menos a respiração. Quanta biomassa haverá depois de um ano?
   b. Continue com essas regras por dez anos e faça um gráfico do resultado (que não deve seguir o padrão da figura).
   c. Esse modelo simples deixa de fora um fator fundamental: o esgotamento dos recursos locais. Um modo de incluí-lo é reduzir a produção conforme a biomassa cresce. Suponha-se que a produção seja $20(1 - 0{,}001B)\%$, em que $B$ representa a biomassa atual. Qual é a produção no primeiro ano? Que diferença faz o esgotamento dos recursos?
   d. Quanta biomassa haverá depois de um ano se for incluído o efeito do esgotamento de recursos?
   e. Continue com essas regras durante dez anos e faça um gráfico do resultado. Ele segue o padrão da figura?

f. Pense em duas outras maneiras pelas quais o esgotamento de recursos ou outras formas de competição podem afetar os termos do modelo.

*Sobre a seção 2.2*

1. A densidade energética média de alguns combustíveis comuns é dada na Tab. 2.6 a seguir:

Tab. 2.6 Densidade energética média de alguns combustíveis

| Combustível | Densidade energética em kJ/kg |
| --- | --- |
| Madeira | 0,02 |
| Carvão vegetal | 0,03 |
| Carvão mineral | 0,03 |
| Petróleo cru | 0,04 |
| Gasolina | 0,045 |
| Metano | 0,055 |

   a. Quanto de cada um desses combustíveis você precisaria queimar para fazer o seu corpo funcionar?
   b. Quanto seria preciso para fazer funcionar o metabolismo urbano de uma pessoa típica desse meio?
   c. A Tab. 2.3 mostra que uma pessoa importa o equivalente a 1,8 t de energia em óleo combustível. O seu número chegou perto desse valor?
   d. Converta a massa de gasolina em litros usando a densidade de 0,75 kg/L. Como isso se compara à massa de gasolina usada no transporte?

2. Foi visto que a produção de 1,0 kg de cimento exige 1,63 kWh, 1,0 kg de vidro exige 7,17 kWh e 1,0 kg de aço exige 11,67 kWh. Além disso, é preciso 0,03 kWh para transportar 1,0 kg de material por 100 km.
   a. Suponha-se que uma edificação de 1.000 t é feita com 30% de aço, 60% de cimento e 10% de vidro. Quanta energia está incorporada nos materiais?
   b. Suponha-se que o aço seja transportado por 1.000 km, o cimento por 200 km e o vidro por 300 km. Quanta energia é gasta no transporte e como isso se compara à energia total?

c. Uma edificação pesa cerca de 300 kg/m². Os seus números se aproximam da estimativa de 1.600 kWh/m² do texto?
   d. Se quisesse reduzir a energia usada para construir, o que você mudaria primeiro?

*Sobre a seção 2.3*

1. Pode-se usar a densidade energética da madeira (0,02 kJ/kg) do exercício 1 do item "Sobre a seção 2.2" para estimar a área de energia que compõe a pegada ecológica.
   a. Quanta madeira seria necessária para fazer funcionar uma cidade pequena com cem mil habitantes em que cada um deles usasse cem vezes mais energia do que a necessária para o próprio metabolismo?
   b. Suponha-se que as florestas recebam 160 W/m² de energia e convertam 10% disso em madeira. Quanta área seria necessária para essa cidade?
   c. Como você combinaria esse cálculo com o efeito da respiração? Por que uma floresta mais antiga ou uma árvore de crescimento lento leva a uma estimativa de área de energia maior?
   d. Como você incluiria nesse cálculo o custo energético do transporte?
2. Os seres humanos vivem numa densidade populacional altíssima em comparação a outros organismos. No caso dos herbívoros, a densidade populacional $D$ em número de mamíferos por km² é, aproximadamente, $D = 50W^{-0,75}$, em que $W$ é a massa de um indivíduo em gramas (Damuth, 1981).
   a. Calcule a densidade populacional esperada de um camundongo com massa de 20 g. Quantos camundongos você encontraria num quintal urbano típico de 0,05 ha?
   b. Calcule a densidade populacional esperada de seres humanos com massa, diga-se, de 50 g. Quantas pessoas sobreviveriam em Hong Kong (área de 120 km²) segundo essa regra?
   c. Como foi visto, há na verdade sete milhões de habitantes em Hong Kong. Qual o tamanho do mamífero que conseguiria subsistir com essa densidade sem entrada de recursos?

*Sobre a seção 2.4*

1. Considere a formiga colhedora de sementes (*Pogonomyrmex*).

a. Descreva com detalhes como você calcularia a pegada ecológica de uma colônia desse gênero de formiga. De que informações você precisaria para cada um dos componentes?
b. Leia o artigo de MacKay (1985) sobre o balanço energético desse gênero de formiga. Que informações se encontram nesse artigo e quais estão faltando?

## Outras leituras

### Sobre o Cap. 2

L. Bettencourt, J. Lobo, D. Helbing, C. Kühnert, and G.B. West. Growth, innovation, scaling, and the pace of life in cities. *Proceedings of the National Academy of Sciences*, **104** (2007), 7301–7306.

A. Carlsson-Kanyama, M. P. Ekström, and H. Shanahan. Food and life cycle energy inputs: consequences of diet and ways to increase efficiency. *Ecological Economics*, **44** (2003), 293–307.

### Sobre a seção 2.1

E. H. Decker, S. Elliott, F. A. Smith, D. R. Blake, and F. S. Rowland. Energy and material flow through the urban ecosystem. *Annual Reviews in Energy and the Environment*, **25** (2000), 685–740.

C. Kennedy, J. Cuddihy, and J. Engel-Yan. The changing metabolism of cities. *Journal of Industrial Ecology*, **11** (2007), 43–59.

N. S. Ngo and D. E. Pataki. The energy and mass balance of Los Angeles County. *Urban Ecosystems*, **11** (2008), 121–139.

### Sobre a seção 2.2

J. P. Collins, A. Kinzig, N. B. Grimm, *et al.* A new urban ecology. *American Scientist*, **88** (2000), 416–425.

A. Jones. An environmental assessment of food supply chains: a case study on dessert apples. *Environmental Management*, **30** (2002), 560–576.

### Sobre a seção 2.3

P. Bolund and S. Hunhammar. Ecosystem services in urban areas. *Ecological Economics*, **29** (1999), 293–301.

C. Folke, A. Jansson, J. Larsson, and R. Costanza. Ecosystem appropriation by cities. *Ambio*, **26** (1997), 167–172.

P. McManus and G. Haughton. Planning with ecological footprints: a sympathetic critique of theory and practice. *Environment and Urbanization*, **18** (2006), 113–127.

D. E. Pataki, M. M. Carreiro, J. Cherrier, *et al.* Coupling biogeochemical cycles in urban environments: ecosystem services, green solutions, and misconceptions. *Frontiers in Ecology and the Environment*, **9** (2011), 27–36.

M. Wackernagel and W. Rees. *Our Ecological Footprint: Reducing Human Impact on the Earth.* (Gabriola Island, Canada: New Society Publishers, 1996).

*Sobre a seção 2.4*

B. Hölldobler and E. O. Wilson. *The Superorganism: The Beauty, Elegance, and Strangeness of Insect Societies*. (New York: W. W. Norton & Co., 2008).

R. J. Naiman. Animal influences on ecosystem dynamics. *Bio Science*, **38** (1988), 750–752.

P. S. Ward. Ants. *Current Biology*, **16** (2006), 152–155.

### Laboratórios

A. Entre na internet e use pelo menos dois sites diferentes para calcular a sua pegada ecológica pessoal. Como essas estimativas se comparam? Algum fator surpreendeu em termos do efeito grande ou pequeno? Quais os pontos fracos de cada um? O que você incluiria para aprimorar a análise?

B. No decorrer de uma semana, registre quanta água você usa por dia e, com base nesses dados, calcule quanta água usa por ano. Descubra quanta água é disponibilizada pela chuva onde você mora (em litros por pessoa) e compare esse valor com o da Fig. 2.3. Se você usa mais água do que a disponibilizada pela chuva, descubra a fonte desse excesso de água. Quanto do seu uso de água vem direta ou indiretamente da chuva que cai perto de onde você mora?

C. No decorrer de uma semana, calcule a quantidade de energia que usa por dia (em W) e inclua o máximo possível de processos que consumam energia (por exemplo, lâmpadas, aquecimento, ar-condicionado, transporte, consumo de alimentos, trabalho e recreação). O seu valor se aproxima dos números dados no texto? Use esse valor para estimar quanta energia por metro quadrado se consome na cidade onde você mora. Como isso se compara aos 160 $W/m^2$ fornecidos pelo Sol?

# 3 Processos do ecossistema urbano

O metabolismo e o balanço energético urbanos quantificam um dos temas abordados: o aumento de entradas e saídas característico das áreas urbanas. Em termos amplos, a pegada ecológica quantifica outro tema: a extensão da modificação do hábitat no ambiente construído. Essas análises determinam o pano de fundo de um exame detalhado do terceiro tema que será tratado: as consequências intencionais ou não da ação humana sobre o funcionamento do ecossistema urbano. Este capítulo se concentra na Ecologia de Ecossistemas para verificar como a urbanização altera o movimento e o uso de materiais e energia.

Os seguintes princípios (Fig. 3.1), que ampliam aqueles apresentados nos subitens da seção 1.4, organizam a discussão das três formas principais de energia e material que caracterizam o ecossistema urbano: temperatura, água e nutrientes.

i) Os processos do ecossistema dependem de ciclos, de como a energia e os materiais se deslocam de um local a outro e se transformam em estados diferentes.
ii) As propriedades físicas básicas de um material ou forma de energia determinam como ele é armazenado, reciclado e transformado.
iii) As propriedades biológicas básicas de um material ou forma de energia determinam o papel dos organismos vivos no seu armazenamento, transformação e perda.
iv) O hábitat, inclusive a sua estrutura física e os organismos que nele vivem, configura os ciclos do ecossistema.
v) Ciclos de ecossistema diferentes interagem entre si, geralmente de maneira inesperada.
vi) Os processos ocorridos num ponto do espaço ou do tempo estão ligados aos que ocorrem em outros tempos e lugares.

A maioria das alterações humanas amplifica os processos do ecossistema e aumenta a magnitude e o ritmo de movimento de nutrientes, materiais e água. Essas alterações são feitas por muitas razões, por exemplo, em virtude da obtenção de água ou comida e por conta de transporte, moradia, estética e recreação. Raramente ou nunca essas

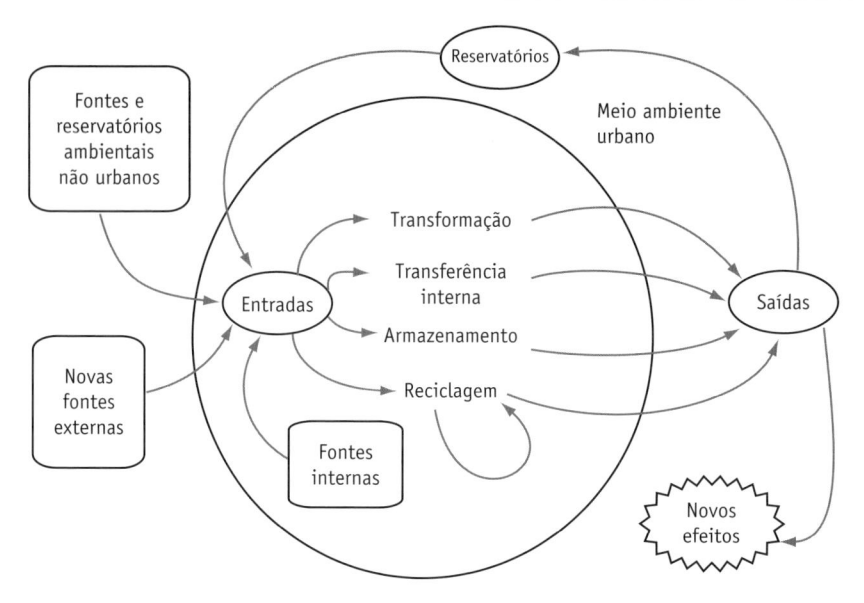

Fig. 3.1 Princípios do ecossistema no meio ambiente urbano

consequências intencionais ocorrem sem consequências não intencionais que, por sua vez, interagem com os ciclos complexos que controlam os ecossistemas, criando reações imprevisíveis.

Embora este Cap. 3 discorra sobre os ciclos do clima, da água e dos nutrientes em seções separadas, os três estão intimamente ligados (Fig. 3.2). Por exemplo, a chuva remove da atmosfera compostos de nitrogênio, deposita-os no solo e os arrasta a jusante; a pavimentação cria superfícies impermeáveis que mudam o modo como a água se move e

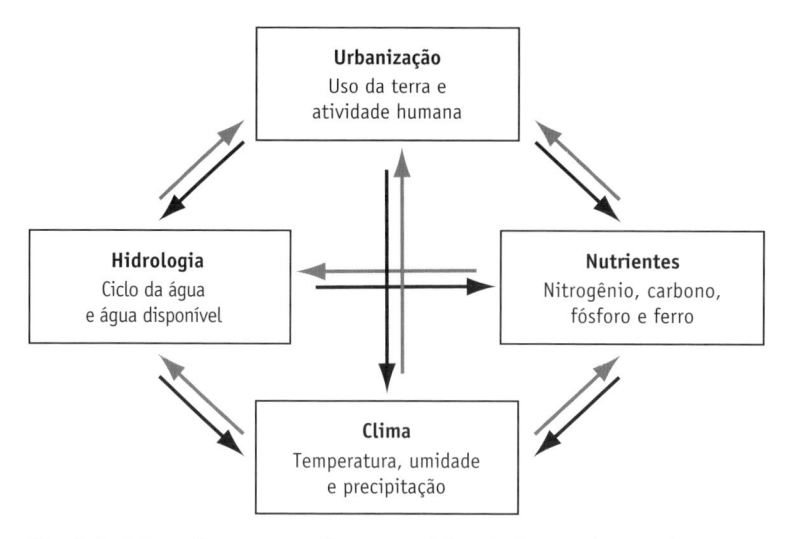

Fig. 3.2 Interações entre o clima e os ciclos da água e dos nutrientes

concentra nutrientes; o nitrogênio da atmosfera pode ser exportado a sota-vento ou depositado localmente e adubar o solo. Esse solo adubado, por sua vez, pode alterar as comunidades microbianas originalmente responsáveis pelo ciclo do nitrogênio.

Muitos efeitos dos ecossistemas urbanos ocorrem bem além dos limites urbanos propriamente ditos, como enfatizado na análise da pegada ecológica. A agricultura domina o ecossistema que alimenta as cidades, enquanto a água e os resíduos exportados de propósito ou por acaso influenciam as áreas rurais e selvagens a jusante e a sota-vento, como comprovam muitas pesquisas que se concentraram nesses efeitos. Embora trace as linhas gerais desse trabalho, este livro se concentra em mudanças dentro da área urbana propriamente dita.

## 3.1 Clima urbano

A estrutura física da paisagem urbana diminui a fração da área coberta de vegetação e aumenta a fração construída com superfícies duras e impermeáveis à água. Construir e manter estruturas exige uma entrada substancial de energia, principalmente sob a forma de combustíveis fósseis. Juntos, esses fatores alteram o modo como a energia térmica entra, atravessa e sai de uma região urbana, o que pode modificar tanto o tempo quanto o clima urbano.

*Clima* é o conjunto de condições ou padrões meteorológicos que caracterizam uma região. Ele tem papel importante na determinação de quais espécies habitam uma área e também como se mantêm vivas ali. Por outro lado, o *tempo* descreve as mudanças cotidianas das condições climáticas em pequena escala. Todas as cidades alteram o clima e o tempo locais em relação aos arredores, mas, por conta das diferenças de tamanho, estrutura e localização, as cidades diferem umas das outras nos seus efeitos. Na verdade, pode haver variação substancial dentro da própria cidade. O ambiente construído envolve mudanças bruscas de paisagem, provocando, por exemplo, diferenças substanciais de temperatura entre áreas vizinhas. Combinados, esses efeitos localizados se acumulam até incluir a cidade inteira e criar os efeitos totais sobre o ecossistema urbano.

### 3.1.1 Princípios que afetam a temperatura

A temperatura e a precipitação atmosférica são os dois aspectos principais do clima de uma região. Esta seção se concentra na temperatura, mas apresenta alguns dos seus muitos vínculos com a precipitação antes do exame mais detalhado do ciclo da água na seção 3.2.

A temperatura exprime a energia térmica contida numa área. O calor é o subproduto final de quase todo uso de energia, criado como consequência intencional do metabolismo biológico e da combustão para aquecimento e como consequência não intencional da fricção nos processos mecânicos e da combustão na manufatura e na locomoção. As propriedades e o uso do calor determinam como a urbanização afeta a temperatura.

i) O calor ocorre sob várias formas, como fótons (radiação) ou armazenado em sólidos, líquidos ou gases. É liberado de ligações químicas pela combustão ou pela respiração.

ii) O calor é armazenado em sólidos por um período de horas ou dias antes de ser conduzido para a atmosfera, onde se dissipa pelo movimento, ou *convecção*.

iii) A conversão de água do estado sólido para o líquido ou do líquido para o gasoso exige quantidade substancial de energia térmica, o que cria um vínculo fundamental entre temperatura e água.

iv) Quase todo o calor da Terra deriva, direta ou indiretamente, do Sol. A quantidade de energia solar que chega a uma superfície e nela permanece depende de três itens:

- o ângulo de incidência do Sol, determinado por latitude, estação do ano e inclinação da superfície;
- a claridade da atmosfera interposta, determinada pela extensão da cobertura de nuvens, vapor d'água e poluição;
- as propriedades da superfície atingida, principalmente a capacidade de refletir ou armazenar calor.

Esta seção começa quantificando as mudanças do fluxo de energia que caracterizam as áreas urbanas e como os materiais e o metabolismo urbano conduzem essas mudanças. A resultante *ilha urbana de calor*, caracterizada por temperatura mais alta dentro da cidade em relação à área circundante, ocorre em quase todas as cidades. Esta seção conclui esboçando os efeitos da ilha urbana de calor sobre o tempo local, a ecologia e a saúde e o bem-estar humanos.

### 3.1.2 Balanço energético superficial

Do mesmo modo que a energia comanda o metabolismo urbano, ela comanda o clima. O ambiente urbano muda a entrada e a

saída de energia, conforme resumido no *balanço energético superficial* (Fig. 3.3). A superfície tem três fontes de entrada de energia:
i) *energia solar* (QI): radiação de alta energia (*ondas curtas*) que vem do Sol;
ii) *radiação infravermelha incidente* ($QL_{in}$): radiação de baixa energia (ou de *ondas longas*) refletida pela atmosfera;
iii) *entrada de calor antropogênico* (QF): energia liberada pelos processos e atividades dos habitantes, principalmente queima de combustíveis.

A energia se perde na superfície de uma região de quatro maneiras:
i) *radiação refletida* (QR): radiação refletida diretamente para a atmosfera ou para o espaço exterior;
ii) *radiação infravermelha emitida* ($QL_{out}$): calor irradiado por objetos quentes na forma de radiação de ondas longas e baixa energia;
iii) *perda térmica latente* (QE): calor perdido pela *evaporação* da água, inclusive pela *transpiração* das plantas;
iv) *transferência térmica sensível* (QH): calor perdido por transferência direta (convecção) por meio do movimento do ar ou da água.

Se a entrada de calor superficial excede a saída, a superfície se aquece com o calor armazenado (QS) em edificações, no chão ou na atmosfera.

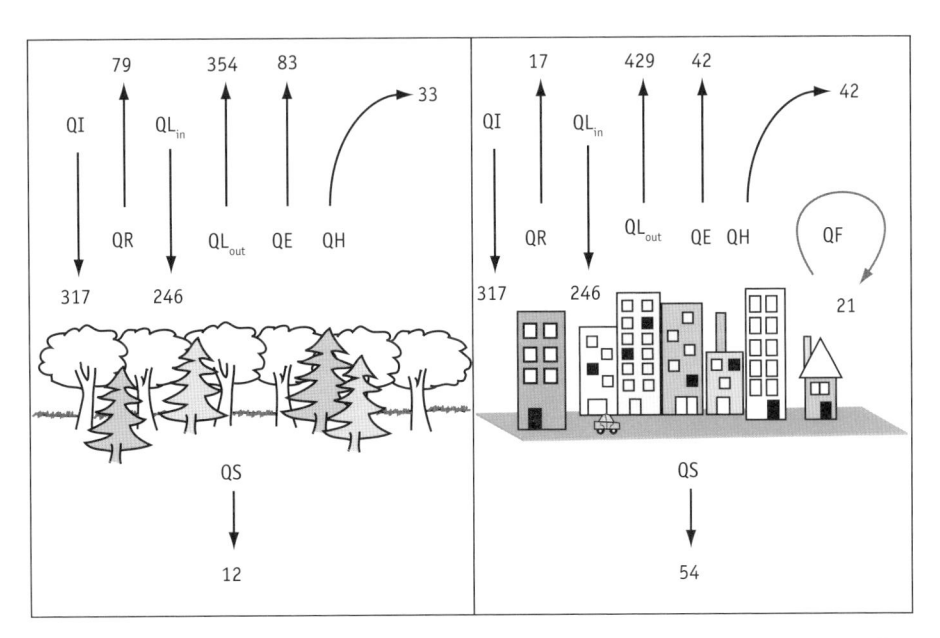

Fig. 3.3 Balanços energéticos superficiais típicos, urbanos e não urbanos, em W/m²
Fonte: adaptado de Shepherd (2005).

O equilíbrio entre entrada, saída e armazenamento pode ser escrito pela equação:

$$QI + QL_{in} + QF = QR + QL_{out} + QE + QH + QS$$

isto é, o calor que penetra na superfície é igual ao calor que sai da superfície mais o calor armazenado dentro da superfície. Esse é um modo útil de comparar hábitats diferentes.

O balanço energético superficial típico de superfícies urbanas e não urbanas difere substancialmente em vários fatores importantes, de acordo com Shepherd (2005) (Fig. 3.3, Tab. 3.1):

- mais calor antropogênico (QF) é produzido em áreas urbanas;
- menos calor é refletido (QR) por áreas urbanas;
- menos calor latente (QE) se perde em áreas urbanas;
- Mais radiação de ondas longas ($QL_{out}$) se perde em áreas urbanas;
- perde-se um pouco mais de calor sensível (QH) em áreas urbanas;
- armazena-se mais calor (QS) nas áreas urbanas.

Tab. 3.1 Elementos típicos do balanço energético superficial (todos os valores em $W/m^2$, média calculada num dia típico)

| Entradas e saídas | Sigla | Valor não urbano | Valor urbano |
|---|---|---|---|
| **Entradas** | | | |
| Energia solar | QI | 317 | 317 |
| Radiação infravermelha (entrada de energia de ondas longas) | $QL_{in}$ | 246 | 246 |
| Calor antropogênico | QF | 0 | 21 |
| **Saídas** | | | |
| Energia refletida | QR | 79 | 17 |
| Saída de infravermelho | $QL_{out}$ | 354 | 429 |
| Perda térmica latente | QE | 83 | 42 |
| Perda térmica sensível | QH | 33 | 42 |
| Armazenamento | QS | 12 | 54 |

*Fonte: Shepherd (2005).*

Deste ponto em diante, se examinará como entradas, saídas e modificação do hábitat provocam essas mudanças e como elas se combinam, na maioria dos casos, num padrão distinto de temperatura mais alta (Piringer et al., 2002).

*Superfícies impermeáveis e os efeitos da água*

As superfícies impermeáveis que caracterizam o ambiente construído alteram o comportamento da água e da radiação. Numa das interações mais importantes entre os ciclos do ecossistema, a água tem papel importante na configuração do clima porque o calor exigido para evaporá-la é enorme (Wilson, 2011). Para evaporar 1,0 cm de chuva, é preciso a mesma quantidade de energia necessária para elevar em 10 °C a temperatura de uma laje de concreto com 1,5 m de espessura ou em 2 °C todos os 10 km da coluna atmosférica acima dessa laje. Portanto, a temperatura urbana é muito influenciada pela evaporação da água que cai sobre a própria cidade ou em outro lugar. Ao escoar das superfícies impermeáveis e sair da cidade, uma grande fração da chuva leva consigo o seu potencial de resfriamento (Arnfield, 2003).

As plantas têm papel fundamental por configurar a passagem da água do estado líquido para o gasoso. Em áreas com muita vegetação, boa parte da água que cai é usada pelas plantas e perdida para a atmosfera pela *transpiração*, ou seja, o transporte de água ocorre das raízes para as folhas e, finalmente, para a atmosfera como vapor d'água. Só uma pequena parte dessa água é usada na fotossíntese, e mais de 90% da água evapora para a atmosfera pelos pequenos poros das folhas chamados *estômatos*, que têm de se abrir para receber o dióxido de carbono.

Num dia quente e seco, uma árvore grande pode usar até 1.000 L d'água. A evaporação dessa água exige 625 kWh, o que excede até o uso de energia de um habitante urbano. Essa energia, a perda térmica latente do balanço energético superficial (Tab. 3.1), vem da atmosfera circundante, reduzindo, portanto, a temperatura da área circundante por meio do resfriamento evaporativo.

No interior da área urbana propriamente dita, a perda térmica latente só pode ser metade da perda da área não urbana (Tab. 3.1) em virtude da redução conjunta da evaporação e da transpiração, ou *evapotranspiração*. No entanto, as cidades de regiões áridas, com a grande entrada de água e a vegetação a ela associada, consegue um nível de evapotranspiração mais alto do que a área não urbana circundante, criando um *efeito oásis* temporário (Diem; Brown, 2003).

### A estrutura do ambiente construído

As superfícies impermeáveis que substituem a vegetação alteram o movimento tanto dos raios de luz quanto da água. As edificações dominam o centro urbano, com paredes que podem ter área vertical tão grande quanto a horizontal (seção 1.2). Essas superfícies verticais recebem luz solar em horas diferentes do dia, como de manhã cedo ou no fim da tarde, e em ângulos diferentes do que a *topografia* das áreas não urbanas, que é um pouco mais regular (Harman; Belcher, 2006). Portanto, as áreas urbanas absorvem *insolação*, ou radiação solar, diariamente durante um período mais longo do que as áreas não urbanas. A radiação solar incidente que se reflete pode ricochetear entre edificações até ser finalmente armazenada pelos materiais sob a forma de calor (Tran et al., 2006).

A topografia superficial urbana consiste nos seguintes elementos (Fig. 3.4):

- o *cânion urbano* é o abismo profundo entre edifícios altos que pode canalizar o vento ou concentrar e prender o calor;
- o *dossel urbano* se compõe dos edifícios altos;
- a *camada do dossel urbano* é o ar dentro do dossel urbano, na área abaixo do alto das edificações e das árvores;
- a *camada-limite urbana* é o ar diretamente acima do dossel urbano.

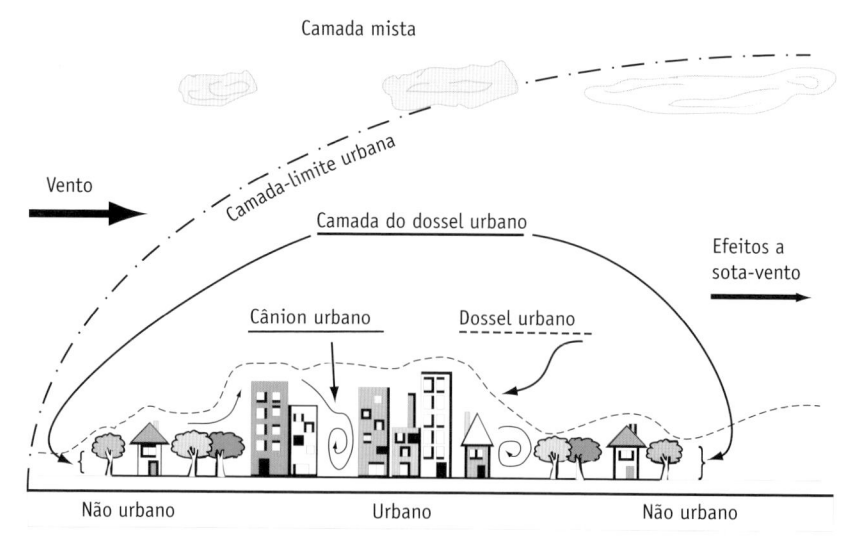

Fig. 3.4 A acidentada superfície urbana

A camada-limite urbana, a camada do dossel urbano e o cânion urbano interagem entre si, assim como as diversas camadas dos ecossistemas não urbanos. A energia térmica aprisionada aquece rapidamente o cânion, mas se dissipa aos poucos no dossel urbano, retardando o aquecimento da camada-limite urbana. O processo lento de transferência de calor pode manter espacialmente próximas temperaturas muito diferentes (Oke, 2011); dois lados da mesma edificação podem diferir a ponto de hospedar comunidades vegetais diversas.

As estruturas verticais urbanas, geralmente feitas de concreto, aço e vidro, também absorvem a radiação de ondas longas emitida pela superfície. A energia absorvida por edificações pela manhã e no decorrer do dia volta a se irradiar à noite e é novamente aprisionada (Grimmond; Oke, 1999). Isso retarda a liberação de calor para a camada-limite urbana e para o cânion urbano ($QL_{out}$) (Oke, 1982).

Assim, o centro urbano perde pouco calor latente em consequência da falta de plantas e água de superfície (baixo QE), absorve mais radiação solar durante o dia e reabsorve mais radiação de ondas longas à noite (alto $QL_{in}$), o que resulta em aumento de temperatura. A quantidade dessa energia térmica exportada como calor sensível (QH), principalmente pela convecção do ar, depende da velocidade do vento. Embora o cânion urbano possa ter velocidade máxima do vento, a velocidade média tende a se reduzir em áreas urbanas por causa da obstrução do fluxo maior de ar pelas edificações (Robaa, 2003). A velocidade urbana do vento tem a média mais baixa durante grandes eventos climáticos e é mais alta nos períodos relativamente calmos (Lee, 1979). Essa velocidade média baixa do vento reduz a média de transferência térmica horizontal, aprisionando mais uma vez o calor no meio ambiente urbano (Lee, 1979).

*Materiais*
Como um desfiladeiro de verdade, o cânion urbano é formado principalmente por pedras e outros materiais rígidos. As características específicas desses materiais têm papel tão grande no movimento térmico urbano quanto o seu formato físico. A pedra urbana é principalmente de concreto, que tem um *albedo* elevado, ou seja, a maior parte da radiação é refletida e apenas uma pequena quantidade é absorvida. As estruturas de concreto têm albedo de cerca de 0,80 e, portanto, refletem 80% da radiação incidente, muitas vezes sobre outra edificação, já o aço e o vidro têm albedo ainda mais

alto. Em comparação, a maioria das plantas tem albedo de 0,20 a 0,25 (Hollinger et al., 2010).

Em contraste com o albedo elevado do concreto e do vidro que formam a superfície vertical do cânion urbano, as superfícies horizontais circundantes, principalmente ruas e telhados, consistem principalmente em materiais escuros como o asfalto, com albedo baixíssimo. Por exemplo, o asfalto novo tem um albedo de aproximadamente 0,05 e absorve 95% da energia térmica que nele incide. A radiação refletida entre as superfícies verticais das edificações com albedo elevado pode chegar finalmente a uma superfície horizontal com albedo reduzido e ser absorvida e armazenada.

As edificações de cimento e as outras superfícies urbanas têm uma grande *capacidade térmica*, ou seja, podem armazenar grande quantidade de energia térmica. Ao contrário da água, essas estruturas também têm grande *condutividade térmica* e podem absorver rapidamente grande quantidade de energia. Por exemplo, quatro horas de Sol intenso podem aumentar em 30 °C a temperatura do asfalto ou de um telhado, mas em apenas 3,5 °C a temperatura da água de um lago (Schmidt, 2009).

Em consequência da reflexão repetida e da absorção final da energia térmica, o centro comercial das cidades pode absorver seis vezes mais energia do que uma área não urbana (Terjung; Louie, 1973). No ponto máximo, a Cidade do México absorve 60% de toda a radiação térmica incidente durante o inverno (Oke et al., 1999). As áreas residenciais periurbanas, com moradias mais dispersas e mais vegetação em gramados e jardins, absorvem apenas 1,5 a 2 vezes mais energia do que a área não urbana circundante.

### Calor antropogênico

Embora a modificação do hábitat e a redução da evapotranspiração exerçam o papel principal na modificação do clima urbano, a entrada de energia para uso humano também pode mudar de forma substancial o balanço energético superficial, principalmente no inverno. O fluxo de calor antropogênico é, essencialmente, energia residual da tecnologia humana. Em média, a produção humana de energia em áreas não urbanas é de 0,025 W/m$^2$, quase dez mil vezes menor que a incidência de energia solar, mas pula para 7 W/m$^2$ a 14 W/m$^2$ nas áreas residenciais periurbanas e para 20 W/m$^2$ a 70 W/m$^2$ em áreas mais urbanas, embora valores de 200 W/m$^2$ a 400 W/m$^2$ não sejam raros (Crutzen, 2004).

No inverno, a produção de energia humana pode competir com o calor da radiação solar e até excedê-lo (Allen; Lindberg; Grimmond, 2011). Numa estimativa, Tóquio gera até 1.590 W/m², muito mais do que a radiação solar disponível no inverno (Ichinose; Shimodozono; Hanaki, 1999), excedendo a média anual típica de grandes cidades (Fig. 2.9). Outras estimativas de Tóquio são muito mais baixas, o que enfatiza a dificuldade de medir esse valor (Allen; Lindberg; Grimmond, 2011). Em áreas de latitude mediana a alta, o aumento da produção humana de energia durante o inverno acontece exatamente ao mesmo tempo que a incidência solar se reduz, o que promove o aumento da temperatura urbana no inverno, principalmente nos períodos mais frios e à noite.

*Alteração da atmosfera*

Além do calor residual, a queima de combustíveis fósseis e biocombustíveis sólidos gera *aerossóis*, pequenas partículas na atmosfera. Essa poluição pode reduzir a incidência de energia solar (EI) ao refletir parte dessa radiação de volta à estratosfera (Denman et al., 2007). Essa refletância costuma se concentrar nos comprimentos de onda usados pelas plantas, de modo que a produção primária se reduz, com o potencial de diminuir a transpiração vegetal e o resfriamento a ela associado. Por sua vez, os aerossóis aprisionam e refletem a radiação de ondas longas emitida, mantendo o calor na área urbana. O equilíbrio entre esses dois efeitos depende de cada cidade, mas em geral o resultado tende a aumentar o armazenamento de calor.

### 3.1.3 A ilha urbana de calor

A mudança humana do hábitat urbano, juntamente com a entrada de energia e a saída atmosférica, interage com as propriedades físicas do calor para criar a *ilha urbana de calor*. Cinco grandes mudanças estão por trás dessa consequência não intencional da urbanização (Fig. 3.5):

- a substituição da vegetação por concreto e asfalto no núcleo urbano leva à redução da evapotranspiração de água;
- as superfícies verticais coletam a radiação solar incidente durante longos períodos no decorrer do dia e aprisionam a radiação emitida à noite;
- materiais de construção escuros aprisionam e armazenam a radiação incidente;

- a produção antropogênica de calor pode se igualar à incidência de energia solar ou excedê-la, principalmente no inverno;
- a atmosfera urbana mais poluída consegue absorver e refletir mais calor.

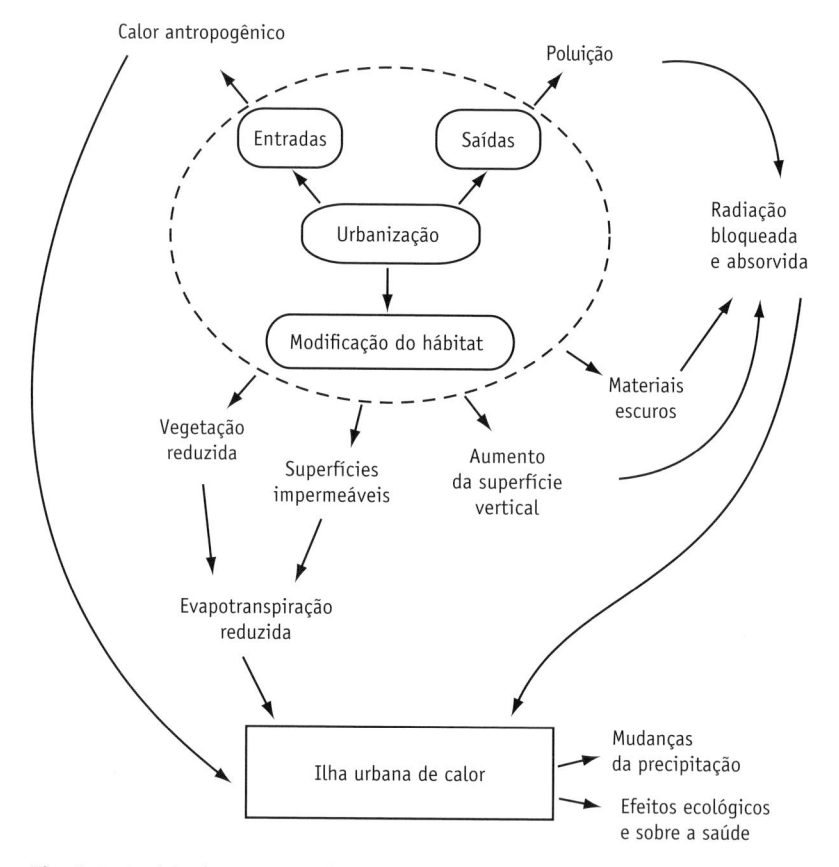

Fig. 3.5 A série de causas e efeitos que vai da modificação do hábitat urbano e de suas entradas e saídas à ilha urbana e não intencional de calor

A ilha urbana de calor é definida como a diferença de temperatura entre locais urbanos e não urbanos que se pode atribuir a efeitos do ambiente construído, compensando assim diferenças topográficas que talvez existissem antes da chegada dos seres humanos (Manley, 1958; Oke, 1987). A intensidade da ilha urbana de calor depende do tamanho, das propriedades e da localização da cidade, além da hora do dia, da época do ano e das condições climáticas.

As cidades com as características que definem a urbanização – maior população, maior densidade populacional e mais edificações e pavimentação – tendem a apresentar ilhas de calor mais pronunciadas, como mostra o exemplo da Fig. 3.6 (Brazel et al., 2000; Landsberg, 1981). Por essa razão, a magnitude da ilha de calor aumenta com o tempo nas cidades em crescimento. A intensidade da ilha de calor de Baltimore, apresentada na Fig. 3.7A, aumentou quase exponencialmente no último meio século de urbanização rápida (Kalnay; Cai, 2003), e a temperatura na área de Phoenix, ilustrada na Fig. 3.7B, aumentou constantemente durante a sua expansão rápida e recente (Stefanov et al., 2004).

Vários aspectos importantes da urbanização que acentuam a ilha de calor podem ser sumarizados pelo *fator de visão do céu* (Oke, 1982), a porção de céu visível de determinado local. Os lugares no fundo do cânion urbano veem apenas uma fração minúscula do céu e estão realmente associados com o maior aumento de temperatura na camada atmosférica do dossel (Fig. 3.8).

O clima circundante também afeta a periodicidade e a extensão do efeito da ilha de calor. Phoenix, localizada numa região extremamente seca ou *xérica*, pode ser mais fresca durante o dia do que os locais não urbanos circundantes

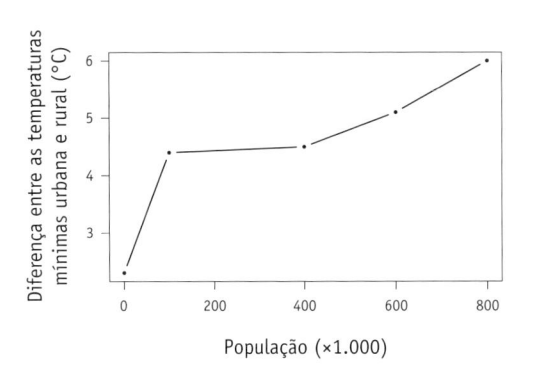

Fig. 3.6 Intensidade da ilha urbana de calor de Phoenix, Arizona, em função do tamanho da população nas décadas mais recentes
Fonte: adaptado de Brazel et al. (2000).

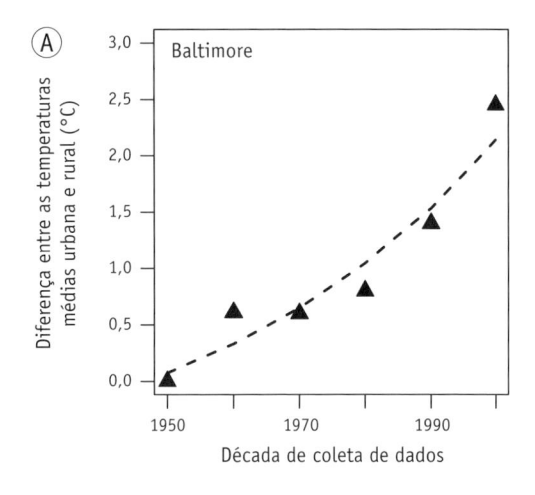

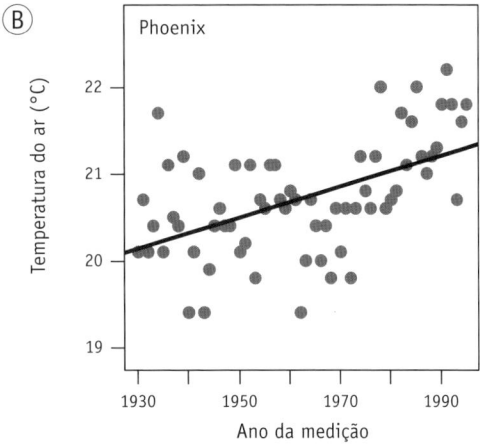

Fig. 3.7 (A) Ilha urbana média de calor de Baltimore, Maryland. (B) Aumento da temperatura urbana em Phoenix, Arizona
Fonte: adaptado de (A) Kalnay e Cai (2003) e (B) Stefanov et al. (2004).

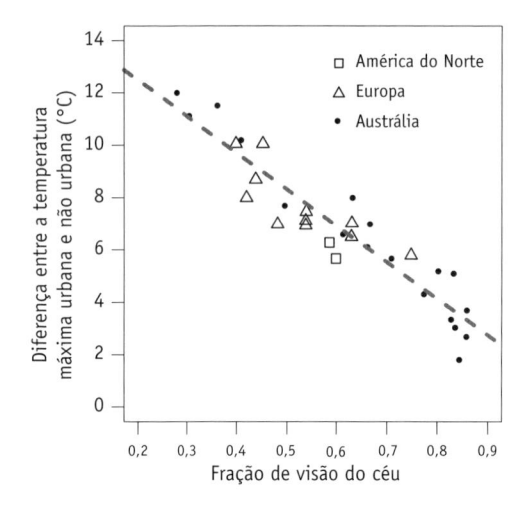

**Fig. 3.8** Relação entre o fator de visão do céu e a ilha urbana de calor em 31 centros urbanos de três continentes
Fonte: adaptado de Oke (1982).

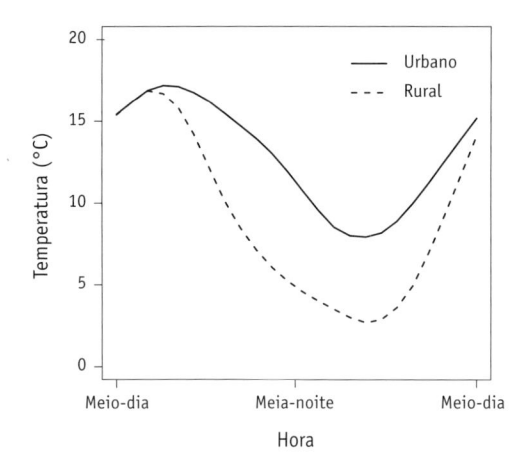

**Fig. 3.9** Ilha urbana de calor num dia típico de inverno em Baltimore, Maryland
Fonte: adaptado de Collier (2006).

em virtude do aumento da evapotranspiração. O uso extenso de água importada, principalmente ao ar livre, cria um *efeito oásis*, com jardins e gramados verdes oferecendo o resfriamento vegetativo tão associado aos locais menos urbanizados (Diem; Brown, 2003). Entretanto, nem toda Phoenix é mais fresca do que o deserto circundante durante o dia. O aeroporto Sky Harbor não dispõe de paisagismo extenso nem de importação de água e registra temperatura média diurna 3,1 °C mais alta e temperatura noturna 5 °C mais alta do que as áreas vizinhas não urbanas (Baker et al., 2002).

Em comparação, Baltimore tem um clima mais úmido ou *mésico*. Os efeitos da rega e da evapotranspiração são menos importantes, levando a um padrão mais típico. A ilha urbana de calor nessa cidade, ilustrada na Fig. 3.9, é mais intensa à noite, por conta da absorção e da liberação lenta da energia solar diurna, e no inverno, em virtude da produção artificial de calor (Collier, 2006). Portanto, as temperaturas mínimas são mais afetadas do que as máximas, o que pode ter efeitos importantes na ecologia dos organismos urbanos. Em consequência da maior cobertura vegetal, os parques costumam ter um efeito menor de ilha de calor, principalmente durante o dia. No entanto, o Central Park, no coração de Nova York, se aqueceu tanto quanto outros locais da cidade (Gaffin et al., 2008).

Nas cidades tropicais, o clima é dominado mais pelas estações seca e úmida do que por inverno e verão. O maior efeito da ilha urbana de calor acontece tipicamente na estação seca (Roth, 2007), já na estação úmida, a cobertura vegetal maior das áreas não urbanas oferece pouco resfriamento evaporativo porque a umidade é alta.

O efeito da água e do tempo local sobre a ilha urbana de calor é bem diferente em cidades próximas de corpos d'água grandes, como o oceano. Esses corpos d'água moderam as flutuações de temperatura e reduzem de três maneiras a ilha urbana de calor (Brazel et al., 2000):

- a água, com a sua grande capacidade térmica, absorve muito calor;
- o aumento de umidade reduz a importância da evapotranspiração não urbana;
- os eventos climáticos *sinópticos* (em grande escala) têm um papel maior ao misturar o ar da camada-limite urbana com a camada atmosférica superior e mais bem misturada.

Apesar da dependência dos hábitats e do clima circundantes, as ilhas urbanas de calor foram medidas em quase todas as regiões climáticas (Fig. 3.10), como:

- tropical úmido equatorial (Kuala Lumpur, na Malásia, e Cingapura);
- tropical de altitude (Cidade do México, México);
- subtropical (Johannesburg, África do Sul);
- latitude elevada (Göteborg, Suécia);
- mediterrâneo (Atenas, Grécia);
- desértico árido (Erzurum, Turquia).

Embora possa se estender até 10 km além da cidade propriamente dita (Oke, 2011), a ilha de calor é gerada por processos em pequena escala, como o aquecimento de superfícies escuras e a evapotranspiração das plantas. Em Phoenix, manchas de vegetação com apenas 6,1 m por 11 m deixaram os arbustos vizinhos 3 °C mais frescos do que cascalho, concreto ou asfalto, com a maior diferença nos meses quentes de verão e pouco efeito no inverno (Mueller; Day, 2005).

Em geral, portanto, o centro urbano é mais quente do que áreas rurais ou recreativas vizinhas com maior cobertura vegetal. As áreas com menos vegetação sofrem o efeito mais intenso da ilha urbana de calor (Wilson, 2011), o que pode estar relacionado com a renda média ou outras variáveis socioeconômicas dentro da cidade (Buyantuyev; Wu, 2010). As áreas com moradores de baixa renda tendem a ser mais quentes por causa da redução das regas e da cobertura vegetal (Stefanov et al., 2004). Em Phoenix, cada aumento de dez mil dólares da renda média

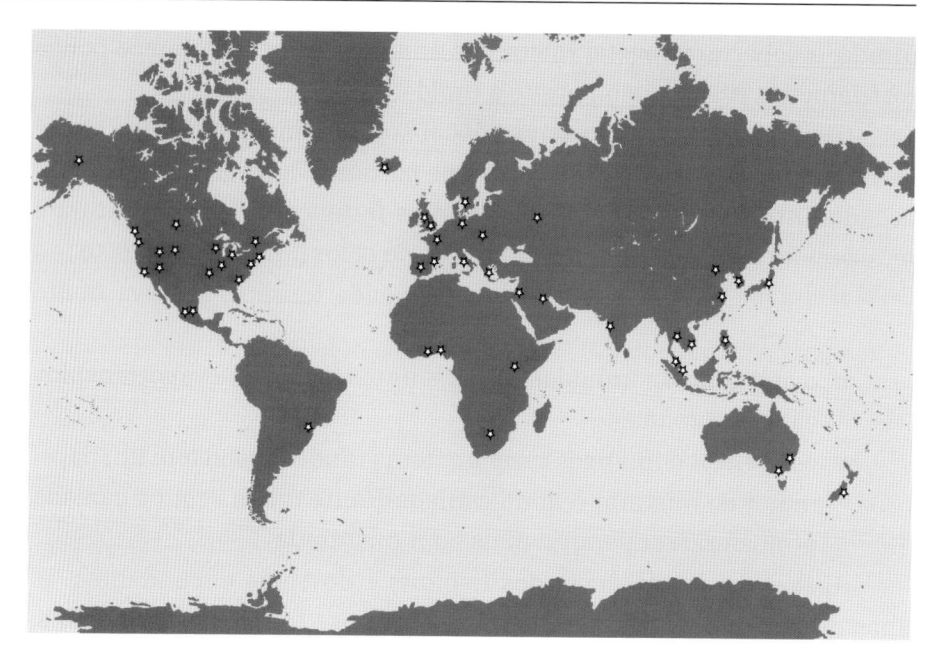

Fig. 3.10 Algumas cidades cuja ilha urbana de calor foi comprovada

anual está associado a uma redução de 0,28 °C da temperatura matutina no verão por causa do efeito do aumento da vegetação (Jenerette et al., 2007).

Há um debate em andamento sobre o papel da própria ilha urbana de calor no padrão geral de aquecimento do planeta, embora não haja nenhum sobre o papel das emissões urbanas de gases do efeito estufa. A tendência de aquecimento num lugar específico pode dever-se ao aumento da urbanização naquele local e não a uma tendência global (Brazel, 2000). Os estudos que explicaram os efeitos locais da urbanização também encontraram aumento da temperatura superficial, indicando que o efeito não é inteiramente local. Fora a tendência global, uma coisa é certa: onde a terra não urbana se converte em urbana, a temperatura superficial aumenta.

### 3.1.4 Umidade

A *umidade* é a quantidade de água contida no ar, geralmente medida como *umidade relativa*, ou fração da quantidade máxima de água que o ar consegue manter em determinada temperatura. Como o ar quente pode conter mais vapor d'água do que o ar frio, a umidade relativa depende tanto do conteúdo de água quanto da temperatura do ar. Esse valor é uma medida útil da temperatura aparente ou da sensação de calor. A umidade relativa elevada parece mais quente porque há menos evaporação e o suor pouco resfria. Em regiões com umidade relativa elevada, as árvores podem abrir os estômatos para absorver dióxido de carbono sem perder quantidade substancial de água pela evapotranspiração, reduzindo assim a necessidade d'água, mas diminuindo também o resfriamento causado pela perda térmica latente.

A umidade relativa resulta de interações entre as condições climáticas, a disponibilidade de água e a temperatura. Em geral, a evapotranspiração reduzida provoca redução da umidade absoluta em áreas urbanas (Bulut et al., 2008). Como nas cidades a temperatura do ar é mais alta do que nas áreas circundantes, o ar das cidades poderia, potencialmente, conter mais água e assim reduzir a umidade relativa. Entretanto, em regiões áridas como o Arizona e a Turquia o aumento do uso de água para irrigar plantas urbanas, além do vapor d'água produzido pela combustão, pode aumentar a umidade absoluta (Brazel et al., 2000).

A umidade urbana muda no decorrer do dia. A ilha urbana de calor mantém temperaturas noturnas mais altas, o que pode manter a cidade acima do ponto de orvalho, temperatura na qual ocorre a precipitação. Entretanto, a temperatura da região circundante mais fresca pode cair abaixo do ponto de orvalho e daí ocorrer a precipitação. Consequentemente, a cidade amanhece com mais vapor d'água no ar do que a área não urbana. Durante o dia, a diferença de temperatura entre a área urbana e as áreas circundantes diminui. Então, a falta de plantas na cidade pode levar à evapotranspiração reduzida e ao ar mais seco durante a tarde (Brazel; Balling, 1986; Fortuniak; Kłysik; Wibig, 2006) (Fig. 3.11).

### 3.1.5 Consequências da ilha urbana de calor

Embora seja uma alteração relativamente simples do clima regional, a ilha urbana de calor causa mudanças significativas em muitos outros aspectos do clima e da ecologia da cidade.

*Efeitos sobre a circulação do ar*

O ar quente sobe. Na ausência de condições climáticas sinópticas, o ar mais quente criado pela ilha urbana de calor faz exatamente isso. Esse ar quente que sobe se expande e esfria, o que reduz a pressão atmosférica local na superfície e suga ar da periferia urbana para a zona de baixa pressão resultante. O ar urbano que sobe e esfria desce e preenche as áreas de baixa pressão criadas na

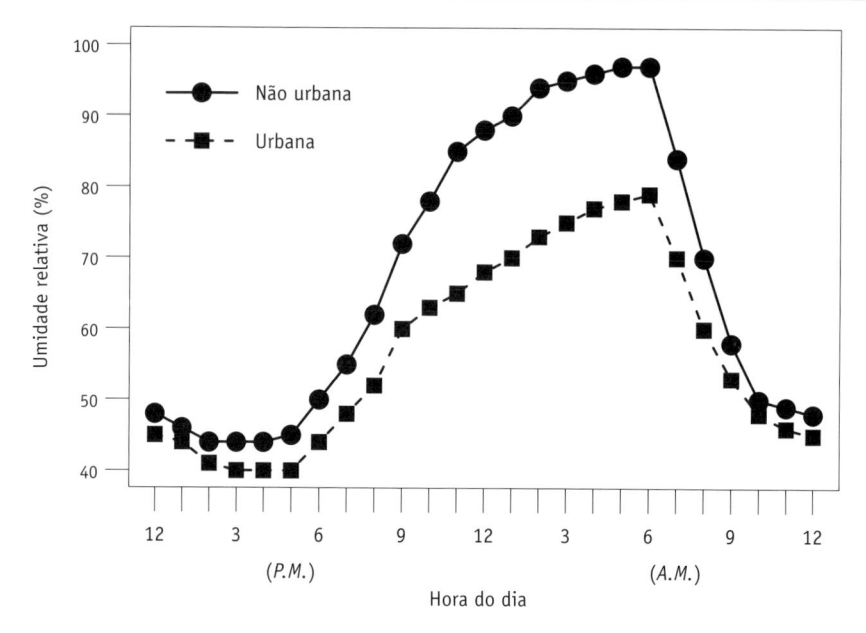

**Fig. 3.11** Padrão diário típico de umidade relativa urbana
Fonte: adaptado de Fortuniak, Kłysik e Wibig (2006).

periferia urbana. Esse ciclo de ascensão, substituição e descida cria uma *célula de circulação* que pode aprisionar o ar urbano e acumular poluição, efeito chamado de *domo urbano de poeira*, ilustrado na Fig. 3.12 (Georgiim, 1969).

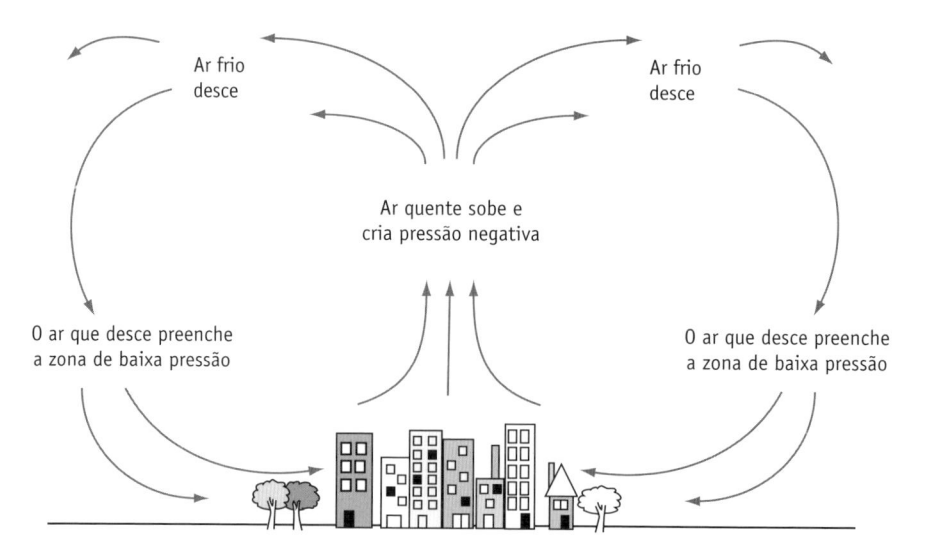

**Fig. 3.12** O domo urbano de poeira

Quando o ar úmido e quente sobe e esfria, a sua capacidade de conter água se reduz, o que provoca condensação e formação de nuvens. Essas nuvens podem dar início à precipitação ou tempestades convectivas causadas pelas condições urbanas, principalmente quando as condições sinópticas não as dispersam (Fig. 3.13). A intensidade da ilha urbana de calor está relacionada à quantidade de precipitação induzida (Shepherd et al., 2011). No entanto, a precipitação induzida em áreas urbanas cairá fora da cidade quando as tempestades forem empurradas a sota-vento por eventos sinópticos (a precipitação pluviométrica urbana é discutida com detalhes na seção 3.2).

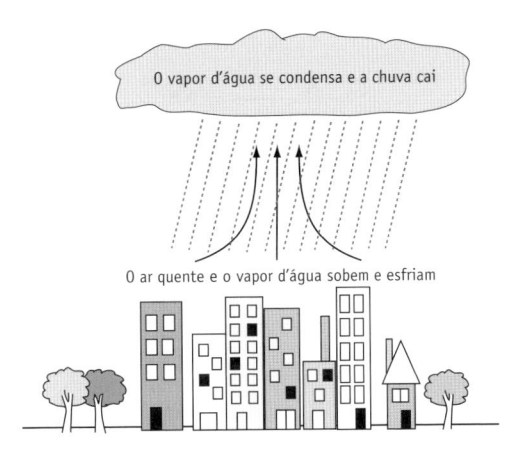

Fig. 3.13 Mudança do padrão urbano de circulação criada pela ilha urbana de calor e seu efeito sobre a precipitação atmosférica

### Efeitos sobre a ecologia

Muitos organismos são limitados pela temperatura, principalmente pelos extremos máximo e mínimo. A temperatura cria estresse térmico no calor e no frio. Embora os animais, inclusive os seres humanos, sofram de estresse com o calor, as temperaturas mais altas têm mais efeito sobre as plantas. Para conservar água, as plantas reduzem a fotossíntese quando estressadas pelo calor, o que afeta o meio ambiente local. As árvores acima do asfalto, que pode ficar 20 °C mais quente do que a terra, têm folhas muito mais quentes (provavelmente por causa do aumento da radiação de ondas longas), mesmo quando a temperatura do ar é relativamente parecida. Essas árvores mais quentes não perdem muito mais água porque reagem fechando os estômatos, provocando menos resfriamento evaporativo, ar mais seco e potencialmente ainda mais fechamento de estômatos (Kjelgren; Montague, 1998). Isso cria uma das várias *retroalimentações positivas* que podem aumentar a elevação da temperatura.

As temperaturas baixas menos extremas associadas à ilha urbana de calor determinam quais plantas e animais conseguirão persistir no meio ambiente urbano e o momento de comportamentos fundamentais.

Mais espécies de plantas conseguem persistir em climas com temperaturas baixas menos extremas, e muitas delas colonizam cidades bem além do seu alcance normal (seção 4.2). As plantas urbanas têm temporada de crescimento mais longa do que suas similares não urbanas (Zhang eg al., 2004).

As temperaturas mais altas no inverno e na primavera produzem inclusive mudanças do comportamento migratório e reprodutivo das aves urbanas (seção 4.5), que têm temporadas de reprodução mais prolongadas (Chamberlain et al., 2009) do que as espécies correspondentes não urbanas. Os insetos e outros artrópodes também são sensíveis a temperaturas baixas e, em geral, incapazes de se deslocar e se alimentar com eficiência fora da faixa de temperatura entre 15 °C e 38 °C (Rust; Reierson, 1998). A sua temporada de atividade pode aumentar em até um mês inteiro em áreas urbanas por conta do aquecimento precoce na primavera e do resfriamento tardio no outono, aumentando potencialmente os danos causados por insetos (seção 4.3).

### Efeitos sobre os seres humanos

O clima urbano muda a temperatura, a umidade e a precipitação atmosférica (Tab. 3.2). Todos os habitantes urbanos se submetem a temperaturas máximas e mínimas mais altas, ar relativamente mais seco e mais precipitação. Como plantas e animais, as pessoas podem reagir mudando o comportamento, mas também usar o poder da engenharia do ecossistema para modificar o ambiente local. Para melhorar o efeito sobre si e sobre os gramados e jardins, elas usam mais água quando a temperatura sobe. A temperatura noturna elevada estimula o uso do ar-condicionado durante uma parte maior do dia, muitas vezes até tarde da noite (Shimoda, 2003). Isso cria outra retroalimentação positiva: o uso maior de energia leva ao aumento da produção humana de energia e mais entrada de calor num sistema já quente (Shahmohamadi et al., 2011).

O calor tem efeito substancial sobre a saúde humana (assunto discutido mais amplamente na seção 5.1). Morre mais gente nas ondas de calor do que em enchentes, tornados ou furacões (Borden; Cutter, 2008). O desconforto dos períodos prolongados de temperatura alta, exacerbado pela poluição urbana, cria estresse intenso nos moradores das cidades. Esse estresse encontra vazão em problemas sociais e de saúde, como o aumento dos crimes violentos (Baker et al., 2002).

Tab. 3.2  Resumo das diferenças climáticas entre locais urbanos e rurais em Erzurum, na Turquia

| Elemento | Diferença média | Diferença máxima | Diferença mínima |
|---|---|---|---|
| Temperatura (°C) | 1,7 | 3,4 | 0,7 |
| Temperatura mínima (°C) | 0,9 | 2,6 | 0,0 |
| Temperatura máxima (°C) | 3,4 | 9,4 | 2,1 |
| Umidade relativa (%) | -2,5 | -8,0 | -1,6 |
| Precipitação atmosférica (mm) | 4,8 | 31,3 | 0,3 |

*Fonte: adaptado de Bulut et al. (2008).*

### 3.1.6 Conclusões

Como a Terra, as cidades se tornaram mais quentes nos últimos 80 anos (Stefanov et al., 2004). Na verdade, alguns veem a mudança das cidades como janelas para o futuro da mudança global (Changnon, 1992), contudo os fatores que configuram o clima urbano local são diferentes dos que alteram o clima global. As mudanças do uso da terra, principalmente o aumento do ambiente construído e a redução da vegetação, criam os efeitos mais intensos perto da cidade. O aumento do uso de energia e a poluição e o resíduo de calor resultantes costumam ter importância secundária, embora possam ser o efeito primário no inverno. Na escala global, a liberação de gases do efeito estufa, principalmente dióxido de carbono, tem papel importante na mudança climática. Embora muitos desses gases sejam gerados em áreas urbanas, o seu efeito climatológico se distribui rapidamente pelo globo e, de fato, é maior nas áreas menos povoadas, como o Ártico.

É comum dizer que todos falam do tempo, mas não tomam nenhuma providência a respeito. No entanto, quando se juntam em quantidade suficiente, os seres humanos constroem cidades que mudam o tempo local, querendo ou não. A ilha urbana de calor é um fenômeno quase universal em cidades do mundo inteiro e está entre as consequências não intencionais mais importantes da urbanização. O ambiente construído foi previsto apenas para criar um meio ambiente seguro e eficiente para os moradores humanos, mas interagiu com a luz solar e os ciclos de calor e água para aquecer grandes áreas e mudar os padrões climáticos locais. A ilha de calor, por sua vez, altera o modo como as espécies interagem, se comportam e evoluem (Gilman et al., 2010)

(Cap. 4), juntamente com a vida dos seres humanos que, sem querer, deram início ao processo.

## 3.2 O CICLO URBANO DA ÁGUA

O ambiente construído altera o clima em parte por mudar diretamente a entrada e a saída de energia, basicamente radiação do Sol, e em parte por reduzir a evaporação e a transpiração. Essas são apenas duas maneiras como os ambientes urbanos alteram os ciclos do ecossistema. A demanda de água e as superfícies impermeáveis da cidade alteram radicalmente o fluxo de água, aumentam entradas e saídas e reduzem a reciclagem e o armazenamento local. A ilha urbana de calor pode aumentar a precipitação, tanto dentro quanto em torno do meio ambiente urbano. Dado o papel essencial da água, principalmente para as plantas que formam a base da pirâmide energética ecológica, essas mudanças de suprimento da água se propagam por todo o ecossistema urbano.

### 3.2.1 Princípios do ciclo da água

De uma forma ou de outra, a água está constantemente em movimento. A *Hidrologia* é o estudo do movimento e da distribuição da água debaixo da terra, na superfície ou na atmosfera, e o *ciclo da água* descreve a sua entrada, saída e movimento. As propriedades diversificadas e incomuns da água determinam o papel dos efeitos da urbanização sobre o seu ciclo.

i) Pouca água é criada ou destruída, embora as plantas usem um pouco dela na fotossíntese para criar açúcares. A respiração e a combustão revertem essa reação e geram quantidade relativamente pequena de água.

ii) A água é armazenada em vários reservatórios: como gelo no estado sólido, como água doce, água salgada ou aquíferos subterrâneos no estado líquido e, no estado gasoso, como vapor d'água em toda a atmosfera e concentrada em nuvens.

iii) A água é necessária para todas as formas de vida e exigida em grande quantidade no crescimento das plantas.

iv) O fluxo da água depende da inclinação e das propriedades das superfícies. A água corrente pode entrar em corpos d'água acima do solo, como o oceano, *infiltrar-se* na superfície para ser usada pelas plantas ou armazenada no solo e em aquíferos, ou evaporar na atmosfera.

v) A água pode dissolver uma grande variedade de nutrientes e substâncias químicas e transportá-los, juntamente com itens maiores, a grandes distâncias.

vi) A conversão da água do estado líquido para o gasoso exige energia substancial que cria um resfriamento local significativo (seção 3.1).

Ao contrário da energia térmica, a água raramente é criada, pode ser armazenada por longos períodos, é reciclada muitas vezes e se desloca por grandes distâncias. Essas características, ao lado da função essencial da água na manutenção de todas as formas de vida, fazem com que a urbanização afete a água de forma diferente do que afeta a energia.

A água tem papel importante na configuração dos ecossistemas, como no contraste entre desertos e florestas tropicais. A disponibilidade de água determina, em grande medida, as plantas e animais capazes de habitar uma área, o que, por sua vez, configura o modo como a água é reciclada ou exportada. A água em movimento também transporta nutrientes e poluentes para dentro e para fora dos ecossistemas. Portanto, a disponibilidade de água tem efeitos de longo alcance, não só sobre a ecologia local como também sobre a ecologia de lugares a jusante e a sota-vento.

### 3.2.2 O ciclo da água e os efeitos da urbanização

Assim como o balanço energético superficial, o ciclo da água pode ser resumido como um equilíbrio entre entrada, saída e armazenamento (Fig. 3.14). Mas, ao contrário da energia, a água pode ser reutilizada ou reciclada muitas vezes numa dada área. O balanço de entrada e saída da água líquida obedece à equação (Grimmond; Oke; Steyn, 1986):

$$P + I_a + I_u = E + T + R + G + W + \Delta S$$

em que: $P$ representa a precipitação; $I_a$, as entradas antropogênicas; $I_u$, as entradas dos ecossistemas a montante; $E$, a evaporação; $T$, a transpiração; $R$, o escoamento para os ecossistemas a jusante; $G$, a infiltração ou recarga de água subterrânea; $W$, a descarga de águas residuais; e $\Delta S$, a variação do armazenamento de água.

Três fatores principais contribuem para as mudanças no ciclo urbano da água (Grimmond; Oke; Steyn, 1986), indicadas no Quadro 3.1 e na Fig. 3.15:

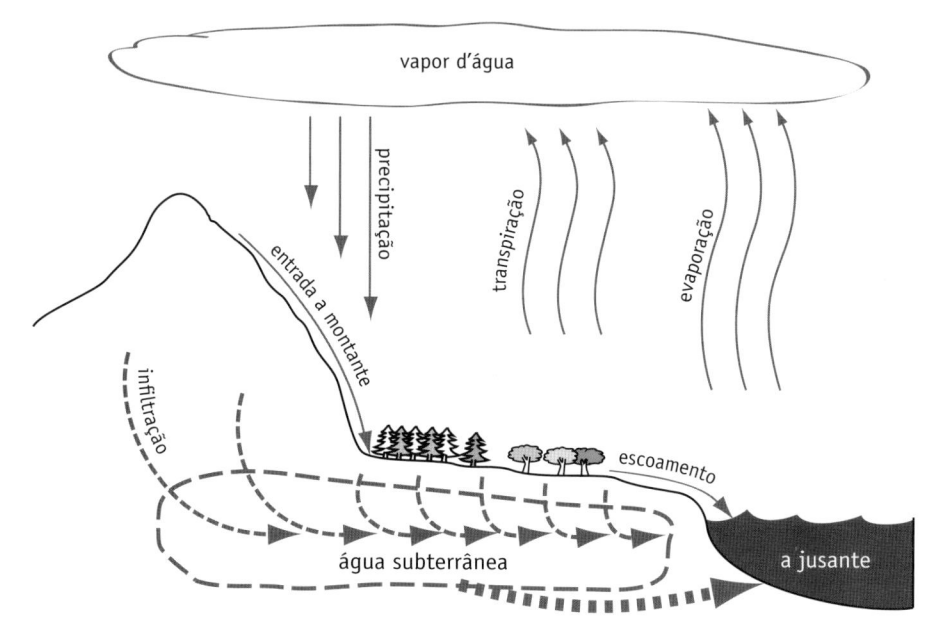

Fig. 3.14 O ciclo não urbano da água

i) a substituição da vegetação por superfícies impermeáveis aumenta o escoamento, acelera o movimento da água e reduz infiltração, evaporação e transpiração;
ii) a canalização de rios e cursos d'água, geralmente para o controle de enchentes, também acelera o fluxo da água através e para fora da cidade;
iii) o elevado uso urbano de água na manufatura, em necessidades domésticas e na irrigação altera a extensão, a periodicidade e a localização da entrada e gera aumento da saída.

O controle humano protege o ciclo urbano da água do efeito de grandes diferenças de entrada, principalmente aquelas em virtude da precipitação. Na cidade relativamente pequena e jovem de Curtin, em Camberra, na Austrália, um ano úmido pode receber quase o quádruplo da precipitação de um ano seco, gerando um excesso de águas pluviais que saem da cidade. No entanto, a água residual humana permanece quase constante ano a ano e o nível de evapotranspiração é abrandado pela substituição da precipitação pela água encanada, como mostra a Fig. 3.16 (Mitchell; McMahon; Mein, 2003).

*Superfícies impermeáveis*

O efeito mais destacado do ambiente construído resulta do aumento da área coberta por superfícies impermeáveis (Fig. 3.17)

**3** Processos do ecossistema urbano 123

Quadro 3.1  Elementos do balanço da água e os efeitos da urbanização

| Entrada ou saída | Símbolo | Efeitos da urbanização |
|---|---|---|
| **Entradas** | | |
| Precipitação | $P$ | Pode aumentar ou diminuir. |
| Entrada antropogênica | $I_a$ | Geralmente grande. |
| Entrada a montante | $I_u$ | Geralmente reduzida. |
| **Saídas** | | |
| Evaporação | $E$ | Reduzida em virtude do escoamento rápido. |
| Transpiração | $T$ | Reduzida por causa da pouca vegetação. |
| Escoamento a jusante | $R$ | Aumentado pelas superfícies impermeáveis. |
| Recarga da água subterrânea | $G$ | Reduzida por conta da menor infiltração. |
| Descarga de águas residuais | $W$ | Pode se igualar à precipitação ou excedê-la. |

(Shuster et al., 2005). Tipicamente, essas superfícies substituem a vegetação, reduzindo assim a transpiração ($T$), a infiltração e a recarga de água subterrânea ($G$). Dessa maneira, a água da precipitação escoa rapidamente para cursos d'água e sistemas de esgotamento de águas pluviais ($R$). O movimento mais rápido da água de superfície também reduz a evaporação ($E$), já que menos água

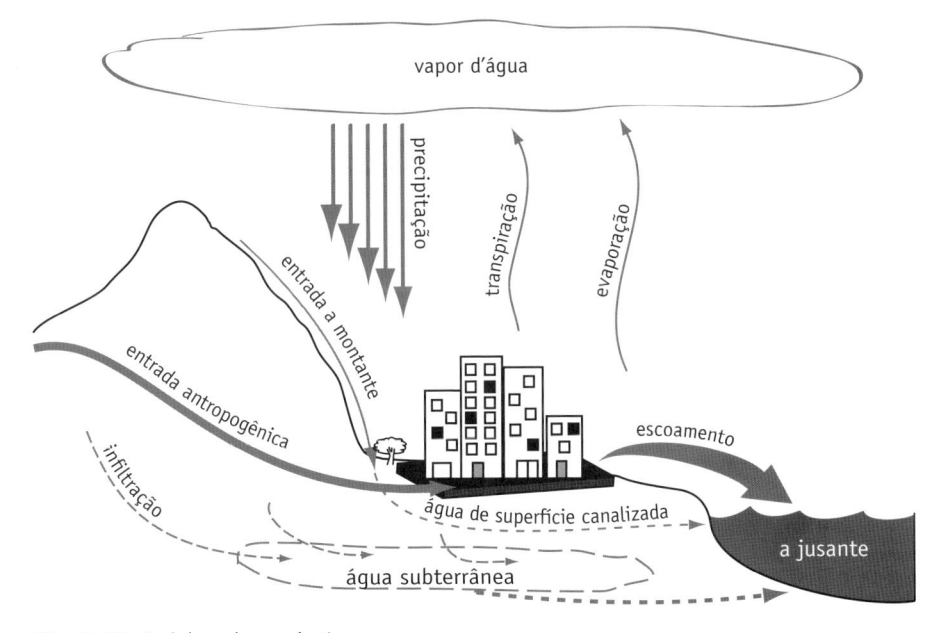

Fig. 3.15  O ciclo urbano da água

forma poças ou permanece no solo perto da superfície (Arnold Jr; Gibbons, 1996).

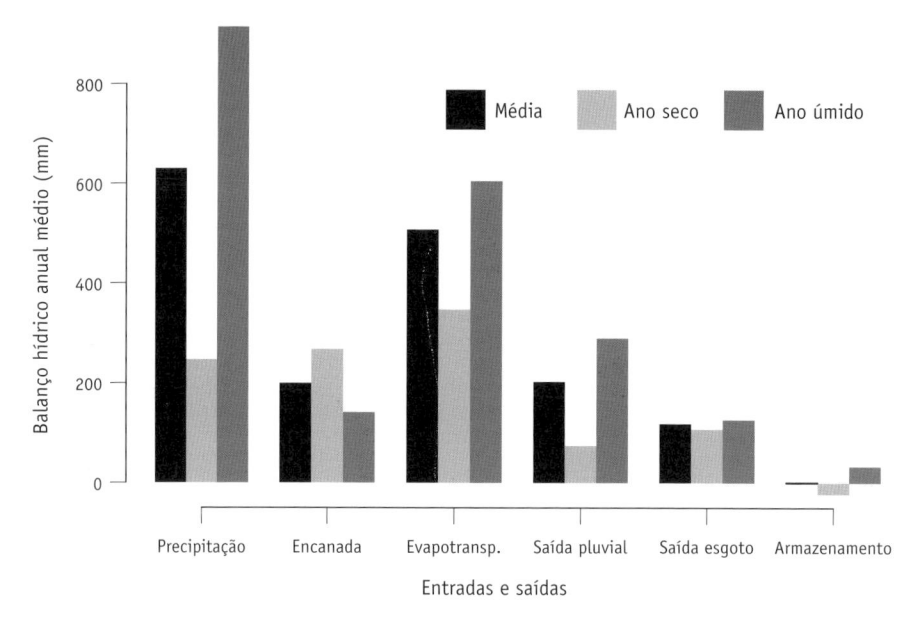

Fig. 3.16 Entrada e saída de água (em milímetros de água que cobririam a área) na cidade de Curtin, em Camberra, na Austrália, em anos úmidos, anos secos ou a média entre eles
Fonte: adaptado de Mitchell, McMahon e Mein (2003).

Fig. 3.17 Superfícies impermeáveis e vegetação limitada no centro urbano de Dublin

O escoamento rápido pode criar picos de fluxo mais frequentes e intensos e aumentar a erosão a jusante (Douglas, 2011). Nos períodos secos, as superfícies impermeáveis acumulam contaminantes como gasolina, detergente, nutrientes, pesticidas e lixo (Shuster et al., 2005). O escoamento dessas superfícies, principalmente no começo de um temporal, pode ser poluidíssimo. Como foi visto, as superfícies impermeáveis escuras armazenam quantidade substancial de calor, e a água que escoa pode ficar bem aquecida (Douglas, 2011).

Até uma pequena percentagem de cobertura superficial impermeável altera profundamente o ciclo da água. Quando 10% da área terrestre é impermeável, a forma dos canais a jusante muda, a temperatura da água sobe e o nível de poluição aumenta (Shuster et al., 2005). Embora o planeta como um todo fique bem abaixo desse patamar, algumas áreas urbanas são quase inteiramente impermeáveis (Tab. 3.3). As superfícies impermeáveis que cobrem 1,4% dos Estados Unidos contíguos no ano 2000 equivalem mais ou menos à área do estado de Ohio (112.610 km$^2$) e excedem a área total de terrenos úmidos cobertos de ervas e gramíneas do país (98.460 km$^2$) (Elvidge; Milesi; Dietz, 2004).

Tab. 3.3 Percentual de superfície impermeável em cidades e regiões selecionadas

| Região | Percentual impermeável |
|---|---|
| Nova York (Weng; Lu; Liang, 2006) | 95% |
| Centro de Indianápolis (Weng; Lu; Liang, 2006) | 75% |
| Condados urbanos do sul de Minnesota (Bauer; Loffelholz; Wilson, 2008) | 36% |
| Estado de Minnesota (Bauer; Loffelholz; Wilson, 2008) | 1,9% |
| Estados Unidos contíguos (Elvidge; Milesi; Dietz, 2004) | 1,4% |

Nem todas as superfícies modificadas por seres humanos são igualmente impermeáveis. Tipos diferentes de uso da terra têm níveis bem diferentes de infiltração (Tab. 3.4). Na cidade de Munique, o percentual médio de água que se infiltra na superfície é 23%, mais ou menos o mesmo dos bosques, embora estes sejam diferentes por terem muito mais evapotranspiração e menos escoamento (Pauleit; Duhme, 2000). Nessa cidade, até 75% da chuva escoa de edifícios residenciais com muitos andares e apenas 25% de áreas residenciais de baixa densidade.

Tab. 3.4 Estimativa do percentual de água que se infiltra em terras com diversos usos

| Terra | Percentual de infiltração |
|---|---|
| Construída | 5% |
| Asfalto | 5% |
| Calçamento | 20% |
| Terra nua | 50% |
| Cascalho grosso de ferrovias | 60% |
| Vegetação lenhosa | 25% |
| Prados e pastagens | 35% |
| Terra arável | 40% |

Fonte: Pauleit e Duhme (2000).

## Movimento da água e controle de inundações

As áreas urbanas aceleram o movimento da água. Além de aumentar a parte da precipitação que escoa, as superfícies impermeáveis também aumentam a velocidade desse escoamento. Ademais, a água que entra nas áreas urbanas e as atravessa costuma ser acelerada propositalmente (Douglas, 2011). Como as áreas urbanas são intolerantes a inundações, os rios e cursos d'água urbanos costumam ser canalizados para que a água se desloque rapidamente sem se espalhar pela terra circundante. Muitos cursos d'água são relegados a tubos subterrâneos que às vezes se unem ao sistema de drenagem de águas pluviais que leva a água para debaixo da terra e a tira da cidade o mais depressa possível. As inundações em hábitats não urbanos podem criar grandes áreas de água parada temporária que seriam intoleráveis no ambiente construído. O controle de inundações minimiza essas áreas, mas às vezes as substitui por *bacias de retenção* (seção 5.2) ou outros métodos para armazenar temporariamente os picos de fluxo (Guo, 2001).

## Uso da água

Os moradores das cidades usam grande quantidade de água: até 500 L diários por pessoa (Kennedy; Cuddihy; Engel-Yan, 2007). Quer exceda a precipitação local, como em Las Vegas ou Los Angeles, quer seja menor que ela, como em Nova York (Fig. 2.3), esse uso tem efeitos importantes sobre o ecossistema. Em geral, a água urbana segue um caminho linear da entrada ao uso e à saída, com praticamente nenhuma reciclagem. Cidades intensamente urbanizadas como Tóquio podem descartar como águas residuais quase 100% da entrada, embora cidades com irrigação substancial possam descartar apenas 40% (Kennedy; Cuddihy; Engel-Yan, 2007; Ngo; Pataki, 2008). Nos Estados Unidos, as cidades descartam como águas residuais uma média de 80% da entrada (Kennedy; Cuddihy; Engel-Yan, 2007).

Mesmo em áreas com precipitação suficiente, a água usada é, geralmente, subterrânea ou vinda de fontes mais distantes. O excesso de exploração dos *aquíferos*, água armazenada em substrato subterrâneo, pode reduzir o *lençol freático* local. Por exemplo, em Pequim, o lençol freático perdeu 45 m entre 1950 e 1990 (Kennedy; Cuddihy; Engel-Yan, 2007). A remoção de água subterrânea pode provocar a *subsidência da terra*, ou rebaixamento da superfície terrestre (Fig. 3.18). Na Cidade do México, o nível da terra baixou 7,5 m por causa do esgotamento da água subterrânea (Ortega-Guerrero; Cherry; Rudolph, 1993). A água subterrânea próxima da superfície, em centros urbanos ou nas cercanias, pode ser poluída pelo escoamento das superfícies impermeáveis, exigindo que se cave mais fundo ou se traga água de fontes alternativas mais distantes. Em cidades costeiras, o bombeamento da água subterrânea pode provocar a invasão dos aquíferos por água salgada, tornando-os mais uma vez impróprios para consumo (Kennedy; Cuddihy; Engel-Yan, 2007).

Em áreas sem água subterrânea suficiente, é preciso importar água. Apenas 34% do consumo de água de Los Angeles vem da extração de água subterrânea local, e o restante é trazido do rio Colorado, do delta

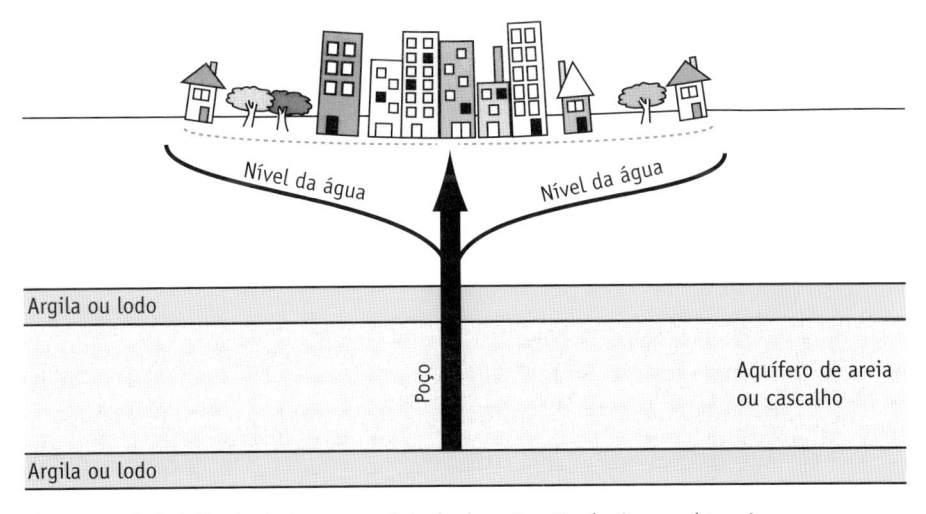

Fig. 3.18 Subsidência da terra em virtude da extração de água subterrânea

dos rios Sacramento e San Joaquin e do escoamento das montanhas da Serra Nevada (Ngo; Pataki, 2008). Essa importação de água pode drenar ecossistemas externos como os lagos Owens e Mono, sendo que este último fica a mais de 500 km da cidade propriamente dita.

Ironicamente, as áreas urbanas costumam desviar a água da terra agrícola próxima e, portanto, reduzem o próprio suprimento de alimentos. Essa escassez de alimentos tem de ser resolvida com importações. As práticas agrícolas necessárias para produzir essas safras podem consumir muita água, por exemplo, até 1.000 t de água são usadas para produzir uma única tonelada de cereais (Postel, 2000), estendendo a pegada da água urbana bem além dos limites da cidade e dos limites da terra agrícola que a sustenta.

Dentro da própria área urbana, o vazamento de água encanada pode reencher parte das áreas de subsidência de terra, desestabilizando potencialmente as estruturas vizinhas. Em algumas cidades grandes mais antigas, até 50% da água encanada vaza (Decker et al., 2000), o que pode ser uma fonte hídrica significativa para as plantas urbanas.

Os limites entre ecossistemas terrestres e aquáticos estão entre os hábitats mais delicados das áreas urbanas. Os charcos urbanos praticamente se perderam com a drenagem e a construção civil, embora hoje algumas áreas urbanas estejam revertendo essa tendência (Kentula; Gwin; Pierson, 2004). As zonas ripária urbanas – áreas cobertas de vegetação às margens de rios e cursos d'água – sofrem com a aceleração do fluxo de água causada pela canalização. Menos água se infiltra nas margens dos cursos d'água canalizados, causando *seca hidrológica* (Groffman et al., 2003), isto é, embora possa correr por ali, a água não é disponibilizada para as plantas. Essa seca efetiva pode provocar a troca de espécies vegetais de charcos por espécies de terra firme, a perda de espécies raras e mudanças do funcionamento do ecossistema. Os charcos e zonas ripárias servem de anteparo contra poluentes, principalmente de nitratos, um dos poluentes da água subterrânea mais comuns nos Estados Unidos (assunto discutido com detalhes na seção 3.3).

### 3.2.3 Ligações entre o tempo local e o ciclo da água

A modificação do hábitat urbano muda tanto a temperatura quanto o movimento da água e, portanto, pode provocar efeitos complexos e conflitantes sobre a precipitação atmosférica (Shepherd, 2005). Como foi visto, a ilha urbana de calor tende a aumentar a precipitação. O ar quente do centro da cidade sobe, esfria e forma a precipitação (Fig. 3.13), conforme observado em cidades de clima temperado como St. Louis e Nova York e em cidades desérticas como Phoenix (Bornstein; Lin, 2000).

O volume e a periodicidade da precipitação gerada localmente dependem da interação entre os balanços hídrico e energético de uma área urbana. A evapotranspiração menor nos centros urbanos, em consequência da falta de vegetação e do escoamento rápido da água de superfície, reduz a umidade disponível para a precipitação. Em clima seco, a irrigação urbana e o uso da água em períodos de baixa precipitação e muito calor aumentam a geração urbana de tempestades de verão (Rose; Stallins; Bentley, 2008).

O tempo gerado no local interage com os padrões sinópticos de grande escala, modulados pela estrutura vertical da cidade e pela força da ilha urbana de calor, conforme ilustra a Fig. 3.19 (Shepherd; Burian, 2003).

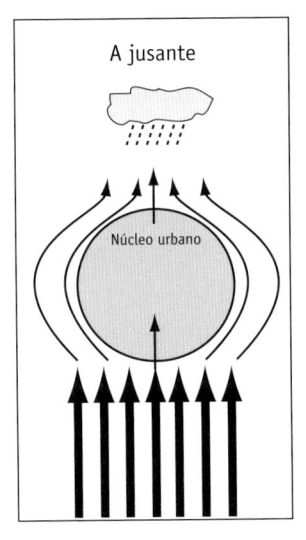

Condições sinópticas fortes; ilha urbana de calor fraca

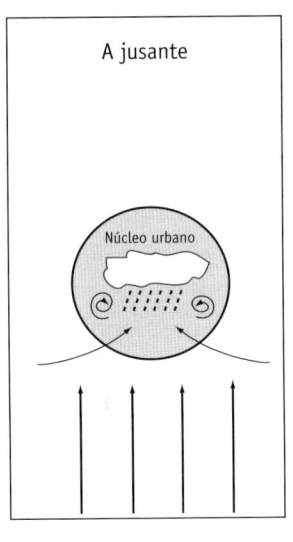

Condições sinópticas fracas; ilha urbana de calor forte

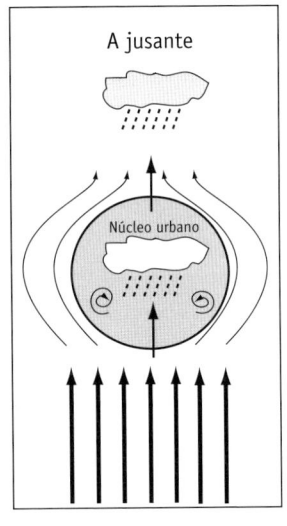

Condições sinópticas moderadas; ilha urbana de calor moderada

Fig. 3.19 Interação entre padrões climáticos de grande escala e ilha urbana de calor e o seu efeito sobre a precipitação

- Com um evento sinóptico forte e uma ilha urbana de calor fraca, as tempestades divergem em torno da cidade – o *efeito da barreira de edificações* –, o que provoca redução da precipitação na cidade e aumento da precipitação a sota-vento.

- Com um evento sinóptico fraco e uma ilha urbana de calor forte, a cidade tem baixa pressão devido ao ar que sobe e as tempestades convergem na cidade, aumentando a precipitação.
- Com evento sinóptico e ilha urbana de calor moderados, a zona de convergência pode se criar dentro da cidade, mas ser levada a sota-vento, deslocando parte da precipitação para fora da cidade.

A queima de combustível fóssil acrescenta à atmosfera particulados e aerossóis que podem interagir com a topografia local e criar efeitos complexos sobre a precipitação. Os particulados da indústria e dos meios de transporte urbanos podem agir como núcleos e semear temporais urbanos (Changnon, 1992). No entanto, em quantidade suficiente os aerossóis antropogênicos podem ter efeito contrário. Com núcleos em demasia, o vapor d'água das nuvens pode se distribuir em gotículas que se mantêm pequenas demais para chover (Rosenfeld, 2000). Numa área seca com quantidade substancial de aerossóis, como Los Angeles, a chuva pode ser retardada por essas gotículas pequenas. Quando finalmente chove, é possível que a água tenha se desviado de aclives próximos a sota-vento e caído em declives mais distantes, o que pode levar a uma redução geral da precipitação dentro da bacia da cidade (Givati; Rosenfeld, 2004).

Em casos extremos, os aerossóis podem bloquear a incidência de radiação solar, o que reduz o aquecimento solar superficial, a convecção gerada pelo calor urbano e a chuva associada (Ramanathan et al., 2001).

A combinação de ilha urbana de calor, entrada de umidade, irregularidades da superfície e aerossóis urbanos causa mais precipitações e relâmpagos perto de Atlanta, na Geórgia, embora ainda não se conheça a importância relativa desses diversos fatores (Rose; Stallins; Bentley, 2008). O número de relâmpagos nas áreas urbanas e a sota-vento delas é tipicamente maior, embora não se saiba se esse efeito resulta, em primeiro lugar, de mais tempestades ou de tempestades mais intensas (Stallins; Rose, 2008). Por outro lado, a grande cidade desértica do Cairo tem menos chuva anual do que a área não urbana circundante, talvez por causa do ar substancialmente mais seco da cidade (Robaa, 2003) ou dos aerossóis urbanos (Shepherd et al., 2011).

Assim como o ambiente construído divide o meio ambiente urbano numa escala física determinada por seres humanos, como os quarteirões da cidade, os ciclos da vida urbana podem criar padrões climáticos com escala temporal determinada por seres humanos (Cleveland et al.,

1974). Em áreas com grande número de pessoas que vão trabalhar de carro, a emissão dos automóveis pode provocar um forte ciclo semanal de poluição do ar, com nível baixo no início da semana (de domingo a terça-feira) e nível alto perto do fim de semana (de quinta a sexta-feira). Embora não se conheçam os detalhes do mecanismo, esses aerossóis podem estar envolvidos no *efeito fim de semana* da temperatura, com a temperatura diurna mais alta nos dias úteis e mais baixa no sábado e no domingo (Forster; Solomon, 2003). Esses aerossóis também podem provocar um ciclo de precipitação de sete dias, com mais chuva nos sábados, quando há o pico de poluição, e menos chuva na segunda-feira, quando a poluição do ar é mais baixa. Entretanto, esses efeitos estão longe de serem universais e muitos estudos não encontram nenhuma tendência semanal significativa (Schultz et al., 2007).

### 3.2.4 Conclusões

Na era Neolítica, a água caía do céu ou chegava pelos rios, fora do controle de quem a usava. Essas fontes eram altamente variáveis e imprevisíveis. A grande concentração de pessoas nas cidades não poderia tolerar tanta imprevisibilidade. Para manter constante o suprimento de água limpa, o ciclo natural da água teve de ser complementado ou totalmente substituído. As primeiras cidades romanas construíram aquedutos para resolver o problema (Fig. 3.20). As cidades contemporâneas seguem o mesmo caminho, mas em escala ainda maior. Hoje, a água é encanada e levada para dentro e fora das cidades, enquanto a água da chuva e dos cursos d'água é retirada em tubos e lançada a jusante da paisagem urbana.

Ao lado dessas mudanças intencionais, os efeitos não intencionais criados pelo ambiente construído e pelas superfícies impermeáveis, em particular, alteram o fluxo da água e o momento e local das precipitações (Fig. 3.21). A ilha urbana de calor gera o seu próprio tempo, sob a forma de tempestades convectivas. A poluição pode semear as nuvens, enquanto edificações altas interrompem o padrão climático predominante.

Fig. 3.20 Aqueduto romano perto de Montpellier, na França

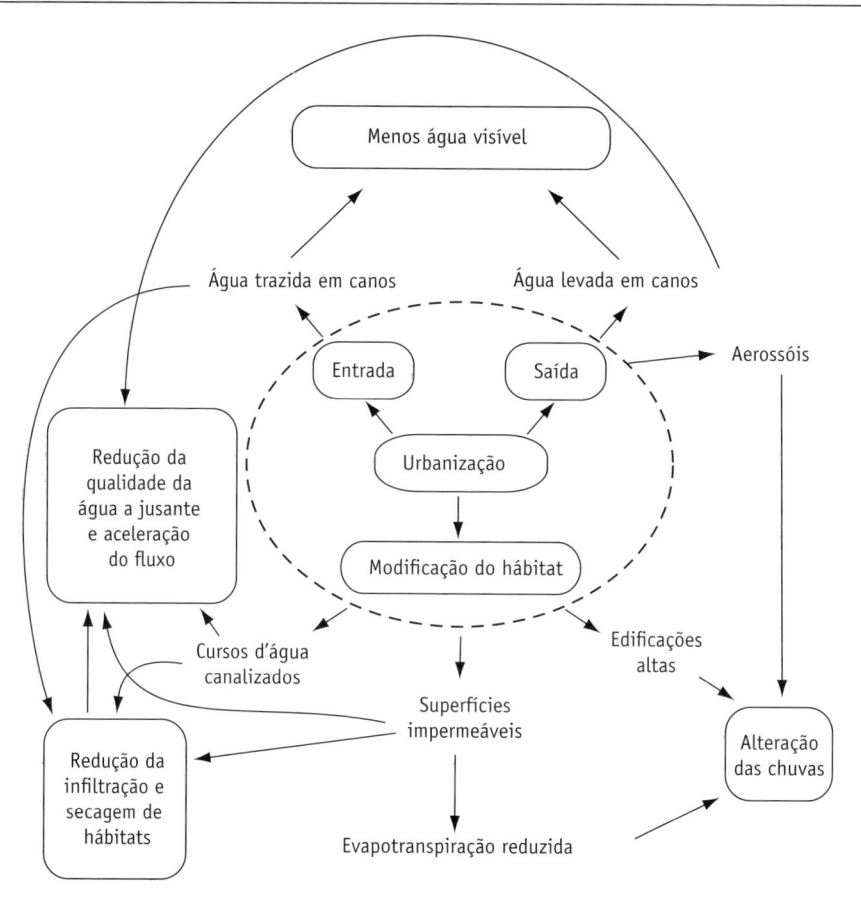

Fig. 3.21 A série de causa e efeito que vai da modificação do hábitat urbano e de suas entradas e saídas até mudanças do ciclo urbano da água

Como no caso do clima, o meio ambiente urbano provoca efeitos muito diferentes sobre o ciclo da água em escala local e global. Em termos locais, as áreas urbanas têm nível baixo de reciclagem da água; em termos globais, toda a água acaba sendo reciclada, embora possa ficar efetivamente indisponível durante milhares de anos quando armazenada em calotas polares, oceanos ou profundamente debaixo da terra. Apenas uma fração minúscula da água do planeta está disponível como água doce. Os seres humanos usam mais da metade dela (Vitousek et al., 1997b), grande parte direcionada para a agricultura que sustenta as grandes cidades. Como no caso da pegada ecológica, as mudanças do ciclo da água produzem, dentro da área urbana, efeitos imensos que se propagam, geralmente de forma imprevisível, além dos limites da cidade.

## 3.3 Dinâmica urbana de nutrientes

Os organismos vivos, principalmente as plantas, têm papel importante nos ciclos climático e hídrico urbanos, pela capacidade de transpirar grande quantidade de água. O ciclo dos nutrientes é controlado de forma ainda mais intensa pelos organismos vivos. Em áreas urbanas, nas quais o metabolismo industrial humano domina a entrada e a saída de nutrientes, o ciclo destes resulta da inter-relação entre fluxos preexistentes, entradas humanas e o modo como os organismos urbanos usam, transformam e incorporam esses elementos.

Os nutrientes são os elementos e as moléculas necessárias para sustentar a vida. Ainda assim, cada nutriente tem um reservatório fora dos organismos vivos, como obviamente acontece com a água, que existe nos estados sólido, líquido e gasoso. O nitrogênio e o carbono, os dois elementos mais abundantes no corpo humano depois do hidrogênio e do oxigênio, têm grandes reservatórios atmosféricos, o nitrogênio em geral sob a forma de $N_2$ e o carbono, de dióxido, $CO_2$. Também há depósitos enormes de carbono em rochas, água e organismos vivos e mortos. A maioria dos outros nutrientes importantes, como fósforo, enxofre e ferro, está armazenada basicamente em rochas e sedimentos.

Quando circulam pelo ecossistema, deslocando-se por organismos vivos e reservatórios, os nutrientes sofrem transformações químicas (Fig. 3.22). Os *ciclos biogeoquímicos* descrevem a passagem de um elemento pelos diferentes estados, como líquido, sólido e gasoso, e diversos compostos químicos. Cada elemento só é útil às coisas vivas em determinados compostos, e a utilidade de cada composto depende do organismo.

A compreensão dos nutrientes é facilitada pela *razão de Redfield*, desenvolvida a princípio para o fitoplâncton marinho (Redfield, 1934). Essa razão estabelece a abundância de três nutrientes principais em 106:16:1: carbono, nitrogênio e fósforo. Cada molécula de fósforo se iguala a cerca de 16 moléculas de nitrogênio e aproximadamente a 106 de carbono (Fig. 3.23). Embora desenvolvidos para organismos oceânicos, esses valores também constituem um patamar útil para as plantas que formam a base da cadeia alimentar terrestre. O elemento que fica abaixo dessa razão se torna o *nutriente limitante*, e o que a excede demasiadamente pode se tornar toxina ou poluente.

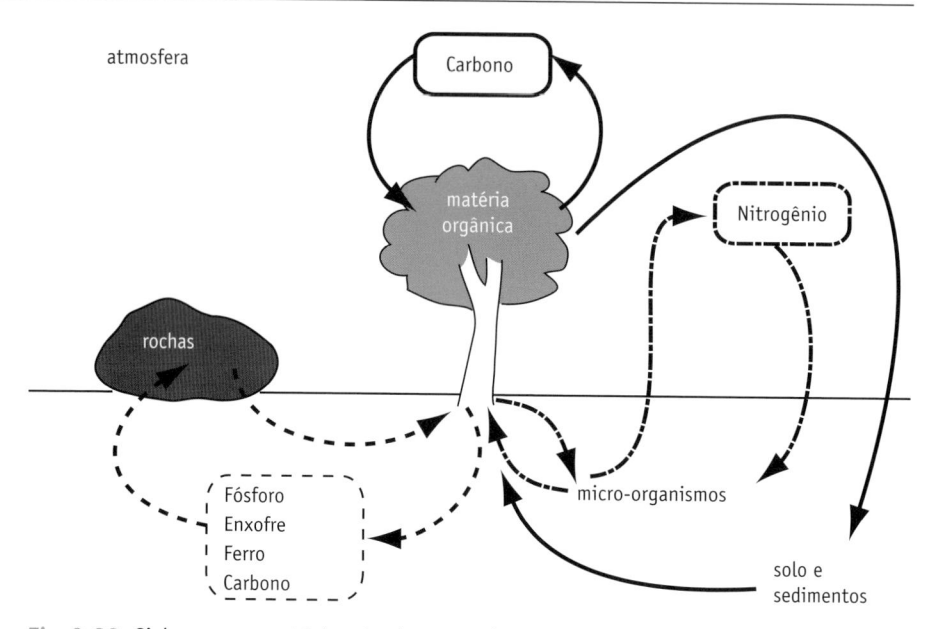

Fig. 3.22  Ciclos e reservatórios de cinco nutrientes com importância biológica

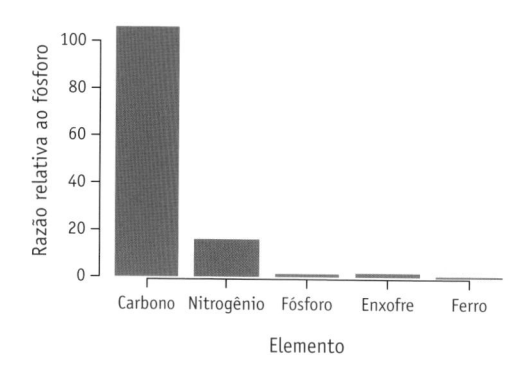

Fig. 3.23  A razão de Redfield

O ciclo do nitrogênio ilustra com mais clareza a interação entre os seres humanos, os outros organismos e o meio ambiente físico e se modifica de forma mais drástica no ambiente urbano. Já o ciclo do carbono envolve um conjunto mais simples, mas ainda drástico de reações à urbanização. No caso de muitos outros nutrientes, como enxofre, fósforo e ferro, os ambientes urbanos são mais um local de aumento da entrada do que de profunda alteração do ciclo. Em cada um desses casos, foi examinado o ciclo do nutriente em áreas não perturbadas por seres humanos, esboçado o efeito global dos seres humanos e analisada com detalhes a modificação do ciclo dentro da área urbana propriamente dita.

### 3.3.1  O ciclo do nitrogênio

O nitrogênio é um nutriente incomum. É muitíssimo abundante, mas difícil de se converter em formas biologicamente úteis. Embora constitua até 78% da atmosfera, mais de 99% do nitrogênio atmosférico existe sob a forma de gás $N_2$. O $N_2$ é quimicamente inerte porque os dois átomos de nitrogênio são unidos por uma ligação tripla extremamente estável que os torna indisponíveis, a não ser para reações químicas que consomem muita energia. Como os átomos de nitrogênio são componentes químicos necessários para a formação de ácidos nucleicos e proteínas, que, por sua vez, são os componentes da vida, o $N_2$ atmosférico tem de ser liberado e obter disponibilidade química por algum processo capaz de romper aquela ligação tripla. Depois que for rompida, o nitrogênio passa por uma série de formas químicas no solo, na água, nos organismos e na atmosfera antes de, finalmente, retornar à atmosfera como $N_2$ (Quadro 3.2).

Quadro 3.2 Compostos importantes do ciclo do nitrogênio

| Nome | Fórmula | Fonte e comentários |
| --- | --- | --- |
| Gás nitrogênio | $N_2$ | Atmosfera, desnitrificação. Quase quimicamente inerte. |
| Amônia | $NH_3$ | Bactérias, fertilizantes. Geralmente gás, convertido em amônio. |
| Amônio | $NH_4^+$ | Reações que envolvam amônia. Biologicamente disponível a bactérias. |
| Óxido nítrico | $NO$ | Combustão, desnitrificação. Óxido de nitrogênio, fonte de ozônio e poluição do ar. |
| Óxido nitroso | $N_2O$ | Combustão, desnitrificação. Fonte de ozônio e poluição do ar, gás potente do efeito estufa. |
| Dióxido de nitrogênio | $NO_2$ | Combustão. Óxido de nitrogênio, fonte de ozônio e poluição do ar. |
| Nitrato | $NO_3^-$ | Nitrificação bacteriana, chuva. Biologicamente disponível a plantas, com carga negativa, solúvel em água. |
| Nitrito | $NO_2^-$ | Como o nitrato. Converte-se rapidamente em nitrato; portanto adotou-se aqui o termo nitrato para se referir também ao nitrito. |
| Ácido nítrico | $HNO_3$ | Reações de óxidos de nitrogênio. Componente da chuva e da deposição ácidas. |

### O ciclo não urbano

O primeiro passo do ciclo do nitrogênio é a *fixação de nitrogênio*, conversão do $N_2$ atmosférico em formas reativas e potencialmente usáveis. Na ausência de efeitos humanos, a maior parte dessa fixação é feita por *bactérias fixadoras de nitrogênio*. Embora algumas delas vivam livres no solo, a maioria se envolve em mutualismo com plantas que trocam açúcar por nitrogênio. Um dos mutualismos mais importantes acontece entre as bactérias do gênero *Rhizobium* e as leguminosas, plantas da família *Fabaceae* que tem cerca de 20 mil espécies, como alfafa, trevo e feijão. Essas bactérias fixam aproximadamente de 115 Tg a 130 Tg (um *teragrama*, Tg, é igual a $10^{12}$ g, $10^9$ kg ou uma megatonelada) de nitrogênio por ano (Fig. 3.24). Quantidade menor, cerca de 10% ou 10 Tg de nitrogênio por ano, é criada por raios, que têm energia suficiente para fixar o $N_2$ diretamente. Outros eventos que envolvam calor intenso, como vulcões e incêndios florestais, contribuem com quantidades menores. Quantidade ainda maior pode ser fixada nos oceanos, embora ela ainda não tenha sido medida com exatidão (Capone; Knapp, 2007).

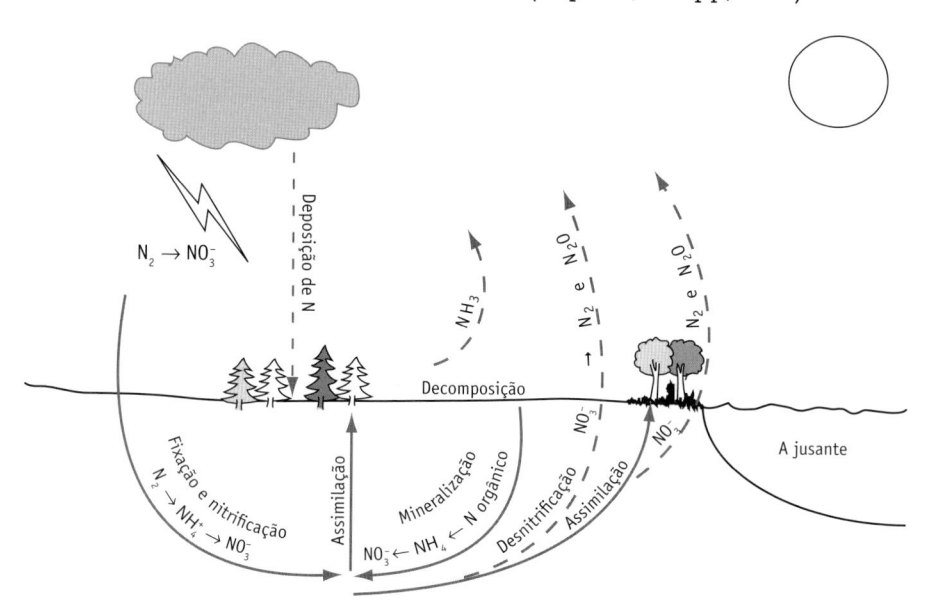

Fig. 3.24 O ciclo não urbano do nitrogênio

O nitrogênio fixado por bactérias forma amônia, $NH_3$, que, convertida no íon amônio, $NH_4^+$, pode ser usada diretamente por plantas, bactérias e outros organismos que vivem no solo. O nitrogênio fixado pelos raios cria óxidos de nitrogênio que se dissolvem na água da chuva e acabam caindo como íons nitrato, $NO_3^-$, também diretamente disponíveis para as plantas (Galloway et al., 1995). Os animais recebem todo o seu nitrogênio com o consumo de plantas ou de outros animais.

Finalmente, todas as plantas morrem ou são comidas por herbívoros. Os resíduos excretados por herbívoros, juntamente com o tecido de plantas e animais mortos, contêm nitrogênio em várias moléculas orgânicas. Mais uma vez, as bactérias devolvem esse nitrogênio à forma biologicamente disponível de amônio com o processo da *mineralização*. Esse ciclo de mineralização, captação e morte pode manter o nitrogênio em uso no ecossistema por longos períodos (Rosswall, 1976).

Quando não absorvido pelas plantas, o íon amônio pode ser usado por algumas bactérias como fonte de energia. Por meio de reações que exigem oxigênio, elas convertem amônia ou amônio nos íons nitrito, $NO_2^-$, ou nitrato, $NO_3^-$, num processo chamado *nitrificação*. Como esses íons nitrito e nitrato convertem-se facilmente uns nos outros, costumam ser chamados coletivamente de *nitratos*. Ambos podem ser absorvidos diretamente pelas plantas. Esses compostos com carga negativa são extremamente móveis no solo porque o próprio solo costuma ter carga negativa, aumentando a probabilidade de os nitratos encontrarem água corrente ou subterrânea (Brady; Weil, 1996).

O nitrato pode abandonar o ciclo biológico por meio da *desnitrificação*. Essa reação química ocorre principalmente em condições *anaeróbicas*, ou seja, na ausência de oxigênio, quando o nitrato é usado como substituto do oxigênio durante a respiração (Knowles, 1982). Nesse processo, a maior parte do nitrato retorna à atmosfera como $N_2$. Globalmente, a quantidade de nitrogênio perdido pelos ecossistemas com a desnitrificação compensa mais ou menos a quantidade fixada, e a maior parte da desnitrificação global acontece em lagos, rios, estuários e em partes rasas do oceano (Seitzinger et al., 2006).

Por ser necessário para todas as formas de vida, mas só estar diretamente disponível para alguns organismos, o nitrogênio usável é o nutriente limitante de muitos ecossistemas terrestres (Vitousek; Howarth, 1991). Os ecossistemas aquáticos tendem a ter muito mais nitrogênio disponível em virtude do escoamento de nitratos e, em geral, são limitados pelo fósforo (Cain; Bowman; Hacker, 2008). Em terra, a disponibilidade de nitrogênio afeta aspectos fundamentais da ecologia, como composição das comunidades, distribuição das espécies e interações entre elas. Por exemplo, as plantas que colonizam áreas com pouco nitrogênio tendem a se associar a bactérias fixadoras de nitrogênio (Vitousek; Howarth, 1991).

Em ecossistemas não urbanos, o nitrogênio costuma ser reciclado muitas vezes. Ele se perde de duas maneiras principais: quando os nitratos caem na água de escoamento ou na subterrânea e quando a desnitrificação o devolve à atmosfera. A elevada reciclagem reduz a quantidade que precisa ser adicionada para manter um nível específico.

*Efeitos humanos sobre o ciclo do nitrogênio*

Se fosse espalhado por igual sobre a área terrestre do planeta inteiro ($15 \times 10^9$ ha), o total de nitrogênio fixado na terra por fontes naturais (uns 150 Tg) forneceria cerca de 10 kg de nitrogênio por hectare por ano (Vitousek et al., 1997b). Em vez disso, se dividido pelos cerca de $7{,}0 \times 10^9$ seres humanos vivos em 2012, essa produção natural forneceria aproximadamente 20 kg de nitrogênio por pessoa por ano. Dado que o conteúdo médio de nitrogênio das proteínas fica por volta de 16% e que, em média, um ser humano consome cerca de 24 kg de proteína, o consumo direto médio *per capita* de nitrogênio é de uns 4 kg por ano. Portanto, a fixação natural de nitrogênio poderia fornecer o quíntuplo da proteína necessária para a sobrevivência de todos os seres humanos.

Os seres humanos aceleraram muitíssimo cada componente do ciclo global do nitrogênio ao expandir e imitar o papel das bactérias fixadoras de nitrogênio e aumentar a fixação desse elemento químico com calor e combustão (Fig. 3.25). Atualmente, as fontes antropogênicas fixam mais nitrogênio do que as bactérias terrestres e os raios juntos (Vitousek et al., 1997a).

Os humanos imitam, por exemplo, as bactérias fixadoras de nitrogênio na produção de fertilizantes. O processo Haber-Bosch usa grande quantidade de energia e metano para transformar em amônia o nitrogênio atmosférico. Esse e outros processos semelhantes são usados pelos seres humanos para fixar 80 Tg a 100 Tg de nitrogênio por ano, quantidade comparável à produção total das bactérias fixadoras de nitrogênio (Vitousek et al., 1997a). Sozinho, esse processo exige cerca de 2% do uso anual de energia do mundo e 5% do uso do gás natural mundial (Smith, 2002). Graças à entrada de fertilizantes, a produção agrícola do último século aumentou cerca de seis vezes, igualando-se, aproximadamente, ao aumento da entrada de nitrogênio (Wilson, 2011). O cultivo de produtos agrícolas fixadores de nitrogênio, em geral leguminosas como a alfafa, usada como forragem, aumentou o número das próprias bactérias fixadoras de nitrogênio, efetivamente fixando por ano mais 40 Tg do elemento (Vitousek et al., 1997b).

A queima de combustível fóssil pelos seres humanos imita os efeitos dos raios e dos incêndios em florestas e também libera o nitrogênio

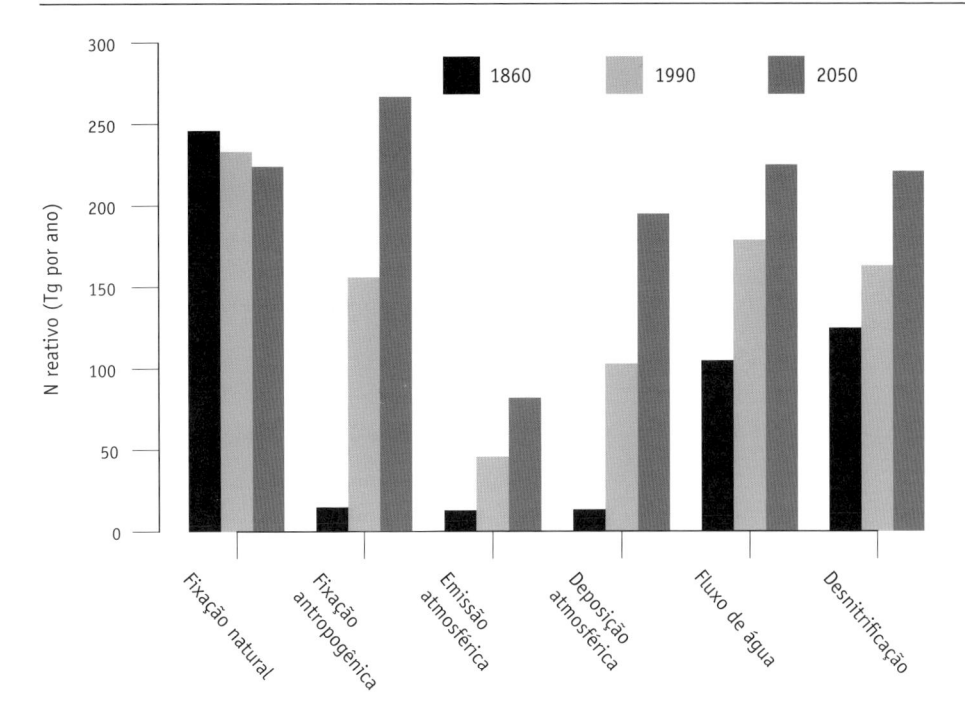

Fig. 3.25 Balanço global do nitrogênio e os efeitos humanos
Fonte: adaptado de Vitousek et al. (1997a).

armazenado, além do carbono armazenado. Esses efeitos se combinam para acrescentar à atmosfera mais de 20 Tg de nitrogênio por ano (Vitousek et al., 1997a).

Dessas fontes, só a queima ocorre essencialmente em áreas urbanas. No entanto, a demanda concentrada de alimentos na cidade exige uma agricultura altamente produtiva, capaz de usar até 300 kg anuais de nitrogênio por hectare, que cria ecossistemas ricos em nutrientes e pobres em diversidade (Matson, 1997).

### O ciclo urbano do nitrogênio

O aumento de entradas e saídas e a redução da reciclagem caracterizam o ciclo urbano do nitrogênio (Fig. 3.26). No ambiente urbano, o nitrogênio é importado, produzido e exportado, e grande quantidade permanece como excedente armazenado dentro do próprio ecossistema (Fig. 3.27).

Há três tipos principais de *importação urbana de nitrogênio*: alimentos, dejetos de animais de estimação (consequência em si da importação de alimentos para eles) e fertilizantes. Com uma densidade de cem pessoas por hectare, os alimentos importados fornecem anualmente cerca de 4 kg de nitrogênio consumidos por pessoa, que contribuiriam com 400 kg de nitrogênio por hectare e superariam em muito a taxa média

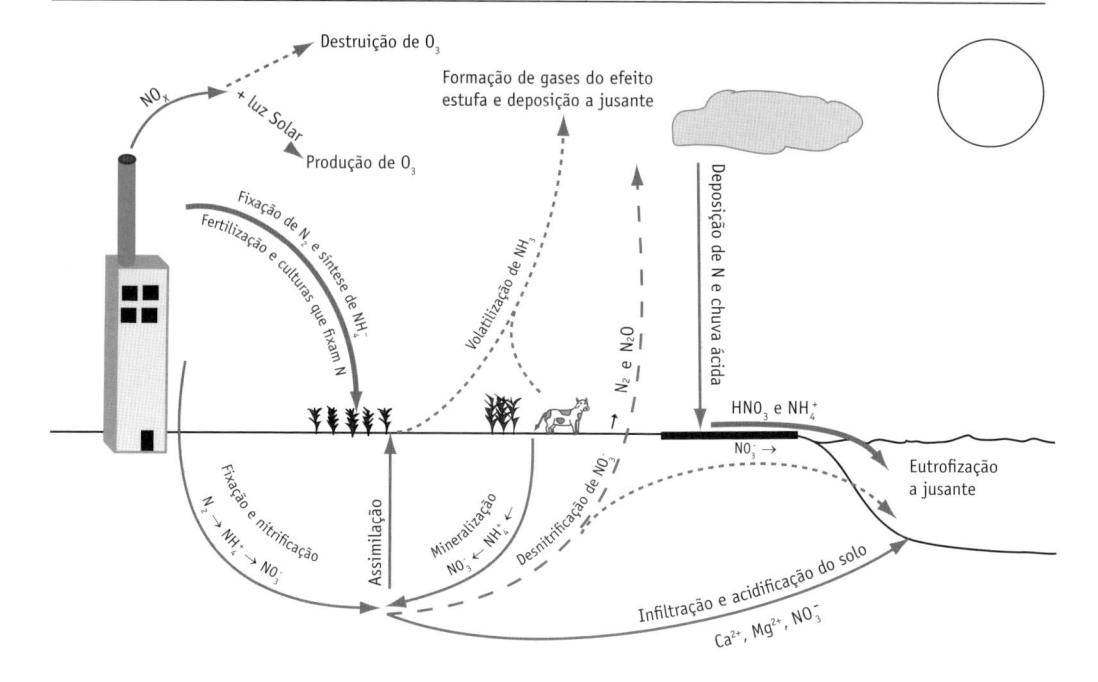

Fig. 3.26 O ciclo urbano do nitrogênio

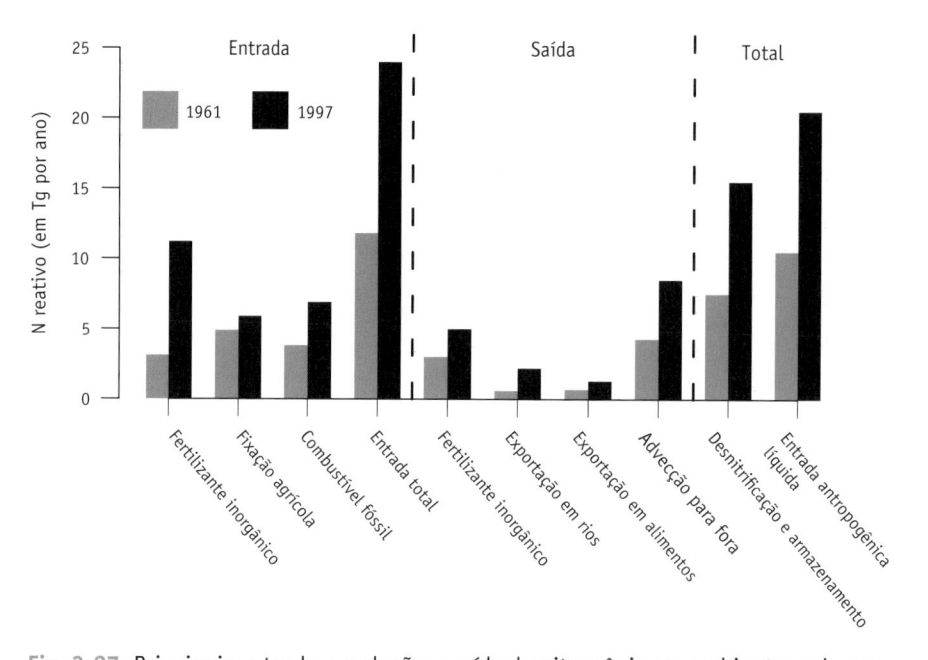

Fig. 3.27 Principais entrada, produção e saída de nitrogênio em ambientes urbanos
Fonte: adaptado de Howarth et al. (2002).

de fixação natural de nitrogênio. Combinados aos alimentos importados que são jogados fora, sem uma exportação eficiente as cidades seriam efetivamente envenenadas pelo nitrogênio. A imensa maioria dos resíduos humanos e alimentares ricos em nitrogênio é exportada das cidades, mas isso tipicamente não acontece com os dejetos de animais de estimação. Os seus excrementos são fonte significativa de nitrogênio superficial, chegando a 15 kg anuais por hectare (Baker et al., 2001). Os animais de estimação não são os únicos destinatários dos alimentos importados. Por exemplo, na Cidade do México os excrementos de roedores também são fonte de poluição com amônia (Decker et al., 2000).

As plantas também precisam de nitrogênio, e os seres humanos introduzem quantidade substancial de fertilizantes em gramados e jardins. Embora a quantidade tenha sido pouco estudada e, sem dúvida, varie imensamente entre as cidades e indivíduos, em 1982, por exemplo, os moradores de Baltimore aplicaram uma média de 99 kg de nitrogênio anuais por hectare (Law; Band; Grove, 2004). Essa quantidade depende das preferências paisagísticas dos moradores, além de fatores como a idade da casa (em geral, casas novas recebem mais fertilizante). Mesmo sem fertilizante, as plantas urbanas recebem uma entrada maior de nitrogênio. Embora não fosse diretamente adubado, um horto florestal urbano recebeu o quádruplo ou o quíntuplo da entrada de amônio e nitratos de uma floresta rural (Templer; McCann, 2010).

A *produção urbana de nitrogênio* vem principalmente da queima de combustível fóssil, com a liberação resultante de óxido nítrico (NO) e dióxido de nitrogênio ($NO_2$), coletivamente chamados de óxidos de nitrogênio ou $NO_x$. Ao contrário da produção e do uso de fertilizantes na agricultura, que ocorrem em áreas pouco povoadas, a liberação pela indústria e pelo transporte ocorre dentro ou perto do próprio ecossistema urbano. Na maioria das cidades, cerca de metade da produção urbana de $NO_x$ vem dos carros e o resto, basicamente, da indústria. Em Manchester, na Inglaterra, por exemplo, os veículos acrescentam ao sistema urbano 40.000 t anuais de $NO_x$ (Rayfield et al., 1998).

A *exportação urbana de nitrogênio* vem dos resíduos humanos, da exportação de nitratos na água e do nitrogênio atmosférico exportado pelo vento. A concentração de nitrogênio na água, na qual muitos desses poluentes se dissolvem, relaciona-se de forma positiva com a densidade populacional da bacia hidrográfica (Vitousek et al., 1997a). Em geral, os centros urbanos têm pouca retenção de nitrogênio, principalmente por causa das mudanças do ciclo da água causadas pelas superfícies impermeáveis (seção 3.2). Por outro lado, a vegetação e o solo das bacias hidrográficas das áreas residenciais periurbanas retêm o nitrogênio com bastante eficiência (Groffman et al., 2004). O destino do nitrogênio usado para adubar gramados urbanos depende das práticas de jardinagem, e as aparas dos gramados urbanos têm o potencial de manter ou exportar por ano mais de 100 kg por hectare (Galvani; Slatkin, 2003). Em consequência, a concentração de nitratos em cursos d'água é mais alta em áreas agrícolas, moderada em áreas urbanas e mais baixa em florestas (Kaushal et al., 2008).

As mudanças do ciclo da água também podem reduzir a desnitrificação (Groffman et al., 2003), que só ocorre nas condições anaeróbicas características dos solos saturados abaixo do lençol d'água. Os cursos d'água ripários urbanos têm fluxo médio mais baixo e velocidade mais alta, o que causa rebaixamento do lençol d'água, infiltração reduzida nos solos próximos e seca hidrológica. Isso pode deixar *alto e seco* o solo de áreas ripárias urbanas e tornar as bactérias incapazes de desnitrificar.

O *nível urbano de nitrogênio* aumenta quando a entrada excede a saída. O nitrogênio se acumula sob várias formas na cidade, na matéria orgânica no solo e na água subterrânea (Baker et al., 2001). Como os sistemas agrícolas, as áreas urbanas podem ficar efetivamente saturadas, não mais limitadas pelo nitrogênio. Quando não é mais limitante, o nitrogênio é captado com menos rapidez por plantas e bactérias e se acumula no solo. Esse excesso de nitrogênio sai do sistema pela atmosfera, como amônia volátil, ou da água, como nitrato com carga negativa (Groffman et al., 2002). Esse nitrato dissolvido pode percorrer grandes distâncias na terra urbana, suburbana e agrícola antes de ser removido pelas plantas, mais uma vez em virtude da elevada concentração de nitratos que excede a demanda (Hall et al., 2009). As florestas urbanas que têm o quádruplo ou o quíntuplo da entrada de nitrogênio têm um aumento ainda maior da quantidade de nitrogênio que escapa (Templer; McCann, 2010).

Os charcos servem de *rins* que retêm e removem nitrogênio e outros nutrientes, e essa retenção de nitrogênio costuma ser considerada como serviço do ecossistema (seção 2.3). Desse modo, eles são especialmente eficazes como proteção capaz de assimilar o excesso de nitrato antes que chegue a lagos ou oceanos (Groffman et al., 2002). A urbanização tende a eliminar ou degradar os charcos, resultando na redução da capacidade de armazenar nitrogênio ou de removê-lo por meio da desnitrificação (Groffman; Crawford, 2003). A drenagem dos charcos interrompe rapidamente a desnitrificação, triplica a liberação de nitratos e reduz em 95% a produção de $N_2O$ (Freeman et al., 1997). Quando em funcionamento, os charcos, urbanos ou não, desnitrificam cerca de 10% dos nitratos, mais como $N_2$ do que como $N_2O$ (Harrison et al., 2011).

Sem charcos, os gramados, ao menos, podem exercer a função de armazenagem em seu lugar e agir como sumidouros de nitrogênio. O nível da sua retenção em gramados e solos urbanos pode ser semelhante ao das florestas urbanas (Raciti; Groffman; Fahey, 2008).

Os charcos não removem apenas o nitrogênio da circulação. Quando saturados, eles também convertem nitratos em óxidos atmosféricos de nitrogênio, uma forma de poluição do ar (Nevison, 1997). Em charcos ricos em nitrogênio, a desnitrificação pode produzir e liberar o fedorento sulfeto de dimetila $(CH_3)_2S$. Assim como as áreas urbanas ricas em nitrogênio, os charcos podem liberar amônia volátil na atmosfera e transportá-la da atmosfera para regiões a sota-vento, onde é depositada como poeira (Freeman et al., 1997; Nevison, 1997). Do mesmo modo, os compostos de nitrogênio solúveis em água, como amônio e nitratos, podem ser liberados e transportados por grandes distâncias a jusante. Portanto, os charcos podem não constituir a solução perfeita da carga urbana de nitrogênio, já que podem transferir o problema a jusante ou a sota-vento.

Entre os *efeitos urbanos do nitrogênio* estão aqueles sobre as condições atmosféricas e comunidades biológicas locais ou a jusante. A passagem de limitação à saturação de nitrogênio pode provocar efeitos em grande escala sobre as comunidades. A princípio, o excesso de nitrogênio aumenta a produtividade vegetal, no entanto, as espécies sensíveis ao nitrogênio, como musgos e samambaias, se tornam menos numerosas quando a deposição de nitrogênio passa dos 25 kg anuais por hectare, valor em muito excedido nas áreas urbanas e agrícolas.

A exportação do nitrogênio urbano a jusante pode levar à *eutrofização* dos corpos d'água. Depois de um período inicial de fertilização e acúmulo de biomassa pelos produtores, pode haver uma extinção de produtores, o que provoca condições de *hipoxia*, ou seja, nível baixo de oxigênio causado pela decomposição. A eutrofização associada ao nitrogênio é comum principalmente em ecossistemas marinhos e em estuários ou regiões próximas do mar porque lagos e rios de água doce costumam ser limitados em fósforo e, portanto, menos afetados pelo aumento do nitrogênio (Schindler; Turner; Hesslein, 1985). A zona morta, uma região hipóxica do golfo do México no delta do rio Mississippi, onde poucas formas de vida se sustentam, resulta da entrada elevada de fertilizantes vindos de fontes urbanas e agrícolas a montante (Rabalais; Turner; Wiseman, 2002).

O aumento da produtividade facilitado pela adubação pode transferir da atmosfera para as plantas vivas quantidade significativa de dióxido de carbono, um gás do efeito estufa. Entretanto, esse efeito pode ser mais do que compensado pelo aumento da produção de óxido nitroso por meio da desnitrificação em ambientes ricos em nitrogênio (Kaye et al., 2004). O óxido nitroso é um potente gás do efeito estufa, mais de duzentas vezes mais eficaz por molécula do que o dióxido de carbono, e absorve radiação de ondas longas além do espectro absorvido pela maioria dos outros gases do efeito estufa (Lashof; Ahuja, 1990). Somente o vapor d'água, o dióxido de carbono e o metano absorvem mais radiação total. O óxido nitroso permanece na atmosfera por mais de 100 anos, ou seja, a concentração elevada levaria muito tempo para declinar, mesmo que a produção humana direta e indireta diminuísse (Forster et al., 2007).

Os compostos de nitrogênio, principalmente os seus óxidos, sofrem reações complexas na atmosfera (Fig. 3.28). O óxido nítrico (NO) é extremamente reativo na *troposfera* (parte inferior da atmosfera), onde contribui para a formação do nevoeiro fotoquímico de ozônio por meio de uma série de reações que envolvem a luz solar (Wilson, 2011).

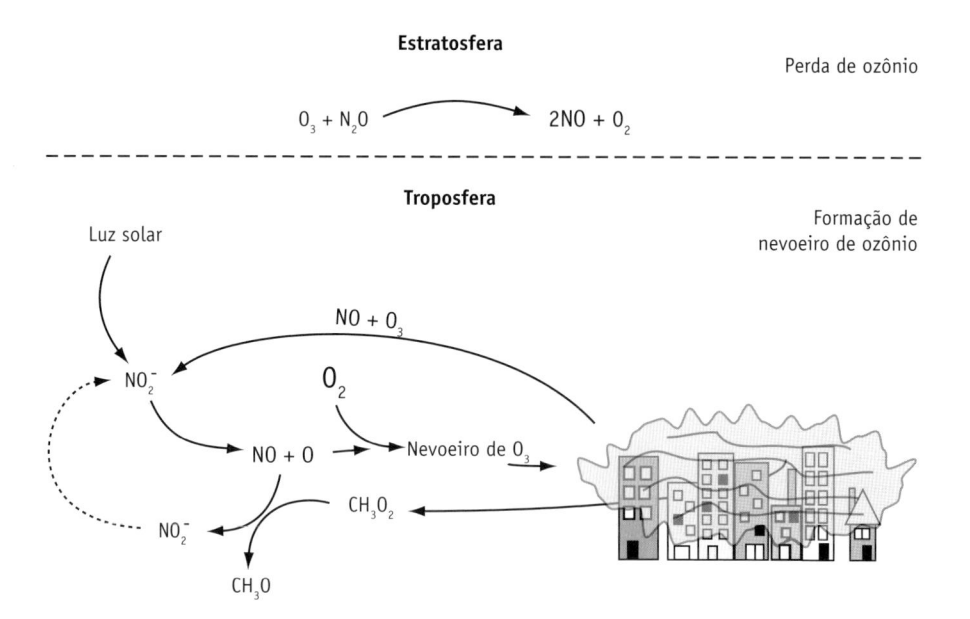

Fig. 3.28 Algumas reações fundamentais do nitrogênio na atmosfera

A formação de ozônio pode ser retardada porque os óxidos de nitrogênio liberados em área urbana só podem reagir com a luz solar depois de levados a sota-vento, o que costuma gerar nível mais alto de ozônio em áreas não urbanas a sota-vento do que na fonte urbana original. A exposição das plantas ao ozônio impede o controle normal dos estômatos, interferindo na troca de gases e no balanço hídrico e reduzindo a fotossíntese e a produção de biomassa (Gregg; Jones; Dawson, 2006). Como o nível elevado de ozônio pode chegar a hábitats com intensa vegetação fora da área urbana, a poluição por nitrogênio leva, indiretamente, à redução do crescimento de plantas a sota-vento (Gregg; Jones; Dawson, 2003), o que pode alterar o ciclo do carbono por reduzir substancialmente a produtividade primária (Felzer et al., 2004).

Os óxidos de nitrogênio também reagem para formar o ácido nítrico $HNO_3$, principal componente da chuva e da deposição ácidas (Driscoll et al., 2001). A deposição ácida costuma ocorrer longe da fonte de produção. Os ventos dominantes concentram as saídas de vários centros urbanos, fábricas e usinas do nordeste dos Estados Unidos e do norte da Europa. A acidificação do solo e da água pode provocar, de várias maneiras, a perda de espécies mais sensíveis. Algumas são mortas diretamente pelo pH reduzido (Pough, 1976), enquanto outras são prejudicadas pela lixiviação de nutrientes como cálcio e magnésio ou pelo aumento da disponibilidade de metais tóxicos como o alumínio (Likens; Driscoll; Buso, 1996; Tomlinson, 2003).

O nitrogênio também provoca riscos diretos e indiretos à saúde humana (seção 5.1). O nível de nitrato na água potável está subindo e pode interferir em processos fisiológicos e provocar efeitos prejudiciais à saúde, principalmente em bebês. Os particulados finos criados pelos óxidos de nitrogênio foram associados à asma e a outras doenças pulmonares. Na troposfera, o ozônio pode inibir o funcionamento pulmonar e provocar desconforto agudo e até a morte de habitantes urbanos (Bell et al., 2004).

A química e a biologia complexas do ciclo do nitrogênio fazem dele uma fonte de grande variedade de consequências não intencionais. A entrada de nitrogênio na nutrição de seres humanos, animais de estimação e plantas cultivadas, somada à liberação dos combustíveis fósseis, satura o ecossistema urbano. Sua interação com os ciclos atmosféricos exporta parte do excesso como amônia ou chuva ácida a grande distância. A mudança do ciclo urbano da água pode exacerbar o acúmulo de nitrogênio ao reduzir a desnitrificação, processo que devolve o nitrogênio à forma não reativa, e, ao mesmo tempo, promove a exportação rápida dos nitratos a jusante para poluir corpos d'água afastados (Fig. 3.29).

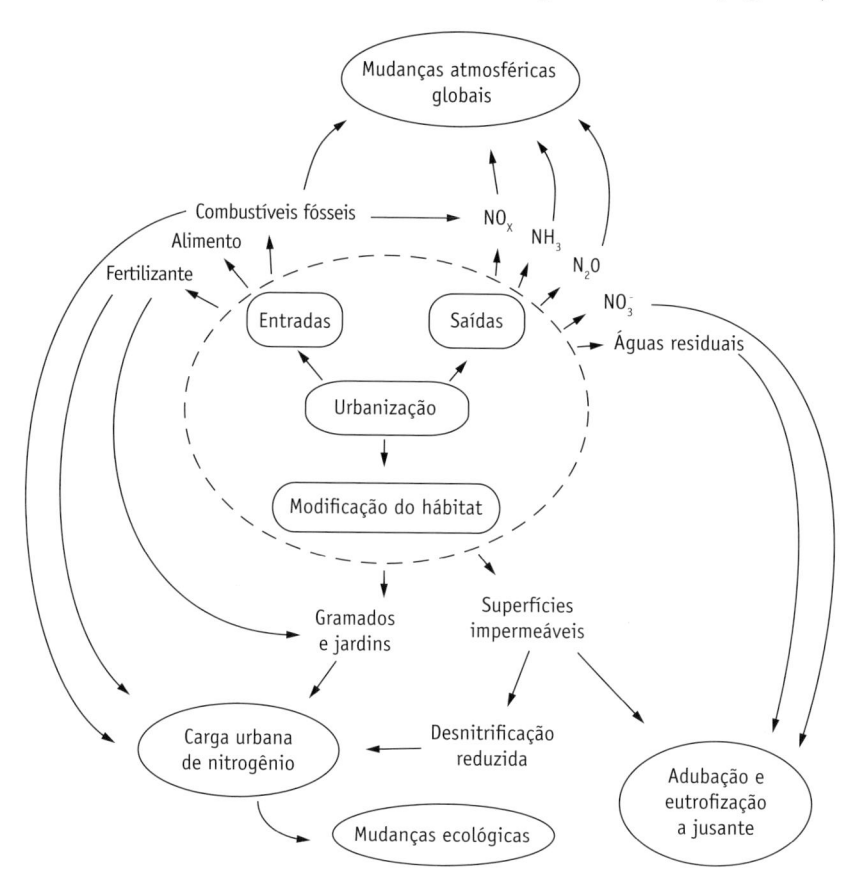

Fig. 3.29 A série de causa e efeito que vai da modificação do hábitat urbano e de suas entradas e saídas às mudanças do ciclo urbano do nitrogênio

### 3.3.2 O ciclo do carbono

O nitrogênio é essencial à vida como componente elementar das proteínas. O carbono está tão intimamente associado a toda a variedade de moléculas que formam os organismos vivos que a sua presença define a *molécula orgânica*.

Como no caso do nitrogênio, a dinâmica do carbono é governada, em grande medida, pela vida. No início do seu desenvolvimento, a atmosfera da Terra tinha significativamente mais dióxido de carbono. Por meio de uma combinação de processos físicos e biológicos, esse nível caiu para o atual valor abaixo de 0,04% da atmosfera. Desses processos, o mais importante foi a evolução da fotossíntese, quando as cianobactérias começaram a usar o dióxido de carbono e emitir oxigênio.

Nos termos mais simples, o ciclo do carbono começa quando o dióxido de carbono da atmosfera é fixado por plantas, algas e cianobactérias por meio da fotossíntese. Essa reação usa a energia solar para combinar dióxido de carbono à água e criar açúcares que armazenam energia química. Esses depósitos químicos de moléculas de carboidratos fornecem a energia que percorre a cadeia alimentar. Na verdade, os combustíveis fósseis, dos quais dependem as sociedades urbanas modernas, são carboidratos armazenados no passado distante.

*O ciclo não urbano do carbono*
Uma parte imensa do carbono da Terra está armazenada nas rochas, muitas das quais profundamente subterrâneas. As alterações na troca lenta entre esses depósitos e o carbono disponível na atmosfera e nos oceanos causadas pela atividade vulcânica e pelo movimento das placas tectônicas provocaram enormes mudanças no carbono atmosférico no decorrer de milhões ou bilhões de anos. No curto período em que os seres humanos existem na face da Terra, a troca com esses depósitos foi relativamente constante, e os ciclos biológicos mais rápidos dominaram.

Os principais depósitos acessíveis de carbono estão na terra, na água, no ar e nos seres vivos, como ilustra a Fig. 3.30 (Post et al., 1990). Os solos e organismos vivos contêm mais carbono do que a atmosfera, mas os organismos marinhos vivos possuem uma quantidade muito menor de carbono do que os demais organismos por causa de sua rápida circulação e de seu corpo geralmente pequeno. O carbono atmosférico está quase todo sob a forma de dióxido de carbono, com traços de metano. Sob a forma de dióxido de carbono, ácido carbônico e bicarbonato dissolvidos, a água do oceano contém muito mais carbono do que os organismos marinhos.

O fluxo do carbono descreve o movimento desse elemento entre os depósitos (Fig. 3.31). Os depósitos e fluxos do carbono costumam ser medidos em *gigatoneladas* ($10^9$ t ou $10^{12}$ kg). Uma gigatonelada é igual a 1.000 Tg, unidade usada para medir o fluxo global de nitrogênio, ou seja, o fluxo de carbono é muito maior que o de nitrogênio. A atmosfera e o oceano trocam cerca de 90 Gt de carbono por ano, quando o dióxido de carbono se dissolve no oceano ou é liberado de volta para a atmosfera, já as plantas absorvem cerca de 111 Gt de carbono por ano, e quase todo ele retorna pela respiração das plantas ou solos. Os seres humanos, por sua vez, acrescentam à atmosfera mais de 8 Gt de carbono por ano, ou mais de 1 t por pessoa por ano.

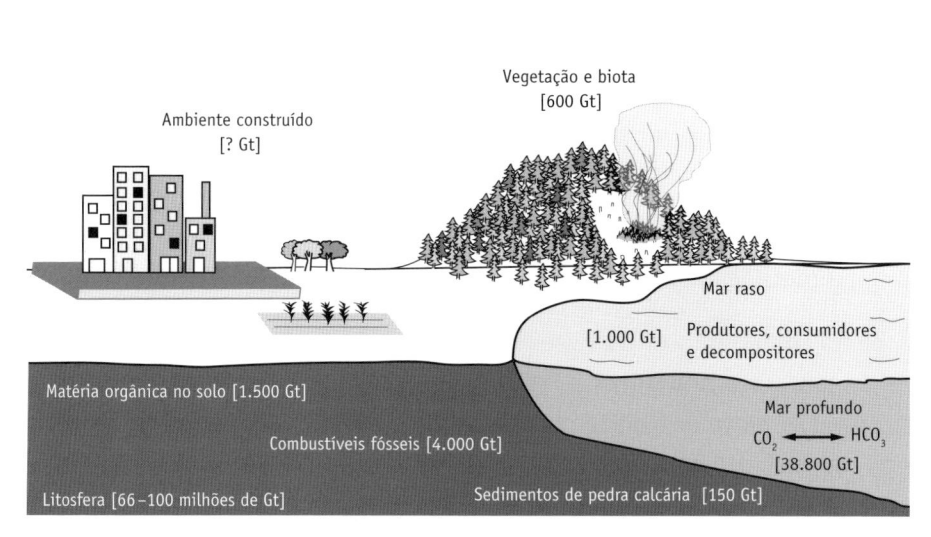

Fig. 3.30 Principais reservatórios de carbono da Terra. Não se conhece o total de carbono armazenado nas estruturas físicas do ambiente construído, já estimado em cerca de 1 Gt apenas nos Estados Unidos
Fonte: Churkina, Brown e Keoleian (2010).

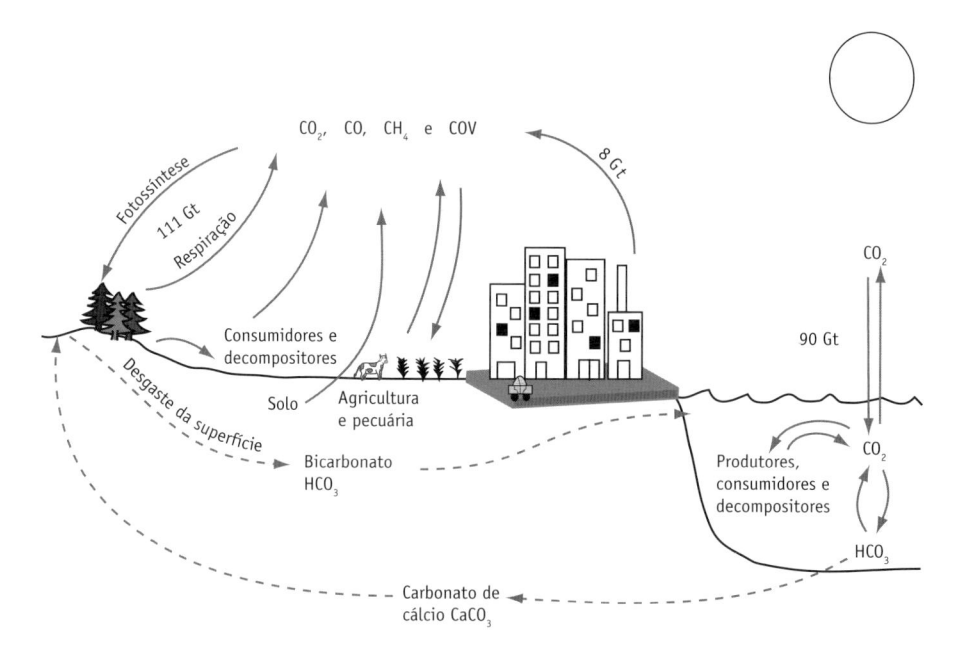

Fig. 3.31 O ciclo do carbono. A sigla COV indica *compostos orgânicos voláteis*

*Efeitos humanos em escala global*

Desde o começo da Revolução Industrial, os seres humanos têm mobilizado o carbono de plantas e animais fossilizados com a queima de combustíveis como carvão, petróleo e gás natural. O nível atmosférico de dióxido de carbono aumentou de 280 partes por milhão em 1800 para 315 partes por milhão em 1957 e mais de 390 partes por milhão em 2010, como mostra a Fig. 3.32 (Tans, 2009). Essa tendência a longo prazo contém uma flutuação anual: o nível de dióxido de carbono cai no verão do hemisfério norte por causa da armazenagem de carboidratos nas plantas em crescimento. O hemisfério norte domina esse ciclo global porque tem bem mais da metade da área terrestre do planeta e a maioria das plantas.

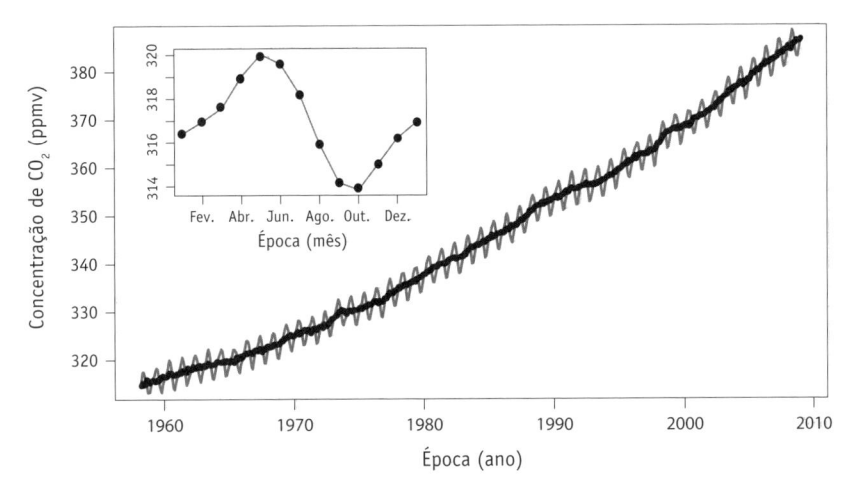

Fig. 3.32 Aumento do dióxido de carbono atmosférico em partes por milhão
Fonte: adaptado de Tans (2009).

Das aproximadamente 8,0 Gt de carbono que os seres humanos acrescentam por ano à atmosfera, a maior parte, cerca de 6,4 Gt, vem da queima de combustíveis fósseis e da produção de cimento. A 1,6 Gt restante deriva da conversão de terras, da remoção de plantas vivas por queimadas e da sua substituição por pastagens ou áreas urbanas. Essa liberação é parcialmente compensada pela absorção de oceanos, plantas em crescimento e um sumidouro desconhecido de carbono, o que provoca um aumento atmosférico anual de cerca de 3,2 Gt (Sarmiento; Gruber, 2002). Embora a produção humana seja apequenada pelo ciclo natural, esse acréscimo humano constante foi suficiente para gerar uma tendência a longo prazo.

A urbanização age como motor primário do ciclo global do carbono. Na América do Norte, cerca de 40% do total de emissões de combustíveis fósseis vêm dos setores residencial e de transportes (Gurney et al., 2009). A agricultura, principalmente a agricultura intensiva necessária para gerar alimentos para a população urbana, converte grande quantidade de terra e usa grande quantidade de energia. A produção de cimento para edificações libera um volume substancial de carbono com o processamento de pedra calcária rica em carbonato de cálcio e é responsável por 4% a 5% do carbono atmosférico antropogênico, ou 0,3 Gt por ano (Worrell et al., 2001).

O metano é a única outra forma significativa de carbono na atmosfera, com nível centenas de vezes menor do que o dióxido de carbono. Ele é produzido pela fermentação anaeróbica e, portanto, vem principalmente de ambientes pobres em oxigênio, como os charcos, que geram mais de 80% do total de metano natural. Entretanto, a concentração de metano da Terra mais do que dobrou, de 700 partes por bilhão na época pré-industrial para 1.750 partes por bilhão em 2000. Cerca de metade do total de emissões de metano está ligada aos seres humanos e resulta principalmente de queima de combustíveis, aterros sanitários, fermentação intestinal de rebanhos e cultivo de arroz (Bousquet et al., 2006; Frankenberg et al., 2005).

### O ciclo urbano do carbono

Em virtude da queima de combustíveis fósseis, os centros urbanos têm concentração elevada de dióxido de carbono, muitas vezes 50% mais alta do que nas áreas circundantes não urbanas (Koerner; Klopatek, 2002). O nível varia no decorrer do ano e, na verdade, no decorrer de um único dia. O nível urbano de dióxido de carbono costuma ter um pico pela manhã, depois que a vegetação respirou e liberou o dióxido durante a noite e enquanto os automóveis liberam dióxido de carbono na ida matutina ao trabalho. O nível costuma ser mais baixo à tarde, entre a ida e a volta do trabalho, quando as plantas consomem dióxido de carbono pela fotossíntese (Fig. 3.33). Esses padrões são mais acentuados em áreas com alta densidade de tráfego e, na temporada de crescimento das plantas, em lugares com vegetação urbana abundante (Grimmond et al., 2002).

A produção urbana de dióxido de carbono excede ainda mais a produção não urbana durante o inverno, quando a respiração das plantas e do solo é baixa e o uso de combustível para aquecimento é alto. Em Los

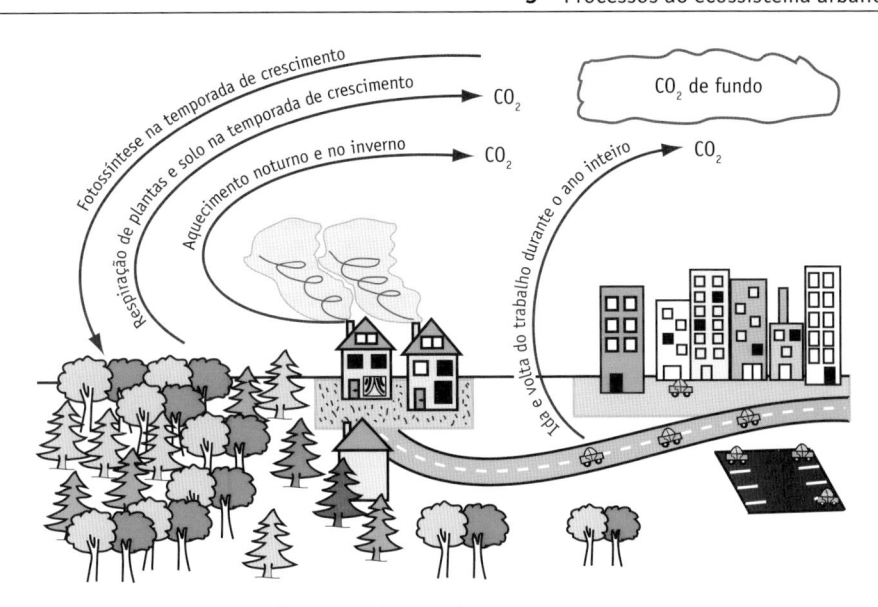

Fig. 3.33 O ciclo do carbono em áreas urbanas

Angeles, até 60% do dióxido de carbono urbano vem do aquecimento a gás natural no inverno, e um percentual muito menor da respiração das plantas e do solo; na primavera e no começo do outono, essa relação se inverte. Já a combustão de gasolina contribui com 15% a 30% do dióxido de carbono, nível relativamente estável no decorrer do ano (Pataki; Bowling; Ehleringer, 2003).

Esses fatores podem se combinar para produzir um *domo urbano de $CO_2$* sobre a cidade, semelhante ao domo urbano de poeira (Fig. 3.12). Na área de Phoenix (Fig. 3.34), o nível de dióxido de carbono no centro da cidade chega regularmente, nos dias úteis, a mais de 600 partes por milhão, com nível muito mais baixo nas áreas não urbanas próximas (C. D. Idso; S. B. Idso; Balling, 2001). O tamanho e a intensidade desse domo dependem da estrutura espacial da cidade, por exemplo, moradias com baixa densidade espalham as emissões urbanas de dióxido de carbono por uma área maior.

O monóxido de carbono, que em concentração alta pode ser fatal para seres humanos (Wright et al., 1975), provém quase todo da combustão e mostra um gradiente urbano-rural muito mais drástico do que o dióxido de carbono. O nível pode ser mais de cem vezes maior em área urbana do que nas áreas não urbanas próximas. Os automóveis produzem mais de 90% do monóxido de carbono urbano e tornam altíssima a concentração desse gás em lugares fechados como túneis, muitas vezes acima de 200 partes por milhão e bem além do nível capaz de provocar sintomas de curto prazo em seres humanos (Rayfield et al., 1998).

O monóxido de carbono não é prejudicial às plantas, que são capazes de oxidá-lo em dióxido de carbono. O nível de dióxido de carbono na atmosfera atual, mesmo com o aumento causado por seres humanos, é muito mais baixo do que quando as plantas evoluíram sobre a Terra e está entre os mais baixos dos últimos 500 milhões de anos (Royer et al., 2004). Portanto, hoje as plantas são comparativamente limitadas pelo dióxido de carbono e podem crescer mais depressa dentro do domo urbano de $CO_2$ e absorver uma pequena parte do excesso. Nos Estados Unidos, as árvores urbanas armazenam 0,7 Gt e absorvem mais 0,02 Gt de carbono por ano.

É claro que o armazenamento de carbono pelas árvores demanda que elas consigam sobreviver no meio ambiente urbano, o que, por sua vez, exige a persistência e a saúde dos solos onde elas crescem. Como será visto, o solo urbano costuma ser altamente modificado e perturbado (seção 3.4). Ainda assim, em termos globais, os solos urbanos armazenam cerca de 2,0 Gt de carbono, mais do dobro da quantidade das árvores urbanas, embora este seja apenas um pequeno percentual do total encontrado nos solos do mundo inteiro (Batjes, 1996). As áreas urbanas podem armazenar tanto carbono quanto uma floresta tropical, com a maior parte dele no solo e na vegetação, quantidade menor na água e nas edificações e bem pouco nas pessoas (Churkina; Brown; Keoleian, 2010). As estimativas do armazenamento urbano de carbono divergem por fatores de até cinco, dependendo da definição específica de *urbano* (Raciti et al., 2012).

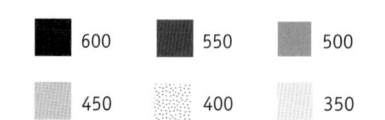

Fig. 3.34 Domo de carbono sobre Phoenix
Fonte: adaptado de C. D. Idso, S. B. Idso e Balling (2001).

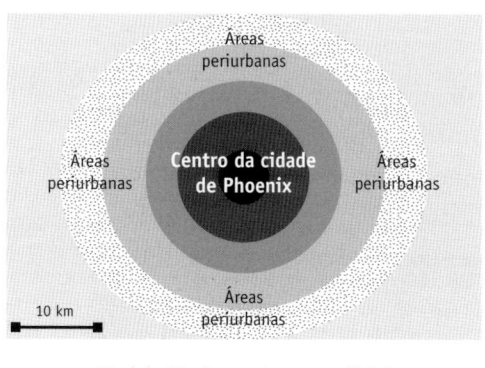

Nível de $CO_2$ (em partes por milhão): 600, 550, 500, 450, 400, 350

A princípio, o desenvolvimento urbano leva os solos a perderem carbono, mas a redução posterior da atividade biológica somada à entrada contínua de carbono acaba por aumentar o nível de carbono no solo. As placas de grama conseguem sequestrar quantidade substancial de carbono, até 1.000 kg anuais por hectare durante até 30 anos após o plantio, quantidade comparável à da terra destinada a reservas conservacionistas (Qian; Ronald, 2002). No clima relativamente seco de Denver, depois de uns 40 anos, o carbono do solo das placas de grama chega a nível mais alto do que o do capinzal da pradaria circundante (Pouyat; Yesilonis; Golubiewski, 2009).

Embora menos complexo do que o ciclo do nitrogênio, a entrada de carbono e as mudanças do hábitat criam consequências não intencionais para as plantas, a atmosfera e os seres humanos urbanos (Fig. 3.35). A atmosfera transporta esses efeitos pelo globo e cria alterações climáticas que vêm ficando cada vez mais evidentes.

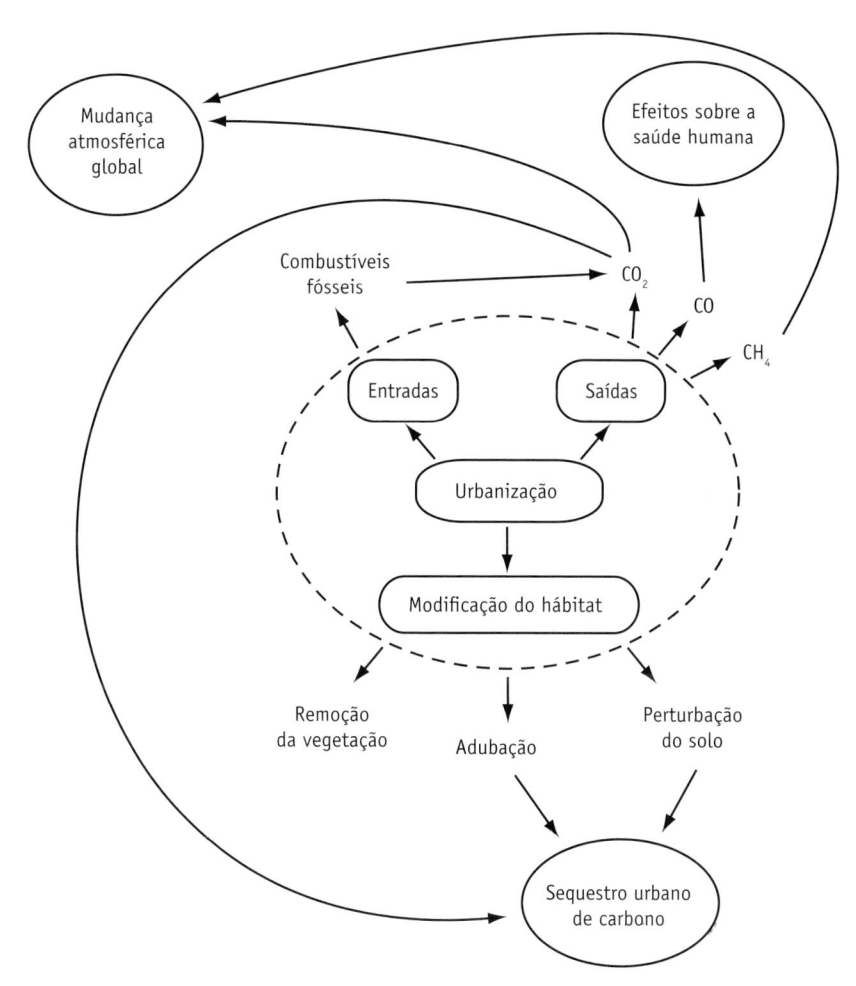

Fig. 3.35 A série de causas e efeitos que vai da modificação do hábitat urbano e de sua entrada e saída à mudança do ciclo urbano do carbono

### 3.3.3 Outros nutrientes

Entre os muitos outros elementos necessários à vida, serão considerados apenas três: enxofre, fósforo e ferro. Na razão de Redfield, o enxofre e o fósforo são cerca de dez vezes menos abundantes em seres vivos do que o nitrogênio (Fig. 3.23). O ferro não obedece a uma proporção tão estrita, mas é essencial tanto na fotossíntese das plantas quanto no transporte de oxigênio nos animais (Geider; Roche, 1994). Ao contrário do carbono e do nitrogênio, a atmosfera e os organismos vivos têm papel relativamente pequeno na dinâmica desses outros nutrientes, e o seu ciclo é menos afetado pela urbanização.

*O ciclo do enxofre*

O enxofre é um elemento essencial em todas as células, necessário em alguns aminoácidos que formam proteínas e em muitas enzimas. Como o nitrogênio, o enxofre não pode ser extraído do ambiente pelos animais, e assim circula por meio das plantas (Kellogg et al., 1972). Mas, ao contrário do nitrogênio, o principal reservatório de enxofre não reativo é a forma mineral sólida das rochas sedimentares, que pode se tornar reativa quando dissolvida em água.

Como todas as plantas contêm enxofre, a queima de combustível fóssil libera na atmosfera o enxofre armazenado pelas plantas antigas. Cerca de 75 Tg anuais de enxofre são mobilizados pela queima de combustível fóssil. A atividade humana mobiliza por ano mais 75 Tg, com o refino de minérios, a poeira da agricultura e da pecuária, o aumento da exposição de sedimentos de lagos secos e o sulfeto de dimetila liberado de charcos com carga elevada de nitrogênio (Galloway, 1996). Combinados, esses processos excedem em muito a taxa natural de mobilização de enxofre. Embora muitos desses processos ocorram fora dos limites urbanos, a combustão aumenta o nível de enxofre nos solos da cidade (Simon, 2001) e gera dióxido de enxofre, poluente importante na cidade e a sota-vento dela.

*O ciclo do fósforo*

O fósforo, componente do DNA, do RNA e do ATP, é essencial em todas as formas de vida, principalmente em animais, que o usam para construir ossos e dentes. Embora represente apenas uma pequena fração da massa da maioria das plantas, o fósforo, ao lado do nitrogênio e do potássio, é usado em fertilizantes. O fósforo é bastante escasso na crosta terrestre e age como recurso limitante em muitos ecossistemas, como os oceanos (Tyrrell, 1999). Em períodos curtos, o ciclo do fósforo atua como um fluxo de mão única: desgaste das rochas, circulação rápida pelos organismos vivos e perda final com a sedimentação (Canfield; Kristensen; Thamdrup, 2005).

Os seres humanos quase triplicaram a mobilização global de fósforo, provocando ecossistemas com saturação desse elemento (Smil, 2000). Eles movimentam grande quantidade de fósforo com a mineração e a extração desse elemento de rochas utilizando ácido sulfúrico. Esse fósforo é usado principalmente como fertilizante e menos em bebidas carbonatadas e rações para animais (Brock, 1992). A adubação aumenta a produção de alimentos humanos e o conteúdo de fósforo das safras. Como no caso do enxofre, esses processos costumam ocorrer fora dos limites urbanos, mas as áreas urbanas podem atuar na concentração de fósforo (Fissore et al., 2011), como comprova o nível de fósforo significativamente elevado no solo urbano (Pickett et al., 2008).

Do fósforo importado pelas Cidades Gêmeas (Mineápolis e Saint Paul), no estado americano de Minnesota, mais de 33% derivam de produtos químicos como detergentes, cerca de 28% procedem da comida consumida, 12,5% provêm dos resíduos de comida e 13,5% vêm de rações para animais de estimação (Baker, 2011). Essas entradas são compensadas apenas parcialmente pela saída, em primeiro lugar nas águas residuais, pois aproximadamente 65% delas são armazenadas como lodo, aterros sanitários, sistemas de esgoto e no próprio ecossistema. Todo ano, cerca de 3,7 kg de fósforo entram por pessoa na cidade de Gavle, na Suécia, e apenas 30% dessa quantidade é exportada. O resto permanece na área urbana, principalmente sob a forma de lodo de esgoto em aterros sanitários, que pode vazar lentamente para o meio ambiente circundante (Decker et al., 2000). Portanto, a cidade serve de fonte e sumidouro, concentrando e liberando lentamente o material.

Pouquíssimo fósforo urbano é exportado deliberadamente – nas Cidades Gêmeas, apenas 4% – muito embora pudesse, em potencial, fornecer fertilizante suficiente para 50% da necessidade alimentar da cidade (Baker, 2011). Em vez disso, o fósforo permanece na área ou se desloca a jusante. Na ausência de tratamento apropriado, o esgoto urbano, que contém resíduos humanos concentrados e detergentes fosfatados, pode, a jusante, provocar eutrofização. Leis recentes limitaram os fosfatos de produtos de limpeza e melhoraram o tratamento de esgotos, reduzindo de forma substancial as emissões urbanas nas últimas décadas (Baker, 2011).

### O ciclo do ferro

O ferro é o único metal incluído neste breve inventário de nutrientes. É o metal pesado mais abundante no organismo humano e há muito tempo é fundamental na indústria e na construção civil. As áreas urbanas importam quantidade imensa de ferro e exportam pelo menos parte do excesso (Müller et al., 2006). A durabilidade e o valor dos metais fazem com que o ferro seja armazenado e reciclado com mais eficiência do que os outros nutrientes examinados.

Em virtude da grande quantidade de superfícies impermeáveis, os charcos urbanos recebem mais deposição de ferro do que os não urbanos (Fig. 3.36). Além disso, a construção civil e a erosão, comuns nas cidades, provocam o depósito em charcos urbanos de ferro sob forma altamente cristalina, o que altera a absorção a jusante de outros nutrientes como o fósforo (Hogan; Walbridge, 2007).

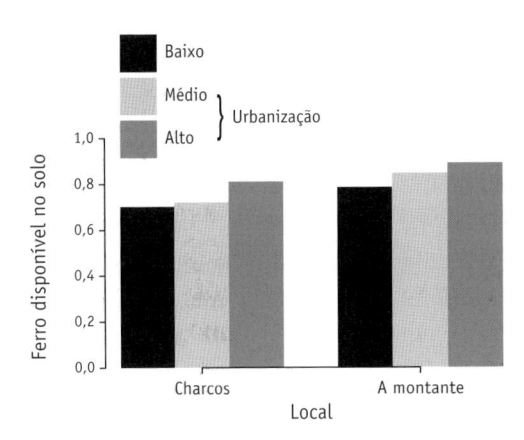

Fig. 3.36 Fração de ferro biologicamente disponível no solo em função da urbanização
Fonte: adaptado de Hogan e Walbridge (2007).

### Os elementos que formam o corpo humano

O ambiente urbano depende dos mesmos nutrientes e elementos que um animal. A combustão libera os elementos armazenados em plantas antigas, inclusive a maioria dos elementos do organismo humano, além do carbono, do nitrogênio e do enxofre já examinados. É digno de nota que quase todos os elementos essenciais estejam mais concentrados no ambiente urbano.

A lista a seguir apresenta os 15 elementos mais comuns do corpo humano, sua massa numa pessoa típica de 70 kg e mudanças fundamentais do sistema urbano (Emsley, 1998).

- *Oxigênio* (43 kg): principalmente em moléculas de água, abundante na atmosfera, reativo e convertido em poluentes atmosféricos como ozônio e compostos de nitrogênio;
- *Carbono* (16 kg): enriquecido em áreas urbanas;

- *Hidrogênio* (7 kg): principalmente em moléculas de água, componente de muitos poluentes atmosféricos;
- *Nitrogênio* (1,8 kg): enriquecido em áreas urbanas;
- *Cálcio* (1,0 kg): concentrado em sistemas urbanos por causa da presença no cimento e em outros materiais de construção, componente de muitos fertilizantes, elevado em solos urbanos (Pickett et al., 2008);
- *Fósforo* (780 g): componente de muitos fertilizantes, enriquecido em áreas urbanas;
- *Potássio* (140 g): componente de muitos fertilizantes, elevado em solos urbanos (Pickett et al., 2008);
- *Enxofre* (140 g): liberado pela combustão e componente de muitos fertilizantes;
- *Sódio* (100 g): elevado em áreas urbanas do hemisfério norte, basicamente por conta do uso de sal para derreter o gelo das estradas desses locais durante o inverno;
- *Cloro* (95 g): outro elemento componente do sal, semelhante ao sódio tanto no organismo quanto no meio ambiente urbano. Também componente de muitos fertilizantes;
- *Magnésio* (19 g): componente de muitos fertilizantes, elevado em solos urbanos (Pickett et al., 2008);
- *Ferro* (4,2 g): componente de muitos fertilizantes e materiais de construção;
- *Flúor* (2,6 g): presente em clorofluorocarbonetos e outros processos industriais, elevado perto de algumas fontes e, provavelmente, em áreas urbanas em consequência da combustão (Fuge; Andrews, 1988);
- *Zinco* (2,3 g): componente de muitos fertilizantes, acumula-se em virtude da importação de cerca de 5,0 kg de zinco anuais por pessoa, dos quais apenas uma fração é descartada ou reciclada (Spatari et al., 2003);
- *Silício* (1,0 g): geralmente ligado a metais como o chumbo, exportado de solos agrícolas em alimentos (Vandevenne et al., 2012), não se sabe se acumulado em áreas urbanas.

### 3.3.4 Conclusões

O metabolismo urbano altera o ciclo básico de quase todos os elementos essenciais à vida por meio de uma combinação de aumento da entrada, alteração de processos naturais, acumulação ou armazenamento dentro do sistema urbano e aumento da saída. O uso e as fontes se classificam em quatro categorias principais:

i) fertilizante para plantas urbanas (nitrogênio, fósforo, enxofre, potássio e muitos outros);

ii) materiais de construção (ferro, cálcio e carbono);

iii) matérias-primas industriais (zinco e outros metais pesados);

iv) subprodutos da combustão (carbono, nitrogênio, enxofre).

As propriedades físicas e biológicas de cada nutriente determinam tanto a variedade do seu uso humano quanto os efeitos do metabolismo urbano (Fig. 3.37). Decisões e estilos de vida individuais criam grande variação no total de nutrientes consumidos em cada residência, principalmente no caso do transporte (Fissore et al., 2011).

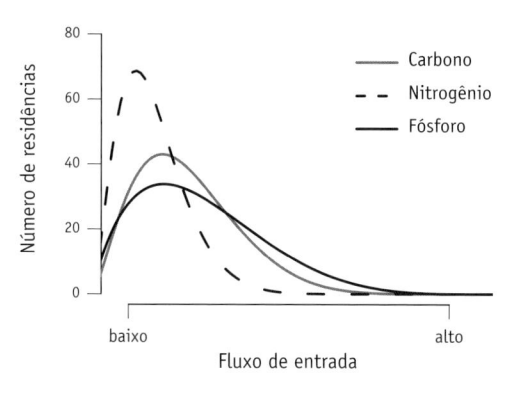

Fig. 3.37 Distribuição da entrada doméstica de carbono, nitrogênio e fósforo na região de Mineápolis-Saint Paul, no estado americano de Minnesota Fonte: adaptado de Fissore et al. (2011).

Do ponto de vista dos nutrientes, a cidade se parece com um grande organismo, como um elefante. Ambos têm imensa demanda de recursos e recorrem ao meio ambiente e à própria capacidade de transformar substâncias químicas para obter nutrientes essenciais. Os que sobrevivem são concentrações prósperas de nutrientes reativos. Em última análise, o elefante recorre às plantas para obter carbono utilizável, a bactérias e plantas para obter nitrogênio utilizável e a processos físicos para obter fósforo, enxofre e ferro utilizáveis.

Os seres humanos resolveram a questão por conta própria. Os fertilizantes e a irrigação aumentam a fixação de carbono pelas plantas, depósitos antigos de carbono oferecem um suprimento enorme de energia, a tecnologia química fixa o nitrogênio antes não utilizável da atmosfera e a mineração coleta depósitos geológicos de fósforo e ferro. Essa coleta intencional de nutrientes pode ser apequenada pela liberação associada e não intencional de nutrientes. A queima de combustível fóssil libera compostos de carbono e formas reativas de nitrogênio e enxofre. Alterações do uso da terra e do ciclo da água modificam os processos físicos e biológicos que regulam naturalmente os ciclos de nutrientes, muitas vezes aumentando ainda mais a disponibilidade de formas reativas. Juntos, esses processos intencionais ou não criam a concentração urbana de nutrientes reativos.

O tempo que esses processos podem levar para alterar as comunidades biológicas é ilustrado pelo experimento de Park Grass, que começou em 1856 e compara comunidades de plantas com níveis diferentes de adubação (Silvertown et al., 2006). Embora as comunidades de plantas divergissem em apenas 20 anos, foram necessários cerca de 50 para que se acomodassem num estado relativamente constante. A interrupção da adubação não fez os terrenos voltarem rapidamente às características dos não adubados, porque o pH dos adubados tinha se reduzido (ficaram mais ácidos) e ele só se recupera lentamente. O baixo pH elimina minhocas e reduz a atividade microbiana, provocando acúmulo de matéria orgânica não decomposta, alto nível de carbono no solo e penetração reduzida das raízes, o que, por sua vez, causa maior sensibilidade à seca. O resultado complexo e em lenta evolução desse experimento controlado dá alguma indicação dos efeitos retardados e imprevisíveis da concentração urbana de nutrientes.

Sabe-se que a concentração de nutrientes pode transformar a ecologia de plantas, animais e bactérias dentro da cidade, transbordar para ecossistemas igualmente modificados a jusante e, na verdade, se espalhar pelo globo cada vez mais rico em nutrientes. Hoje, os seres vivos se encontram inundados de nutrientes. Por que alguns prosperam nessa situação de riqueza de recursos enquanto outros declinam é assunto do Cap. 4.

## 3.4 Amplificação ecológica urbana e suas consequências

Para os organismos que os habitam, os ecossistemas urbanos funcionam mais depressa, com mais entradas e saídas e novos desafios. A concentração de materiais e nutrientes, a temperatura mais alta e o ritmo acelerado dos ciclos podem ser descritos como amplificação. Os ciclos amplificados transbordam dos limites urbanos e transformam ambientes tanto dentro das áreas urbanas quanto perto delas.

Como supremos engenheiros do ecossistema, os seres humanos sempre transformaram o seu meio ambiente. Os caçadores-coletores, que vivem com baixa densidade populacional, mudam o regime dos incêndios e a flora e a fauna locais. A agricultura, ao modificar a terra de forma mais completa e acentuar a entrada de recursos e mão de obra, permite aos seres humanos viver com densidade populacional mais alta e criar ambientes construídos.

Esses ambientes permitem densidade populacional ainda mais alta e aumentam a demanda de entrada de recursos e saída de resíduos. As cidades concentram consumo, transformação e produção de mercadorias e resíduos e criam o ritmo intenso que caracteriza a vida urbana. Embora ocupem apenas 1% a 3% da superfície terrestre do planeta, as áreas urbanas geram, direta ou indiretamente, a maior parte das emissões globais de gases do efeito estufa e da demanda residencial de água e madeira (seção 2.1).

Essa amplificação dos processos do ecossistema com uso intensivo de energia cria as alterações do clima, do ciclo da água e dos nutrientes estudados neste capítulo: a ilha urbana de calor acelera a vida de plantas e animais; a transformação da terra intensifica as perturbações; o aumento da superfície impermeável gera um fluxo da água acelerado e altamente variável; e a queima de combustível fóssil sobrecarrega o ecossistema com nutrientes e substâncias químicas.

Nesse sentido, a amplificação caracteriza os vínculos entre os ciclos urbanos da água, do tempo local, dos nutrientes e, em última análise, da própria vida urbana. Esta seção analisa três desses vínculos. Em primeiro lugar, o aumento do movimento de materiais e substâncias químicas gera *poluição*, seja sob a forma de excesso de nutrientes, seja de novos compostos. Em segundo lugar, os solos urbanos, os tão negligenciados *a jusante da cidade*, servem de sumidouro de nutrientes e poluentes e servem de proteção contra os produtos da amplificação dos processos do ecossistema. Em terceiro lugar, o transporte de mercadorias a grande distância cria séries de consequências intencionais ou não, de modo que a amplificação em determinado ponto com certo propósito afeta locais distantes e processos aparentemente não relacionados.

### 3.4.1 Poluição urbana

A *poluição* é uma consequência inevitável da amplificação dos processos. O efeito da poluição depende de muitos fatores: a sua natureza, concentração, fonte, movimento e destino final. A maior parte da poluição urbana surge dos mesmos processos que aumentam o nível de nutrientes:

- queima de combustível fóssil;
- entrada de alimentos, fertilizantes e materiais;

- saída de resíduos domésticos e industriais;
- acúmulo e exportação de compostos sobre superfícies impermeáveis.

Esses processos diferentes geram uma série diversificada de poluentes (Quadro 3.3), cada um com características e efeitos distintos.

Quadro 3.3  Poluentes urbanos comuns, suas fontes e seu destino

| Nome | Fórmula ou abreviatura | Fonte e destino |
|---|---|---|
| Dióxido de carbono | $CO_2$ | Combustíveis fósseis. Distribuído pelo mundo inteiro. |
| Monóxido de carbono | $CO$ | Combustíveis fósseis. Atmosfera urbana e a sota-vento. |
| Compostos orgânicos voláteis | COV | Árvores, combustíveis, solventes, refrigerantes. Amplamente distribuídos na atmosfera. |
| Metano | $CH_4$ | Combustíveis, rebanhos, aterros sanitários. Amplamente distribuído na atmosfera. |
| Amônia | $NH_3$ | Bactérias, fertilizantes. Reage com a água e forma a chuva ácida. |
| Amônio | $NH_4^+$ | Bactéria, fertilizantes, excrementos. Corpos d'água a jusante. |
| Óxidos nítrico e nitroso | $NO, N_2O$ | Combustão, desnitrificação. Atmosfera urbana e a sota-vento. |
| Nitratos | $NO_3^-$ ou $NO_2^-$ | Nitrificação, chuva. Corpos d'água a jusante. |
| Ácido nítrico | $HNO_3$ | Óxidos de nitrogênio. Corpos d'água a jusante. |
| Ozônio | $O_3$ | Óxidos de nitrogênio, calor e luz solar. Atmosfera urbana e a sota-vento. |
| Dióxido de enxofre | $SO_2$ | Combustíveis fósseis, vulcões. Precursor de particulados e chuva ácida. |
| Particulados | $MP_{2,5}, MP_{10}$ | Combustão, perturbações. Atmosfera urbana e a sota-vento. |

Embora muitas cidades ainda abriguem indústrias que geram *poluição de fonte pontual*, cuja saída emerge de chaminés ou da tubulação de efluentes (Fig. 3.38), as áreas urbanas se caracterizam por *poluição de fonte não pontual*, na qual as fontes se espalham por grandes áreas.

Os automóveis são uma importantíssima fonte não pontual, tanto por expelir no ar os produtos da combustão (Bates; Kennedy, 1988) quanto pelo óleo, desgaste de pneus e poluentes atmosféricos que se acumulam nas ruas e escoam para a água urbana durante as chuvas (Sartor; Boyd; Agardy, 1974). Outras superfícies urbanas impermeáveis acumulam resíduos de pragas e de animais de estimação que também podem ir parar na água. Quando o escoamento acelerado das superfícies impermeáveis sobrecarrega o sistema de esgotamento de águas pluviais, o esgoto sanitário não tratado pode chegar às águas a jusante, problema mais comum em cidades antigas nas quais as águas pluviais e o esgoto sanitário não estão separados (Finnemore; Lynard, 1982; Walsh, 2000).

Fig. 3.38 A indústria urbana pode liberar poluição de fonte pontual, como nesta foto de Dublin, na Irlanda

O uso de sal para degelar ruas e estradas do hemisfério norte constitui um estudo de caso de consequências não intencionais. Os Estados Unidos usam cerca de 10 milhões de toneladas de sal por ano, ou 30 kg/pessoa. Esse sal não desaparece simplesmente, ele se desloca pelo solo até a água subterrânea, escoa da superfície para as águas superficiais, entra na atmosfera como poeira ou gotículas ou penetra no solo e é absorvido pelas plantas (Cunningham et al., 2008).

As águas urbanas apresentam salinidade crescente em função do percentual de superfície impermeável, e muitas excedem os 250 mg/L recomendados para a vida em água doce (Kaushal et al., 2005). No inverno no hemisfério norte, a concentração de sal pode chegar a 5,0 g/L, ou seja, 25% tão salgada quanto a água do mar (Kaushal et al., 2005). A salinidade dos cursos d'água urbanos, embora mais alta no inverno, permanece elevada o ano inteiro e excede em cerca de cem vezes a dos cursos d'água que drenam florestas e áreas agrícolas (Kaushal et al., 2005). Como se decompõe nos seus íons constituintes, o sal gera uma série de efeitos químicos que inclui a acidificação e a liberação de metais pesados no solo (Marcotullio, 2011) e efeitos sobre a mistura de camadas profundas e rasas de água (Ramakrishna; Viraraghavan, 2005). Os efeitos químicos se traduzem em efeitos biológicos ao interferir nas bactérias desnitrificadoras, favorecer o crescimento de algumas algas e alterar comunidades, promovendo a invasão de espécies tolerantes ao sal (Kaushal et al., 2005). O sal é generalizado e persistente e continua mudando ecossistemas não só no decorrer de um único ano, mas durante décadas (Kaushal et al., 2005).

Na atmosfera, a queima de combustíveis fósseis pelos meios de transporte libera compostos já estudados, como monóxido e dióxido de carbono, óxidos de nitrogênio e dióxido de enxofre. Os particulados, ou partículas pequenas, também têm papel importante na atmosfera urbana e são classificados pelo tamanho em fração fina (menos de 2,5 $\mu$m ou $MP_{2,5}$) e fração grossa (menos de 10 $\mu$m, ou $MP_{10}$). As partículas menores, de origem principalmente antropogênica, apresentam os riscos mais graves à saúde, porque conseguem penetrar profundamente no pulmão e têm mais tempo de residência atmosférica (Beckett; Freer-Smith; Taylor, 1998). As partículas maiores, ou poeira, são erguidas do chão até a atmosfera pelo vento. Embora alguma poeira seja natural, a perturbação humana pode aumentar imensamente a sua quantidade. Na Califórnia, onde o oceano gera a maior parte dos particulados grossos em áreas não urbanas, os particulados urbanos vêm, antes de mais nada, de fontes ligadas ao transporte, como mostra o gráfico da Fig. 3.39 (Chow et al., 1996).

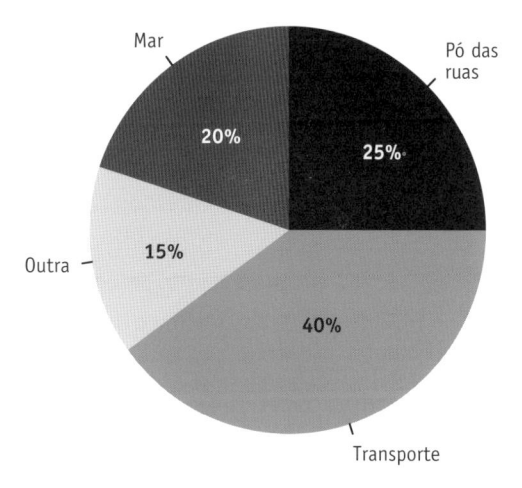

Fig. 3.39 Fontes de particulados $MP_{10}$ em Santa Bárbara, na Califórnia
Fonte: adaptado de Chow et al. (1996).

Dependendo principalmente do tamanho e da meia-vida na atmosfera, os poluentes gerados no meio ambiente urbano podem ficar ali concentrados, espalhar-se para locais próximos a sota-vento ou disseminar-se por todo o planeta (Kuttler; Strassburger, 1999). Em geral, os particulados e a poeira permanecem no núcleo urbano, por exemplo, a concentração de $MP_{10}$ na Cidade do México é até dez vezes maior do que em áreas não urbanas (Decker et al., 2000), e o nível de monóxido de carbono urbano também é muito mais alto do que no entorno não urbano. Por outro lado, o nível urbano de metano e dióxido de carbono raramente chega a mais do dobro do nível nas regiões não urbanas circundantes (Lowry et al., 2001; Vinogradova et al., 2007). Os poluentes menos móveis, como monóxido de carbono e óxidos de nitrogênio, têm picos diários na hora do *rush* (Kuttler; Strassburger, 1999).

A Olimpíada de 2008 em Pequim foi um experimento natural sobre a fonte e os horários da poluição urbana do ar. O governo chinês fechou muitas indústrias poluentes, reduziu em 70% as operações das usinas termelétricas e proibiu a circulação de cerca de 50% dos automóveis que não atenderam ao padrão de emissões. Em consequência, o nível de $NO_2$ caiu em 43% na cidade e o de monóxido de carbono e dióxido de enxofre, em cerca de 12% nas áreas circundantes (Witte et al., 2009).

A produção de ozônio resulta de uma série complexa de reações que envolvem compostos orgânicos voláteis (também chamados de COVs), óxidos de nitrogênio e luz solar. Em áreas urbanas relativamente úmidas, as árvores geram a maior parte dos compostos orgânicos voláteis, normalmente sob a forma de isopreno $C_5H_8$, potente produtor de ozônio, embora a produção humana de combustíveis e solventes seja uma fonte substancial (Wilson, 2011). Os seres humanos geram a maior parte dos óxidos de nitrogênio, embora alguns ocorram naturalmente em ecossistemas ricos nesse elemento. Essas fontes criam padrões complexos de produção de ozônio. O nível de ozônio é mais alto na primavera e no verão, por conta do papel da luz solar, e geralmente perto do fim de semana, quando há acúmulo de poluentes (Wilson, 2011). O tempo necessário para a produção de ozônio faz com que o nível de ozônio a sota-vento possa exceder o nível na fonte urbana (Gregg; Jones; Dawson, 2003).

Quando não dispersados pelo vento, os poluentes atmosféricos urbanos podem aderir às superfícies e, em geral, acabam lavados pela chuva. As florestas e a vegetação urbanas sequestram alguns poluentes atmosféricos (Beckett; Freer-Smith; Taylor, 1998), embora o efeito estimado sobre a melhora da qualidade do ar permaneça pequeno (Nowak; Crane; Stevens, 2006) (Fig. 3.40). A grande área vertical e horizontal das cidades atua como uma *esponja urbana* que remove os particulados do ar com tanta eficácia quanto as árvores (Lovett; Traynor; Pouyat, 2000).

Esta breve seção só esboça algumas fontes, movimentos e efeitos dos poluentes urbanos. O modo como entrada, saída e modificação do hábitat interagem com o ecossistema e os processos ecológicos que vão do movimento de ar e água ao crescimento das plantas determinam o modo como os poluentes afetam o ecossistema urbano, as regiões circundantes e o resto do planeta.

### 3.4.2 Solos

Os poluentes urbanos na atmosfera ou na água são exportados, lenta ou rapidamente, e em geral são diluídos, mas os que penetram no solo podem se concentrar. O solo urbano é o destinatário não só de poluentes químicos como também de muitas outras formas de amplificação urbana: perturbação e alteração de superfícies, mudança do movimento da água e entrada de nutrientes, produtos químicos e matérias-primas (Pavao-Zuckerman; Byrne, 2009). Como uma fotografia, o solo retém a imagem do ecossistema urbano em volta. Embora a imagem possa ser mais fresca imediatamente após construções ou grandes perturbações, depois delas o solo evolui de uma maneira nova e raramente retorna ao estado pré-urbano (Pickett et al., 2001).

O solo consiste em uma mistura de matéria orgânica e mineral capaz, pelo menos em princípio, de sustentar plantas (Effland; Pouyat, 1997). Os solos urbanos variam de tipos completamente novos a versões mais ou menos intocadas de solos não urbanos. Como o solo não se move tão prontamente quanto o ar ou a água, muitos aspectos das condições locais tornam os solos urbanos extremamente variáveis no espaço (Pavao-Zuckerman; Byrne, 2009). Os solos urbanos mais extremos são a *terra criada*, isto é, o composto de terra e entulho de material de construção depositado durante uma obra (Pickett et al., 2001). Entretanto, a maioria dos solos urbanos combina o material existente com o material antropogênico de aterros sanitários, construção civil e outras atividades humanas (Effland; Pouyat, 1997). Alguns desses solos foram

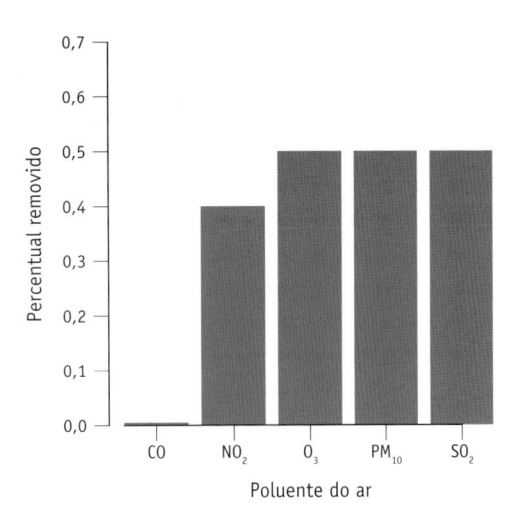

Fig. 3.40 Fração estimada de diversos poluentes removidos da atmosfera por árvores urbanas. O percentual removido fica bem abaixo de 1% para cada poluente
Fonte: adaptado de Nowak et al. (2006).

enterrados sob superfícies impermeáveis e isolados da entrada de luz, água e nutrientes. Com frequência, os solos expostos sofrem *compactação* por máquinas pesadas ou pisoteio, o que reduz a quantidade de ar, a capacidade de transportar água e a adequação para o crescimento de plantas (Marcotullio, 2011).

Dada a importância dos solos no funcionamento dos ecossistemas, as consequências da amplificação têm longo alcance (Fig. 3.41). A maior parte da reciclagem de nutrientes ocorre no solo, que constitui a plataforma para a captação vegetal que recicla nutrientes pelo ecossistema (Pavao-Zuckerman; Byrne, 2009). O solo controla o fluxo e o armazenamento da água, além de interceptar e, potencialmente, armazenar poluentes como metais pesados e pesticidas (Pickett et al., 2001) que podem acabar nas plantas (Simon, 2001). O rebaixamento do lençol freático pode criar seca hidrológica, oxigenar o solo e interromper o ciclo do nitrogênio.

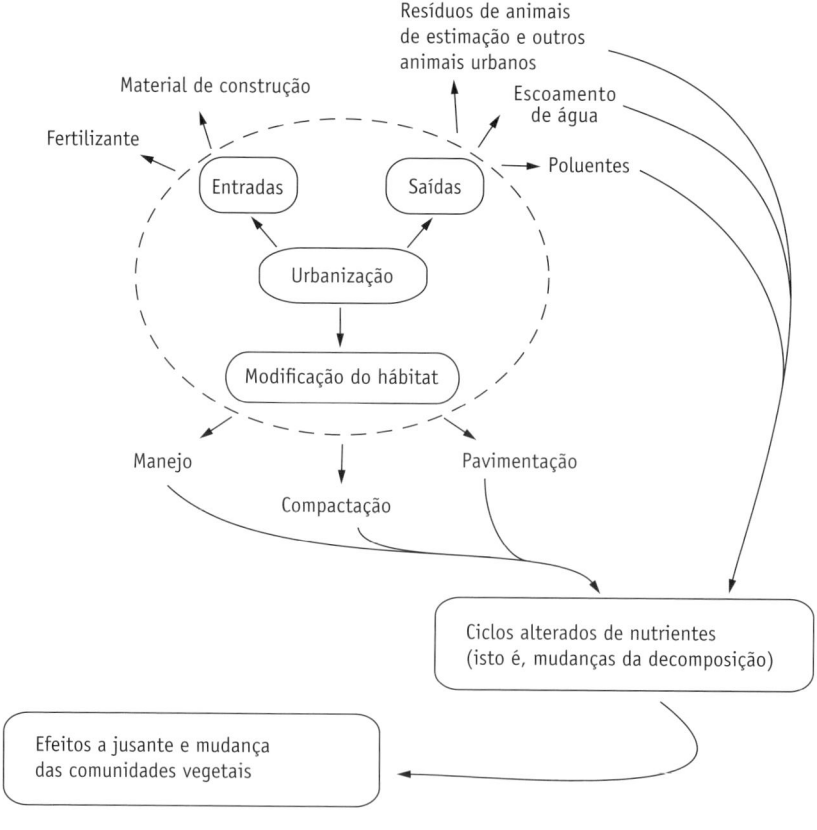

Fig. 3.41 A série de causas e efeitos que vai de entrada, saída e modificação do hábitat urbano às mudanças do solo urbano

A compactação diminui a percolação da água de superfície até a água subterrânea e pode criar uma camada superficial que repele a água, semelhante a uma superfície impermeável (Marcotullio, 2011). Tanto a compactação quanto a superfície impermeável reduzem a remoção de substâncias químicas solúveis e geram um conteúdo mais elevado dessas substâncias no solo (Pouyat; McDonnell, 1991). Os solos urbanos têm maior concentração de metais pesados, nitrogênio, fósforo, matéria orgânica, sais e ácidos do que os não urbanos (Pouyat; McDonnell, 1991). A perturbação do solo pode, efetivamente, invertê-lo, enterrando decompositores que costumam viver na superfície e expondo organismos do subsolo (Lorenz; Lal, 2009). A lista a seguir apresenta exemplos de fatores locais que afetam o solo:

- *Recursos do solo*
    i) água;
    ii) nitrogênio e outros fertilizantes;
    iii) restos de folhas e detritos.
- *Condições abióticas*
    i) temperatura;
    ii) metais e outros poluentes;
    iii) acidez ou pH do solo.
- *Perturbação*
    i) corte de grama;
    ii) pesticidas;
    iii) compactação.

Dada a sua posição a jusante dos processos urbanos, a química do solo urbano sofre a ação de forças complexas e, muitas vezes, contraditórias. Alguns fatores aumentam o pH dos solos urbanos, tornando-os mais básicos: a água de irrigação, rica em sais minerais, e o desgaste do entulho acrescentam íons cálcio com carga positiva, e o sal usado para degelar as ruas (em países do hemisfério norte) acrescenta íons sódio também com carga positiva (Marcotullio, 2011). Esse pH mais alto surge principalmente em áreas construídas projetadas para comércio, transporte e indústria (Pouyat et al., 2007). Por sua vez, os nutrientes e a chuva ácida podem reduzir o pH dos solos urbanos e torná-los mais ácidos. A elevada entrada de sódio pode deslocar os importantes nutrientes cálcio e magnésio, acumular uma carga positiva que dispersa partículas orgânicas e inorgânicas, diminuir a permeabilidade à água e aumentar o escoamento e a erosão (Ramakrishna; Viraraghavan, 2005).

O estresse resultante sobre os decompositores e produtores primários afeta a qualidade e a quantidade de matéria orgânica no solo (Raciti et al., 2012). Em geral, o solo urbano tem uma proporção mais alta de carbono em relação ao nitrogênio, o que reduz a qualidade desses solos para o crescimento de plantas (McDonnell et al., 1997). As minhocas são mais abundantes na extremidade urbana do gradiente que vai de Nova York ao oeste de Connecticut, na qual tanto a mineralização do nitrogênio quanto a nitrificação também são mais altas. Muitas minhocas da extremidade urbana não são nativas (seção 1.3), um exemplo da inter-relação entre mudança do ecossistema e identidade das espécies (Cap. 4).

A mudança da proporção de nutrientes no solo também pode dar início a uma série de mudanças ecológicas nas plantas. O aumento da razão entre carbono e nitrogênio favorece plantas que usam a versão mais antiga de fotossíntese com $C_3$ em vez das que usam a fotossíntese com $C_4$, que evoluiu mais recentemente e é usada por muitas ervas daninhas e plantas cultivadas, como *Zea mays* (milho) e *Digitaria* (milhã-de-pendão) (Sage; Monson, 1999). As gramíneas $C_3$ tendem a apresentar teor de proteína mais alto que as gramíneas $C_4$ (Barbehenn et al., 2004) e, assim, favorecem muitos herbívoros (Boutton; Cameron; Smith, 1978). Essas duas formas de fotossíntese também reagem de forma diferente à ilha urbana de calor e ao domo de $CO_2$. A fotossíntese $C_4$ funciona melhor no calor e na seca e pode ser favorecida nas áreas urbanas mais quentes. O aumento de dióxido de carbono beneficia todas as plantas, mas esse benefício é maior para as plantas $C_3$ porque elas têm de interromper a fotossíntese na seca para evitar perda excessiva de água. O nível elevado de $CO_2$ reduz o conteúdo de proteína de plantas $C_3$, mas tem pouco efeito sobre as plantas $C_4$ (Barbehenn et al., 2004).

A via $C_4$ evoluiu muitas vezes, mas provavelmente surgiu há cerca de 30 milhões de anos (Osborne; Beerling, 2006). A disseminação de plantas $C_4$ até constituir cerca de 4% de todas as plantas foi uma reação lenta e constante à mudança climática e ecológica subjacente. Nas áreas urbanas, essa mudança pode se acelerar e ocorrer num período de décadas.

### 3.4.3 Consequências da amplificação ecológica

Toda ação individual ou coletiva de habitantes urbanos entra numa longa série de consequências não intencionais. Por exemplo, os consumidores urbanos se acostumaram a uma variedade de opções alimentares além do que o meio ambiente local poderia fornecer. Em 1976, um típico supermercado sueco oferecia à freguesia cerca de 2.700 itens alimentícios, já em 1997 lojas semelhantes na Suécia continham aproximadamente 4.200 itens alimentícios do mundo inteiro (Carlsson-Kanyama; Ekström; Shanahan, 2003).

Se Charles Darwin quisesse comer uma maçã no seu 28° aniversário em fevereiro de 1837, provavelmente teria de esperar até o outono. Hoje, o londrino que quiser uma maçã em fevereiro só precisa entrar no carro e ir ao supermercado comprar (Fig. 3.42). O que torna possível esse simples ato se estende, bem com suas consequências, pelo mundo inteiro (Jones, 2002):

- o carro queima combustível fóssil e libera dióxido de carbono e outros poluentes que contribuem para a poluição local e a mudança climática global, alteram a carga de nutrientes e afetam a saúde humana, animal e vegetal;
- a rua absorve e armazena energia solar, contribuindo para a ilha urbana de calor, e forma uma superfície impermeável da qual a água, agora aquecida e possivelmente poluída, escorre depressa durante tempestades;
- o supermercado usa grande quantidade de energia para armazenar alimentos, precisa de um grande estacionamento, que cria

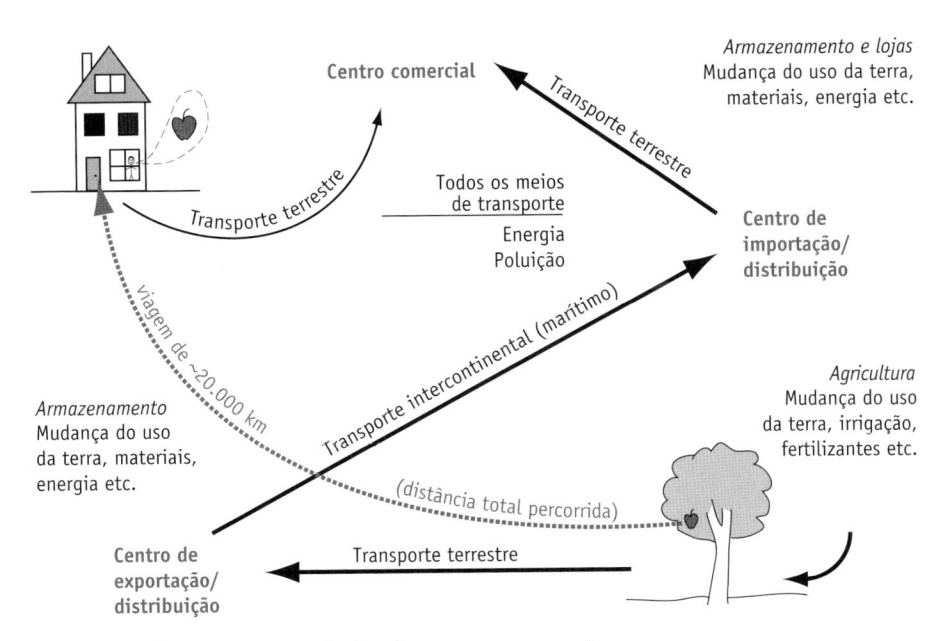

Fig. 3.42 Algumas consequências de querer uma maçã

muitos efeitos iguais aos da rua, e descarta grande volume de alimentos e embalagens em aterros sanitários;
- a maçã pode ter vindo da Nova Zelândia, onde o pomar precisa de adubação e irrigação. Caminhões a levam por estradas até navios imensos que a transportam para o grande porto de Exeter, na Inglaterra, tudo isso fabricado com materiais que variam da madeira aos metais. Trens a recolhem para levá-la sobre trilhos de metal até um armazém perto de Londres, de onde um caminhão a transportará para a loja;
- o navio, o trem e os caminhões podem levar caronistas indesejados como pragas ou espécies invasoras.

### 3.4.4 Conclusões

Talvez pareça que os processos ecológicos pararam nas cidades. Em geral, o ambiente construído é projetado exatamente para manter a natureza à distância. Ruas e edificações removem plantas, enterram o solo e põem animais em risco. Mas, por definição, a cidade fervilha com a vida da densa população humana. Os seres humanos têm a mesma necessidade de alimento, água e segurança que os outros animais, mas o estilo de vida urbano amplifica essas necessidades básicas bem além das de animais do mesmo tamanho. Satisfazer essa necessidade exige todo um aparato por trás do metabolismo urbano e faz do ecossistema urbano aquele com uso mais intensivo de energia e materiais de todo o planeta. Embora mobilizados para os seres humanos, esses materiais, nutrientes e água transbordam no ecossistema da cidade propriamente dita e na região circundante.

As interações entre as mudanças de uso da terra, água, tempo local e nutrientes podem ser difíceis de prever. O aumento da disponibilidade de nitrogênio e $CO_2$ atmosférico nas cidades intensifica o crescimento das plantas e a sua capacidade de sequestrar carbono, enquanto as superfícies impermeáveis reduzem essa mesma capacidade (Trusilova; Churkina, 2008). A solução desse equilíbrio, como no caso de outros aspectos complexos da ecologia das plantas e do solo urbano, depende do histórico anterior do local, das suas condições, da duração da mudança e de muitos fatores.

O estudo dos ecossistemas urbanos amplia a nossa análise do metabolismo urbano ao incluir as longas séries de efeitos do ecossistema iniciados por entradas, saídas e transformações. Este capítulo apresentou o modo como essas séries mudam e interligam os processos do ecossistema urbano, que vão do clima e do fluxo da água à dinâmica dos nutrientes. O Cap. 4 examina com detalhes o efeito da amplificação ecológica urbana sobre os muitos organismos que vivem na cidade.

Perguntas e leituras

Perguntas para discussão

*Sobre a seção 3.1*
1. Qual é a relação entre as cidades como ecossistemas intensamente modificados por engenheiros, o metabolismo urbano e os efeitos urbanos sobre o clima?
2. Você incluiria as mudanças climáticas na sua pegada ecológica? Se sim, como? Se não, por quê?
3. Há uma ilha urbana de calor onde você mora? Como descobrir isso?
4. Como a resposta à pergunta anterior afetaria a ecologia dos seus arredores? Você nota algum desses efeitos?
5. Em que parte da sua região você esperaria encontrar a maior e a menor ilha urbana de calor e com que fatores elas se relacionam?

*Sobre a seção 3.2*
1. Por que a água é removida da cidade tão depressa? Como isso afeta fatores físicos e ecológicos dentro e a jusante da cidade?
2. Como são os cursos d'água antes de entrar e depois de sair da cidade? Essas mudanças têm algo a ver com o manejo do excesso de água pluvial?
3. Como você incorporaria essas mudanças (Pergunta 2) numa medição da pegada ecológica?
4. Qual a relação entre o metabolismo da cidade e o seu efeito sobre o ciclo da água?
5. As interligações entre o clima e o ciclo da água dependem da localização. Cite algumas dessas interligações na área onde mora. Como elas afetam a ecologia dentro da sua cidade?

*Sobre a seção 3.3*
1. Que partes das vias do ciclo de nutrientes são mais modificadas nos ecossistemas urbanos? Em que se assemelham ou diferem as mudanças de diversos nutrientes? Por quê?

2. Como as mudanças do clima e do ciclo da água interagem com a dinâmica urbana dos nutrientes?
3. Quais são os efeitos dessas interações dentro e a jusante do ecossistema urbano?
4. Na sua opinião, qual é o nutriente limitante das plantas da sua comunidade? O que você faria para aumentar a produtividade primária da sua área e que outros efeitos isso poderia causar?
5. Como as mudanças do ciclo de nutrientes em áreas urbanas afetaram a ecologia de plantas e animais perto de você?
6. Por que as áreas urbanas raramente são consideradas *a jusante* de outras áreas?
7. Que fatores contribuem para a distribuição do consumo de recursos da Fig. 3.37, com a sua longa cauda de residências com uso elevado? Por que a distribuição de nitrogênio é menos espalhada que a de carbono e fósforo?

*Sobre a seção 3.4*

1. Por que a urbanização amplifica tantos processos? Essa amplificação provoca uso *per capita* maior ou menor de energia, nutrientes e materiais? Por que isso difere de uma cidade para outra e como a sua cidade se compara a outras do seu país ou região?
2. Que processos são mais amplificados onde você mora? Como essa amplificação afeta os serviços do ecossistema local?
3. De que maneira a amplificação interliga as consequências da urbanização estudadas nos Caps. 2 e 3?
4. Para um poluente, esboce a série de causa e efeito criada pela modificação de hábitats e ecossistemas desde a sua entrada até o destino e efeitos finais.
5. Cite alguns efeitos ecológicos óbvios e outros menos perceptíveis da amplificação na sua cidade. Como você incluiria esses efeitos na sua pegada ecológica?

## Exercícios

*Sobre a seção 3.1*

1. A capacidade térmica é medida em J/g/°C, ou seja, a energia necessária para elevar em 1°C a temperatura de 1 g de uma substância. A Tab. 3.5 apresenta a capacidade térmica e a densidade de algumas substâncias.

Tab. 3.5  Capacidade térmica e densidade de algumas substâncias

| Substância | Capacidade térmica | Densidade |
|---|---|---|
| Ar | 1,01 | 0,0013 g/cm³ |
| Concreto | 0,88 | 2,4 g/cm³ |
| Água | 4,18 | 1,0 g/cm³ |

São necessários 2.260 J para evaporar 1,0 g de água.

a. Quanta energia é necessária para evaporar 1,0 m² de água com 1,5 cm de profundidade?
b. Quanto essa energia poderia aquecer a água caso ela não fervesse?
c. Quanto essa energia poderia aquecer uma laje de concreto de 1,5 m de espessura com a mesma área? Isso corresponde ao valor indicado no texto?
d. Quanto essa energia aqueceria uma coluna de ar de 10,0 km? Isso corresponde ao valor no texto?

2. A energia solar é de cerca de 160 W/m² tipicamente, mas com um máximo de 1.000 W/m² quando o Sol está a pino num dia claro.
   a. Nesse nível máximo, quanta energia incide sobre 1,0 m² de concreto durante uma hora?
   b. O albedo do concreto é 0,8. Quanta energia é absorvida?
   c. Com base na informação do Exercício 1, quanto isso aquecerá o concreto?
   d. O albedo da água tipicamente é bem baixo, por volta de 0,1. Quanta energia 1,0 m² d'água absorveria e quanto o Sol o aqueceria?

3. A umidade relativa é definida como:

$$\text{umidade relativa} = 100 \frac{e_w}{e_{máx}}$$

em que $e_w$ é a pressão de vapor d'água na atmosfera e $e_{máx}$ é a pressão máxima de vapor d'água numa temperatura dada. Na pressão atmosférica padrão:

$$e_{máx} = 6,138 \, e^{\frac{17,502T}{240,97+T}}$$

em que $T$ é a temperatura em graus Celsius (°C).

a. Supondo que a temperatura seja de 20 °C, calcule $e_{máx}$.
b. Supondo que a umidade relativa nessa temperatura seja de 50%, qual é o valor de $e_w$?
c. Quanto a umidade relativa seria menor se $e_w$ continuasse igual, mas a temperatura subisse 5 °C por causa da ilha urbana de calor?
d. Refaça o cálculo, mas com a temperatura altíssima de 40 °C. O efeito da ilha urbana de calor sobre a umidade relativa é maior ou menor em alta temperatura?

*Sobre a seção 3.2*

1. Considere os percentuais de infiltração da Tab. 3.4.
   a. Qual é a fração média da água que se infiltra numa área homogeneamente dividida entre prados e vegetação arbórea?
   b. Qual é a fração média de água que se infiltra numa área mais industrial igualmente dividida entre pavimentação, solo nu e cascalho de ferrovia?
   c. Qual é a fração média de água que se infiltra numa área intensamente construída e com distribuição homogênea de pavimentação, edificações e gramados?
   d. Aplique da melhor maneira possível esses percentuais aos dados sobre Manchester mostrados na Fig. 1.5. Até que ponto a infiltração é diferente nas áreas de densidade baixa, média e alta? Que outras informações você gostaria de ter?
2. Os dados de Curtin, em Camberra, na Austrália, mostrados na Fig. 3.16, em milímetros de água que cobririam a área, estão na Tab. 3.6.

Tab. 3.6  Entrada e saída de água (em milímetros) na cidade de Curtin, em Camberra

| Entrada ou saída | Ano médio | Ano seco | Ano úmido |
|---|---|---|---|
| Precipitação | 630 | 247 | 914 |
| Encanada | 200 | 268 | 141 |
| Evapotranspiração | 508 | 347 | 605 |
| Saída de águas pluviais | 203 | 74 | 290 |
| Saída de águas residuais | 118 | 107 | 126 |
| Armazenamento | 1 | -23 | 33 |

a. Verifique se entrada, saída e armazenamento se equilibram nos três tipos de ano.
b. O que aconteceria a longo prazo ao armazenamento se os três tipos de ano fossem igualmente comuns?
c. A área total estudada é de 27,0 km². Qual é o volume total em litros da saída de águas residuais? Se a população for de 20.000 habitantes, quanto isso representa por pessoa?

3. Um aquífero típico, de areia ou cascalho, contém cerca de 20% de água por volume.
   a. Suponha que a remoção dessa água leve à compressão do aquífero e que isso provoque subsidência de 7,5 m de terra, como na Cidade do México. Qual a profundidade desse aquífero? Quanta água foi extraída por m²?
   b. Quanta infiltração seria necessária para manter o aquífero se a água fosse extraída durante 50 anos?
   c. Quanta chuva seria necessária se o aquífero ficasse debaixo de um prado? E se ficasse debaixo de um ambiente construído?

*Sobre a seção 3.3*

1. Pode-se estimar a quantidade de nitrogênio depositada por cães. Um cão médio produz cerca de 500,0 g de fezes por dia. Suponha que 100,0 g dessas fezes contenham cerca de 2,0 g de nitrogênio. Há uns 80 milhões de cães nos Estados Unidos, ou um para cada quatro pessoas.
   a. Supondo que uma área tenha uma densidade populacional de 50 habitantes por hectare, qual a produção total de fezes de cães?
   b. Quanto nitrogênio isso acrescentaria anualmente por hectare?
   c. Quanto isso se reduziria se 70% dos habitantes limpassem as fezes de seus cães?
   d. De que informações você precisaria para ampliar esse cálculo e incluir a urina dos cães?

2. Um ser humano necessita de cerca de 2.000 kcal por dia. Suponha que toda essa energia venha de açúcar puro, que contém 4,0 kcal/g.
   a. De quantas gramas diárias de açúcar uma pessoa precisaria? Cerca de quanto consumiria por ano?

b. A glicose tem fórmula química $C_6H_{12}O_6$. Se cada molécula de glicose se decompuser em $CO_2$ puro e água, quantas moléculas de cada um serão produzidas?

c. O carbono tem peso molecular 12, o hidrogênio, 1 e o oxigênio, 16. Que fração da massa da molécula de açúcar seria liberada como $CO_2$?

d. Com essa dieta de açúcar puro, quanto $CO_2$ uma pessoa liberaria por ano?

e. Na seção 2.3, foi visto que um morador urbano da região do Báltico produz cerca de 10 kg de $CO_2$ por dia. Como isso se compara à quantidade que o seu corpo produz só para viver?

*Sobre a seção 3.4*

1. O índice de área foliar dá a superfície das folhas em relação à área de solo e chega a 10 em florestas densas.
   a. Suponha que uma floresta densa tenha 10% da densidade possível (e assim, cubra 10% da área urbana). Qual é o índice de área foliar? Quanta área foliar há num hectare?
   b. Suponha que 40% da área esteja coberta de edificações retangulares cinco vezes mais altas do que a área que ocupam. Qual é a área total de paredes e telhados?
   c. Calcule a área dos quatro tipos de superfície: terra, telhados, paredes e árvores. Qual deles coletaria mais poluentes? Que pressupostos você teve de fazer?

2. Examinaram-se alguns efeitos do transporte de maçãs da Nova Zelândia para a Inglaterra. Esse exercício quantifica a pegada de carbono dos abacaxis cultivados em Gana e consumidos na Europa (dados do "Summary of studies on environmental performance of fresh pineapple produced in Ghana for export to Europe" – "Sumário de estudos sobre desempenho ambiental do abacaxi fresco produzido em Gana para exportação para a Europa" –, da West Africa Fair Fruit – Feira Frutícola da África Ocidental). A pegada geral é de 0,954 g de $CO_2$ por 1,0 g de fruta comprada.
   a. Se 50% da massa da fruta é consumida, quanto carbono é liberado por grama comido?
   b. Cerca de um oitavo do abacaxi é açúcar, e a maior parte do restante é água (há pequena quantidade de fibras e proteínas). Quantas kcal uma pessoa obteria por grama de abacaxi comido (usando o dado de 4,0 kcal/g para o açúcar)?

c. Usando o resultado do exercício 2, quanto $CO_2$ é liberado por quem come 1,0 kg de abacaxi? Como isso se compara ao $CO_2$ usado para produzi-lo e transportá-lo?

d. Cerca de 27% da pegada de carbono está associada ao cultivo, 15% à embalagem e o restante ao transporte. Compare esses valores com a quantidade de carbono produzido (e, portanto, energia usada) por quem come o abacaxi.

## Outras leituras

### Sobre a seção 3.1

A. Brazel, N. Selover, R. Vose, and G. Heisler. The tale of two climates: Baltimore and Phoenix urban LTER sites. *Climate Research*, **15** (2000), 123–135.

S. A. Changnon. Inadvertent weather modification in urban areas: lessons for global climate change. *Bulletin of the American Meteorological Society*, **73** (1992), 619–627.

C. G. Collier. The impact of urban areas on weather. *Quarterly Journal of the Royal Meteorological Society*, **132** (2006), 1–25.

T. R. Oke. The energetic basis of the urban heat island. *Quarterly Journal of the Royal Meteorological Society*, **108** (1982), 1–24.

J. M. Shepherd. A review of current investigations of urban-induced rainfall and recommendations for the future. *Earth Interactions*, **9** (2005), 1–27.

W. G. Wilson. *Constructed Climates: A Primer on Urban Environments*. (Chicago, IL: University of Chicago Press, 2011).

### Sobre a seção 3.2

C. D. Elvidge, C. Milesi, J. B. Dietz, U. S. constructed area approaches size of Ohio. *Eos*, **85** (2004), 233–240.

A. Givati and D. Rosenfeld. Quantifying precipitation suppression due to air pollution. *Journal of Applied Meteorology*, **43** (2004), 1038–1056.

C. Kennedy, J. Cuddihy, and J. Engel-Yan. The changing metabolism of cities. *Journal of Industrial Ecology*, **11** (2007), 43–59.

S. Pauleit and F. Duhme. Assessing the environmental performance of land cover types for urban planning. *Landscape and Urban Planning*, **52** (2000), 1–20.

J. M. Shepherd, J. A. Stallins, M. L. Jin, and T. L. Mote. Urban effects on precipitation and associated convective processes. In I. Douglas, D. Goode, M. C. Houck, and R. Wang, eds, *The Routledge Handbook of Urban Ecology*. (New York: Routledge, 2011), pp. 132–147.

W. D. Shuster, J. Bonta, H. Thurston, E. Warnemuende, and D. R. Smith. Impacts of impervious surface on watershed hydrology: a review. *Urban Water Journal*, **2**(2005), 263–275.

*Sobre a seção 3.3*

P. M. Groffman, D. J. Bain, L. E. Band, *et al.* Down by the riverside: urban riparian ecology. *Frontiers in Ecology and the Environment*, **1** (2003), 315–321.

P. M. Groffman, N. L. Law, K. T. Belt, L. E. Band, and G. T. Fisher. Nitrogen fluxes and retention in urban watershed ecosystems. *Ecosystems*, **7** (2004), 393–403.

J. P. Kaye, R. L. McCulley, and I. C. Burke. Carbon fluxes, nitrogen cycling, and soil microbial communities in adjacent urban, native and agricultural ecosystems. *Global Change Biology*, **11** (2005), 575–587.

P. A. Matson, W. J. Parton, A. G. Power, and M. J. Swift. Agricultural intensification and ecosystem properties. *Science*, **277** (1997), 504–509.

D. J. Nowak, D. E. Crane. Carbon storage and sequestration by urban trees in the USA. *Environmental Pollution*, **116** (2002), 381–389.

D. E. Pataki, D. R. Bowling, and J. R. Ehleringer. Seasonal cycle of carbon dioxide and its isotopic composition in an urban atmosphere: anthropogenic and biogenic effects. *Journal of Geophysical Research*, **108** (2003), 4735.

J. Silvertown, P. Poulton, E. Johnston, *et al.* The Park Grass Experiment 1856–2006: its contribution to ecology. *Journal of Ecology*, **94** (2006), 801–814.

P. M. Vitousek, J. D. Aber, R. W. Howarth, *et al.* Human alteration of the global nitrogen cycle: sources and consequences. *Ecological Applications*, **7** (1997), 737–750.

*Sobre a seção 3.4*

N. B. Grimm, S. H. Faeth, N. E. Golubiewski, *et al.* Global change and the ecology of cities. *Science*, **319** (2008), 756–761.

A. Jones. An environmental assessment of food supply chains: a case study on dessert apples. *Environmental Management*, **30** (2002), 560–576.

D. J. Nowak, D. E. Crane, and J. C. Stevens. Air pollution removal by urban trees and shrubs in the United States. *Urban Forestry & Urban Greening*, **4** (2006), 115–123.

M. A. Pavao-Zuckerman and L. B. Byrne. Scratching the surface and digging deeper: exploring ecological theories in urban soils. *Urban Ecosystems*, **12** (2009), 9–20.

R. V. Pouyat, I. D. Russell-Anelli, J. Neerchal, *et al.* Soil chemical and physical properties that differentiate urban land-use and cover types. *Soil Science Society of America Journal*, **71** (2007), 1010–1019.

D. M. Ramakrishna and T. Viraraghavan. Environmental impact of chemical deicers: a review. *Water, Air, & Soil Pollution*, **166** (2005), 49–63.

### Laboratórios

**A.** Escolha, na cidade onde mora ou numa cidade vizinha, vários locais edificados, outros num parque dentro da cidade e vários locais não urbanos fora da cidade. Em cada um deles, registre várias vezes por dia, durante três dias, pelo menos, a quantidade de vegetação, a água de superfície e o percentual de visão do céu, além de temperatura, umidade e nível de $CO_2$ (será melhor formar em grupos e atribuir a cada integrante uma hora e um local para monitorar). Tabule as médias de temperatura, nível de umidade e valor de $CO_2$ em cada horário para comparar os três locais. O fator de visão do céu tem papel importante na temperatura local, como previsto?

B. Use um fotômetro para estimar o albedo dos diversos tipos de superfície desses locais, não se esquecendo de incluir ambientes construídos e verdes e a água, se possível. O valor pode ser calibrado comparando-se a uma folha de papel branco (com albedo de quase 1,0) e outra de papel preto (com albedo de quase 0,0). Empregue as quadrículas utilizadas no Laboratório do Cap. 1 e use o Google Earth para estimar o percentual de superfície impermeável dentro de cada quadrícula. Há informações suficientes para estimar a mudança do albedo no gradiente urbano-rural?

C. Colete solo de vários pontos de amostragem dentro de cada quadrícula anterior e, com um kit para testes de campo, meça a quantidade de nitrogênio (e percentual de N como nitrato), carbono e fósforo, além do pH de cada amostra. Tabule os valores médios de cada local e inclua uma medida de variância no gradiente urbano-rural. Também é possível testar outros poluentes e contaminantes (como arsênico ou chumbo), dependendo do kit. Em termos ideais, um dos seus locais deveria ser um campo abandonado. É possível identificar os diferentes tipos de solo encontrados? Como diferem em nutrientes e poluentes? Plantas e insetos específicos estão associados a tipos diferentes de solo?

D. Compare a concentração relativa de nutrientes em fertilizantes diferentes. É possível encontrar algum que use $NH_4^+$ em vez de $NO_3^-$? Quais as recomendações dos fabricantes quanto à quantidade a ser usada e quando aplicá-la? Há algum indício de que alguns fertilizantes funcionam melhor do que outros?

E. Identifique uma fonte pontual de poluição na sua cidade ou numa cidade vizinha. Consegue encontrar informações sobre emissões? Como essas emissões se comparam às geradas pelo transporte automotivo?

# 4 Ecologia dos organismos urbanos

As propriedades físicas e biológicas das áreas urbanas configuram número, tipo e comportamento dos seres humanos que ali moram ou trabalham. Fatores como água, espaço aberto e poluição determinam quem consegue e viverá em locais específicos. O padrão espacial de urbanização controla comportamentos como a porção das viagens feitas a pé ou de carro. Depois, essas escolhas retroalimentam a configuração do próprio ecossistema.

Todos os organismos têm em comum essa relação recíproca com o meio ambiente, configurando-o e, ao mesmo tempo, sendo configurados por ele. Os ciclos fundamentais do ecossistema, que afetam clima, água e nutrientes, surgem da inter-relação entre as forças humanas e o uso dos organismos. Este capítulo estuda de que maneira entradas, saídas, modificação do hábitat urbano e processos do ecossistema controlam a identidade, a abundância, as características, as interações e a evolução de plantas, animais e micro-organismos urbanos.

Do ponto de vista amplo da Ecologia de Comunidades, as regiões urbanas, com os seus diversos tipos de hábitat e grande entrada de recursos, podem ter nível surpreendentemente alto de biodiversidade de alguns grupos de organismos (seção 4.1). Em parte, a biodiversidade urbana resulta das muitas espécies não nativas que chegam às áreas urbanas e nelas prosperam (seção 4.2). Por causa dessas espécies não nativas, a composição biológica de duas cidades em regiões diferentes do mundo pode ter mais semelhanças entre si do que com as respectivas áreas circundantes. A interação entre espécies pode adotar formas novas, já que é configurada pela disponibilidade alterada de recursos, pela mudança do risco de predação (seção 4.3) e por novas doenças (seção 4.4).

Sobreviver no meio ambiente urbano em surgimento também exige características apropriadas. Alguns organismos, como os pássaros que fazem ninho em penhascos, têm algumas características importantes prévias. Outros se ajustam para lidar com novos estresses (seção 4.5). Conforme as cidades se disseminam mais e se tornam características previsíveis do meio ambiente, pressões constantes configuram a Ecologia Evolutiva dos habitantes urbanos, transformando as áreas urbanas em focos de evolução rápida (seção 4.6).

Quer sejam intencionalmente plantadas e regadas com cuidado, quer persistam como ervas daninhas perseguidas, as plantas urbanas coletam energia e nutrientes e produzem energia química usando dióxido de carbono. Quer alimentadas, quer desdenhadas como consumidoras de lixo e carniça, as aves usam a mobilidade e a flexibilidade comportamental para aproveitar as oportunidades criadas pelo meio ambiente urbano. Este capítulo examina a vida de organismos urbanos, bem-sucedidos ou não, para identificar os fatores que determinam quais espécies conseguem sobreviver, como sobrevivem e que vida levam no centro construído do mundo dominado pelos seres humanos.

## 4.1 Biodiversidade urbana

O meio ambiente urbano sofre mudanças climáticas, sobrecarga de nutrientes, poluição e perturbações que se combinam para criar oportunidades e desafios para as espécies que nele vivem. Essas oportunidades e desafios determinam tanto o número de indivíduos que ali vivem quanto a *abundância* ou *densidade populacional*, além de quantas espécies *coexistem*, ou seja, a *biodiversidade*. Alguns grupos de espécies de áreas urbanizadas se caracterizam pelo *paradoxo densidade-diversidade* (Shochat et al., 2010), ou seja, há elevada densidade populacional, mas poucas espécies. Em grande parte, a alta abundância dessas poucas espécies resulta da capacidade de aproveitar os novos hábitats e os recursos aumentados da cidade.

Pode-se medir a biodiversidade de várias maneiras. A *riqueza de espécies* se refere ao número de espécies presentes em dada área, sem levar em conta a abundância relativa. Outros índices dão menos peso a espécies raras e podem representar melhor a diversidade constatada por um observador. Por exemplo, imagine ver cem pássaros de cinco espécies. Se houver 96 pombos da mesma espécie e um indivíduo de cada uma das outras quatro espécies, a área estará fortemente dominada por uma única espécie e a diversidade percebida será baixa. Se, ao contrário, cada uma das cinco espécies for representada por 20 indivíduos, a diversidade percebida será muito mais alta.

Um dos padrões mais surpreendentes da biodiversidade urbana é a correlação positiva entre a densidade populacional humana e a riqueza de espécies de alguns grupos de organismos, principalmente plantas e aves, como mostra a Fig. 4.1 (Gaston, 2005; Gaston; Evans, 2004; Pautasso; McKinney, 2007). Essa correlação positiva pode resultar de três causas: em primeiro lugar, os seres humanos podem preferir se instalar em locais com populações diversificadas de plantas e animais; em segundo lugar, as plantas e os animais podem se instalar preferencialmente ou serem inseridos perto dos seres humanos; em terceiro lugar, tanto seres humanos quanto outros organismos podem escolher ou conseguir se instalar em regiões com características atraentes similares, como disponibilidade de energia ou de nutrientes, diversidade de hábitats ou proximidade de água (Kuhn; Brandl; Klotz, 2004). Como se verá, essas três causas têm o seu papel nas áreas urbanas. Essa riqueza de espécies mais alta em áreas densamente povoadas por seres humanos pode persistir, muito embora a taxa de extinção também seja elevada em áreas com alta densidade populacional humana (Thompson; Jones, 1999).

Vários fatores complicam esse padrão. Em primeiro lugar, alguns grupos de espécies seguem o padrão oposto e apresentam menos riqueza de espécies em áreas densamente povoadas. As correlações positivas são mais evidentes em aves e plantas, mais fracas em mamíferos e frequentemente invertidas em répteis (Luck; Smallbone, 2010). Em segundo lugar, esses padrões são mais fortes em estudos que comparam áreas relativamente grandes que contenham diversidade de hábitats (Luck; Smallbone, 2010). Quase invariavelmente, os que se concentram nas áreas mais densamente construídas do núcleo urbano encontram menor riqueza de espécies (Faeth; Bang; Saari, 2011). Em mais de cem estudos de biodiversidade urbana que comparam áreas de urbanização alta, baixa e intermediária, a riqueza de espécies vegetais costuma ser maior em áreas com urbanização intermediária, enquanto a riqueza de espécies de vertebrados é sempre mais baixa em áreas com urbanização mais alta, como mostra a Fig. 4.2 (McKinney, 2008). Entretanto, alguns estudos

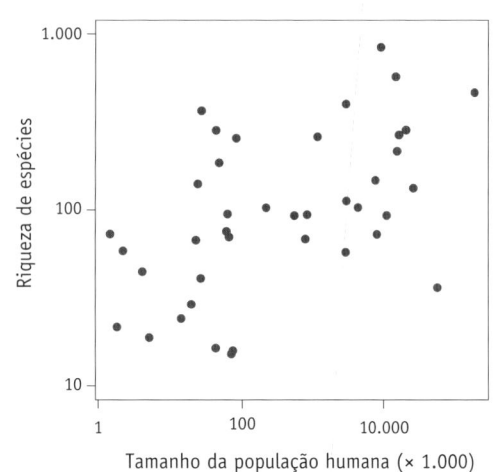

Fig. 4.1 Relação típica entre tamanho da população humana e riqueza de espécies, aqui baseada em aves nas unidades geopolíticas da Europa e áreas adjacentes
Fonte: adaptado de Gaston e Evans (2004).

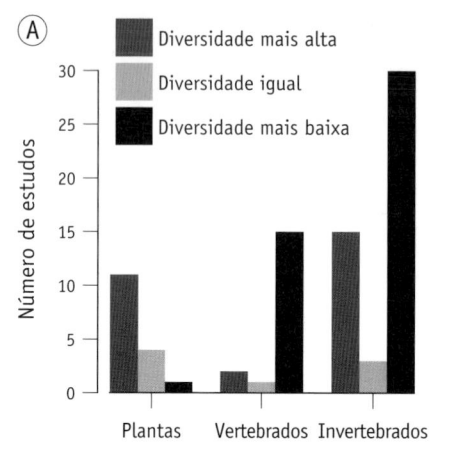

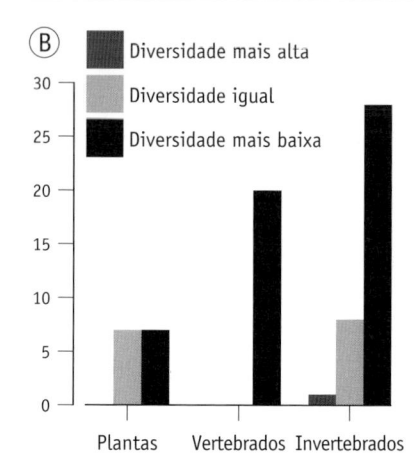

**Fig. 4.2** Fração de estudos que mostram riqueza de espécies mais alta, mais baixa ou igual em (A) locais moderadamente urbanizados comparados a locais levemente urbanizados e (B) locais altamente urbanizados comparados a locais moderadamente urbanizados
Fonte: adaptado de McKinney (2008).

de plantas e invertebrados encontraram maior riqueza de espécies nos locais mais urbanizados.

Uma última complicação vem da relativa novidade dos ambientes urbanos. A composição das espécies da maioria dos ecossistemas urbanos não chegou ao *equilíbrio*. Algumas espécies talvez ainda não tenham localizado e colonizado áreas urbanas, processo que pode levar décadas, mesmo para animais móveis e inteligentes como as aves (Evans et al., 2010) (seção 4.5). Por sua vez, a modificação de hábitats pode restringir algumas espécies a pequenos bolsões do meio ambiente urbano, bolsões insuficientes para manter essas espécies a longo prazo. A *dívida de extinção* descreve esse desequilíbrio temporário em que o número atual de espécies excede o das espécies destinadas a persistir quando o meio ambiente chegar ao equilíbrio (Hahs et al., 2009). Tipicamente, as cidades mais antigas têm taxa de extinção mais alta que

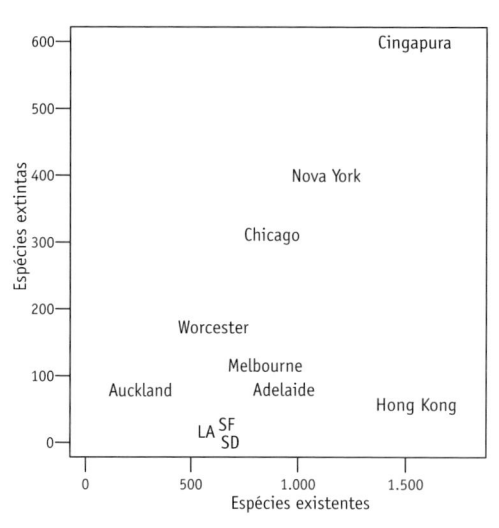

**Fig. 4.3** Número de espécies vegetais nativas existentes e extintas em onze cidades do mundo. LA é Los Angeles, SF é São Francisco e SD é San Diego

as mais novas, indicando talvez que as novas cidades simplesmente ainda não tiveram tempo de levar à extinção as espécies sensíveis. As taxas de extinção observadas em 11 cidades fundadas depois de 1600 variam bastante (Fig. 4.3), com menos de 2% perdidos em Los Angeles, San Diego e São Francisco e mais de 20% em Cingapura e Worcester (Massachusetts) (Duncan; Clemants; Corlett, 2011).

Algumas espécies urbanas estão condenadas à extinção. Outras populações urbanas podem persistir como *sumidouros*, espécies incapazes de se reproduzir de modo a se manter, mas que sobrevivem por receber imigrantes de outros locais, chamados *fontes*, onde a espécie tem sucesso reprodutivo (Fig. 4.4). No pior dos casos, as áreas urbanas podem ser *armadilhas ecológicas*, locais com características atraentes, como alta disponibilidade de recursos de baixa qualidade, mas de fato inadequados para a sobrevivência e a reprodução (Schlaepfer et al., 2005).

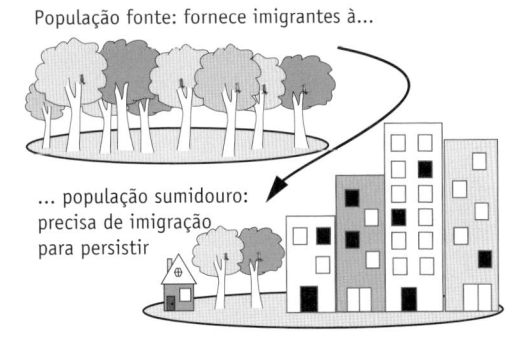

Fig. 4.4 População formada de fontes e sumidouros

A medição da biodiversidade depende do esforço dos cientistas na busca de espécies, da distribuição e da diversidade de hábitats e do tamanho da área estudada. A dedicação de mais tempo ou a habilidade e o equipamento superiores permitirão descobrir mais espécies, principalmente as raras. O efeito do tamanho da área estudada é importantíssimo no meio ambiente urbano. A *granularidade* da paisagem descreve o modo como os tipos de hábitat se distribuem dentro dela. A paisagem de *granularidade grossa* é formada principalmente por um único tipo de hábitat, enquanto a paisagem de *granularidade fina* contém muitos hábitats diferentes. As áreas urbanas, tipicamente, têm granularidade fina.

A *curva de área de espécies* é um modo de resumir esse efeito. Imagine-se obter amostras de espécies em áreas cada vez maiores. Se a região constitui um único hábitat homogêneo, o número de espécies registradas se aproxima de algum nível assintótico, a riqueza total de espécies daquele hábitat. Numa paisagem de granularidade grossa, o aumento da área estudada produz um aumento relativamente pequeno do número de espécies encontradas, porque poucos hábitats novos são incluídos. Numa paisagem de granularidade fina com diversidade de hábitats contrastantes entremeados, aumentar a área estudada deveria revelar muito mais espécies, porque cada vez se incluem mais tipos de hábitat. As *curvas de acúmulo de espécies*, como as curvas de área de espécies, mostram quantas espécies novas são encontradas quando se examinam mais e mais lugares (Fig. 4.5).

Até hábitats muito parecidos terão algumas espécies diferentes por conta do acaso, de efeitos históricos ou de pequenas variações dentro daquele hábitat. Pode ocorrer uma curva de área de espécies que aumente continuamente quando as manchas de hábitats parecidos estiverem isoladas umas das outras e contiverem espécies diferentes simplesmente porque os indivíduos não podem se deslocar livremente entre elas. Esse tipo de fragmentação de hábitat caracteriza muitas áreas urbanas e pode contribuir para a biodiversidade.

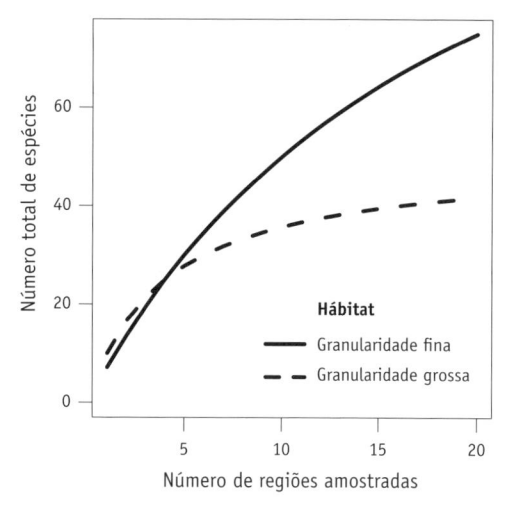

Fig. 4.5 Curvas idealizadas de acumulação de espécies, uma de um ambiente de granularidade fina em que a amostragem contínua identifica cada vez mais espécies e outra de uma área de granularidade grossa que se satura depois da amostragem de relativamente poucas áreas

As espécies bem-sucedidas em meio ambiente urbano têm em comum características específicas, examinadas com detalhes na seção 4.5. Como espécies mais aparentadas tendem a apresentar características semelhantes, a diversidade maior de espécies em algumas áreas urbanas pode vir de relativamente poucos grupos de espécies com parentesco mais próximo. A presença de espécies provenientes de muitos grupos chama-se *diversidade filogenética* (Faith, 1992). Por exemplo, na Alemanha, as espécies vegetais características de áreas urbanas não apresentam diversidade filogenética substancialmente mais alta do que em áreas rurais, embora a riqueza urbana de espécies seja mais alta (Knapp et al., 2008).

Os princípios da biodiversidade urbana descrevem a reação das espécies a quatro fatores principais:

i) *hábitat*: tamanho, diversidade, distribuição espacial e qualidade;
ii) *processos temporais*: acréscimo ou perda de espécies ou hábitats no decorrer do tempo;

iii) *processos do ecossistema*: disponibilidade de recursos, perturbação e estresse;
iv) *interações ecológicas*: competição, predação, mutualismo e doenças.

Nesta seção abordam-se com detalhes os três primeiros, guardando a complexidade das interações ecológicas urbanas para uma discussão separada e mais completa (seção 4.3). Pode-se pensar no meio ambiente urbano como o estabelecimento de uma série de filtros característicos do hábitat e do meio ambiente, inclusive os efeitos da preferência humana, que algumas espécies conseguem tolerar e outras não (Williams et al., 2009). A biodiversidade urbana resulta da inter-relação entre colonização intencional ou não de espécies e a ação desses filtros sobre espécies novas e existentes.

### 4.1.1 Padrões e princípios da biodiversidade

Os ecologistas identificaram muitos padrões gerais de riqueza de espécies que estabelecem os princípios necessários para entender as comunidades urbanas.

- A riqueza de espécies é mais alta nos trópicos do que nos polos. Uma região tropical pequena, pouco maior que o quarteirão de uma cidade, pode conter mais espécies vegetais nativas do que um país inteiro de clima sazonal mais frio.
- A riqueza de espécies é mais alta em áreas montanhosas. Embora tendam a ser mais frias, as montanhas também têm maior variação topográfica e criam uma gama maior de hábitats que sustentam mais espécies.
- Áreas maiores têm mais espécies. Mesmo que o hábitat seja relativamente homogêneo, áreas grandes têm espaço para históricos diferentes que permitem que mais espécies se acumulem ou evoluam.
- Áreas mais antigas têm maior riqueza de espécies. Em meios ambientes novos, talvez não haja tempo para a chegada ou a evolução de espécies.
- Ilhas e penínsulas têm riqueza de espécies mais baixa, e o efeito é mais forte em ilhas menores ou mais distantes do continente.
- O estresse, sob a forma de temperaturas extremas, baixo nível de umidade ou alta concentração de substâncias químicas, tende a reduzir a riqueza de espécies porque menos organismos conseguem tolerar essas condições.

- Com o tempo, a variabilidade elevada reduz a riqueza de espécies porque menos espécies conseguem lidar com uma grande variedade de condições. A sazonalidade é um exemplo, embora incomum por ser suficientemente previsível para que alguns organismos desenvolvam reações como hibernação ou migração.

Com base nesses padrões gerais e de muitos estudos específicos, os ecologistas desenvolveram uma série de princípios por trás da riqueza de espécies (Quadro 4.1).

Quadro 4.1  Princípios centrais da biodiversidade

| Biodiversidade mais alta quando grande | Biodiversidade mais alta quando pequena | Biodiversidade mais alta em nível intermediário |
|---|---|---|
| Tamanho da mancha de hábitat | Isolamento da mancha de hábitat | Produtividade |
| Idade da mancha de hábitat | Variabilidade temporal | Perturbação |
| Diversidade de hábitats | Estresse | Estágio de sucessão |

*Princípios baseados no hábitat*

O primeiro conjunto de princípios se concentra no papel dos hábitats, principalmente o tamanho e a localização. A *teoria da biogeografia das ilhas* resume os fatores importantes em termos de entrada e saída de espécies. O número de espécies em qualquer hábitat é um equilíbrio entre colonização e extinção. Uma ilha pequena terá menos colonização por ser mais difícil de ser encontrada e sofrerá mais extinção porque suas populações são menores e é mais provável que indivíduos dispersos se percam (Faeth; Bang; Saari, 2011). A colonização menor e a extinção maior levam as ilhas pequenas a abrigar menos espécies do que as grandes. Uma ilha distante do continente terá menos colonos que levem novas espécies e, portanto, menos espécies do que uma ilha perto do continente (Fig. 4.6).

Nessa teoria, a ilha não precisa ser o convencional pedaço de terra cercado de água, mas pode ser qualquer mancha de hábitat adequado num mar de hábitat inadequado. Uma árvore pode ser uma ilha para um inseto, um parque pode ser uma ilha para uma ave. Como tipos diferentes de ilha de hábitat, como florestas, charcos e prados, sustentam espécies diferentes, o meio ambiente composto de uma mistura desses hábitats tenderá a apresentar biodiversidade maior. As fronteiras ou bordas entre dois tipos de hábitat, por exemplo, têm características

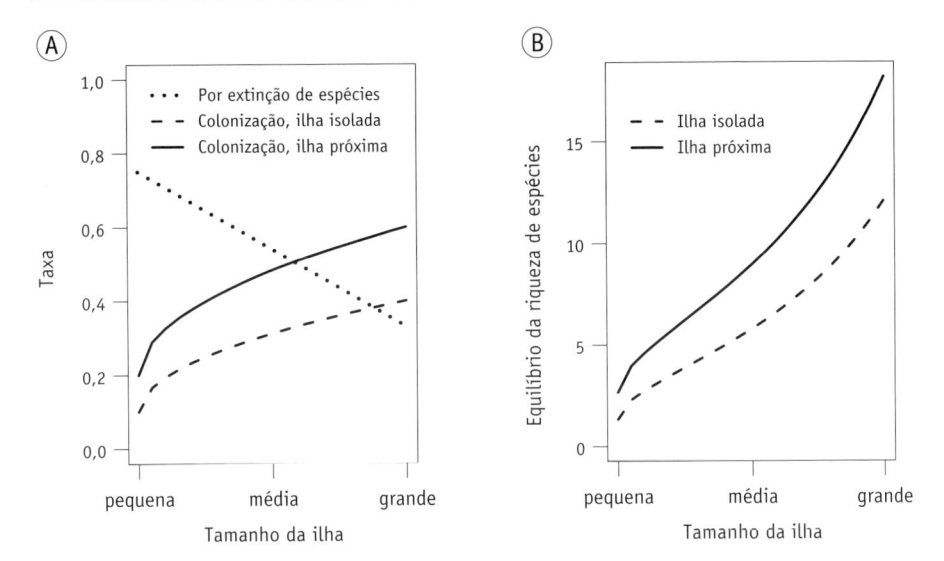

Fig. 4.6 Elementos da teoria da biogeografia das ilhas. (A) Espécies já presentes em ilhas maiores têm taxa de extinção mais baixa em virtude do tamanho maior da população. Além disso, é mais provável a chegada de colonos nesses locais porque é mais fácil encontrar ilhas maiores, efeito acentuado nas ilhas mais próximas de um continente. (B) O equilíbrio em número de espécies é a proporção entre taxa de colonização e taxa de extinção, e o número máximo de espécies se apresenta em ilhas grandes próximas do continente

que combinam ambos. Isso pode causar efeitos contraditórios: promover a alta diversidade local por sustentar especialistas nos dois hábitats, promover a baixa diversidade por estressar os especialistas em hábitats ou abrigar um conjunto novo de especialistas em bordas (Bolger et al., 2000).

*Princípios baseados em processos temporais*

Os processos de colonização e extinção também controlam mudanças da riqueza de espécies conforme o hábitat envelhece. Quando, por forças geológicas, climatológicas ou humanas, surge um meio ambiente novo, as espécies demoram para chegar e se estabelecer até que seja alcançado o equilíbrio previsto pela biogeografia das ilhas. Por exemplo, pode levar muito tempo para todo o conjunto de insetos localizar e colonizar uma árvore isolada numa cidade. Por outro lado, como foi visto, a dívida de extinção descreve a perda potencialmente lenta de espécies em hábitats inadequados.

Os efeitos da idade do hábitat estão intimamente ligados ao processo de *sucessão ecológica*. Depois de uma modificação extrema do hábitat por meio de um processo natural como inundações ou por extensa perturbação humana, chega um número relativamente pequeno de espécies de sucessão pioneira, bons colonos capazes de prosperar em áreas relativamente áridas. Com o passar do tempo, mais espécies se acumulam e colonizam o novo local, e o ambiente se torna menos estressante por conta do efeito das espécies existentes. Muito depois da perturbação, as espécies de sucessão tardia, competidoras superiores, podem chegar a dominar, com o potencial de reduzir a riqueza de espécies.

*Princípios baseados em processos do ecossistema*
Outra classe de princípios descreve como a riqueza de espécies depende não de local, tamanho ou idade dos fragmentos de hábitat, mas de processos do ecossistema dentro deles. Em geral, os meios ambientes com clima moderado e alta disponibilidade de água e nutrientes são os mais favoráveis à vida. A produtividade primária, taxa em que o carbono da atmosfera é fixado pela fotossíntese, dá uma boa ideia de até que ponto uma região é favorável. A hipótese da *relação de produtividade intermediária* é que a riqueza máxima de espécies surge em níveis intermediários de produtividade. Em hábitats com produtividade extremamente baixa, as plantas e os animais que as comem têm pouca biomassa e pequena população. Esses hábitats, portanto, terão baixo número de espécies. Por outro lado, os hábitats com produtividade extremamente alta terão biomassa elevada e grande população. Nessas condições, uma espécie pode se adaptar melhor do que o resto e passar a dominar. Portanto, os hábitats altamente produtivos também podem apresentar baixa biodiversidade. Já os hábitats com produtividade intermediária conseguem sustentar indivíduos suficientes para que muitas espécies coexistam sem serem dominadas por algumas.

A *hipótese da perturbação intermediária*, relacionada à anterior, faz previsão semelhante. A perturbação reconfigura um meio ambiente ao eliminar alguns ou todos os organismos existentes. Perturbações frequentes levam a um meio ambiente variável e estressante que só alguns organismos conseguem tolerar. Como os ambientes com alta produtividade, os raramente perturbados podem vir a ser dominados por uma única espécie. Os que sofrem perturbações intermitentes podem ter biodiversidade mais alta.

O alto nível de perturbação e o baixo nível de nutrientes são ambos exemplos de condições estressantes. Embora *estressante* seja uma descrição relativa do meio ambiente (já que a ideia de frio de um pinguim, por exemplo, é diferente da noção de frio de uma tartaruga do deserto), surgem tendências gerais em muitos estudos de plantas e animais, feitos basicamente em áreas temperadas. A riqueza de espécies animais tem maior correlação com a temperatura mais alta, enquanto a riqueza de espécies vegetais tem maior correlação com a disponibilidade de água (Hawkins et al., 2003). O estresse elevado do ponto de vista de um grupo específico de organismos tende a provocar menor riqueza de espécies.

*Princípios baseados em interações ecológicas*

A última classe de princípios que afetam a biodiversidade depende do papel das interações entre espécies descrito pela Ecologia de Comunidades e Populações. Em geral, a riqueza de espécies aumenta aos poucos, de num nível trófico ao seguinte, por exemplo, um local com mais espécies de plantas tenderá a conter mais espécies de herbívoros que comam essas plantas.

Além disso, as formas mais simples da teoria da biogeografia das ilhas tratam todas as espécies como equivalentes. O princípio da *exclusão competitiva* defende que duas espécies não podem coexistir indefinidamente se usam exatamente o mesmo conjunto de recursos (Levin, 1970). Espécies encontradas juntas têm de diferir de alguma forma (às vezes chamada *nicho*), por exemplo, consumir alimentos diferentes, buscar alimentos ou se reproduzir em locais ou períodos diferentes, ou ainda ter parasitas ou predadores distintos. Portanto, locais com relativamente poucos modos diferentes de sobrevivência abrigam menos espécies. Além disso, no caso de duas espécies muito similares, a superior desalojará a outra aos poucos, mesmo com um longo período de coexistência.

A competição não é a única interação que configura as comunidades ecológicas. Algumas espécies de plantas, como as associadas a bactérias fixadoras de nitrogênio ou as que têm raízes profundas que alteram a disponibilidade de água e a estabilidade do solo, podem atuar como *espécies-chave* que determinam a composição de toda uma comunidade (Chapin et al., 1997). Os engenheiros do ecossistema, como os castores, criam hábitats inteiramente novos que podem aumentar a biodiversidade de uma região. Um predador eficaz pode suprimir as presas de uma espécie dominante e abrir espaço para mais diversidade. Doenças ou herbívoros podem exercer papel semelhante ao enfraquecer os competidores mais comuns. Os parasitas também podem acelerar a extinção de espécies em pequenas ilhas de hábitat (Faeth; Bang; Saari,

2011). Os animais envolvidos em mutualismos, como os dispersadores de sementes e os polinizadores, podem ser essenciais para a sobrevivência dos seus hospedeiros vegetais, e a sua extinção pode levar a uma enxurrada de perda e substituição de espécies.

### 4.1.2 Biodiversidade urbana

Como esses princípios de biodiversidade funcionam no meio ambiente urbano? As áreas altamente urbanizadas estarão fora do terreno onde se aplicam essas ideias? Será que só se aplicam a alguns grupos de organismos urbanos e não a outros? Para organizar esta análise, é preciso recordar que os organismos urbanos podem ser classificados em três categorias amplas (seção 1.3):
- os que *evitam o meio urbano* têm mau desempenho perto de seres humanos e do ambiente construído;
- os que *se adaptam ao meio urbano* toleram os seres humanos sem depender deles;
- os que *exploram o meio urbano* (*oportunistas*) são encontrados principalmente em áreas muito modificadas.

As espécies de cada categoria reagem de forma diferente às mudanças urbanas do hábitat, aos processos temporais, aos processos do ecossistema e às interações entre espécies e, portanto, têm padrões distintos de biodiversidade urbana.

*Efeitos dos hábitats urbanos*
Diversidade de hábitats

Um dos princípios da biodiversidade afirma que regiões com uma variedade maior de hábitats, como as montanhas, tendem a apresentar biodiversidade mais elevada mesmo diante do estresse. De preferência, os seres humanos se instalam em lugares com topografia variável ou próximos à água (Kuhn; Brandl; Klotz, 2004), topografia sobre a qual é sobreposto um mosaico urbano de hábitats com ambientes muito contrastantes (seção 1.2). Essas áreas de granularidade fina tenderão a uma maior riqueza de espécies. Um campo de golfe com mistura de hábitats perto de Stanford, na Califórnia, continha mais espécies, mais indivíduos e mais biomassa de aves do que uma reserva próxima, como mostram os gráficos da Fig. 4.7 (Blair, 1996).

Com frequência, a maior diversidade de hábitats urbanos ocorre entre o núcleo densamente construído e as áreas periurbanas menos modificadas. A riqueza de espécies de aves em Seattle chega ao ponto

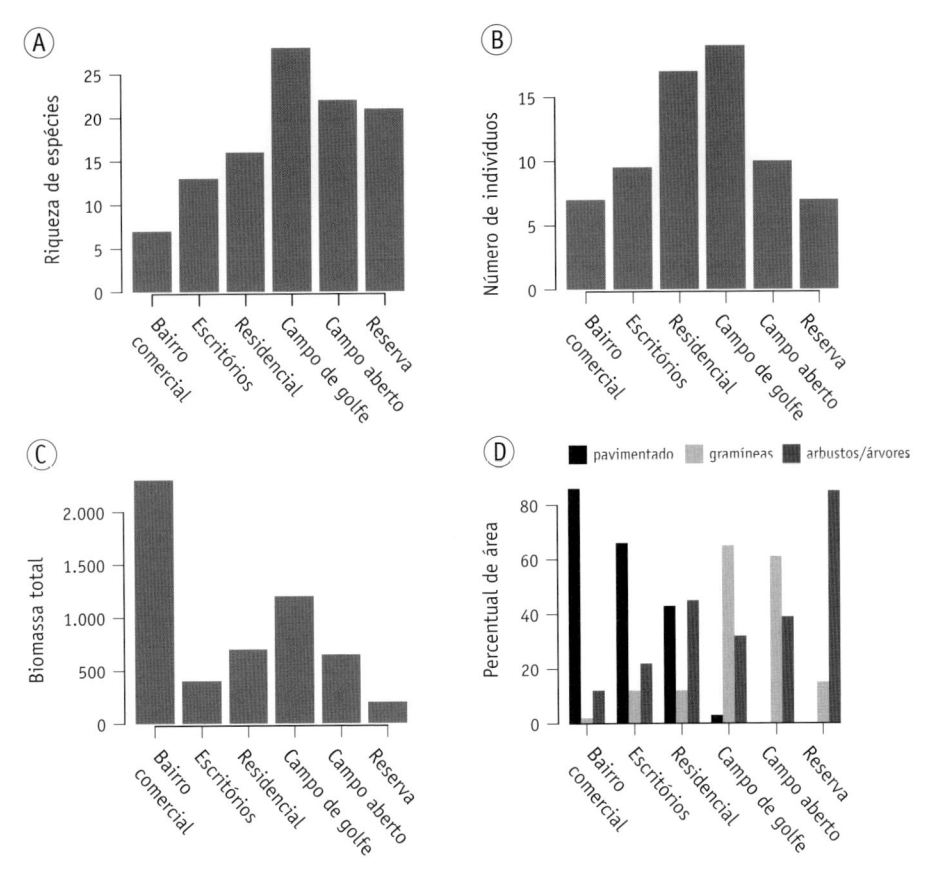

Fig. 4.7 Padrão de (A) riqueza de espécies de aves, (B) abundância de aves e (C) biomassa de aves em seis hábitats dentro e perto de Stanford, juntamente com (D) a composição do hábitat. Áreas pavimentadas são ruas e edificações, e gramíneas são gramados e capinzais menos manejados
Fonte: adaptado de Blair (1996).

máximo nos níveis intermediários de cobertura florestal (Marzluff, 2008). No Reino Unido, as espécies que se adaptam ao meio urbano são mais abundantes e diversificadas nos níveis intermediários de densidade residencial. As que evitam o meio urbano e não conseguem tolerar sequer a urbanização moderada, como algumas aves e muitos lagartos, anfíbios e borboletas (Luck; Smallbone, 2010), tornam-se menos abundantes e diversificadas com o aumento da densidade residencial (Tratalos et al., 2007). No caso de anfíbios altamente sensíveis, a riqueza de espécies declina com apenas 8% de urbanização (Riley et al., 2005).

Por sua vez, os oportunistas urbanos mais extremados, como o pombo-comum e a gralha-preta, *Corvus corone*, têm densidade máxima exatamente onde a densidade residencial é mais alta. Como exemplo do paradoxo densidade-diversidade, a biomassa de aves dentro e perto de Stanford é imensamente maior no bairro comercial, sobretudo por causa do pombo-comum, que consegue aproveitar com eficácia os hábitats humanos e sua importação de alimentos (Fig. 4.7C).

Tamanho do hábitat

A teoria da biogeografia das ilhas prevê que grandes ilhas de hábitat abrigarão maior riqueza de espécies. Os parques urbanos e rurais tendem a seguir essa previsão básica. Para uma grande variedade de organismos, como borboletas, lesmas, aves, líquens, musgos e plantas vasculares, os parques grandes têm maior riqueza de espécies, de acordo com a teoria (Knapp et al., 2008). No entanto, a área não explica tudo. Borboletas, aves e líquens de parques urbanos têm diversidade mais baixa do que em parques não urbanos do mesmo tamanho (Fig. 4.8). Essa diferença poderia resultar da baixa qualidade do hábitat ou do maior isolamento dos parques urbanos, que provoca aumento da extinção e reduz a colonização.

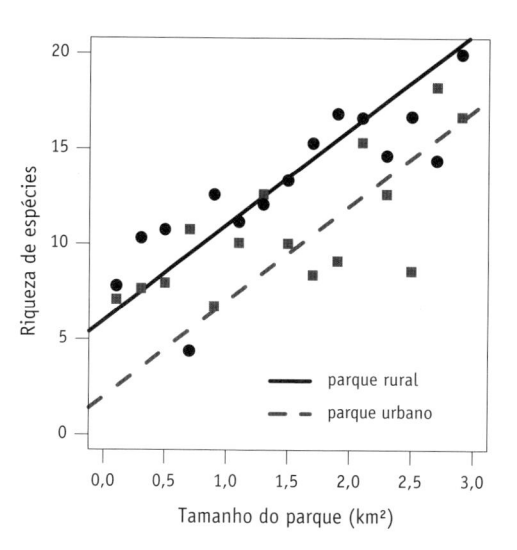

Fig. 4.8 Padrão de riqueza de espécies de borboletas, aves e líquens em parques urbanos e rurais
Fonte: adaptado de Knapp, Kuhn, Mosbrugger e Klotz (2008).

Isolamento do hábitat

A teoria da biogeografia das ilhas também prevê que ilhas de hábitat mais isoladas terão menor riqueza de espécies. Entretanto, isolamento espacial não é a mesma coisa para todas as espécies. Algumas que se adaptam ao meio urbano e são *sensíveis à matriz* ficam restritas a manchas de hábitat como os parques por conta da incapacidade de tolerar ou da indisposição de atravessar as áreas interpostas altamente urbanizadas. Os *corredores* podem ligar manchas de hábitat com uma matriz adequada à dispersão ou mesmo à reprodução bem-sucedida dessas espécies. Ruas arborizadas podem ligar parques e outras áreas verdes. Por exemplo, em Madrid, 14 das 24 espécies de aves encontradas em parques foram vistas em ruas arborizadas, a maioria das espécies em ruas com parques dos dois lados, menos pedestres e árvores maiores (Fernández-Juricic, 2000). As ruas mais arborizadas da jovem cidade crescente de Vitória, no Brasil, abrigavam muitas espécies de morcego, embora, mais uma vez, em número menor do que nos parques propriamente ditos (Oprea, 2009).

Os anfíbios precisam de charcos e da capacidade de se deslocar entre eles. Nas áreas urbanas, esses hábitats costumam ter tamanho reduzido, e os mais permanentes geralmente abrigam peixes predatórios e são perturbados pelos seres humanos e pela iluminação. O movimento entre os locais, necessário para algumas salamandras, é difícil sem corredores apropriados, porque ruas e margens íngremes criam barreiras perigosas ou intransponíveis (Hamer; McDonnell, 2008), além disso, os gatos podem ser fonte significativa de mortalidade das salamandras (Woods; Mcdonald; Harris, 2003).

As espécies que se adaptam e quase todas as que exploram o meio urbano conseguem tolerar toda a variedade de hábitats urbanos e percebem um mundo muito menos fragmentado. Na verdade, do ponto de vista dos oportunistas urbanos, a rede mundial de cidades é um conjunto de ilhas cercadas por um mar de hábitat inóspito não urbano. Na Argentina, até cidades relativamente pequenas de 35 mil habitantes têm espécies de aves semelhantes às das cidades maiores (Garaffa; Filloy; Bellocq, 2009). As espécies vegetais que preferem hábitats altamente modificados, como paredes, calçadas e pavimentação das ruas, vivenciam como inóspitos os espaços verdes interpostos e os novos hábitats urbanos como ilhas que se assemelham aos seus hábitats nativos de penhascos e encostas de taludes (Lundholm; Marlin, 2006).

Os remanescentes isolados do chaparral, hábitat arbustivo delicado e concentrado nas porções altamente povoadas da Califórnia, perderam várias espécies de aves especializadas em virtude da extinção local. Como previsto, as extinções ocorrem com mais frequência em manchas pequenas e nas que ficaram mais tempo isoladas (Soulé et al., 1988). As aves mais vulneráveis são aquelas já raras no hábitat não perturbado, portanto com população menor e menos colonos. Como muitas aves do chaparral são extremamente sensíveis à matriz e sem disposição de sobrevoar hábitats urbanizados, mesmo que por pequenas distâncias, a proximidade de outras manchas tem pouco efeito sobre a probabilidade de extinção. Em Denver e arredores, o cão-da-pradaria-de-rabo-preto, *Cynomys ludovicianus*, conseguiu colonizar manchas remanescentes de prados perto de colônias existentes, enquanto colônias mais isoladas tiveram maior probabilidade de se extinguir (Magle et al., 2010). Para aumentar as dificuldades de sobrevivência nessa paisagem fragmentada, um total de 117 dos 384 fragmentos de hábitat foram eliminados apenas entre 2002 e 2007.

Em geral, a proximidade de outras manchas tem apenas papel pequeno para os insetos. As borboletas e os besouros carabídeos de Birmingham, no Reino Unido, atravessam prontamente terreno inóspito para chegar a ilhas isoladas de hábitat, e a qualidade do hábitat, mais que o isolamento, tem o papel principal na determinação da presença e da abundância de espécies (Angold et al., 2006). Mesmo no coração da cidade de Nova York, jardins urbanos relativamente pequenos abrigam 54 espécies de abelhas, ou seja, 13% de toda a fauna registrada de abelhas no estado de Nova York (Matteson; Ascher; Langellotto, 2008). Westchester, área residencial periurbana vizinha com jardins maiores, plantas mais diversificadas e hábitat intermediário mais hospitaleiro, tem cerca do dobro de espécies (Fetridge; Ascher; Langellotto, 2008).

### Bordas de hábitat

A distribuição de espécies também varia dentro das manchas urbanas de hábitat, e as espécies mais sensíveis que evitam o meio urbano têm maior probabilidade de se encontrar no interior de grandes manchas, longe das bordas muito perturbadas. Em manchas florestadas perto de Barcelona, na Espanha, as espécies sinantrópicas crescem perto das bordas de pequenas manchas florestais, enquanto as espécies presentes em prados e matagais que efetivamente evitam o meio urbano são mais comuns nas manchas maiores (Guirado; Pino; Roda, 2006) (Fig. 4.9). O hábitat circundante também tem o seu papel, tanto como fonte de possíveis colonos quanto pela inadequação para colonos em potencial. As espécies sinantrópicas se mostram especialmente raras em grandes manchas florestais cercadas de áreas cultivadas, e a riqueza dessas espécies chega ao ponto máximo em manchas pequenas porque, para elas, a área urbana circundante faz parte do hábitat.

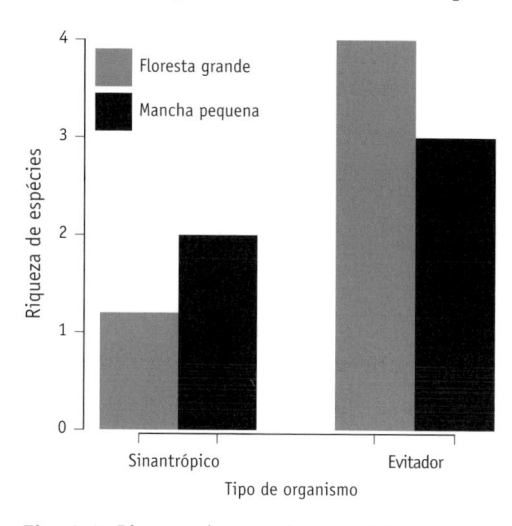

Fig. 4.9 Riqueza de espécies vegetais sinantrópicas e que evitam o meio urbano em fragmentos de floresta grandes e pequenos perto de Barcelona
Fonte: adaptado de Guirado, Pino e Roda (2006).

Manejo do hábitat humano

Os seres humanos urbanos investem muito tempo, energia e nutrientes para configurar hábitats, principalmente na composição vegetal de jardins, gramados, parques e paisagens enfiadas entre estruturas construídas (Faeth; Bang; Saari, 2011). A escolha de plantas depende de preferência individual, regulamentos comunitários, fatores socioeconômicos e disponibilidade. Por meio do plantio direcionado, da eliminação de ervas daninhas e da entrada de nutrientes, os seres humanos controlam a abundância e a diversidade de algumas plantas urbanas, mas continuam à mercê dos processos naturais de imigração, competição, sucessão e extinção diante de ervas daninhas e outros *voluntários*. Portanto, espera-se encontrar padrões incomuns de riqueza de espécies nesses hábitats extremamente manejados.

Uma pesquisa de quatro hábitats diferentes na Inglaterra descobriu alguns padrões surpreendentes (Thompson et al., 2004). Os gramados têm grande número de espécies, num total de 159, a maioria das quais seria provavelmente considerada erva daninha pelos proprietários. A curva de acumulação de espécies em gramados fica entre dois tipos de prado relativamente não perturbado: o prado de baixa diversidade com solo ácido e hostil e o prado de alta diversidade com solo menos ácido (Fig. 4.10). As hortas e jardins têm curvas de acúmulo de espécies que sobem drasticamente e, ao que parece, sem parar. Os jardins são projetados para conter uma mistura agradável de espécies no mesmo terreno e tendem a diferir uns dos outros quando os moradores buscam plantas exóticas que os vizinhos não tenham (Goddard; Dougill; Benton, 2009).

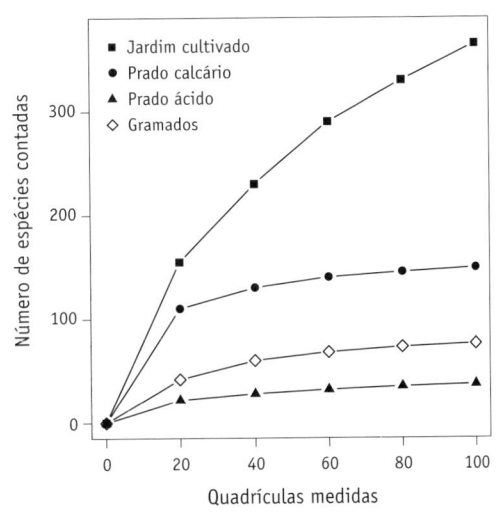

Fig. 4.10 Curvas de acúmulo de espécies em jardins e gramados comparadas a dois prados dentro e perto de Sheffield, na Inglaterra
Fonte: adaptado de Thompson et al. (2004).

*Efeitos de processos temporais*
Idade do hábitat

Em ecossistemas não perturbados, a diversidade aumenta tipicamente com o tempo decorrido depois de uma grande perturbação. Nas áreas urbanas, os bairros mais antigos têm mais tempo para processos de sucessão e acúmulo de espécies. No entanto, a força dessa tendência depende das preferências humanas. Em partes da cidade desértica de Phoenix, por exemplo, a diversidade é substancialmente menor em bairros antigos porque os moradores dos bairros mais novos plantaram vegetação nativa capaz de sustentar dez vezes mais espécies vegetais do que um gramado mais tradicional (Hope et al., 2003).

Em manchas criadas pelo isolamento, a biodiversidade costuma se reduzir com o tempo decorrido desde então porque, no processo de pagar a dívida de extinção, esta supera a colonização (Bolger; Alberts; Soule, 1991). Em fragmentos do chaparral da Califórnia cercados por urbanização, quase todos os grupos de artrópodes seguiram o padrão previsto de menor diversidade em fragmentos menores e mais antigos, embora a diversidade de predadores que consomem uma dieta variada tenha aumentado com a idade do fragmento (Bolger et al., 2000), talvez por causa do aumento da população de espécies invasoras, como a formiga-açucareira.

### Sucessão

No meio ambiente urbano, a sucessão costuma ser controlada pelos seres humanos. Alguns setores de um parque podem ser mantidos como prados, com as plantas mais altas excluídas ativamente, enquanto se permite que outros setores cresçam e se transformem em floresta. Os parques intensamente manejados de Israel mostraram o nível mais baixo de riqueza de espécies de aves, principalmente entre as que se adaptam ao meio urbano (Shwartz; Shirley; Kark, 2008). Os parques e as paisagens urbanas nativas da Austrália têm maior riqueza e abundância de espécies do que as paisagens urbanas recentemente construídas com plantas não nativas (White et al., 2005). A frequência do corte da grama é o melhor previsor de riqueza e abundância de espécies de insetos hemípteros em áreas urbanas cobertas de gramíneas em Bracknell, na Inglaterra, como mostra a Fig. 4.11 (Helden; Leather, 2004).

O zoneamento e o manejo podem promover riqueza significativamente maior de espécies de aves e plantas em parques e bairros localizados em zonas de renda alta, como mostra a Fig. 4.12 (Kinzig et al., 2005). Ao contrário, a riqueza de espécies de aves em Chicago é maior nos bairros mais novos de baixa renda, talvez em virtude da presença de manchas menos construídas (Loss; Ruiz; Brawn, 2009).

Pode ser difícil determinar se a riqueza urbana de espécies é maximizada num estágio intermediário de sucessão porque a sucessão urbana não segue a progressão ecológica clássica. Os campos abandonados são os que seguem mais fielmente a teoria ecológica e apresentam riqueza crescente de espécies quando plantas lenhosas se instalam depois da invasão inicial de plantas herbáceas e redução subsequente da riqueza quando as espécies dominantes tomam conta (Angold et al., 2006).

*Efeito dos processos do ecossistema*

Produtividade

Em hábitats não urbanos, a hipótese da produtividade intermediária prevê biodiversidade máxima em nível moderado de produtividade e biomassa máxima no nível mais alto de produtividade. A elevada entrada de energia, nutrientes e água transforma as áreas urbanas em *loci* de alta produtividade. A distribuição de aranhas no ambiente urbano de Phoenix sustenta essa hipótese (Fig. 4.13), com menor riqueza de espécies e maior número de aranhas em locais com produtividade mais alta (Shochat et al., 2004). Os insetos da família *Odonata* (libélulas) de Pietermaritzburg, na África do Sul, têm diversidade intermediária em cidades, mas, em geral, abundância elevada (Samways; Steytler, 1996). Os comedouros de pássaros dos quintais podem causar efeito semelhante e aumentar a biomassa sem elevar de forma substancial a riqueza de espécies (Chace; Walsh, 2006).

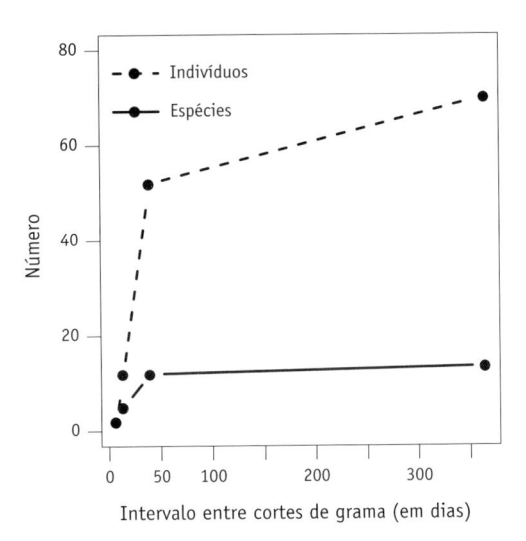

Fig. 4.11 Efeito do tempo decorrido entre cortes de grama sobre a riqueza e a abundância de espécies de insetos hemípteros em áreas urbanas cobertas de gramíneas
Fonte: adaptado de Helden e Leather (2004).

Perturbação

O desafio de distinguir a perturbação das muitas mudanças correlatas no meio ambiente urbano dificulta avaliar nas cidades as previsões da hipótese da perturbação intermediária. Além disso, as áreas urbanas também sofrem muitos tipos de perturbação. Algumas são prejudiciais a quase todas as espécies e provocam redução da sua riqueza. O pisoteio costuma reduzir a riqueza de espécies vegetais (Ikeda, 2003). A presença humana cria perturbações que interferem na alimentação e no acasalamento dos pássaros e talvez só fique atrás da destruição de hábitats na

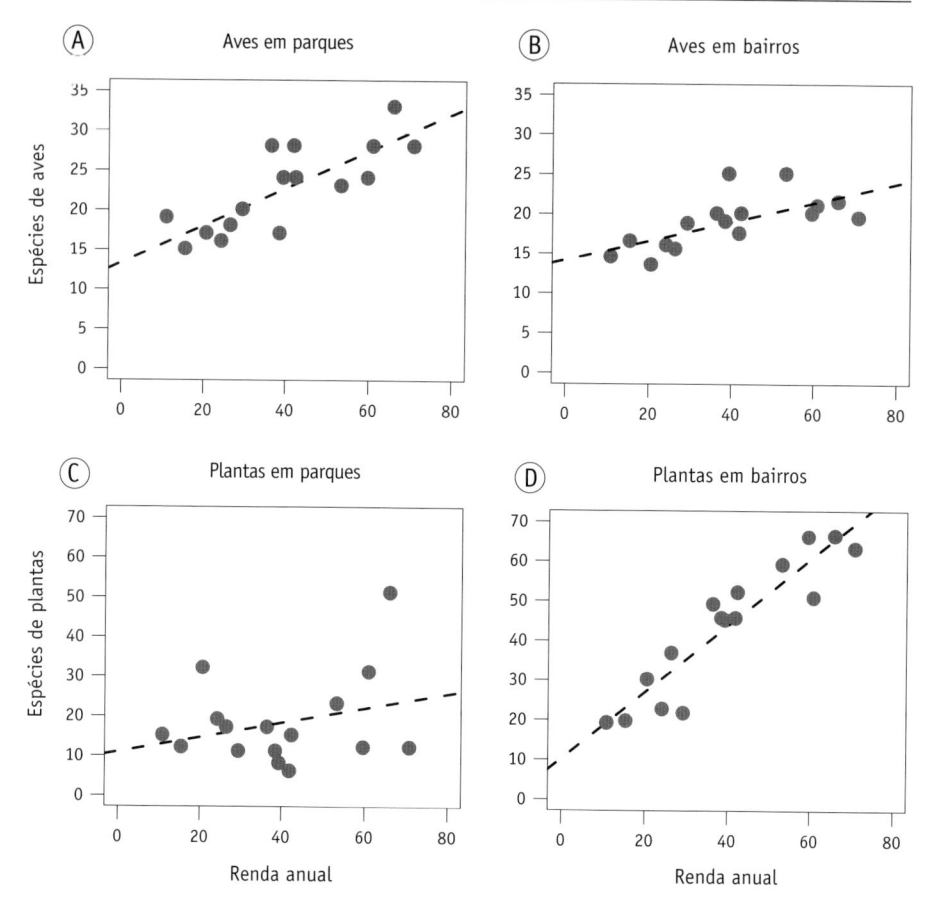

Fig. 4.12 Riqueza de espécies de aves e plantas em Phoenix em função da renda, em milhares de dólares americanos
Fonte: adaptado de Kinzig et al. (2005).

exclusão de algumas espécies em hábitats urbanos (Schlesinger; Manley; Holyoak, 2008). A travessia de vias de tráfego cria uma série de perturbações físicas que reduzem de forma significativa a biodiversidade de aves (Magle, 2010) e nos cursos d'água (Alberti et al., 2007).

Estresse

Em geral, ambientes estressantes têm menos espécies. Mas os ambientes urbanos são necessariamente estressantes? A ilha urbana de calor atenua a variação de temperaturas e cria oportunidades para espécies que, de outro modo, não persistiriam. O meio ambiente urbano foi descrito como *bolha pseudotropical*, e, em clima frio, as cidades sustentam populações de árvores e aves tropicais (Shochat et al., 2006). Nos setores mais urbanizados de Montpellier, na França, as espécies de aves que persistem conseguem ficar ali o ano todo. Nas áreas com menor

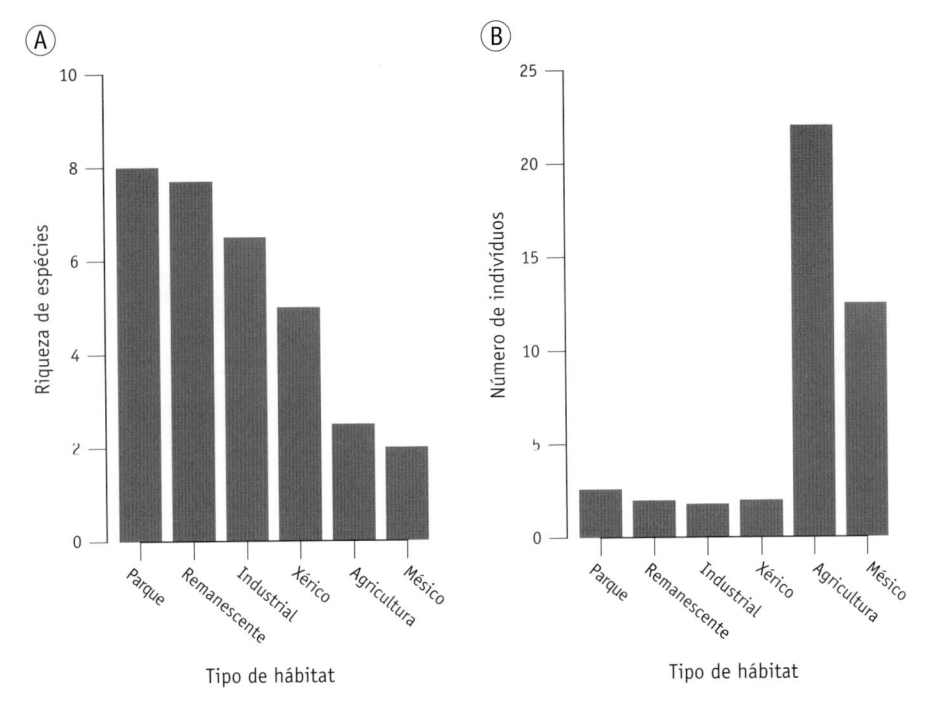

Fig. 4.13 Padrão de (A) riqueza de espécies de aranhas e (B) número de indivíduos em seis hábitats dentro e perto de Phoenix. Os locais mésicos e xéricos se referem a quintais residenciais com grande percentual, respectivamente, de grama e plantas nativas, enquanto os locais remanescentes são pequenas manchas de deserto dentro da cidade
Fonte: Shochat et al. (2004).

densidade construída, as aves migram e a espécie apresenta mudanças entre o inverno e a primavera (Caula; Marty; Martin, 2008). A população da caturrita, *Myiopsitta monachus*, nativa da Argentina subtropical, persiste e até prospera em áreas urbanas que vão de Chicago a Amsterdam, Paris e Maiorca (Fig. 4.14). A ilha urbana de calor também pode facilitar populações maiores de artrópodes com reprodução rápida (McIntyre, 2000).

### Efeitos de interações ecológicas

Identificar o papel das interações entre espécies na biodiversidade urbana pode ser ainda mais difícil do que determinar o papel da modificação do hábitat ou os processos do ecossistema. O modo complexo como a urbanização afeta a competição, a predação e as doenças será discutido nas seções 4.3 e 4.4. Ainda assim, várias interações básicas configuram a biodiversidade urbana. Em geral, a riqueza de espécies de artrópodes tem correlação positiva com a

Fig. 4.14 Caturritas em Maiorca, Espanha

riqueza de espécies vegetais, já que muitos artrópodes precisam de plantas hospedeiras específicas durante pelo menos uma parte do ciclo de vida. Dessa maneira, a biodiversidade passa lentamente de um grupo de organismos a outro que o consome. No entanto, essa relação não é estritamente proporcional, e, em geral, o número de espécies herbívoras aumenta mais devagar do que o número de espécies vegetais (Raupp; Shrewsbury; Herms, 2010).

Por outro lado, a mudança da abundância de predadores específicos pode configurar a diversidade das presas. A exclusão de grandes predadores como o coiote, *Canis latrans*, pode permitir o aumento da população de predadores menores como gatos e gambás e resultar na redução da diversidade de aves (Crooks; Soulé, 1999).

### Efeito combinado de todos os processos

Graças à disponibilidade de listas históricas de espécies vegetais, às vezes é possível identificar as causas da perda ou ganho de determinadas espécies e o efeito geral sobre a biodiversidade. Toda a variedade de perturbações urbanas, principalmente o uso recreativo mais intenso e o aumento do fogo, tem o seu papel na explicação da perda de 155 espécies de plantas no decorrer do último século num parque urbano perto de Boston (Drayton; Primack, 1996). O aumento do número de trilhas fragmentou o hábitat dentro do parque, abriu lacunas na floresta que canalizam espécies vegetais invasoras, estressou as aves que evitam o meio urbano e mudou o microclima por permitir maior fluxo de ar e secagem do solo. O aumento da construção civil em torno do parque converteu-o numa ilha de hábitat, resultando na redução da colonização por espécies sensíveis à matriz. Cada um desses fatores age contra as espécies que evitam o meio urbano, como pássaros arbóreos e plantas de áreas alagadas, e favorece espécies exóticas já adaptadas a essas condições. Na verdade, 64 novas espécies vegetais apareceram no parque, muitas delas não nativas da região (seção 4.2).

A área pavimentada aumentou enormemente no século XX e está entre as principais causas de perda de espécies vegetais verificada no século XX na cidade belga de Turnhout (Veken; Verheyen; Hermy, 2004) (Fig. 4.15). Das 455 espécies registradas em 1880, 121 tinham desaparecido em 1979. Em Halle, na Alemanha, onde as plantas são estudadas

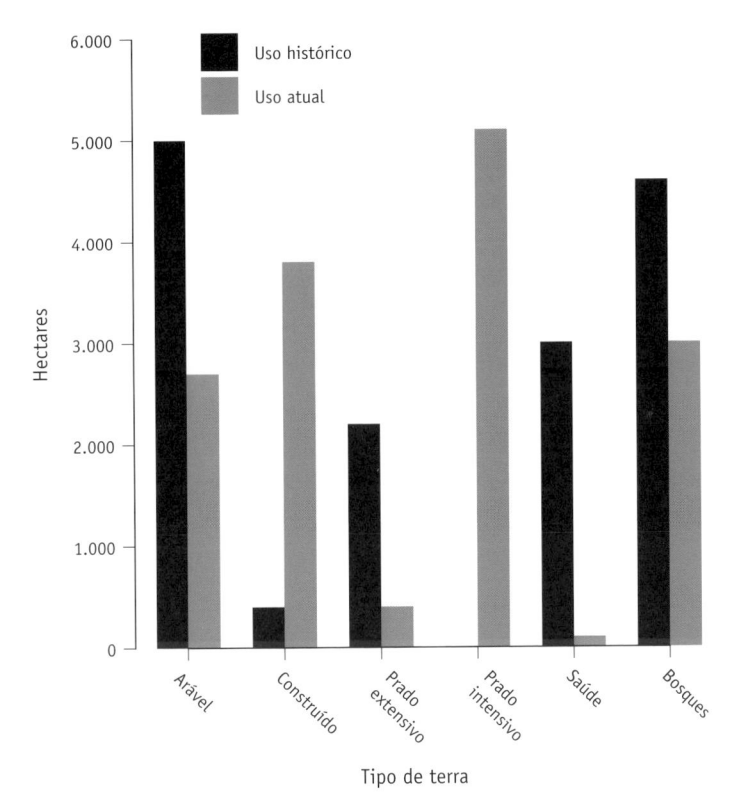

Fig. 4.15 Mudanças do hábitat da cidade belga de Turnhout nos últimos cem anos. Na maior parte, os prados extensivos não são manejados, enquanto os intensivos correspondem, principalmente, a gramados com manejo intenso
Fonte: adaptado de Veken, Verheyen e Hermy (2004).

desde 1687, as espécies que preferem solo úmido e poucos nutrientes se reduziram, enquanto as que se aproveitam da dispersão humana e do clima mais quente aumentaram, levando a uma rotatividade de 22% das espécies em 320 anos (Knapp et al., 2010).

### 4.1.3 Conclusões

Para alguns grupos de espécies, as áreas urbanas são zonas inóspitas de baixa diversidade, mas, para outros, principalmente plantas e aves, as áreas urbanas podem ser centros de alta diversidade. Os seres humanos escolhem como hábitats favoráveis muitos que também abrigam diversas espécies de plantas e animais, e é comum aumentarem a diversidade de hábitats, promovendo ainda mais a riqueza de espécies (Tratalos et al., 2007). Esses hábitats escolhidos podem incluir as últimas populações de espécies com pequeno alcance ou delas se avizinhar, criando um desafio – mas também uma oportunidade – para a conservação (Luck; Smallbone, 2010). A coincidência frequente de alta densidade populacional humana e elevada diversidade também cria uma oportunidade de educação para tornar os habitantes urbanos conscientes das espécies, dos hábitats e dos ecossistemas que os cercam (Szlavecz; Warren; Pickett, 2011).

Como espécie, os seres humanos são apenas uma pequena parte da biodiversidade urbana, mas, de acordo com o paradoxo densidade-diversidade, a sua massa supera muito a dos outros organismos. No continente intensamente urbanizado da Europa, há cerca de três aves em procriação por pessoa e 4,0 g de aves por 1,0 kg de ser humano, ou seja, os seres humanos pesam cerca de 250 vezes mais do que todas as aves selvagens (Gaston; Evans, 2004). No Reino Unido, os pássaros superam numericamente os seres humanos por um fator de apenas dois e são facilmente superados em peso por aves domésticas como as galinhas (Fig. 4.16). A cidade de Sheffield tem apenas pouco mais de um pássaro por pessoa durante o inverno e a temporada de procriação, com quase dois terços deles pertencendo a apenas cinco espécies (Fuller; Tratalos; Gaston, 2009).

É claro que as mudanças humanas do hábitat provocam efeito negativo sobre muitas espécies. Os locais mais modificados, como o centro urbano, são pontos de baixa diversidade de espécies, e até hábitats mistos e favoráveis como parques e jardins excluem as espécies mais

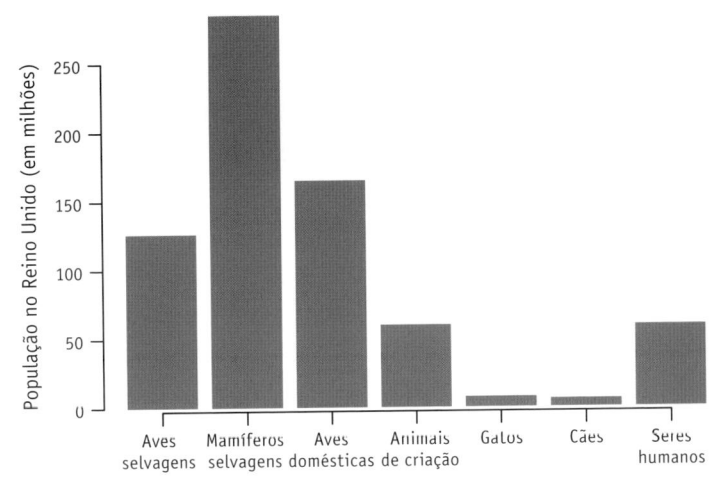

Fig. 4.16 Número de organismos diferentes no Reino Unido
Fonte: adaptado de Gaston e Evans (2004).

sensíveis a perturbações e à presença humana. Por conta da fragmentação da terra em ilhas de hábitat, a urbanização favorece as espécies que conseguem navegar pelo terreno urbano inóspito entre manchas.

Nos hábitats urbanos, efeitos humanos como perturbação, adubação, manejo e poluição criam dificuldades que algumas espécies conseguem superar, outras não. Como sempre, esses efeitos são uma combinação de consequências intencionais e não intencionais. A ilha urbana de calor permite que espécies tropicais persistam bem além do seu alcance histórico, fato agradável para alguns habitantes urbanos, mas dificilmente um resultado intencional da alteração do balanço energético superficial urbano. Insetos menos desejáveis como pulgões, ácaros e cochonilhas prosperam relativamente bem nas cidades, enquanto as borboletas tendem a ser escassas (Raupp; Shrewsbury; Herms, 2010).

Quando podem escolher, os seres humanos buscam ambientes com uma mistura de hábitats, como edificações, parques e quintais, que favoreçam adaptadores urbanos, e realmente trabalham para tornar esses hábitats atraentes para espécies como plantas floridas, pássaros canoros e borboletas. Indivíduos de alta renda têm recursos para escolher e criar os seus ambientes preferidos. Em alguns casos, o nível de instrução pode ser um previsor melhor da biodiversidade do bairro do que a renda.

Os jardineiros escolhem plantas do catálogo mundial de biodiversidade e criam intencionalmente misturas nunca vistas de espécies. O manejo humano, tanto em quintais quanto em parques, concentra-se nas plantas, com a meta de interromper a sucessão ecológica e manter um conjunto preferido de espécies diante da pressão constante das chamadas ervas daninhas (Faeth; Bang; Saari, 2011). O resto da comunidade, como insetos herbívoros, costuma se reunir por conta própria, ou seja, decisões conscientes sobre plantas criam uma variedade de consequências não intencionais para a diversidade de insetos e de aves que os consomem (Tallamy, 2007).

Embora os seres humanos introduzam e removam espécies intencionalmente no ambiente urbano, a maioria das mudanças das comunidades urbanas resulta, indiretamente e de maneira não intencional, de processos ecológicos configurados por fatores ambientais locais, como abundância e diversidade vegetal (Fig. 4.17). Esse *modelo* direciona os processos ecológicos e evolutivos urbanos e a biodiversidade resultante de herbívoros e de seus predadores.

Qual o valor da biodiversidade urbana? Deve ser subtraída da pegada ecológica urbana? Quanto ao funcionamento do ecossistema

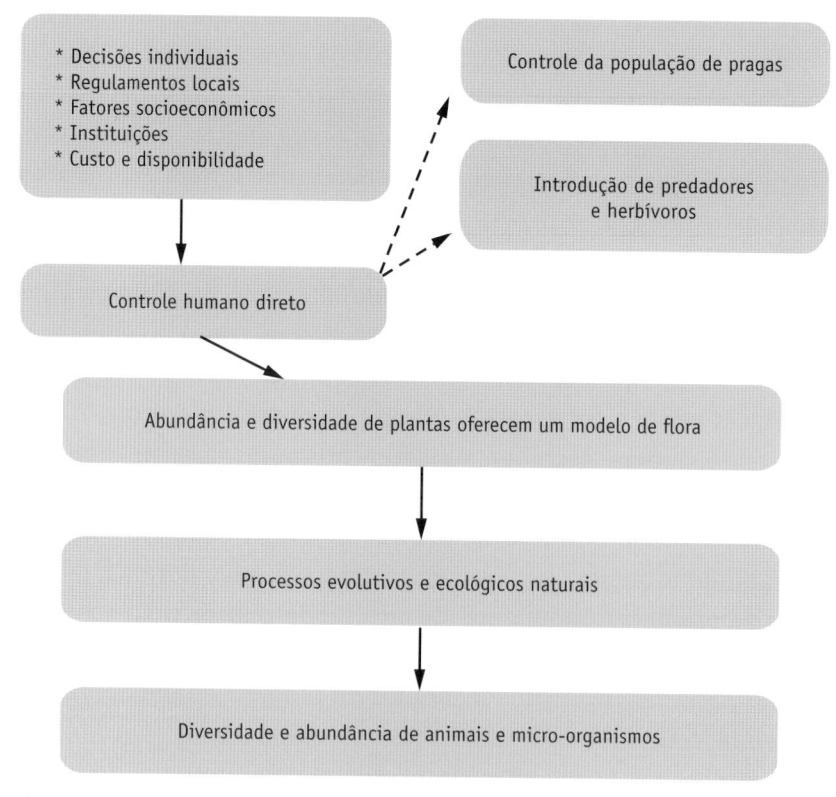

Fig. 4.17 Fatores que afetam a biodiversidade urbana
Fonte: adaptado de Faeth, Bang e Saari (2011).

maior, ainda não se conhece bem o papel da diversidade de espécies. Em áreas experimentais simplificadas, a maior riqueza de espécies vegetais pode aumentar a produtividade e a resiliência contra dificuldades como espécies invasoras (Naeem et al., 1994), embora a generalidade desses efeitos ainda não seja bem compreendida. O sistema urbano, com a elevada entrada de nutrientes e plantas exóticas, pode dar ideias importantes sobre as causas e consequências ecológicas da biodiversidade.

## 4.2 Espécies invasoras e homogeneização biótica

Para alguns grupos de espécies, as áreas urbanas têm elevada biodiversidade, às vezes maior que a de regiões circundantes. Além dos fatores do hábitat e do ecossistema que foram examinados, essa diversidade maior resulta do estabelecimento de espécies novas originárias de outras regiões do continente ou do outro lado do globo.

Viu-se que as espécies podem ser classificadas com base na capacidade de tolerar hábitats urbanos ou neles prosperar, sendo que, às vezes, os oportunistas urbanos passam a depender da urbanização. Por conta da rede humana de transportes, os oportunistas urbanos têm muitas chances para se dispersar pelas cidades do mundo. Essas espécies difundidas podem contribuir para a similaridade crescente das espécies que vivem em cidades, a chamada *homogeneização biótica*.

Esta seção começa com o exame dos princípios das espécies que determinam quais têm mais probabilidade de se tornarem invasoras e o que faz os hábitats ficarem suscetíveis a invasões. Depois, são observados os padrões e as consequências da invasão de áreas urbanas e conclui-se avaliando se as espécies introduzidas realmente provocaram homogeneização biótica urbana.

### 4.2.1 Princípios das invasões biológicas

Para se tornar uma espécie invasora, três passos são necessários:
- chegada ou introdução;
- naturalização e sucesso na reprodução;
- disseminação para novas áreas e invasão.

De acordo com esses três passos, três princípios amplos governam quantas e quais espécies invasoras colonizarão uma área.

#### Chegada

Os locais expostos a mais colonos em potencial terão mais espécies invasoras. Esses colonos podem chegar por conta própria e, nesse caso, o ritmo da chegada depende da capacidade de dispersão e do tamanho e isolamento do local, como na teoria da biogeografia das ilhas. Em outros casos, os colonos chegam como caroneiros não intencionais, em automóveis, barcos ou botas, e algumas espécies se mostram especialmente adequadas a esses meios de transporte (Wichmann et al., 2009). Finalmente, os colonos podem ser introduzidos de propósito. Muitas espécies vegetais chegam como variedades hortícolas, como frutas, legumes, verduras, flores e plantas ornamentais (Hulme et al., 2008).

*Sobrevivência*

As espécies já adaptadas às dificuldades características do meio ambiente urbano são as que têm maior probabilidade de persistir. Essas adaptações incluem a capacidade de aproveitar os hábitats urbanos e a entrada de recursos e a de tolerar perturbações e poluição.

*Fuga*

Colonos vegetais e animais podem fugir de competidores, predadores, parasitas e doenças que controlavam a população no hábitat original. Essa libertação pode permitir o aumento populacional e a disseminação pelo ponto de introdução. O conceito de *resistência biótica* prevê que os hábitats com mais espécies já presentes terão menos probabilidade de oferecer esse tipo de escape e, portanto, são mais capazes de resistir à invasão por espécies novas.

Ao chegar e sobreviver numa região ou continente novos, as espécies são classificadas como *naturalizadas*. As que se espalham além do local de introdução e causam impacto importante sobre o ecossistema ou a comunidade são chamadas de *invasoras*.

As espécies não nativas podem ser classificadas com base no lugar de origem. As que vêm do mesmo continente são chamadas *nativas extralimites* e as de outros continentes são *exóticas* (Sorte; McKinney, 2006). No caso de aves e algumas plantas, as nativas extralimites chegam sem ajuda humana direta e acham o hábitat adequado. Por exemplo, muitas espécies de aves do hemisfério norte expandiram o seu alcance bem mais para o norte por causa da disponibilidade de comedouros e temperaturas mais amenas no inverno urbano (La Sorte; Thompson III, 2007). Por outro lado, muitas plantas se tornaram nativas extralimites por meio da introdução deliberada em parques e jardins.

A *regra dos dez* é um macete prático para descrever os passos da chegada e da sobrevivência. Só uma em cada dez espécies introduzidas consegue se naturalizar, e apenas cerca de uma em dez espécies naturalizadas se torna invasora, como mostra a Fig. 4.18 (Williamson, 1996). O estorninho-comum europeu, *Sturnus vulgaris*, hoje uma das espécies invasoras e oportunistas urbanas mais disseminadas, foi introduzido sem sucesso na América do Norte pelo menos três vezes. Em seguida, levou cerca de dez anos para que os 160 pássaros soltos no Central Park em 1890 e 1891 se naturalizarem na área da cidade de Nova York. Depois disso, eles se espalharam rapidamente por todo o continente (Cooke, 1928). Ironicamente, hoje os estorninhos-comuns vêm declinando em muitas cidades europeias (Fuller; Tratalos; Gaston, 2009) (seção 4.5).

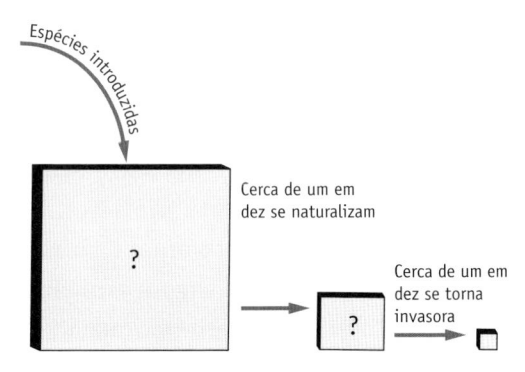

Fig. 4.18 Regra dos dez para espécies invasoras
Fonte: adaptado de Williamson (1996).

Essas regras não significam que toda espécie tenha uma probabilidade de 1:1.000 de se tornar invasora. Muitas espécies invasoras são intimamente aparentadas com alguma espécie nativa, talvez membro do mesmo gênero, e, portanto, apresentam muitas adaptações necessárias para sobreviver no alcance introduzido. As espécies invasoras também tendem a ser generalistas quanto ao hábitat e ter alcance amplo, muitas vezes com um estilo de vida como o das ervas daninhas, com sementes ou filhotes muito dispersivos e preferência pela sucessão pioneira em locais perturbados.

Em termos históricos, mais espécies europeias invadiram a América do Norte e a Austrália do que o contrário. Em parte, esse fato pode estar relacionado à direção predominante do comércio e da migração humana, mas provavelmente se deve mais ao histórico mais antigo de alta densidade habitacional humana e cultivo de plantas na Europa e ao maior número resultante de espécies adaptadas aos seres humanos (LaSorte; McKinney; Pysek, 2007).

### 4.2.2 Espécies invasoras em hábitats urbanos

As áreas urbanas têm duas vantagens importantes para as espécies invasoras. Em primeiro lugar, muito mais espécies são introduzidas, quer de forma intencional em jardins e como animais de estimação, quer de forma não intencional pelos meios de transporte. Em segundo lugar, a perturbação humana cria muitas oportunidades novas para as espécies, principalmente as de sucessão pioneira.

*Chegada aos hábitats urbanos*
Principalmente na Europa, as espécies exóticas de plantas podem ser classificadas com base na época da chegada. As que foram introduzidas antes de 1500 são chamadas de *arqueófitas* e as introduzidas depois disso, de *neófitas* (Kuhn; Klotz, 2006). As arqueófitas têm papel mais importante na paisagem agrícola, e as neófitas são tipicamente mais comuns em hábitats urbanos, como mostra a Fig. 4.19 (Wania; Kuhn; Klotz, 2006). Em virtude da ligação íntima com a paisagem antiga menos urbanizada, as arqueófitas estão em declínio em muitas cidades europeias e, de certo modo, têm características comuns às espécies nativas (Pysek et al., 2004), enquanto as neófitas prosperam em ambiente urbano.

Os jardins contêm combinações de plantas extremamente incomuns (Fig. 4.10). A sua curva de acumulação de espécies, sempre crescente, resulta da origem predominantemente exótica das espécies. Uma pesquisa feita em cinco cidades do Reino Unido identificou 1.051 espécies em jardins, das quais apenas 301 eram britânicas nativas (Loram et al., 2008). Além disso, no Reino Unido, a origem de plantas de jardim diferem substancialmente da origem de plantas exóticas em hábitats menos manejados, como campos, florestas e parques. As plantas de jardim vêm mais da Ásia e de outros locais distantes, como América do Sul, África do Sul e Nova Zelândia, como mostra a Fig. 4.20 (Thompson et al., 2003). Em geral, essas espécies exóticas introduzidas intencionalmente só conseguem se estabelecer com muito esforço e cuidado dos jardineiros. De fato, 68% das plantas estrangeiras naturalizadas na Europa foram introduzidas intencionalmente, e todas, com exceção de onze, escaparam do cultivo (Lambdon et al., 2008).

A escala do sistema humano de transporte cria oportunidades sem precedentes para o movimento de plantas e animais, e o seu desenvolvimento levou a um aumento drástico do ritmo de introdução de espécies vegetais na Europa por volta de 1800 (Lambdon et al., 2008). A explosão do transporte continua hoje com os meios marítimos e o deslocamento diário de ida e volta ao trabalho de automóvel. Armadilhas para sementes colocadas em túneis de Berlim coletaram grande número

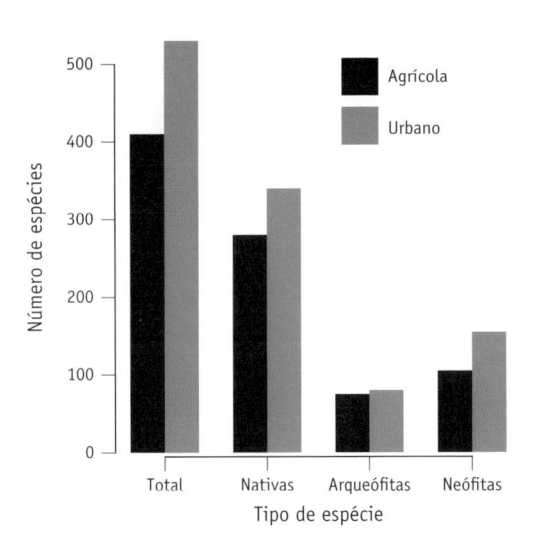

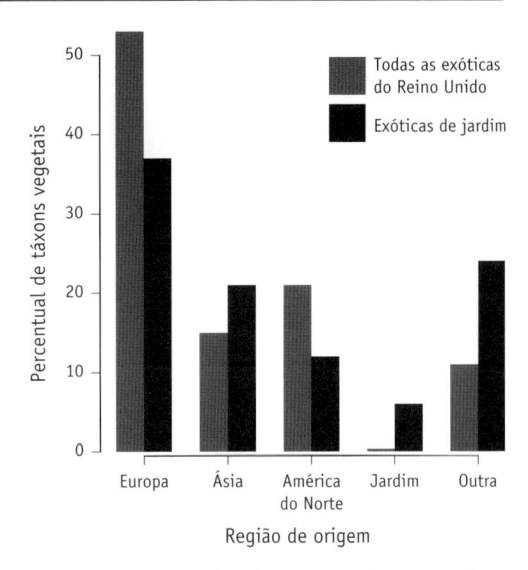

**Fig. 4.19** Comparação de espécies vegetais nativas, arqueófitas e neófitas na Europa
Fonte: adaptado de Wania, Kuhn e Klotz (2006).

**Fig. 4.20** Fontes de plantas exóticas no Reino Unido. Jardim se refere a plantas desenvolvidas por cultivo
Fonte: adaptado de Thompson et al. (2003).

de sementes depositadas pelos veículos de passagem. As pistas de saída mostraram a maior diversidade de espécies, e os túneis em áreas residenciais periurbanas tiveram no total substancialmente mais sementes. Entre as sementes encontradas nesses túneis, as nativas e as de plantas exóticas não agrícolas aparecem mais nas pistas de saída (Fig. 4.21A), e as sementes agrícolas exóticas podem ser encontradas nas pistas de entrada (Fig. 4.21B), indicando que a atividade humana na cidade pode importar e exportar espécies novas e potencialmente invasoras (Lippe; Kowarik, 2008).

*Distribuição de espécies exóticas urbanas*
O núcleo urbano tende a apresentar menor riqueza de espécies (Fig. 4.2), e essas poucas espécies têm origem desproporcionalmente exótica (Blair, 1996; McKinney, 2002). Em Berlim, as plantas exóticas constituem 54% das espécies do núcleo urbano e se reduzem para 25% nas regiões periurbanas residenciais e 6% numa reserva próxima, como mostra a Fig. 4.22 (Kowarik, 1995). Dentro e perto da cidade de Hesse, na Alemanha, as neófitas dominam os hábitats urbanizados; e as arqueófitas, os locais rurais (Brunzel et al., 2009). Entre os peixes, os nativos dominam em bacias hidrográficas com maior cobertura florestal e menos densidade de

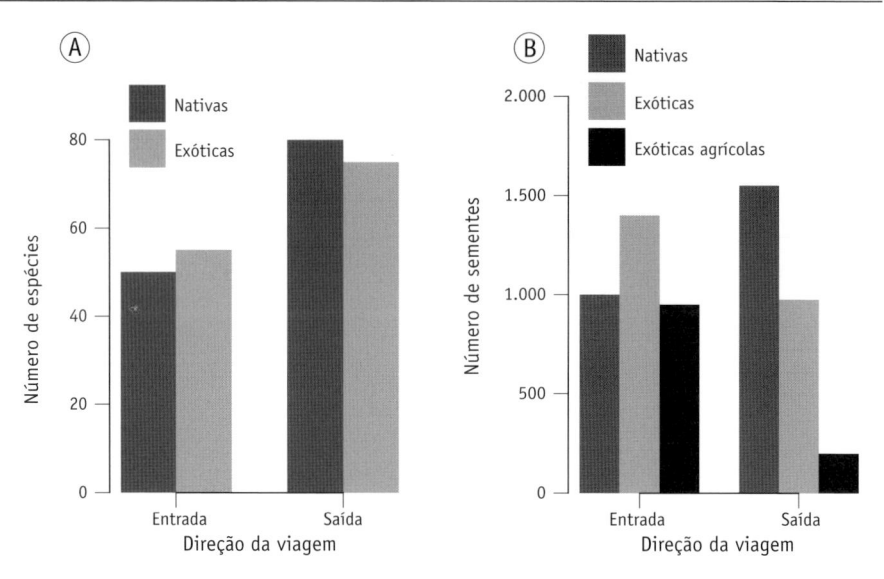

Fig. 4.21 Sementes presas em pistas de entrada e saída de dois túneis de Berlim.
(A) Número de espécies de sementes, comparando nativas e não nativas,
e (B) número de sementes, em que as sementes exóticas incluem plantas
de origem agrícola e não agrícola
Fonte: adaptado de Lippe e Kowarik (2008).

edificações urbanas, enquanto os exóticos prevalecem nas bacias com urbanização (Scott, 2006).

Em geral, os fragmentos de hábitat perdem a maior parte dos grupos de espécies nativas no tempo decorrido desde o isolamento, mas podem substituí-los por relativamente poucas espécies invasoras. Nos remanescentes do chaparral da Califórnia, hoje são comuns a barata-oriental não nativa, *Blatta orientalis*, as lacrainhas-europeias, *Forficula auricularia*, e a formiga-açucareira, *Linepithema humile* (Bolger et al., 2000). Somente a última dessas concentra a população ao longo das bordas de hábitat, provavelmente por conta do subsídio de água.

Não são todas as espécies que seguem esse padrão. Nem as plantas ripárias (Oneal; Rotenberry, 2008) nem as de charcos florestados (Ehrenfeld,

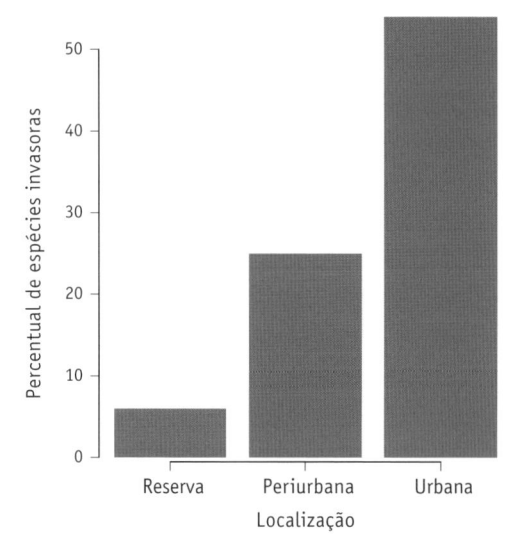

Fig. 4.22 Percentual de espécies invasoras em Berlim
Fonte: adaptado de Kowarik (1995).

2008) são desproporcionalmente exóticas em áreas urbanas. Os locais preferidos por essas espécies podem diferir de locais mais tipicamente urbanizados por serem menos perturbados e fragmentados e, portanto, menos propícios a espécies invasoras.

Os centros urbanos combinam os extremos de perturbação e mudança de hábitat ao movimento máximo de pessoas, mercadorias e potenciais colonos. No último século, Nova York perdeu 578 espécies nativas (43% das plantas originais lá encontradas) e ganhou, no seu lugar, 411 exóticas (McKinney, 2006). O parque urbano próximo de Boston discutido na seção 4.1 perdeu 133 espécies nativas e 22 exóticas no decorrer de um século de influência humana, e as substituiu por 28 novas espécies nativas e 36 exóticas, como mostra a Fig. 4.23 (Drayton; Primack, 1996).

Como o menor continente, a Austrália é o mais parecido com uma ilha e deveria ser mais sensível a invasores. De modo coerente com essa previsão, de 1836 a 2002 a cidade de Adelaide perdeu 89 espécies vegetais nativas e acrescentou 613 exóticas, como mostra a Fig. 4.24 (Tait; Daniels; Hill, 2005). Aves e mamíferos tiveram nível muito menos extremo de substituição, e os grupos sensíveis de répteis e anfíbios só ganharam, respectivamente, duas e nenhuma espécie introduzida.

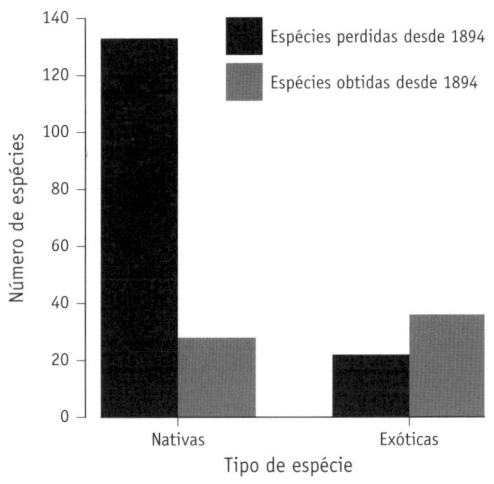

**Fig. 4.23** Mudanças de espécies não nativas em cem anos num parque urbano
Fonte: adaptado de Drayton e Primack (1996).

Os canteiros centrais das ruas de uma grande cidade podem ser um dos meios ambientes mais desafiadores para plantas e animais. Ainda assim, 6.619 formigas de 13 espécies foram coletadas nos canteiros centrais de Nova York (Fig. 4.25). A não nativa formiga-das-calçadas, *Tetramorium caespitum*, foi a mais abundante, encontrada em quase todos os canteiros centrais e, de acordo com o seu nome, em número mais elevado nos que tinham menos árvores (Pećarević; Danoff-Burg; Dunn, 2010).

As espécies exóticas costumam explicar o paradoxo densidade-diversidade (seção 4.1), segundo o qual os centros urbanos com menor riqueza de espécies têm elevada abundância e biomassa (Chace; Walsh,

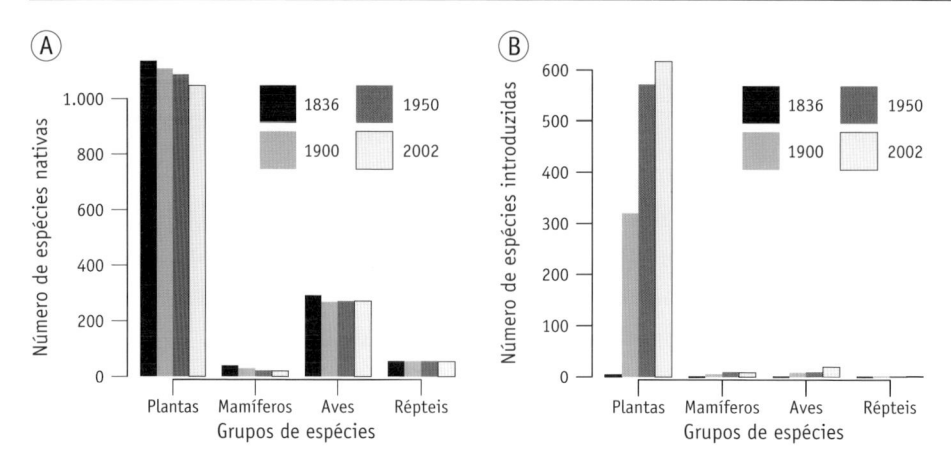

**Fig. 4.24** Alteração de espécies nativas e introduzidas em Adelaide de 1836 a 2002
Fonte: adaptado de Tait, Daniels e Hill (2005).

2006), como no caso das aranhas (Fig. 4.13), das aves (Fig. 4.7) e das libélulas (Samways; Steytler, 1996). Em cada caso, as espécies não nativas constituem o grosso da biomassa. Outro exemplo é o da biomassa altíssima de besouros carabídeos em locais urbanos que se deve quase totalmente a espécies exóticas, como mostra a Fig. 4.26 (Niemela et al., 2002).

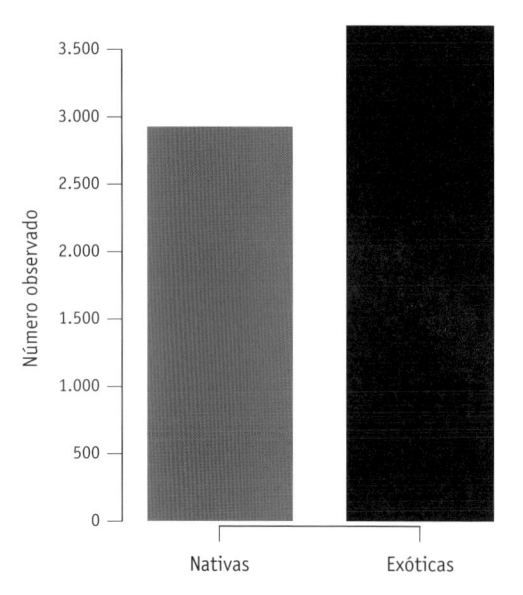

**Fig. 4.25** Abundância de formigas nativas e não nativas no canteiro central das ruas de Nova York
Fonte: adaptado de Pećarević, Danoff-Burg e Dunn (2010).

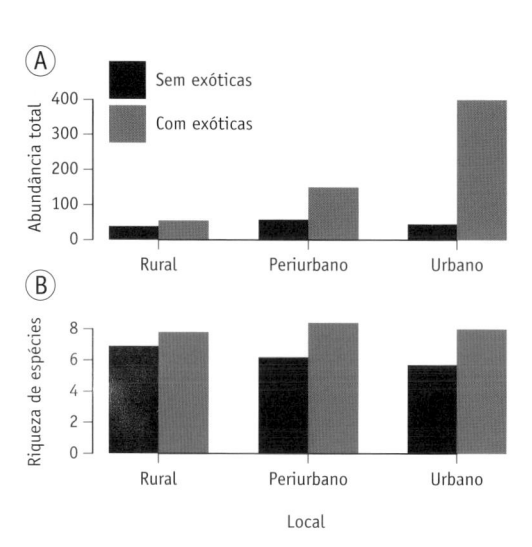

**Fig. 4.26** (A) Abundância e (B) riqueza de espécies de besouros carabídeos no Canadá, com e sem inclusão das espécies exóticas
Fonte: adaptado de Niemela et al. (2002).

*Efeito das espécies exóticas urbanas*

As espécies exóticas podem criar dificuldades para espécies nativas como novos competidores, predadores ou patógenos (Chace; Walsh, 2006). Essas interações serão estudadas com mais detalhes na seção 4.3, mas foram dados aqui vários exemplos dignos de nota. Ocorre competição extrema com a formiga-açucareira, espécie sul-americana invasora hoje encontrada em áreas urbanas e agrícolas quentes do mundo inteiro. Por meio de uma estrutura social flexível que envolve várias rainhas, essas formigas podem deslocar rapidamente os ninhos na ocorrência de perturbações. Além disso, elas conseguem atingir elevada densidade populacional, localizar alimentos com rapidez e expulsar outras formigas. Em áreas urbanizadas do sul da Califórnia, as formigas-açucareiras, em essência, eliminam todas as espécies nativas de formiga, inclusive aquelas com operárias bastante grandes. Como parte da cascata de efeitos, predadores especializados em formigas, como o lagarto-de-chifres, podem se perder quando a sua presa preferida, de corpo grande, desaparece (Holway; Suarez, 2006). As formigas-açucareiras estão presentes em 23 de 24 parques no clima mais úmido de São Francisco. No entanto, em muitos parques, elas são encontradas apenas nos limites, associam-se de preferência com árvores não nativas e evitam lugares extremamente úmidos, deixando espaço para a coexistência com algumas espécies nativas de formiga (Clarke; Fisher; LeBuhn, 2008).

Contudo, em geral as espécies nativas não são completamente eliminadas pelas invasoras, mas restritas a um número menor ou a menos hábitats. A formiga-de-fogo, *Solenopsis invicta*, é uma formiga generalista que invadiu hábitats das regiões mais quentes dos Estados Unidos, da Austrália e partes da Ásia. Além de representarem um incômodo perigoso, elas desalojaram muitas formigas nativas, como a sua congênere *Solenopsis geminata*.

Os hábitats agrícolas perturbados próximos à cidade de Austin, no Texas, foram invadidos pela formiga-de-fogo, porém, dentro dos limites da cidade, os bairros mais antigos com nível elevado de cobertura vegetal ainda são dominados pelas formigas antigas. Aparentemente, esses bairros têm nível suficientemente baixo de perturbação para manter a população nativa (Plowes; Dunn; Gilbert, 2007).

A preferência humana por plantas exóticas inclui muitas com flores ou folhas vistosas. Para sobreviver, os insetos nativos que se

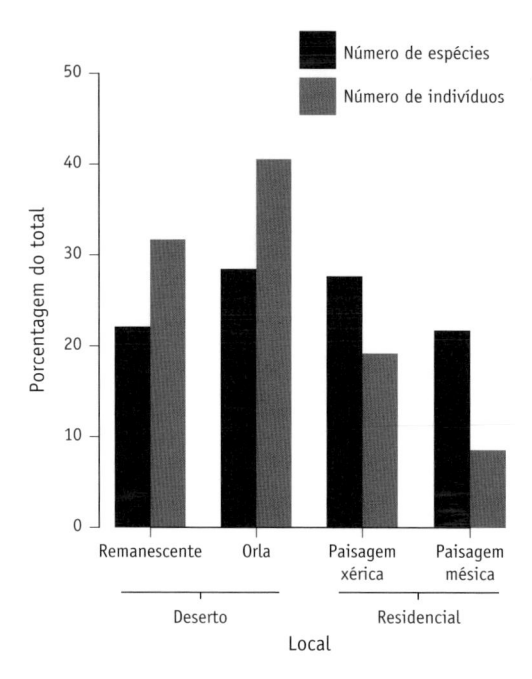

Fig. 4.27 Abundância de abelhas em hábitats do deserto e dos quintais de Phoenix e arredores, no Arizona. Áreas remanescentes são parques dentro da área urbana e as de orla são parques nos limites da região urbanizada
Fonte: adaptado de McIntyre e Hostetler (2001).

alimentam de flores têm de conseguir trocá-las por essas fontes alimentares novas e potencialmente atraentes. Em Davis, na Califórnia, muitas espécies nativas de borboleta em áreas urbanas realmente passaram a usar plantas hospedeiras estrangeiras, muitas vezes com exclusividade (Shapiro, 2002). Em outros casos, os polinizadores nativos especializados em plantas nativas são substituídos por não nativos. Na área de Phoenix, o número de abelhas é menor em quintais gramados, manejados de maneira muito diferente do hábitat desértico que cerca a cidade, como mostra a Fig. 4.27 (McIntyre; Hostetler, 2001). Em bairros residenciais periurbanos no sudeste da Pensilvânia, os locais dominados por espécies vegetais nativas têm quatro vezes mais indivíduos de lepidópteros (borboletas e mariposas) e três vezes mais espécies, o que permite sustentar uma abundância maior de pássaros insetívoros (Burghardt; Tallamy; Shriver, 2009).

Plantas não nativas atraentes podem agir como armadilhas ecológicas. O invasivo cipó-mil-homens, *Aristolochia elegans*, domina porções extensas do espaço urbano verde da Austrália e serve de local de oviposição da borboleta *Ornithoptera richmondia* (Sands, 2008). Infelizmente para as larvas de borboleta em crescimento, o cipó-mil-homens é tóxico e não pode sustentar o crescimento nem a sobrevivência.

### 4.2.3 Homogeneização biótica urbana

Os seres humanos talvez sejam os maiores generalistas de hábitat do mundo, pois vivem nos trópicos, em desertos, no alto das montanhas e no Ártico. Como supremos engenheiros do ecossistema, usam tecnologia para tornar habitáveis esses locais e efetivamente os homogeneízam de forma a ficarem mais semelhantes ao ambiente no qual evoluíram: os penhascos e cavernas da savana africana (Lundholm, 2006). Esse processo de homogeneização tem a sua expressão máxima nas cidades, onde as edificações controlam o clima sentido pelas pessoas em até 90% do dia e o ambiente construído é projetado para tornar eficientes o transporte e a indústria.

Intercalada no ambiente construído, a vegetação é manejada com vistas à estética e à conveniência. Para oferecer sombra e um meio ambiente agradável, plantam-se árvores em planícies e desertos onde elas não existiam e cortam-se árvores em áreas que antes eram florestas. A água é removida da área urbana quando em excesso e trazida quando escassa. O uso da água é mais alto em locais com disponibilidade limitada por ser necessária para criar, com árvores e gramados, um meio ambiente que imite regiões mais úmidas (McKinney, 2006). A ilha urbana de calor modera o frio das noites e do inverno em áreas com extremos de temperatura.

Em conjunto, esses fatores tornam núcleo urbano construído e as áreas residenciais circundantes do mundo inteiro extremamente semelhantes, sem dúvida mais do que eram os mesmos locais antes da modificação humana. Portanto, as espécies que os habitam também devem ser semelhantes. Quando espécies bem-sucedidas são transportadas de um continente a outro, a resultante composição de espécies de cidades distantes pode apresentar uma interseção substancial. Essa similaridade de espécies, potencialmente a grande distância, é a homogeneização biótica.

Apresentam-se duas maneiras intimamente relacionadas de quantificar a homogeneização biótica (Olden, 2006). Suponha-se que as espécies sejam examinadas em duas cidades, com as espécies $a$ presentes em ambas, as espécies $b$ exclusivas de uma cidade e as espécies $c$ exclusivas da outra (Fig. 4.28). O *índice de similaridade de Simpson* é calculado como:

$$S = \frac{a}{a + \text{mín}(b, c)}$$

em que mín($b,c$) representa o mínimo entre $b$ e $c$. Valores mais altos do índice de similaridade de Simpson, próximos de 1, significam que quase todas as espécies que aparecem numa cidade também estão presentes na outra. Um valor baixo próximo de 0 significa que, em essência, todas as espécies de cada cidade lhe são exclusivas. Já o *índice de Jaccard* é definido em termos das mesmas variáveis $a$, $b$ e $c$ como:

$$J = \frac{a}{a+b+c}$$

Esse índice só chega ao valor 1 quando todas as espécies estão presentes em ambos os hábitats e, mais uma vez, é 0 quando as espécies de cada cidade lhe são exclusivas.

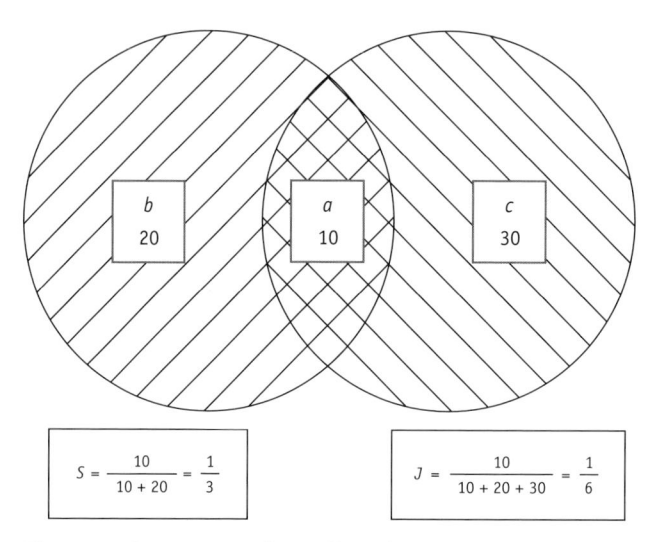

$$S = \frac{10}{10+20} = \frac{1}{3}$$

$$J = \frac{10}{10+20+30} = \frac{1}{6}$$

Fig. 4.28 Comparação dos índices de homogeneização de Simpson ($S$) e Jaccard ($J$).

Em todos os hábitats, as espécies tendem a ser mais semelhantes em locais próximos do que em locais distantes. A comparação do grau de homogeneização em locais urbanos e não urbanos, portanto, precisa compensar a distância, geralmente calculando-se a homogeneização como função da distância entre locais com hábitats semelhantes. Depois de fazer essa correção, os hábitats urbanos realmente têm mais espécies vegetais em comum. Embora o compartilhamento se reduza com a distância, áreas urbanas separadas por 2.000 km podem ser tão semelhantes quanto parques vizinhos (McKinney, 2006) (Fig. 4.29).

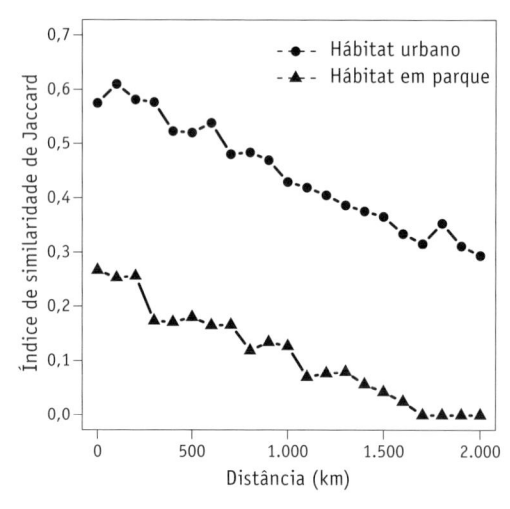

Fig. 4.29 Redução da similaridade com a distância em parques e hábitats urbanos
Fonte: adaptado de McKinney (2006).

A diferença entre reações de espécies que exploram, se adaptam e evitam o meio urbano ajuda a esclarecer esse padrão geral. As que exploram o meio urbano tendem a ser encontradas por toda parte, inclusive em locais altamente perturbados com baixíssima diversidade. No núcleo urbano de praticamente todas as cidades, há o pombo-comum, o estorninho-comum e o pardal-doméstico, *Passer domesticus*, em geral com relativamente poucas espécies de outras aves. As áreas residenciais periurbanas apresentam diversidade muito maior, mas apenas de espécies que efetivamente se adaptem ao meio urbano, incluindo, com frequência, nativos extralimites capazes de aproveitar a ilha urbana de calor ou a entrada de recursos urbanos (Blair, 2001). A urbanização extirpa muitas espécies que evitam o meio urbano e só subsistem em reservas. No caso das espécies de aves da França, as áreas urbanizadas são mais homogeneizadas por conta da colonização por espécies generalistas e da extinção das especialistas (Devictor et al., 2007).

A Nova Zelândia fornece um estudo de caso de alguns desafios e oportunidades criados pela homogeneização biológica. A ilha tem 2.500 plantas nativas, das quais 80% são *endêmicas*, sobrepujadas por 25.000 espécies introduzidas, das quais 10% são naturalizadas (Meurk, 2011). A meta do manejo em locais urbanos pode ir de tolerar a homogeneização, lutar para remover espécies não nativas e disseminar as nativas (Stewart et al., 2004) a aceitar algumas não nativas benignas ou benéficas como *nativas honorárias*. Esta última estratégia tem o potencial de manter o caráter distinto das diversas regiões sem perseguir a meta quixotesca de devolver pequenas manchas de hábitat ao estado pré-humano (Meurk, 2011).

### 4.2.4 Conclusões

As espécies urbanas refletem uma grande variedade de consequências intencionais ou não das escolhas humanas. Os jardins são intencionalmente abastecidos com plantas desejáveis, as calçadas, com árvores agradáveis e os comedouros de aves, com alimentos que atraiam pássaros canoros. Só recentemente o fato de algumas plantas e aves favorecidas não serem nativas da área e de algumas realmente se tornarem invasoras passou a ser uma preocupação importante nas cidades. Entretanto, a maior parte das mudanças de espécies resulta de consequências não intencionais da urbanização, como perturbações, fragmentação de hábitats, entrada de água e nutrientes, ilha urbana de calor e transporte a grande distância.

Todas as áreas urbanas, total ou parcialmente construídas, foram modificadas para atender às necessidades humanas, necessidades que são semelhantes no mundo inteiro. Essa homogeneização do hábitat leva à homogeneização das espécies. Em áreas moderadamente perturbadas, como as periurbanas residenciais, as espécies que se adaptam ao meio urbano, como plantas e aves generalistas da sucessão pioneira, atuam como homogeneizadores regionais e tornam a composição de espécies dentro das cidades mais semelhante do que nas reservas. No núcleo urbano, um número relativamente pequeno de oportunistas urbanos extremamente sinantrópicos costuma dominar, tanto em termos de abundância quanto de riqueza de espécies. Quando transportadas pelo mundo, intencionalmente ou não, essas espécies agem como homogeneizadoras globais. Essas espécies invasoras muito abundantes homogeneízam não só a composição de espécies como também, por meio do efeito sobre os recursos e os outros organismos, o funcionamento do ecossistema como um todo. Essa extensão da homogeneização biótica se chama *homogeneização funcional* (McKinney; La Sorte, 2007).

Em consequência, quem vive em cidades não costuma ver a flora e fauna nativas, boa parte das quais só persiste em fragmentos de hábitats e em refúgios manejados. Em vez disso, o mesmo conjunto de oportunistas urbanos é percebido no mundo inteiro como *vida selvagem*. No novo meio ambiente urbano, os seres humanos agem efetivamente como engenheiros da flora e da fauna que os cercam. A reunião de espécies numa cidade, com o seu efeito sobre o ecossistema e o bem-estar humano, faz parte da pegada ecológica tanto quanto o número de hectares necessários para alimentar os habitantes humanos.

### 4.3 Interação entre espécies em ambientes urbanos

O modo como as espécies urbanas interagem com o meio ambiente configura o número e o tipo de espécies na área urbana. A Ecologia de Comunidades e a Ecologia de Populações ampliam o ponto de vista e incluem o modo como essas espécies persistentes interagem entre si. Além de alterar a identidade das espécies que persistem, a urbanização altera o modo como elas interagem.

Tradicionalmente, os ecologistas classificam as interações com base nos organismos que se beneficiam ou se prejudicam com a interação.

- Quando os organismos têm efeitos negativos uns sobre os outros, a interação é chamada de *competição*. Essa interação tem dois tipos principais: *competição por exploração* de recursos e *competição por interferência*, na qual há interações antagônicas diretas, como brigas ou envenenamento do ambiente.
- Vários termos descrevem os casos em que um organismo prejudica outro em benefício próprio. Ocorre *predação* quando um organismo come um animal, *herbivoria* quando um animal come uma planta e *parasitismo* quando um organismo menor extrai recursos de um maior. Predadores, herbívoros e parasitas são chamados de *inimigos naturais*.
- Quando os organismos têm impacto positivo uns sobre os outros, a interação é chamada de *mutualismo*. Entre os mutualismos importantes, estão a polinização, a dispersão de sementes, a proteção e a coleta de recursos.
- Quando um organismo se aproveita de outro que já está morto, os recursos são reciclados. Os *saprófagos* ou *detritívoros* e os *decompositores*, respectivamente, comem e digerem matéria orgânica morta.

Esta seção começa com uma breve visão geral da teoria ecológica da interação entre espécies e depois destaca os principais efeitos em áreas urbanas. Examinam-se os efeitos de hábitat, recursos e espécies exóticas e conclui-se com exemplos de como os diversos tipos de interação afetam uns aos outros. Embora a interação entre doenças infecciosas e hospedeiros seja apenas uma forma de interação entre espécies, ela será tratada separadamente em virtude de sua importância médica e características especiais (seção 4.4).

### 4.3.1 Princípios ecológicos das interações entre espécies

No seu aspecto mais simples, a Ecologia é o estudo da distribuição e da abundância de organismos. Por que alguns persistem enquanto outros se extinguem? No caso dos que persistem, o que impede que a população cresça sem limites?

Em última análise, o tamanho da população é determinado pela capacidade dos organismos de sobreviver e se reproduzir. A sobrevivência depende de adquirir recursos suficientes e evitar inimigos naturais como predadores e doenças. A reprodução também depende de recursos, mas igualmente de condições que facilitem produzir descendência, como locais para se reproduzir e capacidade de encontrar parceiros, o que, para as plantas, pode envolver a presença de mutualistas como as abelhas.

A *regulação populacional* descreve os fatores que impedem a população de crescer indefinidamente. Toda regulação exige que, em média, os membros da espécie se reproduzam menos quando a espécie é comum, basicamente por conta do esgotamento dos recursos disponíveis ou de mais inimigos naturais. Com base no ponto de vista de que a cadeia alimentar representa energia e recursos que vão dos recursos para os consumidores, passando pelos produtores (Fig. 2.8), a limitação pelos recursos é chamada de *controle de baixo para cima*, enquanto a limitação por inimigos naturais é denominada *controle de cima para baixo* (Fig. 4.30).

**De baixo para cima:**
Poucos predadores, herbívoros controlados por recursos

Herbívoros
Plantas

Predadores
Herbívoros
Plantas

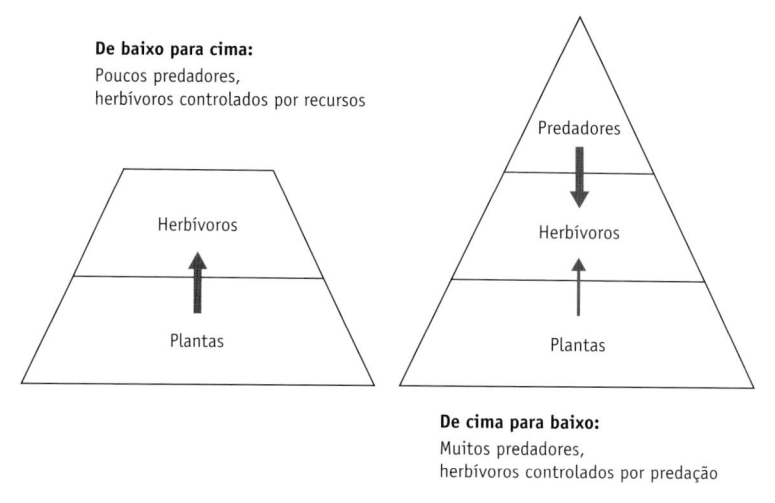

**De cima para baixo:**
Muitos predadores, herbívoros controlados por predação

Fig. 4.30 Controle populacional de baixo para cima e de cima para baixo

A comunidade ideal inclui recursos, produtores como plantas que usam nutrientes para fazer a energia entrar no sistema, consumidores que competem por essa energia e predadores ou herbívoros que exploram os consumidores (Fig. 4.31). A *estrutura trófica* descreve o modo como recursos, energia e biomassa se distribuem e se deslocam pelo ecossistema.

Como exemplo de controle de baixo para cima, uma planta pode ser limitada pela disponibilidade de nitrogênio. Quando muitas dessas plantas da mesma espécie que exige nitrogênio crescem numa só região, o recurso se esgotará e elas não conseguirão sobreviver nem se reproduzir. Isso limita o tamanho da população e gera uma população de indivíduos que, embora possivelmente numerosa, tem apenas os recursos suficientes para se substituir.

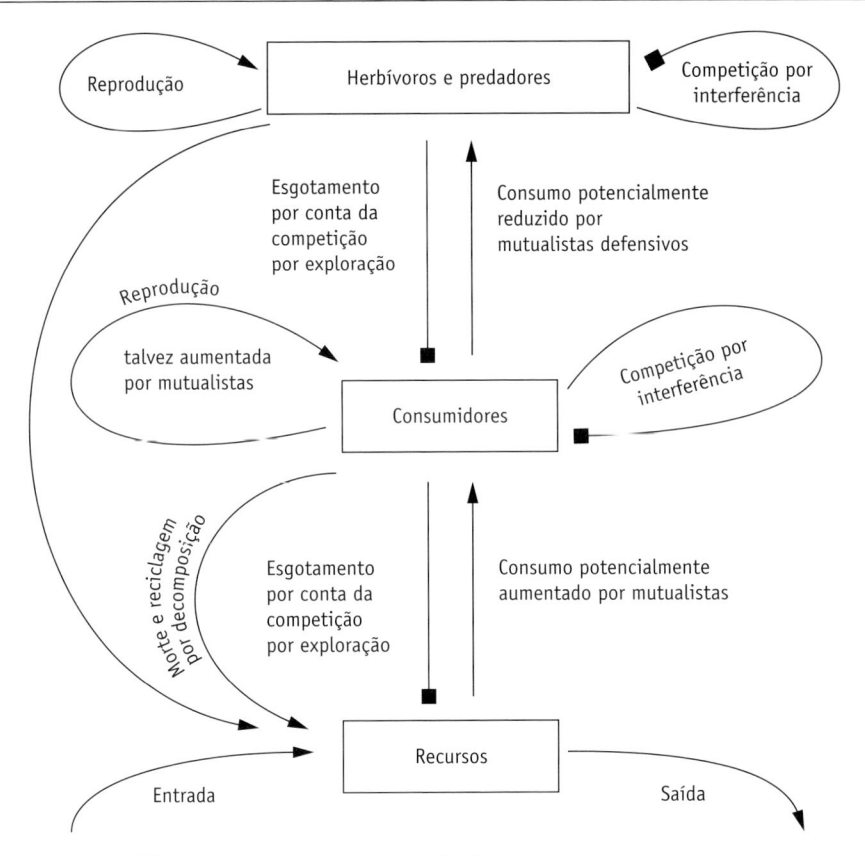

Fig. 4.31 Visão geral das interações na Ecologia

Outra possibilidade é que essas plantas sejam limitadas por herbívoros como as lagartas, num controle de cima para baixo. Se essas plantas se tornarem comuns, a população de borboletas que produz as lagartas que as consomem acabará aumentando. As plantas podem ter recursos mais do que suficientes, mas as lagartas impedirão que a população aumente. O sentido do controle – de cima para baixo ou de baixo para cima – é uma questão de ponto de vista. Nesse caso, as plantas exercem controle de baixo para cima sobre as lagartas.

O controle, em ambos os sentidos, está ligado aos nutrientes limitantes (seção 3.3). Num ambiente agrícola simplificado, o crescimento das plantas não é limitado pelo total de todos os nutrientes, mas pelo único nutriente mais raro. Na Ecologia, os fatores limitantes podem assumir muitas outras formas, como predação, herbivoria, doença e até falta de polinizadores ou outros mutualistas. Para esmiuçar essas possibilidades, experimentos podem modificar um único fator, como a quantidade de nitrogênio. Num sistema de baixo para cima, aumentar a disponibilidade de um recurso limitante deveria provocar o aumento do crescimento das plantas. Entretanto, aumentar os recursos num sistema de cima para baixo não provoca efeitos sobre a população de plantas, mas leva ao aumento da população de herbívoros. Do mesmo modo, remover os herbívoros de um sistema com controle de baixo para cima pode ter pouco efeito sobre a população de plantas.

A teoria e os experimentos ecológicos recentes enfatizaram como interagem formas diferentes de regulação populacional. Suponha-se que as plantas usem nitrogênio não só para crescer, mas também para produzir compostos químicos que as defendam de herbívoros. A redução do nitrogênio disponível em consequência da competição pode tornar as plantas sobreviventes menos capazes de se defender, causando aumento da herbivoria. Acrescentar nitrogênio pode aumentar a população de plantas, parecendo assim uma forma de controle de baixo para cima, embora o crescimento da população resulte realmente da diminuição da herbivoria. Remover os herbívoros também aumentaria a população de plantas, mostrando que elas são controladas por uma combinação de forças de baixo para cima e de cima para baixo.

O simples contraste entre controle de baixo para cima e de cima para baixo se complica ainda mais com muitos outros fatores.

- Muitas espécies usam os mesmos recursos, e muitos herbívoros ou predadores se alimentam delas. As diferenças entre essas espécies, como dispersão ou tolerância a perturbações, determinam o modo como a sua interação é alterada pelo meio ambiente urbano.
- O ciclo não termina com herbivoria ou predação e depende do ritmo e da eficiência da reciclagem de recursos. Os recursos de organismos mortos, juntamente com os recursos excretados durante a vida, podem ser perdidos ou reciclados de volta ao sistema. A taxa de reciclagem é controlada pelo movimento dos recursos pela água ou pelo ar e pela abundância e identidade de saprófagos e decompositores. A reciclagem reduzida característica dos ecossistemas urbanos altera a disponibilidade de recursos e a qualidade do solo, afetando as plantas e, em última análise, os animais que delas dependem.
- Os mutualismos, como o de plantas com bactérias fixadoras de nitrogênio (seção 3.3) ou com os seus polinizadores, podem controlar a abundância e a persistência das espécies.

- Não existem comunidades ecológicas em isolamento. As comunidades com grande entrada e saída de recursos e espécies terão séries de interação relativamente fracas.
- O estágio de sucessão, determinado pelo tempo decorrido desde uma grande perturbação, altera o conjunto de espécies presentes numa comunidade. Muitos ambientes urbanos se assemelham a hábitats em sucessão pioneira, que surgem depois de uma grande perturbação. Esses hábitats tornam mais importante chegar e crescer depressa e menos importantes as forças de baixo para cima e de cima para baixo. Conforme a comunidade aumenta com as espécies de sucessão tardia que chegam mais devagar, a competição e a predação se tornam mais importantes.

Dois conceitos gerais organizam o pensamento a respeito dos ecossistemas urbanos. O primeiro é *complexidade*, que descreve não só o número de espécies presentes (seção 4.1) como também até que ponto a teia de interações ecológicas interliga essas espécies. Um campo abandonado pode ser simples, ocupado por poucas espécies de ervas invasoras e alguns herbívoros que sofrem pouca competição porque a perturbação humana constante mantém a população pequena; já uma floresta tropical pode ser complexa, com centenas de espécies de plantas que coexistem com os seus mutualistas e herbívoros especializados.

O segundo conceito é que todos os ecossistemas mudam com o tempo. Em alguns, as espécies e a interação entre elas mudam relativamente pouco; em outros, novas espécies chegam o tempo todo, criando novas interações. Esses sistemas são chamados de *comunidades de não equilíbrio*, em estado de reorganização perpétua por espécies que conseguem tolerar um sortimento imprevisível de competidores ou consumidores.

### 4.3.2 Interações entre espécies urbanas

Em consequência das mudanças rápidas, entrada intensa e alto grau de perturbação, os ecossistemas urbanos têm maior probabilidade de serem comunidades simplificadas de não equilíbrio, com muitas espécies persistindo apenas em sumidouros de fragmentos de hábitats. Por mais ricos em espécies que sejam, o novo conjunto de ambientes e espécies pode reduzir a complexidade da sua estrutura ecológica. Entretanto, a redução da variação temporal do clima e da disponibilidade de recursos pode causar efeito oposto ao criar hábitats mais estáveis. Os ecossistemas urbanos podem ser avaliados como um balanço desses efeitos que competem entre si. Esta seção examina como a modificação do hábitat, a entrada de recursos e as espécies exóticas afetam as interações entre espécies e a estrutura das comunidades ecológicas urbanas.

### Efeitos da modificação do hábitat urbano
Fragmentação do hábitat

Os hábitats urbanos são fragmentados em manchas pequenas de muitos tipos e geralmente isoladas. Somente algumas espécies conseguem ter sucesso nesse ambiente (seção 4.1), e essa filtragem pode causar efeito profundo sobre as interações entre espécies. Um dos filtros mais importantes resulta do tamanho das espécies e da sua correlação com o nível trófico.

Charles Elton, um dos fundadores da moderna Teoria Ecológica, observou que "um morro não pode abrigar dois tigres" (Elton, 1927). Os predadores maiores exigem hábitats com grande área e baixo nível de perturbação, e geralmente não conseguem sobreviver em ecossistemas urbanos. No cerrado da Califórnia, a onça-parda ou leão-da-montanha, *Puma concolor*, e o lince, *Lynx rufus*, precisam de fragmentos com pelo menos 1,0 km$^2$, enquanto o coiote, *Canis latrans*, exige fragmentos de apenas 0,1 km$^2$. Esses grandes predadores também preferem manchas de cerrado interligadas ou próximas de outras manchas semelhantes (Crooks, 2002). Guaxinins, gambás e outros *mesopredadores* menores reagem pouco ao tamanho e isolamento da mancha e podem se liberar do controle exercido pelos grandes predadores sensíveis à estrutura do hábitat. Em manchas sem coiotes, mesopredadores como a raposa-cinzenta, *Urocyon cinereoargenteus*, e o gambá-da-virgínia, *Didelphis virginiana*, se tornam mais comuns (Crooks; Soulé, 1999). O gato doméstico, *Felis catus*, por sua vez, encontra-se preferencialmente em pequenas manchas cercadas por casas que lhes forneçam alimento e abrigo. Em parte por conta dos gatos, a abundância e a riqueza de espécies de aves são maiores em manchas em que haja pelo menos alguns coiotes. Estes eliminam ou expulsam mesopredadores menores, como raposas, guaxinins, gambás-da-virgínia, cangambás e gatos. Na verdade, muitos donos mantêm os gatos dentro de casa quando há presença de coiotes, o que reduz a pressão predatória dos gatos sobre os pássaros próximos.

O efeito do tamanho da mancha e da qualidade do hábitat pode criar efeitos surpreendentes. No cerrado da Califórnia, a sobrevivência de ninhos de pássaros é maior nos fragmentos pequenos do que nos grandes, e maior na borda do que no interior, ao contrário do que seria de se prever (Patten; Bolger, 2003). Esses efeitos se concentram nos pássaros que fazem ninho no chão e têm forte correlação com a abundância de cobras (Fig. 4.32). As bordas dos terrenos são subsidiadas pela água do hábitat urbano circundante, e os predadores desses hábitats podem reduzir o número de cobras e, indiretamente, proteger os pássaros.

O efeito da urbanização sobre aves predadoras como os gaviões é complexo. Os gaviões grandes, que dependem de áreas de hábitat maiores e mamíferos grandes para se alimentar, tendem a não prosperar. No entanto, a redução da pressão da caça humana e o alimento abundante para consumidores de pássaros, como o falcão-do-tanoeiro, *Accipiter cooperii*, e de pequenos roedores, como o búteo-de-cauda-vermelha, *Buteo jamaicensis*, promovem populações relativamente grandes dessa aves (Chace; Walsh, 2006).

Os ninhos de pássaros também são atacados por *parasitas de ninhadas*, pássaros que põem ovos no ninho de outras espécies e costumam reagir a mudanças urbanas, como a fragmentação do hábitat, de modo bem diferente dos pássaros que eles parasitam. Na América do Norte, o tordo-de-cabeça-café, *Molothrus ater*, é o mais abundante desses parasitas. Esse pássaro das pradarias do centro da América do Norte expandiu o seu alcance até os bosques fragmentados que os seres humanos criaram em todo o continente. Perto de Colúmbia, no Missouri, a probabilidade de parasitismo de ninhadas pelo tordo-de-cabeça-café é maior em locais urbanos do que em não urbanos, embora a taxa de predação de ninhos não seja diferente, como mostra a Fig. 4.33 (Burhans; Thompson III, 2006). Por outro lado, os ninhos de polícia-do-mato-grande, *Icteria virens*, sofrem mais parasitismo em grandes manchas de hábitat e mais predação nas pequenas (Burhans; Thompson III, 1999).

As disparidades da capacidade de lidar com a fragmentação de hábitats também se aplicam a insetos de diversos níveis tróficos. Os *parasitoides*, insetos parasitas que põe ovos no corpo vivo de outros insetos, são importantes para controlar a população de muitos herbívoros. Esses insetos tipicamente pequenos podem demorar para achar manchas isoladas, como grupos de árvores em estacionamentos de shoppings, e deixar as árvores expostas à herbivoria prejudicial (Dreistadt; Dahlsten; Frankie, 1990). Os pés de *Artemisia vulgaris* em vasos nas áreas perto de Hamburgo, na Alemanha, com grande percentual de área pavimentada

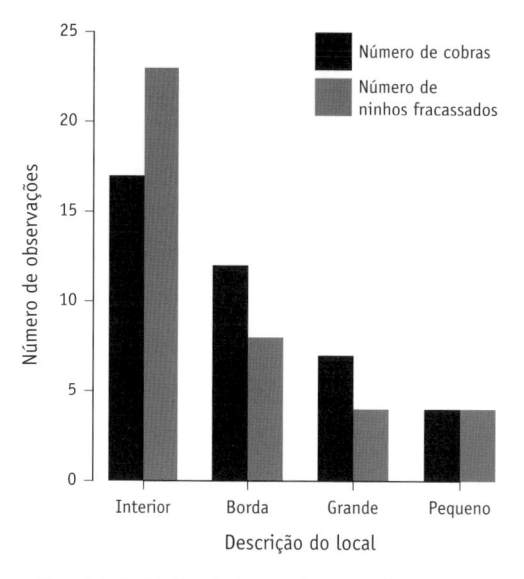

**Fig. 4.32** Efeito do tamanho e posição da mancha sobre a abundância de cobras e o fracasso dos ninhos de pássaros
Fonte: adaptado de Patten e Bolger (2003).

**Fig. 4.33** Percentual médio de ninhos atacados pelo parasitismo de ninhada do tordo-de-cabeça-café em locais urbanos e não urbanos
Fonte: adaptado de Burhans e Thompson (2006).

mostraram redução total do número de espécies de artrópodes presentes, e a redução foi maior entre predadores e parasitoides (Denys; Schmidt, 1998). O percentual de herbívoros parasitados foi menor nos locais mais pavimentados (Fig. 4.34).

Em Sydney, na Austrália, as folhas da árvore *Angophora costata* sofreram mais danos em pequenas manchas remanescentes, aparentemente em virtude da menor taxa de ataque de inimigos dos herbívoros desses locais, como mostra a Fig. 4.35 (Christie; Hochuli, 2005).

Qualidade do hábitat

Assim como a fragmentação, a qualidade do hábitat pode alterar as interações entre espécies ao favorecer algumas espécies em vez de outras ou ao provocar mudanças de comportamento. Numa série de hábitats dentro e perto de Washington, capital dos Estados Unidos, a sobrevivência dos ninhos de vários pássaros canoros foi maior em locais com mais superfícies impermeáveis e menor naqueles com maior cobertura de árvores (Ryder et al., 2010). Esse maior sucesso em hábitats de menor qualidade resulta, aparentemente, do número menor de mamíferos predadores como camundongos, esquilos e mesopredadores

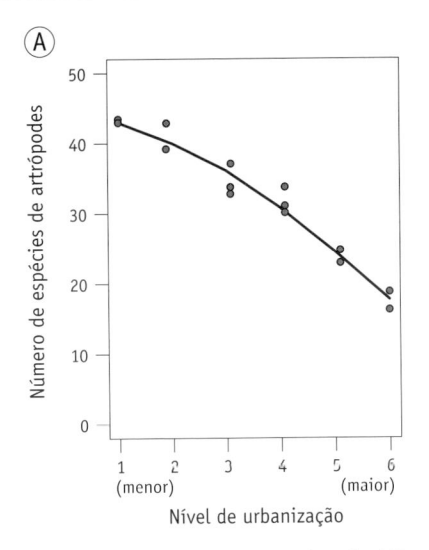

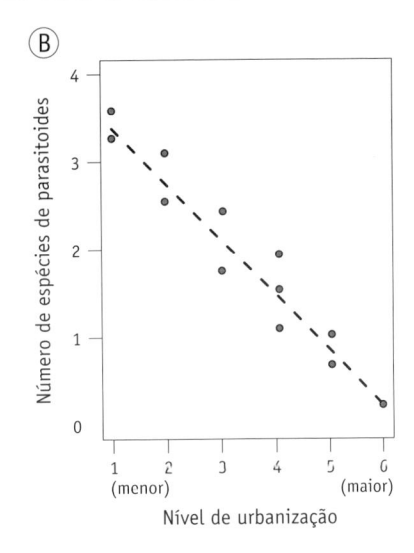

Fig. 4.34 Número de espécies de (A) todos os artrópodes e (B) parasitoides da mosca tefritídea, *Oxyna parietina*, em vasos de *Artemisia vulgaris* em função do nível de urbanização
Fonte: adaptado de Denys e Schmidt (1998).

maiores em locais urbanos e da sua substituição incompleta por corvídeos predadores de ninhos (corvos e gaios). A redução da predação também pode estar relacionada à mudança do comportamento dos predadores, que deixam de atacar ninhos para usar fontes antropogênicas de alimento. Em ambientes não urbanos, a sobrevivência dos ninhos é mais baixa quando predadores como esquilos, aves de rapina, corvídeos e mesopredadores são comuns. Essa correlação esperada se desfaz em ambientes urbanos, embora a construção urbana em torno de uma floresta possa aumentar a população de predadores de ninho, provavelmente em consequência da preferência dos predadores pelos recursos fornecidos por seres humanos em locais urbanizados (Rodewald; Kearns; Shustack, 2010).

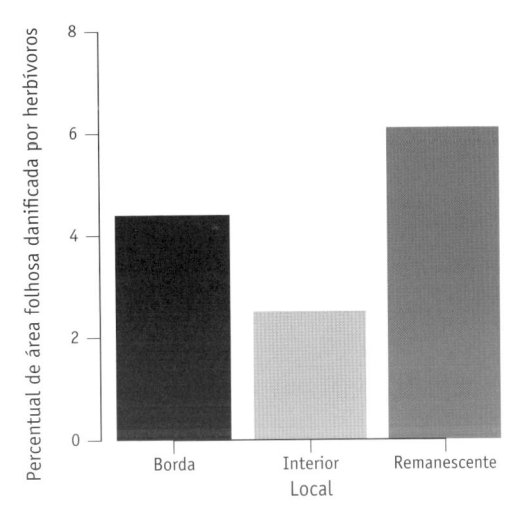

Fig. 4.35 Nível de danos de herbívoros a árvores na borda, no interior e em pequenos remanescentes de florestas perto de Sydney, na Austrália
Fonte: adaptado de Christie e Hochuli (2005).

Para muitas espécies, fragmentos pequenos de hábitat também têm baixa qualidade. A cochonilha-branca-do-pessegueiro, *Pseudaulacaspis pentagona*, infesta algumas amoreiras isoladas em beiras de rua e estacionamentos, embora as árvores infestadas costumem ter vizinhas próximas sem cochonilhas. Por sua vez, todas as árvores de lotes florestados têm baixa densidade de cochonilhas. A infestação urbana resulta da combinação de falta de inimigos naturais com o estresse hídrico que enfraquece as árvores. O principal fator que afeta a abundância da cochonilha-do-castanheiro-da-índia, *Pulvinaria regalis*, em três espécies de árvores de Oxford, no Reino Unido, é a impermeabilidade do substrato, e o segundo fator é a proximidade de edificações (Speight et al., 1998).

A decomposição envolve interações complexas entre solos, fatores abióticos e organismos residentes. Perto de Nova York, as folhas se decompõem mais depressa em locais urbanos do que nos não urbanos, mesmo com o solo urbano apresentando menor abundância de decompositores importantes como os fungos e microinvertebrados do lixo. Esse aumento da taxa de decomposição pode resultar do fato de os solos urbanos terem elevada abundância de minhocas e temperatura mais alta, um exemplo dos efeitos inesperados da amplificação ecológica urbana (Steinberg et al., 1997). Quando plantadas em ambiente comum, as folhas decíduas de origem urbana se decompõem mais devagar do que as não urbanas. Embora o próprio solo tenha potencial de decomposição mais alto, as folhas urbanas se mostram, como muitas coisas urbanas, mais resistentes do que as folhas não urbanas (Pouyat; McDonnell; Pickett, 1997). Ainda há muito a ser aprendido sobre a maneira como a qualidade dos hábitats muda as interações entre saprófagos e plantas. Mesmo depois de compensar as espécies, o apodrecimento de restos de folhas perto de Asheville, na Carolina do Norte, mostrou padrão oposto, com apodrecimento mais lento em solo urbano (Pavao-Zuckerman; Coleman, 2005).

A importância da predação num hábitat específico depende das espécies de predadores e presas no local. Viu-se que o tamanho do fragmento de hábitat filtra as espécies de predadores. A qualidade do hábitat também age como filtro e determina que espécies de presa conseguem persistir. Os locais urbanos que enfrentam elevada pressão de predadores, como talvez os gatos, só podem ser ocupados por presas mais capazes de evitar a predação. A taxa geral de predação nesse hábitat pode ser igual ou até mais baixa do que em hábitats onde as espécies vulneráveis persistem. Perto de Oxford, no Estado americano de Ohio, a predação de ninhos tende a ser mais baixa em locais mais urbanos (Fig. 4.36) onde os oportunistas urbanos exóticos, que podem ser mais resistentes à predação, dominam a população (Gering; Blair, 1999). No Missouri, encontram-se mais predadores e parasitas de ninhos em condomínios construídos em *clusters* – residências aglomeradas e áreas comuns maiores de vegetação e lazer – onde há ausência de aves nativas sensíveis, o que mostra, mais uma vez, que a abundância de predadores pode não se relacionar com as taxas de predação (Nilon; Long; Zipperer, 1995). Em outro exemplo de reações diferentes de predadores e presas à qualidade do hábitat, tanto a predação de tordos quanto a de ninhos foram mais baixas em locais barulhentos próximos a poços de gás do Novo México, aparentemente por causa da evitação de ruídos pelo gaio-da-califórnia, *Aphelocoma californica* (Francis; Ortega; Cruz, 2009).

Assim como os predadores podem reagir de forma diferente da presa à qualidade do hábitat, competidores de vários tamanhos podem ser afetados de forma diferente pelos filtros do hábitat urbano. Um contraste notável entre as aves urbanas comuns no hemisfério norte e sul pode resultar dessas diferenças. As aves urbanas do hemisfério norte tendem a ser competidores por exploração de tamanho corporal relativamente pequeno, enquanto as do hemisfério sul são competidores por interferência de tamanho médio (Garden et al., 2006). Na Austrália, a invasão dos agressivos e barulhentos melifagídeos *Manorina melanocephala* em áreas de perturbação moderada nas bordas de ecossistemas urbanos levou à exclusão de aves locais pequenas nas bordas de florestas, mesmo quando o hábitat adequado permanece (Catterall; Lunney; Burgin, 2001). Do mesmo modo, as populações do *currawong*, *Strepera graculina*, pássaro onívoro de tamanho médio, são maiores nas áreas urbanas australianas, o que provoca

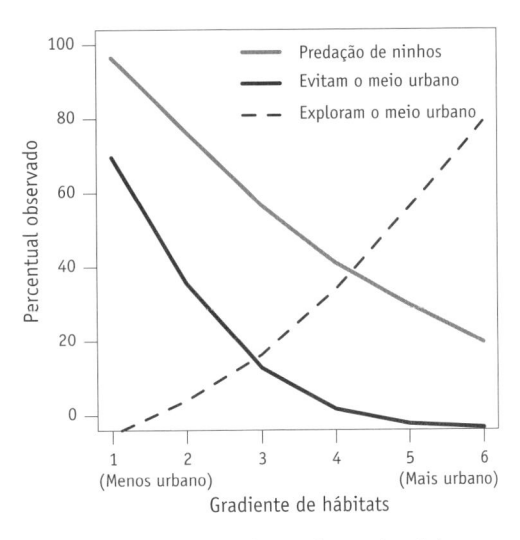

Fig. 4.36 Percentual de predação de ninhos e percentual de espécies que exploram e evitam o meio urbano entre as aves de seis hábitats perto de Oxford, Ohio
Fonte: adaptado de Gering e Blair (1999).

aumento de predação dos ninhos de *Rhipidura leucophrys* (Parsons; Major; French, 2006).

Quando os filtros do hábitat excluem um predador ou competidor, outras espécies podem se beneficiar. Já os mutualismos dependem da presença de todas as espécies da interação, e pode-se esperar que precisem de hábitats não perturbados para persistir. Assim como predadores e parasitoides, alguns polinizadores são extremamente sensíveis ao tamanho da mancha de hábitat, o que pode provocar colapso do mutualismo entre planta e polinizador. Pequenas manchas urbanas recebem menos visitas de polinizadores do que áreas verdes maiores, e as plantas dessas manchas podem ter reprodução menor e redução da troca genética (Bradley; Gibbs; Altizer, 2008). Entretanto, no caso de polinizadores móveis, a matriz circundante não é completamente fatal. As abelhas em fragmentos de pradaria dentro de áreas periurbanas residenciais ao longo da Colorado Front Range – a região mais densamente povoada do estado americano do Colorado – têm densidade mais alta de espécies por unidade de área (Hinners; Kearns; Wessman, 2012). Essas manchas periurbanas podem combinar hábitats suficientes para a formação de ninhos com alimentação complementada por flores dos jardins das áreas construídas circundantes.

A borboleta *Hypochrysops halyaetus* se beneficia do hábitat urbano altamente perturbado por conta de um mutualismo. A formiga *Crematogaster perthensis* protege as larvas de borboleta mais ou menos da mesma maneira que as formigas guardam e cuidam dos pulgões. Tanto formigas quanto borboletas prosperam em áreas recentemente perturbadas porque sua planta hospedeira preferida, a *Jacksonia sternbergiana*, é uma espécie de sucessão pioneira (Dover; Rowlingson, 2005).

### Efeitos das entradas de recursos urbanos

A entrada de recursos controla a identidade, a abundância e a distribuição espacial das espécies urbanas. Por exemplo, os comedouros concentram pássaros pequenos, possíveis presas de gatos e gaviões. Pode-se imaginar que essa concentração de vítimas bem alimentadas e potencialmente distraídas as deixaria especialmente vulneráveis à predação. No entanto, a predação costuma ser reduzida perto dos comedouros, talvez em virtude da diluição (o grande número de pássaros reduz a probabilidade de um indivíduo ser capturado) ou do aumento da vigilância de *muitos olhos* (mais aves estão presentes para avistar o predador e avisar às outras) (Robb et al., 2008a).

Quando a abundância de predadores se reduz por mudanças do hábitat urbano, as presas urbanas têm de ser limitadas por outro fator, geralmente os recursos (Shochat et al., 2004). Em ambientes urbanos, muitos recursos são abundantes, quer como resíduos humanos, quer pela alimentação intencional. Também tende a haver recursos disponíveis de forma relativamente constante durante o ano todo e em aglomerações previsíveis. As espécies adaptadas ao meio urbano aproveitam essa base de recursos constantes, concentrados e abundantes para atingir grande densidade populacional, principalmente perto de aglomerações de recursos. São exatamente essas as condições em que a competição, dentro de espécies e entre elas, deve ser mais intensa e onde espécies e indivíduos bem-sucedidos têm de ser os competidores mais eficazes (Shochat et al., 2006).

As espécies de aves urbanas costumam se alimentar de forma mais eficiente do que as não urbanas, ingerindo mais alimentos e ficando mais tempo nas manchas diante de possível predação (fato discutido com mais detalhes como mudança de comportamento na seção 4.5). Embora a comida possa ser obtida em quantidade mais alta em locais urbanos, a combinação de elevada eficiência na busca de alimentos e maior densidade da busca esgotará rapidamente esses recursos, levando à baixa disponibilidade de alimentos por animal. Em geral, a espécie que obtém melhor resultado nessas condições não é nativa. Em Tucson, no Arizona, a rolinha, *Scardafella inca*, espécie nativa extralimites originária do México, alcança elevada densidade na cidade e aproveita com competência as sementes dos comedouros e gramados (Emlen, 1974). As espécies nativas, cuja adaptação se concentrou em lidar com o clima e a predação, podem ser excluídas por essas especialistas urbanas altamente competitivas (Shochat et al., 2004).

As plantas urbanas sofrem uma série de dificuldades relacionadas à disponibilidade de recursos. A pouca disponibilidade de água e a proximidade de superfícies impermeáveis pode estressar as árvores e deixá-las mais suscetíveis a ataques (Raupp; Shrewsbury; Herms, 2010). A ilha urbana de calor, além de estressar as árvores, pode acelerar o crescimento de insetos herbívoros e permitir que escapem de predadores (Raupp; Shrewsbury; Herms, 2010). A entrada de recursos urbanos que melhoram o desempenho vegetal também pode aumentar a suscetibilidade ao ataque de herbívoros. A mariposa *Laspeyresia cupressana* é uma herbívora inócua no hábitat nativo do litoral da Califórnia, onde se alimenta da casca do cipreste-de-monterey. Entretanto, nas áreas urbanas essas árvores têm a casca mais fina, em consequência do crescimento mais rápido possibilitado por regas e adubação, e se tornam suscetíveis a extensos danos causados pela mariposa (Dreistadt; Dahlsten; Frankie, 1990).

### Efeito das espécies exóticas

As espécies exóticas podem ser extremamente eficazes quando entram numa comunidade como competidoras, predadoras ou engenheiras do ecossistema. Como competidoras, as formigas costumam ter efeito acentuado no nível das comunidades e são capazes de desalojar completamente as espécies nativas. Na Califórnia, a formiga-açucareira (seção 4.2) praticamente elimina as formigas nativas por meio da capacidade combinada de localizar alimento (competição por exploração) e de dominar o alimento depois da descoberta (competição por interferência) (Holway; Suarez, 2006). Do mesmo modo, a formiga-de-cabeça-grande, *Pheidole megacephala*, (seção 2.4) desaloja as comunidades de formigas nativas da Austrália porque as suas colônias podem alcançar densidade altíssima e vencer a competição por recursos com as espécies nativas (Hoffmann; Parr, 2008). A abundância de formigas nativas nos jardins das áreas periurbanas residenciais de Perth tem forte correlação negativa com a presença dessas duas espécies de formigas exóticas (Heterick; Casella; Majer, 2000). As formigas invasoras também preferem a vegetação não nativa dos jardins, criando um efeito-cascata que vai das plantas de jardim escolhidas por seres humanos à composição da comunidade de formigas.

As plantas não nativas também deixam de sustentar muitos insetos especialistas e, portanto, reduzem os pássaros insetívoros (Tallamy, 2007). Embora os insetos generalistas compensem parte da diferença, essa compensação não é total e gera uma biomassa de insetos muitíssimo menor e menos alimento para aves insetívoras (Burghardt; Tallamy; Shriver, 2009).

Alguns efeitos mais complexos das espécies exóticas ocorrem debaixo da superfície. Para retirar nitrogênio e fósforo do solo, muitas plantas dependem das micorrizas de fungos que se prendem às raízes e coletam nutrientes em troca de açúcares da planta. Esses fungos interagem de maneiras diferentes com as várias espécies vegetais e podem ser sensíveis a plantas invasoras. A erva-alheira, *Alliaria petiolata*, por exemplo, planta invasora muito difundida, reduz a população de alguns desses fungos mutualistas (Wolfe et al., 2008). Essa redução pode se filtrar até a comunidade vegetal, diminuindo potencialmente a regeneração de brotos nativos de pinheiro. O apodrecimento das folhas depende tanto da espécie vegetal quanto das propriedades do solo, por exemplo, as folhas da invasora árvore-do-céu, *Ailanthus altissima*, apodrecem mais depressa do que as de espécies nativas (Swan; Healey; Richardson, 2008). Como essas árvores ocupam áreas ripárias urbanas, ainda não se sabe quais as consequências para a germinação e o ciclo dos nutrientes.

Os processos do solo podem se filtrar pelo ecossistema e criar um *desastre por invasão*. No estado americano de Illinois, os arbustos invasores de escambroeiro-europeu, *Rhamnus cathartica*, produzem resíduos com alto teor de nitrogênio que promovem a invasão por minhocas eurasianas não nativas (Heneghan; Steffen; Fagen, 2007). Esses saprófagos comem rapidamente os resíduos ricos em nutrientes e, potencialmente, promovem mais invasões por escambroeiros ao criar manchas claras de solo para a germinação subsequente. A presença de carvalhos nativos com os seus resíduos típicos de baixa qualidade retarda esse apodrecimento e, possivelmente, interrompe o processo.

Os gatos e o seu efeito sobre os pássaros

O efeito dos gatos sobre a população de aves ainda é um dos tópicos mais controvertidos da Ecologia Urbana (Fig. 4.37). Os gatos são mesopredadores incomuns nas suas preferências de hábitat e no comportamento de caça. Ao contrário dos predadores selvagens, os gatos domésticos não são limitados pelas presas. Em vez disso, os gatos, como os seres humanos, subsistem de alimentos vindos de fontes distantes e, como as plantas de jardim, são regulados principalmente pelo gosto e pela preferência humana. Na verdade, os gatos podem ser mais numerosos do que os pássaros em áreas urbanas, situação nunca

Fig. 4.37 Gato jovem com pássaro capturado

vista em ecossistemas não urbanos nos quais as presas têm de ser mais numerosas que os predadores.

A densidade de gatos na Inglaterra é altíssima, de até 1.000 por km², pelo menos cem vezes maior do que a densidade de gatos selvagens de tamanho semelhante (Sims et al., 2008) e 20 a 40 vezes maior do que a de predadores selvagens de tamanho comparável, como arminhos, doninhas e raposas (Woods; Mcdonald; Harris, 2003). Nos Estados Unidos, estima-se que os 60 milhões de gatos de estimação e 10 a 60 milhões de gatos asselvajados (Jarvis, 2011) matem 1 bilhão de pássaros por ano e o dobro de mamíferos (Dauphine; Cooper, 2011), além de rãs e insetos. Na Inglaterra, os gatos levam para casa cerca de três presas por mês, inclusive membros de 44 espécies de aves, mas com grande variedade de outras presas (Fig. 4.38). Contudo, alguns gatos mais jovens e magros tendem a pegar muito mais do que essa média (Woods; Mcdonald; Harris, 2003).

Embora a maioria dos gatos urbanos passe algum tempo nas ruas e mate pelo menos alguns pássaros (Crooks; Soulé, 1999), não é bem conhecido o seu papel de limitar populações de aves urbanas. Uma grande análise correlacional identificou poucos indícios de que a predação por gatos reduza a densidade de aves na Grã-Bretanha (Sims et al., 2008). Na Austrália, os gatos podem, na verdade, proteger o ninho de pássaros pequenos ao intimidar as grandes aves predadoras de ninhos que são comuns por lá (Major; Gowing; Kendal, 1996). Na cidade de Dunedin, na Nova Zelândia, onde os gatos matam pássaros de algumas espécies o bastante para fazer do meio ambiente urbano um sumidouro populacional, a predação noturna de ratos pode remover outro predador de aves e, em parte, compensar o efeito negativo (Heezik et al., 2010).

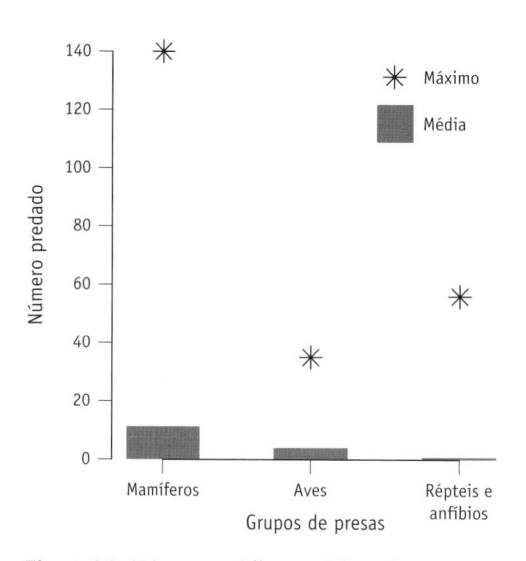

Fig. 4.38 Número médio e máximo de presas caçadas por gatos num período de cinco meses
Fonte: adaptado de Woods, Mcdonald e Harris (2003).

A escolha da presa é outra explicação para o efeito indefinido dos gatos. Por não dependerem da caça para sobreviver, os gatos domésticos tendem a caçar apenas as aves mais lentas e vulneráveis. Em áreas urbanas, a mudança dos predadores selvagens para os gatos faz a predação se concentrar em filhotes e não em adultos (Faeth et al., 2005). Os gatos teriam pouco efeito sobre a população de aves se a sua predação fosse apenas do *excedente condenado* que morreria de qualquer modo por falta de recursos (Beckerman; Boots; Gaston, 2007).

No Reino Unido, a população de oportunistas urbanos mais extremados – o estorninho-comum e o pardal-doméstico – declinou até 60% nos últimos 30 anos. A predação por gatos foi uma das hipóteses desse declínio. Indícios recentes mostram que o aumento da população de gaviões-da-europa, *Accipiter nisus*, que só colonizaram áreas urbanas a partir de 1980, também pode ser responsável por esse declínio (Bell et al., 2010). De fato, os pardais-domésticos constituem 73% das presas de gaviões-da-europa em Berlim, embora ali a população de pardais tenha permanecido mais ou menos estável (Kübler; Kupko; Zeller, 2005). Essa colonização relativamente recente por um predador reflete a natureza não equilibrada das comunidades urbanas que resulta da rapidez da mudança do hábitat e das muitas décadas e até séculos que os animais levam para colonizar hábitats novos, como será discutido na seção 4.5 (Evans et al., 2010).

*Interação entre níveis*
Como todas essas mudanças afetam o modo como energia e nutrientes fluem pelo ecossistema urbano? A comparação entre Phoenix e o deserto vizinho de Sonora constitui talvez o contraste mais bem estudado entre ecossistemas urbano e não urbano como mostra a Fig. 4.39 (Faeth et al., 2005). No deserto, os recursos, principalmente a água, são escassos, o que provoca produtividade relativamente baixa das plantas. Os insetos que comem essas plantas são regulados por efeitos de baixo para cima e, portanto, os pássaros que comem os insetos serão igualmente raros, caso também sejam regulados de baixo para cima.

Os ecossistemas urbanos, por sua vez, têm subsídio elevado de recursos, estável no tempo e no espaço. As plantas e os artrópodes herbívoros convertem esses recursos em descendência que, por sua vez, pode se tornar um recurso grande e estável para os pássaros. Essa fonte de alimento, além da suplementação direta em jardins e comedouros, permite às aves atingir alta densidade, dominada pelas espécies competitivas que monopolizam melhor os recursos. Isso leva a uma combinação de controle de cima para baixo e de baixo para cima de insetos herbívoros urbanos (Shochat et al., 2006). Além disso, as próprias aves se livram parcialmente da predação e passam a ser mais limitadas pelos recursos, como os insetos herbívoros que comem. A exclusão experimental das aves de terrenos em áreas urbanas provoca um grande aumento da abundância de insetos, mas a exclusão das aves causa pouco efeito no deserto. Já acrescentar água provoca maior crescimento das plantas no deserto, mas não na área urbana.

Em geral, as manchas remanescentes de deserto dentro da matriz urbana são mais semelhantes a locais urbanos do que desérticos, talvez por causa dos recursos que vazam de locais vizinhos para o remanescente desértico urbano. O efeito da maior disponibilidade de recursos se sobrepõe ao das mudanças da estrutura do hábitat. As manchas podem ser pequenas ou isoladas demais para sustentar predadores ou parasitoides de artrópodes, deixando o campo livre para as aves urbanas generalistas e altamente móveis (Gibb; Hochuli, 2002). Essa mudança da predação constitui outra razão para as manchas remanescentes ou reconstruídas dentro da matriz urbana parecerem não perturbadas, mas se comportarem como hábitats urbanos.

*Pressão reguladora de insetos herbívoros*

**Ecossistema deserto**
Baixa biomassa de herbívoros, regulação principalmente de baixo para cima

**Ecossistema urbano**
Alta biomassa de herbívoros apesar do aumento da regulação de cima para baixo

Aves predadoras (Baixa biomassa)
Poucas aves, pouca regulação por predação
Insetos herbívoros (Baixa biomassa)
Regulação pela disponibilidade de alimento
Plantas (Baixa biomassa)
Disponibilidade de plantas regulada pela disponibilidade de água e nutrientes
Recursos (Baixa disponibilidade)

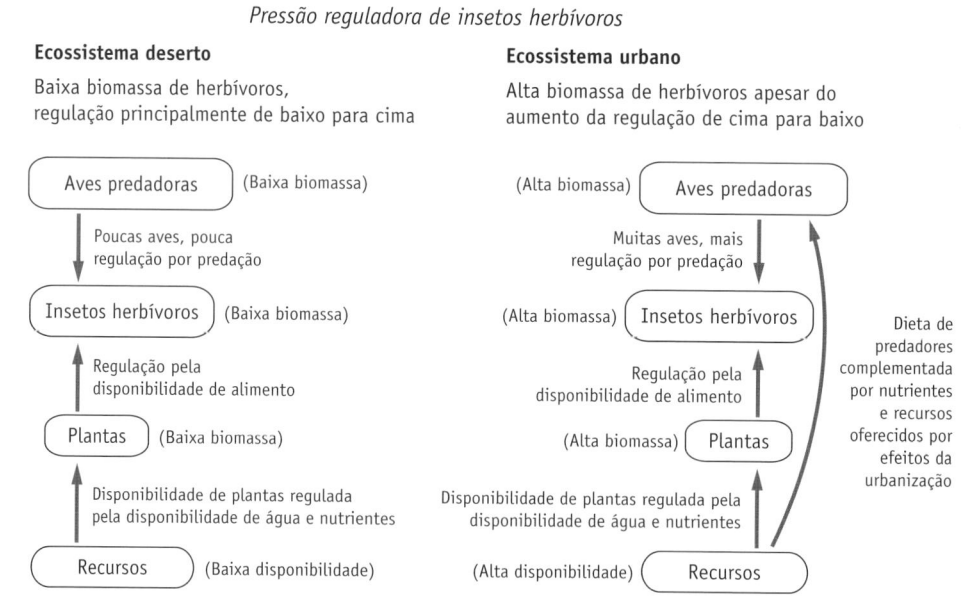

(Alta biomassa) Aves predadoras
Muitas aves, mais regulação por predação
(Alta biomassa) Insetos herbívoros
Regulação pela disponibilidade de alimento
(Alta biomassa) Plantas
Disponibilidade de plantas regulada pela disponibilidade de água e nutrientes
(Alta disponibilidade) Recursos

Dieta de predadores complementada por nutrientes e recursos oferecidos por efeitos da urbanização

Fig. 4.39 Comparação da intensidade relativa da regulação de consumidores e recursos numa comunidade em Phoenix, no Arizona
Fonte: adaptado de Faeth et al. (2005).

### 4.3.3 Conclusões

Apesar da mão pesada da humanidade, os ecossistemas urbanos continuam a ser ecossistemas. Os nutrientes circulam; as espécies persistem e interagem por meio de toda a série de competição, predação, herbivoria e mutualismo; mas, diante de mudanças rápidas do hábitat, alta entrada de recursos e perturbação constante, nos ecossistemas urbanos as interações se alteram e costumam ser simplificadas e sem equilíbrio.

A simplificação encolhe e afrouxa a teia de interações ecológicas. A perda de grandes predadores reduz a extensão da cadeia alimentar. Essa redução, combinada à maior entrada de recursos, acentua a importância da competição em muitos sistemas urbanos. Além disso, embora a biodiversidade urbana possa ser alta numa cidade inteira, locais específicos costumam ser dominados por uma ou algumas espécies de competidores superiores e, geralmente, exóticos. Novos predadores como gatos e parasitas de ninhada interagem com os predadores existentes e os tipos de hábitat para criar uma nova estrutura que, comprovadamente, é tão complexa quanto a que foi substituída.

Nenhum ecossistema está realmente em equilíbrio, mas é justo dizer que os sistemas urbanos estão num estado de fluxo mais rápido do que a maioria. Hábitats, recursos e espécies mudam de forma rápida e imprevisível, ocasionando mudanças igualmente rápidas e imprevisíveis das interações. As comunidades urbanas resultantes mais parecem uma montagem de partes não relacionadas do que um conjunto bem afinado de espécies e fluxos em interação. Pode levar séculos para saber se essas montagens encontrarão algum novo equilíbrio.

Sem dúvida, mais estudos sobre mais cidades revelarão exceções a essas generalizações. Nenhum conjunto de leis explica ou prevê por inteiro o funcionamento de ecossistemas não perturbados, e os ecossistemas urbanos podem ser ainda mais imprevisíveis e idiossincrásicos. Ainda assim, os princípios da interação ecológica, como o jogo entre efeitos de baixo para cima e de cima para baixo, identificam os elementos principais a que os ecologistas devem dar atenção. Na Ecologia Urbana, como em todos os campos da ciência, identificar quando e onde as generalizações não se aplicam refina a ciência e a leva a obter mais sofisticação e entendimento.

### 4.4 Doenças infecciosas urbanas

Embora sejam apenas mais um grupo de espécies, as doenças infecciosas são suficientemente especiais e importantes para serem examinadas separadamente pelos ecologistas, em parte porque muitas delas também contaminam seres humanos. Como os predadores e herbívoros, as doenças infecciosas prejudicam um organismo, o *hospedeiro*, e beneficiam outro, o *patógeno*. Os patógenos podem ser vírus, bactérias, fungos, parasitas vermiformes e até *príons*, proteínas dobradas de forma incorreta. Como os parasitas que vivem dentro do corpo, os patógenos estão intimamente ligados aos hospedeiros e, em geral, só se ligam ao ecossistema indiretamente, por meio do efeito que causam no hospedeiro.

A *transmissão* de doenças infecciosas entre indivíduos ou espécies hospedeiras vincula o que acontece dentro de um hospedeiro a outros hospedeiros, sejam ou não da mesma espécie. Em ambientes urbanos, a transmissão entre animais selvagens e seres humanos ou entre animais selvagens e de estimação pode ser um problema importante de saúde pública.

Os fatores que controlam a predação e a herbivoria, como a biodiversidade urbana, a densidade populacional de hospedeiros e o estresse ambiental, também têm papel importante na dinâmica da doença infecciosa. Como outras interações, a dinâmica urbana da doença é movida pela modificação urbana de clima e hábitats e pela entrada de recursos e espécies.

### 4.4.1 Princípios da doença infecciosa

Os efeitos ecológicos das doenças infecciosas dependem das propriedades do patógeno, do hospedeiro e do meio ambiente que habitam. Os princípios da doença infecciosa descrevem como essas propriedades afetam a *persistência* do patógeno, ou seja, a capacidade de ele sobreviver num dado hábitat ou região, e a sua *prevalência*, a fração de indivíduos contaminados por ele. A prevalência interage com a *virulência*, o efeito negativo do patógeno sobre o hospedeiro contaminado, para determinar se uma doença infecciosa reduz a população do hospedeiro.

A dinâmica da doença, em termos gerais, pode se dividir em *epidêmica* e *endêmica*. As doenças epidêmicas, como a peste bubônica em seres humanos, atingem toda uma população e podem devastá-la. As doenças endêmicas se mantêm presentes durante longos períodos, geralmente em baixo nível, como o resfriado comum. Essas dinâmicas e os seus efeitos sobre a população hospedeira dependem da gama de hospedeiros contaminados pelo patógeno, do modo de transmissão e dos efeitos sobre os hospedeiros.

A gama de hospedeiros da doença é o conjunto de espécies contaminadas pelo patógeno. Pode incluir uma única, algumas ou um grande número de espécies. Os *hospedeiros excedentes* são contaminados, mas não contaminam e, portanto, não transmitem a infecção. Quando o foco é um ser humano ou animal de criação ou estimação, os hospedeiros selvagens, quer nativos, quer não, são chamados de *reservatórios*.

O *modo de transmissão* descreve como o patógeno se dissemina entre os indivíduos (Fig. 4.40). A *transmissão direta* ocorre por contato, por exemplo, relações sexuais, brigas, predação ou interação entre pais e prole. A *transmissão indireta* ocorre por meio de água, solo ou *vetor* animal como o mosquito. No caso de patógenos transmitidos por vetores, a alta biodiversidade de possíveis alvos de mordidas ou picadas faz com que poucas picadas, e menos ainda picadas consecutivas, ocorram na espécie hospedeira. O *efeito de diluição* descreve situações em que a presença de diversos alvos de um vetor reduz a prevalência ou a persistência do patógeno.

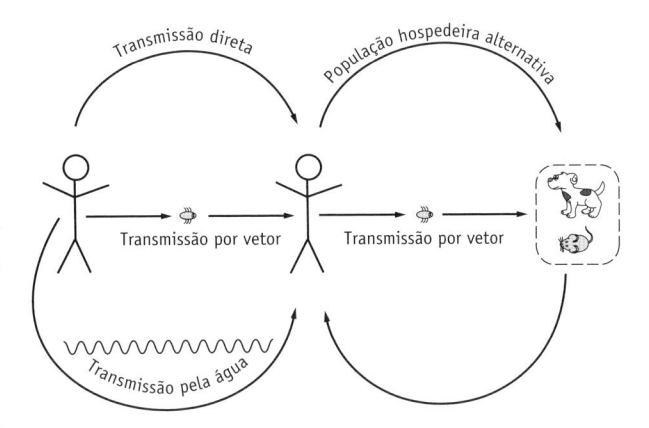

**Fig. 4.40** Modos de transmissão de doenças entre hospedeiros. Como exemplos, o HIV e a gripe são transmitidos diretamente; a doença de Lyme envolve uma população hospedeira alternativa (roedores) e um vetor (carrapatos); a cólera é transmitida pela água

A *virulência* descreve os efeitos da aptidão entre patógeno e hospedeiros. Alguns patógenos, como o mal-afamado vírus Ebola, matam quase todos os indivíduos que contaminam, enquanto outros, como o resfriado comum, criam apenas incômodo temporário. Os danos ao hospedeiro podem variar da mortalidade ou esterilização a custos indiretos mediados por interações ecológicas, como reduzir a capacidade dos indivíduos contaminados de competir por recursos ou evitar predação.

A *suscetibilidade* é a facilidade com que hospedeiros diferentes são contaminados. Espécies diferentes e indivíduos diferentes dentro da mesma espécie podem apresentar grande diferença de suscetibilidade por conta da idade, nutrição ou saúde geral.

Esta seção examina como esses fatores interagem com os aspectos principais do meio ambiente urbano para controlar a persistência e a prevalência de doenças e os seus efeitos sobre a população hospedeira.

### 4.4.2 Dinâmica urbana das doenças infecciosas

A modificação urbana de hábitats, o aumento da entrada de recursos e as espécies invasoras alteram a interação entre espécies, da competição ao mutualismo (seção 4.3), e a interação entre doenças infecciosas e os seus hospedeiros não é exceção. A fragmentação do hábitat urbano pode isolar patógenos em um ou poucos locais, enquanto o transporte de espécies ou materiais pode deslocar os patógenos de um local a outro. O acúmulo de recursos alimentícios em ambiente urbano pode aumentar a densidade populacional e as interações agressivas entre oportunistas urbanos e facilitar a transmissão de patógenos. O aumento do movimento da água é capaz de ampliar a transmissão indireta em áreas urbanas. Estresses como a poluição aumentam a suscetibilidade. As espécies exóticas podem transmitir patógenos exóticos, e vetores exóticos, aumentar a transmissão indireta.

Poucos estudos demonstraram diferenças entre a prevalência urbana e não urbana de patógenos, e menos ainda isolaram os fatores causais. Esta seção examina os efeitos da urbanização, quase todos não intencionais, sobre as doenças infecciosas.

#### Efeitos da modificação do hábitat urbano

A febre do Nilo é uma doença infecciosa transmitida por mosquitos que vem se manifestando e ataca uma grande variedade de pássaros canoros (o Quadro 4.2 lista os patógenos discutidos nesta seção). A abundância de mosquitos pode aumentar com a ilha urbana de calor e a presença de locais de procriação. Em Bakersfield, na Califórnia, o grande número de piscinas abandonadas, consequência da queda da economia, quase triplicou a abundância do vírus da febre do Nilo (Reisen et al., 2008). Isso reflete uma série complexa que vai da economia ao hábitat e às doenças selvagens, com efeitos potencialmente importantes sobre a saúde de seres humanos. Em locais próximos a Atlanta, na Geórgia, a prevalência de anticorpos contra o vírus da febre do Nilo em aves adultas mostrou correlação positiva com o grau de urbanização, como mostra a Fig. 4.41 (Bradley; Gibbs; Altizer, 2008). Entretanto, a prevalência de anticorpos mede o número de aves que tiveram a infecção e sobreviveram e impossibilita distinguir se o patógeno realmente é mais comum em áreas urbanas ou se as aves urbanas estão em melhores condições de saúde, talvez por causa do acesso maior a alimentos, e, portanto, são mais capazes de sobreviver à infecção.

A doença da debilidade crônica é causada por um príon, com maior incidência em áreas de urbanização rápida no nordeste do Colorado e no sudeste de Wyoming, no oeste dos Estados Unidos (Farnsworth et al., 2005). A expansão imobiliária urbana, principalmente nas invernadas dos veados, aumentou a densidade desses animais, porque a redução da disponibilidade de hábitats adequados os concentra em menos locais. A redução da caça e da predação aumenta ainda mais a densidade e amplia a expectativa de vida dos veados. Como essa infecção é inevitavelmente fatal, a vida mais longa dá aos veados mais tempo para se contaminar, enquanto a densidade elevada gera mais oportunidades para que a infecção se transmita. Na verdade, nas áreas urbanizadas os veados têm cerca do dobro da probabilidade de serem infectados. Esse efeito é mais forte em machos do que em fêmeas, talvez porque a remoção da pressão da caça tenha efeito maior sobre a sobrevivência dos machos.

A doença de Lyme, provocada pela bactéria *Borrelia burgdorferi*, contamina muitos roedores e outras espécies de mamíferos, como os seres humanos. Carrapatos transmitem a infecção de hospedeiro em hospedeiro. O camundongo-de-pata-branca, *Peromyscus leucopus* é muito eficaz no transporte e na transmissão da infecção. Esse camundongo é relativamente comum nas áreas periurbanas residenciais do leste dos Estados Unidos. Outros roedores não conseguem tolerar esses hábitats modificados e criam-se áreas com menos biodiversidade de roedores. Quando pegam a borrélia, os carrapatos periurbanos têm mais probabilidade de picar o camundongo-de-pata-branca. Como exemplo do efeito

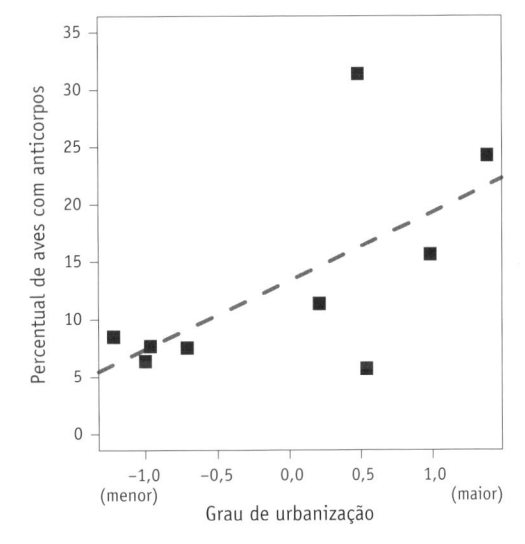

Fig. 4.41 Percentual de aves com exame positivo para os anticorpos da febre do Nilo em função do grau de urbanização
Fonte: adaptado de Bradley, Gibbs e Altizer (2008).

Quadro 4.2  Algumas doenças de animais selvagens em populações urbanas

| Nome | Descrição | Hospedeiro(s) | Risco humano |
|---|---|---|---|
| Parvovírus canino | Vírus | Cães e raposas | Nenhum |
| Calicivírus felino | Vírus | Gatos e linces | Nenhum |
| Raiva | Vírus | Morcegos | Fatal se não tratada |
| Febre do Nilo | Vírus | Aves | Febre, raramente neuroinvasiva |
| *Mycoplasma gallisepticum* | Bactéria | Aves | Nenhum |
| *Borrelia burgdorferi* | Bactéria | Pequenos mamíferos | Doença de Lyme |
| *Trichomonas gallinae* | Protozoário | Pombos e outras aves | Nenhum |
| *Toxoplasma gondii* | Protozoário | Gatos e outros mamíferos | Toxoplasmose |
| *Echinococcus multilocularis* | Platelmintos cestoides | Cães e raposas | Equinococose alveolar |
| *Baylisascaris procyonis* | Nematódeos | Mamíferos | Encefalite rara, mas fatal |
| *Sarcoptes scabiei* | Ácaro | Cães selvagens e domésticos | Casos raros de comichão |
| Doença da debilidade crônica | Príon | Veados e alces | Nenhum |

de diluição, áreas como as periurbanas residenciais com baixa diversidade de roedores podem ter maior prevalência de doença de Lyme (LoGiudice et al., 2003). Além disso, os seres humanos concentrados nessas mesmas áreas enfrentam risco maior de contrair a doença (Bradley; Altizer, 2007).

### Efeitos da entrada de recursos urbanos

Para os oportunistas urbanos, as áreas urbanas oferecem fontes abundantes, concentradas e confiáveis de alimentos. A população resultante e concentrada de hospedeiros pode interagir mais, tanto dentro da própria espécie quanto com outras espécies, resultando no aumento da transmissão do patógeno. Os comedouros de pássaros concentram muitos tipos de aves em áreas pequenas. Essa concentração pode não aumentar a taxa de predação de indivíduos porque a existência de mais pássaros dilui o risco de predação ou faz os predadores serem percebidos a tempo de permitir o alerta e a fuga (seção 4.3). Nenhum desses fatores afeta os patógenos, que podem infeccionar muitos indivíduos de um grupo ao mesmo tempo e não podem ser vistos nem evitados. O aumento da transmissão de *Mycoplasma gallisepticum*, uma conjuntivite extremamente contagiosa de várias espécies de aves, ocorre em comedouros de pássaros e contribuiu para a rápida disseminação da doença em toda a América do Norte (Robb et al., 2008a).

No início da década de 1990, Bristol, no Reino Unido, hospedava uma população grande, saudável e em rápido crescimento de raposas-vermelhas urbanas que se alimentavam de aves selvagens, roedores e suplemento alimentar vindo de seres humanos. A sarna sarcóptica, causada pelo ácaro *Sarcoptes scabiei*, chegou a Bristol em 1993. A doença, que reduz a fecundidade das fêmeas e a fertilidade dos machos, mostrou uma disseminação epidêmica clássica: a prevalência aumentou de 55% no outono de 1993 para 100% no outono e no inverno de 1995, seguida por uma redução para 15% a 30% em 1996. Os cães domésticos seguiram essa tendência com cerca de um mês de atraso, indicando a transmissão das raposas-vermelhas para os cães. A população de raposas-vermelhas despencou e só se recuperou lentamente, como mostra a Fig. 4.42 (Soulsbury et al., 2007). Além de mudar a densidade populacional, a doença alterou as causas de morte. Antes do surto de sarna, 62% das mortes de raposas-vermelhas eram causadas por carros, mais ou menos o mesmo percentual causado pela sarna durante o surto.

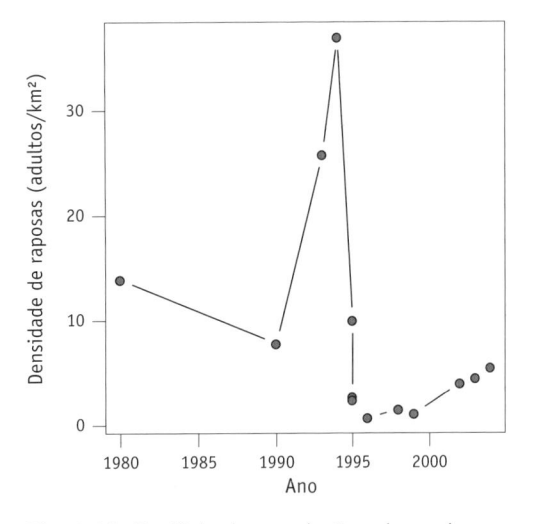

**Fig. 4.42** Declínio da população urbana de raposas-vermelhas em Bristol depois da chegada da sarna sarcóptica
Fonte: adaptado de Soulsbury et al. (2007).

Os guaxinins, *Procyon lotor*, transmitem um nematódeo, *Baylisascaris procyonis*, que pode ser perigoso para seres humanos infectados. Esse nematódeo predomina em taxas levemente maiores em locais urbanos do que em não urbanos, muito embora a densidade de guaxinins seja muito mais alta em áreas urbanas, como mostra a Fig. 4.43 (Page; Gehrt; Robinson, 2008). O aumento experimental da disponibilidade de alimento em local não urbano provocou, como esperado, densidade mais alta de guaxinins, mais apinhamento e predomínio muito maior do patógeno, como indica a Fig. 4.44 (Gompper; Wright, 2005). Entretanto, o ciclo de vida desse nematódeo inclui pequenos vertebrados, como os roedores. Os guaxinins dependem dessas presas nas áreas não urbanas, mas preferem os resíduos humanos facilmente disponíveis em áreas urbanas, o que interrompe o ciclo de transmissão do nematódeo. Os dois efeitos conflitantes dos recursos, combinados à variedade de hospedeiros do patógeno, resultam num aumento pequeno da prevalência em virtude da densidade mais alta.

### Efeito das espécies exóticas

Todas as cidades abrigam pelo menos uma espécie exótica, os seres humanos (a não ser na região da África, onde os seres humanos evoluíram), além de muitas outras espécies de plantas e animais que exploram o meio ambiente urbano (seção 4.2). Entre essas, há animais de estimação desejados e intencionalmente introduzidos, como cães e gatos, além de espécies indesejadas como os ratos e, é claro, doenças não nativas como a febre do Nilo nos Estados Unidos.

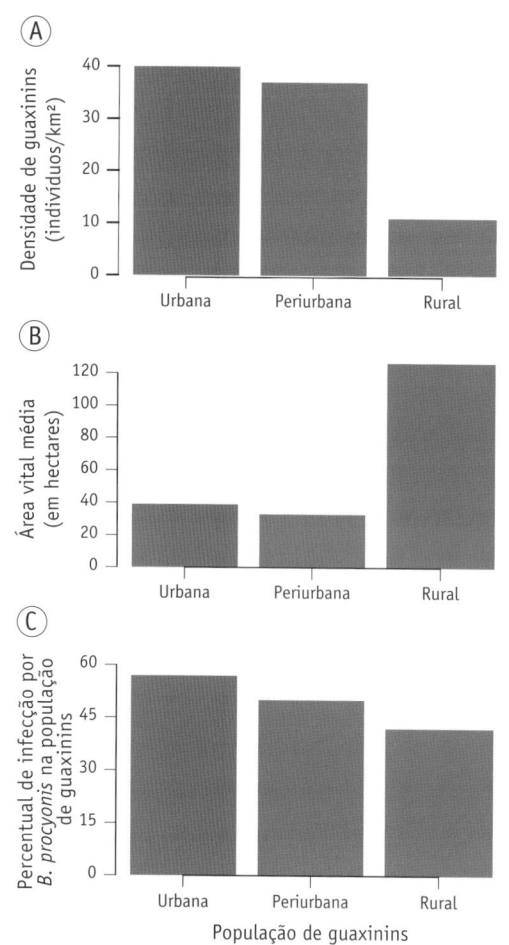

Fig. 4.43 Efeitos do hábitat sobre a população de guaxinins: (A) densidade, (B) tamanho da área vital e (C) percentual infectado por *Baylisascaris procyonis*
Fonte: adaptado de Page, Gehrt e Robinson (2008).

Relativamente poucos estudos compararam a prevalência urbana e não urbana de doenças infecciosas no caso de animais selvagens. No Golden Gate Park, em São Francisco, as raposas-cinzentas selvagens interagem com cães de estimação (como na disseminação da sarna sarcóptica) e linces selvagens interagem com gatos domésticos, com possível transmissão de doenças em cada caso. Entre os muitos patógenos comparados, na área urbana o parvovírus canino era mais comum e o calicivírus felino, menos (Fig. 4.45). A prevalência de vários outros patógenos, como o protozoário *Toxoplasma gondii*, não se alterou (Riley; Foley; Chomel, 2004). Avaliar o grau de contato e transmissão entre animais selvagens e animais de estimação continua difícil.

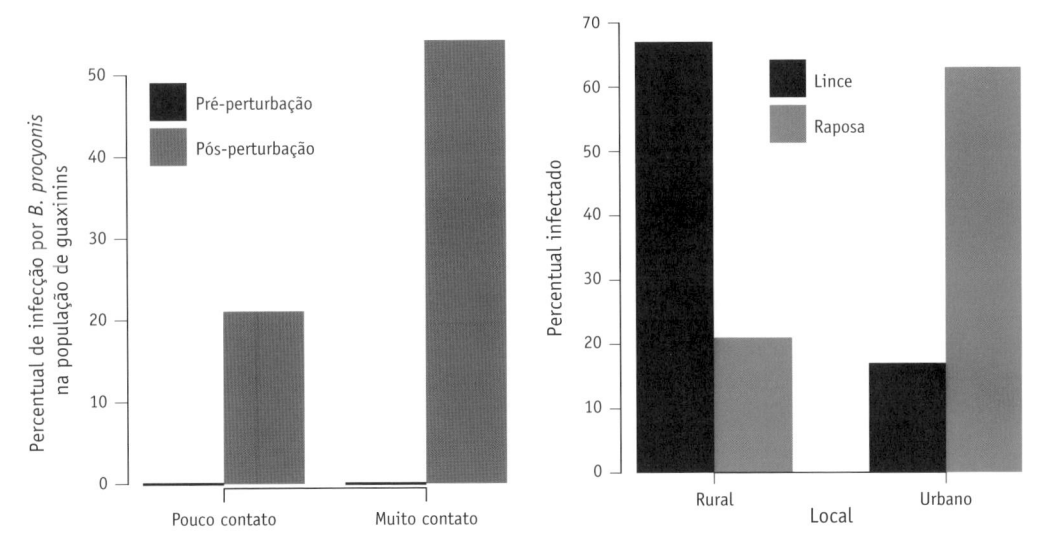

Fig. 4.44 Efeito da alimentação sobre o percentual de guaxinins contaminados com *Baylisascaris procyonis*. Não havia infecção em nenhum dos grupos antes do tratamento alimentar
Fonte: adaptado de Gompper e Wright (2005).

Fig. 4.45 Percentual de raposas e linces com exame positivo para doenças transmitidas por animais domésticos
Fonte: adaptado de Riley, Foley e Chomel (2004).

A comparação entre animais selvagens e asselvajados em dois pequenos parques da Cidade do México encontrou nível uniformemente alto de parvovírus canino, aparentemente em virtude da sua capacidade de subsistir nas fezes. Entretanto, o *Toxoplasma* e os anticorpos contra a raiva foram mais comuns em gatos e cães asselvajados do que em animais selvagens, como mostra a Fig. 4.46 (Suzan; Ceballos, 2005). Nos Estados Unidos, hoje os gatos asselvajados são os vetores primários da raiva (Dauphine; Cooper, 2011).

Como no caso de muitas interações ecológicas, mudar a dinâmica de um patógeno pode criar consequências imprevistas e surpreendentes. A raiva é uma das doenças infecciosas mais fatais que se conhece; contamina e mata muitos animais selvagens e de estimação e constitui risco bem conhecido para seres humanos. Na Europa continental, o sucesso no controle da raiva liberou as raposas de uma forma importante de mortalidade e facilitou o seu deslocamento para áreas urbanas, onde logo se tornaram uma espécie bem adaptada. As raposas também compartilham várias doenças infecciosas com os cães domesticados. O pequeno cestoide *Echinococcus multilocularis* alterna a infecção de carnívoros, principalmente canídeos como raposas e cachorros, com a de roedores. Os vermes atacam cerca de 50% das raposas e se concentram em alguns indivíduos, por exemplo, 72% deles são encontrados em apenas 8% dos hospedeiros. Essas raposas muito infectadas depositam ovos do verme nas fezes, fonte de curiosidade perene para os cães urbanos (Deplazes et al., 2004). Quando contaminados, os cães podem transmitir a infecção a seres humanos. Embora os cães urbanos tenham cerca de 10% de probabilidade de infecção durante a vida, bem menos que os 50% dos cães não urbanos, a disseminação constante das raposas, se não for interrompida pela sarna ou por outra doença, pode acabar invertendo essa tendência.

A infecção pelo protozoário *Toxoplasma gondii* é responsável por 20% das mortes humanas atribuídas a doenças de causa alimentar e pode provocar abortos. Embora capaz de infectar muitas espécies de mamíferos na fase assexuada, o parasita precisa de gatos selvagens ou domésticos para completar a fase sexual do seu ciclo de vida. Cerca de 20% dos gatos domésticos estão contaminados, embora um percentual muito menor, de talvez 2%, dissemine oócitos ou ovos num momento dado. Com 60% da população humana da Califórnia morando perto do litoral, muitas fezes de gato, depositadas diretamente ao ar livre ou levadas pelo granulado higiênico solúvel para gatos, chegam ao oceano perto dos estuários. As lontras marinhas que habitam essa área são extremamente suscetíveis à fase assexuada da infecção e cerca de 70% da população do sul estão contaminada (Jessup; Miller, 2011). O parasita causa diretamente cerca de 16% das mortes de lontras, e os animais contaminados

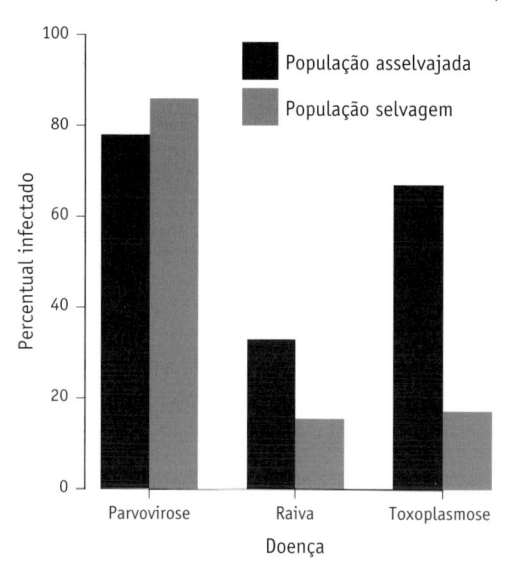

Fig. 4.46 Percentual de animais selvagens e asselvajados com exame positivo para várias doenças
Fonte: adaptado de Suzan e Ceballos (2005).

têm probabilidade 3,7 vezes maior de serem comidos por tubarões (Conrad et al., 2005). Esse parasita pode modificar o comportamento dos roedores contaminados e reduzir o seu medo de gatos, aumentando, portanto, a sua probabilidade de penetrar num hospedeiro adequado para o ciclo sexuado. O mesmo tipo de mudança de comportamento também pode causar a maior mortalidade de lontras.

O falcão-do-tanoeiro, que se alimenta principalmente de passarinhos, costuma viver bem em áreas urbanas (seção 4.3). No entanto, mesmo recebendo o dobro de alimento dos falcões não urbanos, os filhotes de falcões-do-tanoeiro urbanos têm pouco sucesso na região de Phoenix (Estes; Mannan, 2003). Um total de 51% dos filhotes urbanos morreu, em comparação com apenas 5% dos filhotes não urbanos. Deles, 80% dos filhotes urbanos morreram de tricomoníase provocada pelo protozoário *Trichomonas gallinae* (Boal; Mannan, 1999). Os pombos que transmitem esse protozoário, como a rolinha, *Scardafella inca*, nativa extralimites (seção 4.3), prosperam no ambiente urbano e constituem um suprimento alimentar estável, mas efetivamente envenenado. Nas áreas mais ao norte com população menor de pombos, a sobrevivência de falcões urbanos e não urbanos é semelhante (Rosenfield et al., 2009). A abundância da rolinha nativa extralimites adaptada ao meio urbano interage com uma doença infecciosa para transformar Phoenix numa armadilha ecológica para o falcão-do-tanoeiro.

### 4.4.3 Conclusões

Os patógenos não podem persistir sem hospedeiros para infectar e sem um modo de transmissão entre hospedeiros. A urbanização pode mudar a identidade dos hospedeiros, a sua densidade e o modo como interagem. A persistência e até prosperidade dos patógenos em áreas urbanas dependem de como reagem a essas mudanças. Os patógenos capazes de contaminar hospedeiros de várias espécies têm muitos modos de explorar o meio ambiente urbano.

O efeito potencialmente conflitante das mudanças urbanas é exemplificado pelo hantavírus (Fig. 4.47). Os vírus desse gênero contaminam tipicamente pequenos mamíferos, principalmente roedores, cuja população é controlada pela disponibilidade de alimento, condições climáticas rigorosas no inverno e predação (Dearing; Dizney, 2010). As cidades que oferecem comida de forma confiável e aglomerada, aumento de temperatura mínima no inverno e pressão de predação reduzida constituem um local comum de reunião para alguns transmissores de hantavírus. Os ratos oportunistas urbanos como o *Rattus norvegicus* e o *Rattus rattus*, que transmitem o hantavírus de Seul, podem embarcar em navios que os levam de porto em porto. Por sua vez, o arganaz, *Myodes glareolus*, que transmite o vírus Puumala, não se adapta bem a áreas sem florestas.

```
                    ┌─────────────────────────────────┐
                    │      A urbanização altera:      │
                    │ paisagem, distribuição de       │
                    │ alimentos, temperatura, predação│
                    └─────────────────────────────────┘
                         ↙                        ↘
                Melhora do                    Degradação
                  hábitat                      do hábitat
        ┌─────────────────────────┐    ┌─────────────────────────┐
        │ Agricultura e áreas     │    │ Núcleo urbano:          │
        │ periurbanas residenciais│    │ vegetação reduzida,     │
        │ alimento e abrigo       │    │ compactação do solo,    │
        │ abundantes mas          │    │ extrema fragmentação    │
        │ distribuídos em         │    │                         │
        │ aglomerações            │    │                         │
        └─────────────────────────┘    └─────────────────────────┘
                    │                            │
          ( Pressão de predação )      ( Predadores exóticos,    )
          ( e biodiversidade     )      ( alimento e abrigo       )
          ( reduzidas,           )      ( escassos e              )
          ( abundância aumentada )      ( fragmentados,           )
                                        ( redução da abundância   )
                    │                            │
        ┌─────────────────────────┐    ┌─────────────────────────┐
        │ Aumento da prevalência  │    │ Redução da prevalência  │
        │ de hantavírus e         │    │ de hantavírus e         │
        │ exposição humana        │    │ exposição humana        │
        │                         │    │ desconhecida            │
        └─────────────────────────┘    └─────────────────────────┘
```

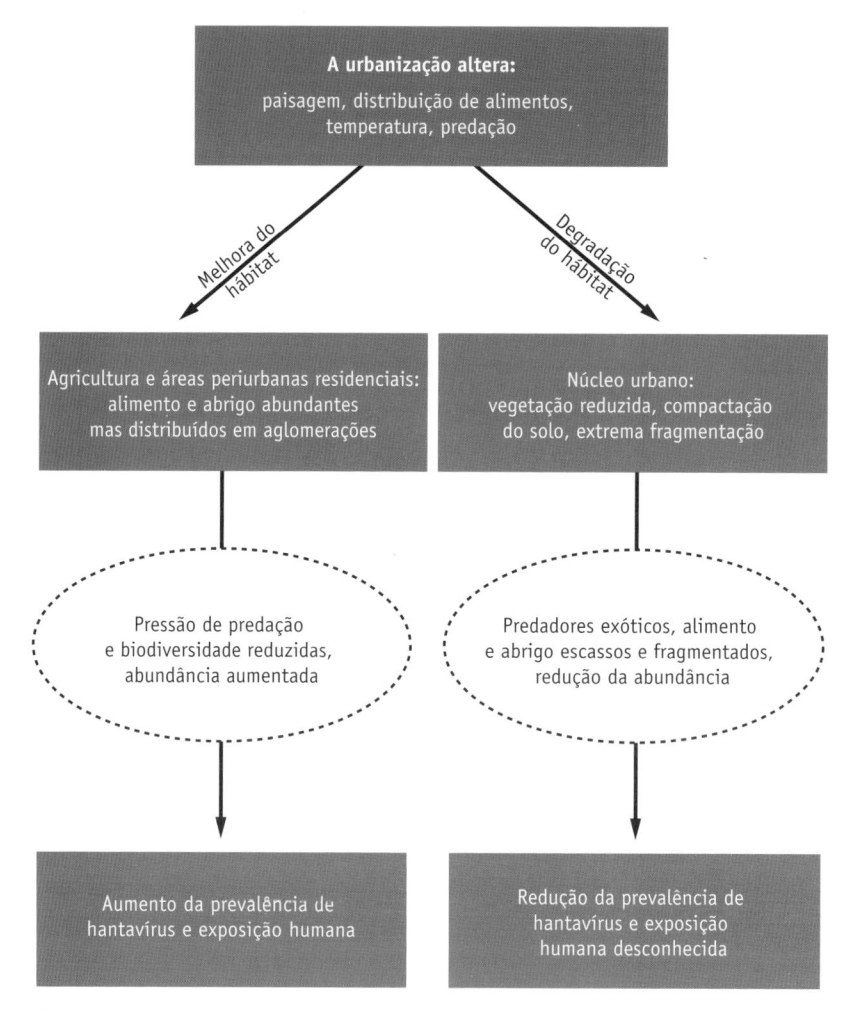

**Fig. 4.47** Fatores que afetam a prevalência de hantavírus
Fonte: adaptado de Dearing e Dizney (2010).

A transferência para casos humanos dessas diferenças de prevalência depende do contato entre seres humanos e roedores. Os moradores de centros urbanos densamente urbanizados evitam o contato com roedores que possam transmitir o hantavírus. Conforme as cidades se expandem para o campo circundante, o contato humano com espécies de roedores generalistas bem adaptados a níveis intermediários de perturbação pode se tornar comum e aumentar o risco de exposição. A urbanização configura a exposição humana ao hantavírus por meio de séries de efeitos que começam com o hábitat, passam pelos efeitos dos recursos e da ecologia sobre roedores de várias espécies e terminam com mudanças do comportamento humano. Os ecologistas urbanos estão apenas nos primeiros estágios da compreensão dos muitos vínculos dessas séries.

A história na América do Norte do fungo *Ceratocystis ulmi*, responsável pela grafiose do olmeiro, também combina muitos temas da ecologia urbana. Observado pela primeira vez nos Países Baixos, esse fungo foi acidentalmente introduzido em Cleveland, no estado americano de Ohio, em 1930. O olmeiro-americano, *Ulmus americana*, se mostrou especialmente suscetível a essa espécie exótica (Gibbs, 1978). A doença se espalhou rapidamente, auxiliada pela prática popular da monocultura dessas árvores elegantes ao longo de ruas urbanas, com densidade suficiente para o fungo se transmitir diretamente pelas raízes. Duas espécies de besouro, uma nativa e a outra exótica, disseminaram o fungo entre árvores mais distantes. Em 1970, os olmeiros tinham praticamente desaparecido das cidades norte-americanas, destruídos como consequência não intencional do planejamento urbano e do deslocamento de espécies a grande distância. Alguns olmeiros-americanos sobrevivem, como os do Central Park, em Nova York, graças ao isolamento das florestas circundantes.

As doenças infecciosas interligam animais selvagens, animais domésticos e seres humanos. Por meio de rotas complexas, os animais domésticos podem criar novos riscos para animais selvagens, enquanto animais selvagens podem criar riscos para animais de estimação e seus donos. A interação entre raposas, cães e *Echinococcus multilocularis* foi descrita como uma forma de *vida selvagem na cidade* (Deplazes et al., 2004). Muita gente pode se surpreender e até gostar de ver animais selvagens como as raposas habitando as cidades de forma silenciosa e bem-sucedida, levando consigo um toque de vida selvagem. Talvez fiquem menos satisfeitos quando as raposas usam animais domésticos e resíduos humanos como fonte de alimento. Mas os moradores urbanos dificilmente se surpreenderiam se o toque de vida selvagem desses animais trouxer consigo doenças infecciosas que fazem parte da vida, assim como caçar e encontrar parceiros sexuais.

## 4.5 Características de organismos urbanos

Algumas espécies persistem em hábitats urbanos e outras não. O sucesso ou fracasso de determinada espécie depende do seu *fenótipo*, o conjunto de características que determinam como ela interage com o ambiente, inclusive com membros da mesma e de outras espécies. O próprio fenótipo surge da interação dos genes com o meio ambiente e, portanto, as características encontradas nas áreas urbanas são em parte configuradas por reações dos organismos ao ambiente.

Pode-se classificar as características em cinco categorias amplas e às vezes sobrepostas (Fig. 4.48):

i) as *características morfológicas* evidenciam a estrutura física do organismo, como tamanho e formato;
ii) as *características fisiológicas* evidenciam o funcionamento dos organismos, como a capacidade de utilizar recursos ou tolerar estresses ambientais;
iii) as *características comportamentais*, como agressão e escolha do alimento, indicam de que modo o organismo reage ao meio ambiente;
iv) as *características da história de vida* resumem o cronograma de reprodução e sobrevivência, como a época de reprodução, os períodos de fecundidade e a expectativa de vida.
v) as *características sociais* descrevem o modo como os organismos, em geral membros da mesma espécie, interagem entre si.

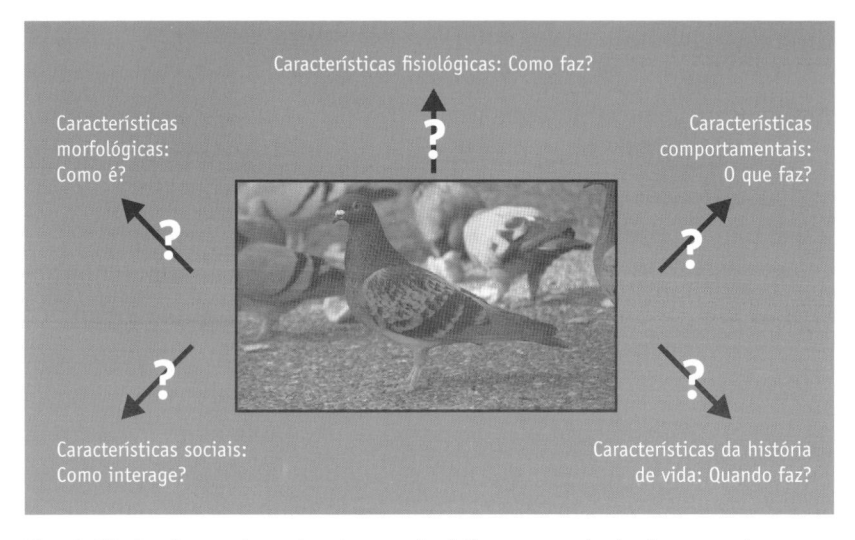

Fig. 4.48 As cinco categorias de características e as principais perguntas que provocam

As mudanças urbanas de hábitat, recursos e fluxo de nutrientes e toda a variedade de consequências não intencionais da urbanização criam o meio ambiente que configura essas características nos organismos urbanos.

### 4.5.1 Princípios da interação entre características e meio ambiente

As características dos organismos presentes em qualquer meio ambiente específico são determinadas por três processos principais:

*Seleção*
Os ambientes selecionam as espécies que conseguem ou não persistir (seção 4.1). No contexto de um meio ambiente novo como o urbano, às vezes os organismos bem-sucedidos são chamados de *pré-adaptados* porque têm características apropriadas por causa da adaptação anterior a outros ambientes.

*Mudança fenotípica*
Todos os organismos podem ajustar as suas características durante a vida, e algumas espécies e características são mais flexíveis do que outras. As mudanças morfológicas típicas principalmente de plantas costumam ser chamadas de *plasticidade fenotípica*. Os ajustes sociais, comportamentais e de história de vida ocorrem quase instantaneamente em algumas circunstâncias ou ocupam uma fração substancial da vida do indivíduo em outras. O aprendizado é uma classe especial de ajuste comportamental baseado na retroalimentação obtida por experiência ou pela observação de outros. Assim como outras mudanças comportamentais, o aprendizado pode ser lento ou rápido e, em alguns casos, várias gerações são necessárias para as inovações se firmarem e se disseminarem.

Os efeitos da aptidão das mudanças de características recaem em três classes: (i) mudanças *adaptativas*, que melhoram a sobrevivência ou a reprodução, (ii) mudanças *mal-adaptadas*, que reduzem o desempenho, às vezes a ponto de transformar um meio ambiente em armadilha ecológica, e (iii) mudanças *inevitáveis*, como as resultantes da exposição à poluição ou da escassez demasiada de alimento.

*Evolução*
As espécies ou populações podem evoluir, exibindo mudanças da composição genética capazes de melhorar a adequação individual entre os organismos e o meio ambiente (seção 4.6).

A compreensão do alinhamento entre características dos organismos e diversos aspectos do meio ambiente depende dos seguintes princípios:

i) características de tipos diferentes interagem; por exemplo, uma mudança de morfologia, como o aumento do tamanho, pode provocar mudança de comportamento;

ii) as características reagem ao meio ambiente em velocidade diferente; tipicamente, as mudanças comportamentais são as mais rápidas e as evolutivas, mais lentas;

iii) a reação das características pode ser adaptativa, mal-adaptada ou inevitável;

iv) algumas características provocam retroalimentação e mudam o próprio ambiente, como o uso de água pelas plantas ou incêndios gerados pelo bromo-vassoura. Essa retroalimentação pode tornar o meio ambiente mais ou menos adequado para a espécie que a gerou;

v) as características podem variar de forma significativa entre as espécies, como comportamento ou tamanho corporal, e criar um potencial de seleção de indivíduos em diferentes hábitats. Muitas características mudam durante a vida de um único indivíduo;

vi) para determinar quais características são bem-sucedidas, a variabilidade do meio ambiente no tempo ou no espaço pode ser fundamental. Por exemplo, o meio ambiente cujo clima se alterna entre extremamente úmido e extremamente seco favorece estratégias de uso vegetal da água diferentes daquele com umidade mais constante, mesmo que a média seja a mesma.

A variabilidade das condições no espaço e no tempo tem papel importante para determinar se os organismos são *especialistas* ou *generalistas*. Os especialistas usam um pequeno conjunto de hábitats ou de tipos de recurso enquanto os generalistas conseguem se aproveitar de muitas circunstâncias diferentes. Uma espécie pode ser generalista de três maneiras:

i) *tolerância*: os indivíduos usam as mesmas características para sobreviver e se reproduzir em muitas condições;

ii) *ajuste*: os indivíduos se ajustam para reagir ao meio ambiente de forma apropriada;

iii) *variação intraespecífica*: os indivíduos da espécie podem ter sucesso em ambientes diferentes, tornando a espécie mais generalista do que qualquer indivíduo específico.

### 4.5.2 Características associadas aos ambientes urbanos

Os ambientes urbanos apresentam processos do ecossistema acelerados e transformados, dinâmica de perturbação irregular e localizada e hábitats novos e intimamente vizinhos (seção 3.4). Desse modo, favorecem tipicamente os generalistas em vez dos especialistas (Glazier, 1986). As espécies de aves encontradas em áreas urbanas têm alcance elevatório e latitudinal maior do que as ausentes de áreas urbanas, mesmo que sejam do mesmo gênero, como mostra a Fig. 4.49 (Bonier; Martin; Wingfield, 2007). Os besouros carabídeos generalistas dominam as comunidades urbanas às custas dos especialistas (Ishitani; Kotze; Niemela, 2003; Niemela et al., 2002), principalmente em bordas de fragmentos (Gaublomme et al., 2008).

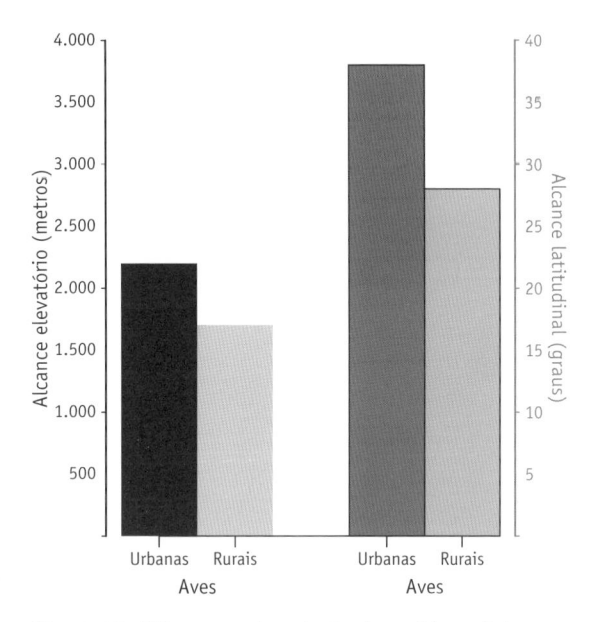

Fig. 4.49 Diferenças de tolerância ambiental de aves urbanas
Fonte: adaptado de Bonier, Martin e Wingfield (2007).

Esse resultado não revela qual dos três mecanismos de especialização cria o padrão. Como se verá, alguns indícios mostram que os organismos urbanos são mais flexíveis e até mais inteligentes do que os não urbanos, indicando como fundamental a capacidade de ajustamento dos indivíduos.

Ser generalista não delineia as características específicas responsáveis pela sobrevivência no meio ambiente urbano. As plantas e os animais urbanos enfrentam uma grande variedade de estresses e dificuldades que não estão presentes em ecossistemas não perturbados por seres humanos (Grimm et al., 2008). Essas dificuldades, como as que configuram a biodiversidade urbana e as interações entre espécies, se dividem nas quatro amplas categorias de modificação do hábitat, entrada de recursos, processos do ecossistema e interações ecológicas.

### Efeitos dos hábitats urbanos

Fragmentação do hábitat

A fragmentação do hábitat urbano pode ter efeito conflitante sobre a morfologia e o comportamento associados à dispersão entre fragmentos. Com suficiente perturbação induzida por seres humanos, somente espécies extremamente móveis conseguem localizar pontos habitáveis. No entanto, uma matriz inóspita interposta é capaz de tornar a dispersão perigosa (Cheptou et al., 2008) ou mesmo impossível (Munshi-South; Kharchenko, 2010).

O meio ambiente urbano também altera a dispersão dos organismos. As plantas urbanas têm menos probabilidade de dispersar as sementes pelo vento e é mais provável que usem animais ou seres humanos (Knapp et al., 2008). Os ventos urbanos fracos (seção 3.1) talvez não sejam suficientemente constantes para deslocar as sementes até hábitats apropriados, enquanto pássaros, animais de estimação e seres humanos são dispersadores disponíveis e eficientes. As sementes que se dispersam pelo transporte do solo, como nos pneus de veículos automotores (Fig. 4.21), costumam ser de herbáceas que produzem muitas sementes pequenas.

Além das sementes, muitas plantas têm de dispersar o pólen e precisam do auxílio do vento, de animais e de outros mecanismos mais exóticos. Embora os ventos urbanos não sejam muito eficazes para deslocar sementes grandes, podem ser mais confiáveis do que aguardar a reduzida população urbana de insetos polinizadores (Knapp et al., 2008). As *plantas perenes* se reproduzem pela disseminação vegetativa, uma característica alternativa de história de vida que evita as dificuldades do movimento de pólen e sementes no fragmentado meio ambiente urbano (Benvenuti, 2004). Algumas plantas perenes se aproveitam do comportamento humano para se deslocar como plantas inteiras, como na rebrota de plantas de jardim descartadas (Hodkinson; Thompson, 1997).

Os perigos do deslocamento urbano podem se acentuar no caso de espécies que usam hábitats especializados, como os aquáticos, e seria de esperar que favorecessem características capazes de reduzir a dispersão em áreas urbanizadas, onde esses hábitats ficam isolados e potencialmente escondidos. Entretanto, na Austrália a tartaruga-pescoço-de-cobra, *Chelodina longicollis*, se dispersa a distâncias maiores nas áreas periurbanas residenciais do que em reservas naturais (Rees; Roe; Georges, 2009). Com a importação, o nível de água das regiões periurbanas é mais constante. Além disso, o projeto residencial periurbano costuma incluir bueiros para drenagem de água que facilitam, de maneira não intencional, o deslocamento das tartarugas e tornam o hábitat da tartaruga das áreas periurbanas mais interligado do que nas reservas naturais (Fig. 4.50). Como outro efeito colateral da urbanização, as tartarugas não urbanas entram em *estivação*, forma de dormência que permite escapar de condições desfavoráveis, enquanto as das regiões periurbanas, diante da falta de local adequado para passar isso e com nível d'água mais previsível, não entram em estivação.

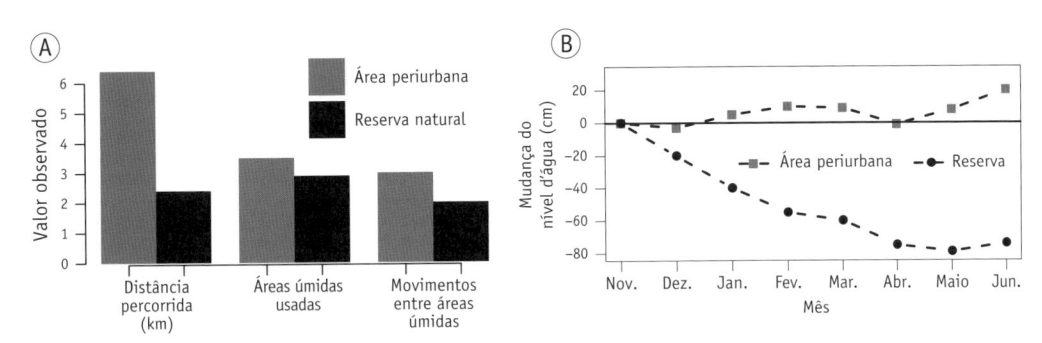

Fig. 4.50 (A) Aumento da dispersão de machos periurbanos de tartaruga-pescoço-de-cobra por conta do (B) nível d'água mais constante
Fonte: adaptado de Rees, Roe e Georges (2009).

O ambiente construído

O meio ambiente físico urbano contém novas estruturas que podem servir de residência não só para pessoas como para animais. As aves que usam edificações ou cavidades em vez de árvores ou solo se reproduzem com mais sucesso em áreas urbanas (Kark et al., 2007). Ao lado da capacidade de aproveitar fontes humanas de alimento, os pombos-comuns fazem ninho em edificações que se assemelham aos seus penhascos ancestrais, enquanto os pardais-domésticos fazem ninhos sob beirais ou em outros locais abrigados perto das casas. Os hábitats urbanos também têm densidade reduzida de florestas. Embora fazer ninho bem longe do chão aumente a sobrevivência, em média as aves urbanas fazem ninhos mais perto do chão do que as não urbanas em razão da falta de lugares preferenciais no alto das árvores (Reale; Blair, 2005). Entretanto, fazer ninho no próprio solo é raro em áreas urbanas (Emlen, 1974).

No *campus* urbanizado da Universidade da Califórnia em San Diego, uma população de juncos-de-olhos-escuros, *Junco hyemalis*, abandonou o hábitat típico nas montanhas em troca de um meio ambiente extremamente modificado. Até 13% dessas aves passaram a fazer ninho em plantas acima do chão em vez de fazê-lo no solo, como nas florestas do seu hábitat nativo (Yeh; Hauber; Price, 2007). No *campus*, 77% dos ninhos fora do chão permitiram a sobrevivência de pelo menos um filhote, nível substancialmente mais alto do que o sucesso de 48% dos ninhos no chão, diferença relacionada quase inteiramente à queda da predação.

Para a formiga-doméstica-odorosa, *Tapinoma sessile*, os hábitats urbanos oferecem lugares novos e maiores para os ninhos. Nos hábitats de floresta perto de Lafayette, no estado americano de Indiana, essas formigas habitam nozes e castanhas, e as colônias têm uma única rainha e menos de cem operárias (Buczkowski, 2010). Nas cidades de Lafayette e West Lafayette, edificações, cobertura do solo e pilhas de detritos oferecem locais para ninhos que permitem a essas formigas mudar completamente a sua estrutura social. As colônias têm, em média, mais de 50.000 operárias e mais de 2.000 rainhas, transformação que ocorreu de forma independente em muitas cidades (Menke et al., 2010). Em termos ecológicos, em vez de ser um membro relativamente sem importância da comunidade de formigas, as colônias urbanas de *Tapinoma* agem como espécie invasora e eliminam todas as outras espécies de formiga, com exceção de duas. Estas duas espécies, de modo bastante previsível, são as mais abundantes nos canteiros centrais das ruas de Nova York (Pećarević; Danoff-Burg; Dunn, 2010): a não nativa formiga-das-calçadas *Tetramorium caespitum* e a nativa *Lasius neoniger*. Nesse caso, uma mudança de comportamento induzida pela modificação do hábitat provoca uma transformação social e ecológica.

### Efeitos de entradas e saídas
Entrada de recursos

A entrada de matéria orgânica e alimento nos ecossistemas urbanos, principalmente para consumo humano, leva direta ou indiretamente a grandes mudanças de tipo, abundância e distribuição espacial de alimentos disponíveis a animais urbanos:

- lixo, alpiste e animais atropelados se tornam mais abundantes;
- as fontes de alimento são mais constantes e previsíveis no decorrer do tempo;
- as fontes de alimento são mais concentradas no espaço.

As espécies que exploram e se adaptam ao meio urbano conseguem aproveitar esses alimentos (Fig. 4.51). Por exemplo, aves urbanas com dieta onívora que inclua sementes costumam abandoná-las e se especializar em invertebrados como os insetos (Kark et al., 2007). O abastecimento de alpiste tem papel importantíssimo nessa mudança, já que os habitantes dos Estados Unidos distribuem até 450 milhões de quilos de alpiste por ano (O'Leary; Jones, 2006).

Fig. 4.51 Aves e mamíferos podem aproveitar alimentos humanos descartados

O damão-do-cabo, *Procavia capensis*, ajustou a alimentação para incluir, além de folhas e capins, o lixo à beira dos estacionamentos. Os damões urbanos também perderam a pressão de cima para baixo com a remoção dos seus predadores naturais (seção 4.3) e se tornaram ousados a ponto de abordar seres humanos em busca de alimentos (Fig. 4.52).

As características fisiológicas e comportamentais que permitem a organismos urbanos aproveitar a entrada de alimentos melhoram a aptidão, pelo menos no caso das aves. Quando alimentado, o chapim-azul, *Cyanistes caeruleus*, apresenta data de postura precoce e aumento do número de filhotes emplumados por ninho, como mostra a Fig. 4.53 (Robb et al., 2008b). A alimentação experimental do chapim-do-salgueiro, *Parus montanus*, no oeste da Suécia provocou aumento da população com maior sobrevivência e/ou imigração. Como exemplo de interação entre controle de baixo para cima e de cima para baixo, os chapins bem alimentados sofrem menos predação por mochos ou caburés por serem

Fig. 4.52 Os animais podem perder o medo de seres humanos na busca por alimento

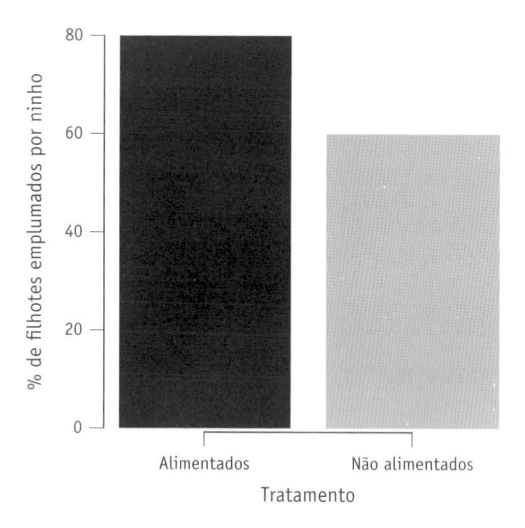

Fig. 4.53 Efeitos da alimentação durante o inverno sobre o sucesso de filhotes de chapim-azul na estação seguinte
Fonte: adaptado de Robb et al. (2008b).

capazes de comportamento mais cuidadoso contra os predadores (Jansson; Ekman; Brömssen, 1981). Depois de retirada a alimentação, a população muito densa despencou e os sobreviventes tiveram menos sucesso reprodutivo no verão seguinte. Se esses efeitos se mantiverem em áreas urbanas, a população de aves poderá reagir rapidamente à presença ou ausência de alimentação de pássaros por seres humanos nas cidades. Na Austrália, os habitantes costumam alimentar aves urbanas maiores e mais agressivas, como a carnívora pega-australiana, *Gymnorhina tibicen* (seção 4.3). As pegas alimentadas alteram o seu comportamento e a história de vida para consumir mais carne, começam a procriar cerca de duas semanas antes e transferem para os filhotes pelo menos parte desse subsídio (O'Leary; Jones, 2006).

Uma população de raposinha-de-são-joaquim, *Vulpes macrotis mutica*, em risco de extinção, estabeleceu-se em Bakersfield, na Califórnia

(Newsome et al., 2010), onde tem menor variabilidade ano a ano e maior densidade populacional do que as populações não urbanas. Enquanto as raposas rurais comem principalmente ratos-cangurus – pequenos roedores do gênero *Dipodomys* –, as raposas urbanas passaram a consumir esquilos terrestres, roedores da família Geomyidae, pássaros e algum lixo, sem indícios de efeito negativo sobre a sobrevivência e a reprodução. Na verdade, como em Bristol antes do surgimento da sarna (seção 4.4), a principal causa de morte da população urbana são os veículos motorizados.

Os alimentos derivados do descarte humano e da alimentação intencional tendem a se agregar em grandes concentrações (Ditchkoff; Saalfeld; Gibson, 2006). Localizar esse alimento concentrado costuma favorecer a característica social de procurar alimento em grupo (Fig. 4.54) (Kark et al., 2007). Os grupos têm mais olhos para avistar a comida, e depois o butim pode ser dividido e defendido com eficácia. O aumento resultante da densidade de animais em torno de aglomerações de alimentos muda ainda mais o meio ambiente social. Os guaxinins que vivem perto de alimentos supridos por seres humanos têm densidade populacional incomum e elevada, o que provoca mudanças de comportamento como alimentação comunal e área vital menor (Prange; Gehrt; Wiggers, 2004), além de maior potencial de transmissão de doenças (seção 4.4).

Fig. 4.54 Corvídeos urbanos sociais como essas gralhas-pretas aprenderam a aproveitar o lixo urbano

## Poluentes

Os poluentes são o que sai do metabolismo urbano, e o seu efeito são reações fisiológicas praticamente inevitáveis. O ozônio, composto reativo $O_3$ criado por reações que envolvem nitrogênio e luz solar (seção 3.3), provoca efeitos prejudiciais, principalmente nas plantas. Ele entra nas folhas pelos estômatos e causa dano oxidativo extenso; prejudica mais as plantas do que todas as outras formas de poluição do ar somadas. O nível elevado de ozônio pode reduzir as safras em mais de 50%. Como a série complexa de reações químicas atmosféricas que cria ozônio exige um tempo substancial (seção 3.3), o vento dominante pode exportar a maior parte do ozônio gerado pela cidade para áreas não urbanas a sota-vento e provocar redução do crescimento das plantas não urbanas quando comparadas a plantas urbanas coespecíficas, como mostra a Fig. 4.55 (Gregg; Jones; Dawson, 2003).

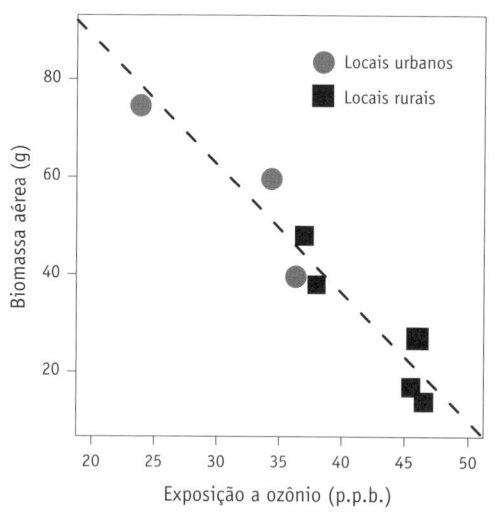

Fig. 4.55 Nível de exposição ao ozônio urbano (em partes por bilhão) contra biomassa aérea de choupos dentro e perto de Nova York
Fonte: adaptado de Gregg, Jones e Dawson (2003).

Por sua vez, o aumento do dióxido de carbono atmosférico serve de nutriente que promove o crescimento vegetal urbano. Juntamente com a temperatura mais alta e a extensão da temporada de crescimento, isso produz maior crescimento da carpineira urbana, *Ambrosia artemisiifolia*, pouco depois de estabelecida (Ziska; Bunce; Goins, 2004). Com a retroalimentação do meio ambiente, esse crescimento rápido se inverte quando o acúmulo de resíduos de folhas reduz a germinação e a sobrevivência dessas plantas anuais, como mostra a Fig. 4.56 (Ziska; George; Frenz, 2007).

Viu-se que a fragmentação do hábitat elimina desproporcionalmente os animais de nível trófico mais alto, como parasitoides e predadores. Esses mesmos organismos também são extremamente suscetíveis a pesticidas, projetados para criar danos fisiológicos inevitáveis às pragas que atacam. A pulverização para combater a mosca-do-mediterrâneo, *Ceratitis capitata*, matou insetos parasitoides que não eram o seu alvo em quantidade suficiente para provocar, na Califórnia, surtos graves de moscas cecidomídeas, a ponto de desfolhar as plantas hospedeiras (Dreistadt; Dahlsten; Frankie, 1990). A fisiologia diferente de insetos predadores e herbívoros faz com que o uso de pesticidas possa aumentar a população urbana de ácaros e pulgões ao reduzir a população dos seus inimigos naturais (Raupp; Shrewsbury; Herms, 2010).

O efeito das bifenilas policloradas (do inglês *polychlorinated biphenyls*, PCBs) sobre a raposa-vermelha, *Vulpes vulpes*, constitui uma rara demonstração do efeito fisiológico da poluição tóxica das cidades sobre um mamífero urbano. Nas vizinhanças de Zurique, na Suíça, os machos mantêm nível elevado desses poluentes durante a vida inteira, e as raposas com nível mais alto de PCB sofrem maior mortalidade. Ao que parece, as fêmeas passam esses compostos para os filhotes pelo leite e apresentam carga reduzida de poluentes e menos efeitos negativos quando envelhecem (Dip et al., 2003).

### Efeito de processos do ecossistema urbano
#### A ilha urbana de calor

A ilha urbana de calor eleva um pouco a temperatura máxima e faz subir muito a temperatura mínima, provocando aumento do estresse térmico causado pelo calor e redução do estresse causado pelo frio. Para as plantas de muitas cidades, isso se traduz numa temporada de crescimento substancialmente mais longa, como mostra a Fig. 4.57 (Zhang et al., 2004), mas ao custo de sustentar populações de herbívoros que começam a crescer e comer mais cedo (seção 4.3). Entretanto, nas cidades tropicais a temporada de crescimento das plantas não aumenta (Gazal et al., 2008), talvez porque a *fenologia* seja mais controlada pela umidade do que pela temperatura (Evans, 2010). A cidade setentrional de Fairbanks, no Alasca, também não apresenta surgimento precoce de botões, mas por razões bem diferentes;

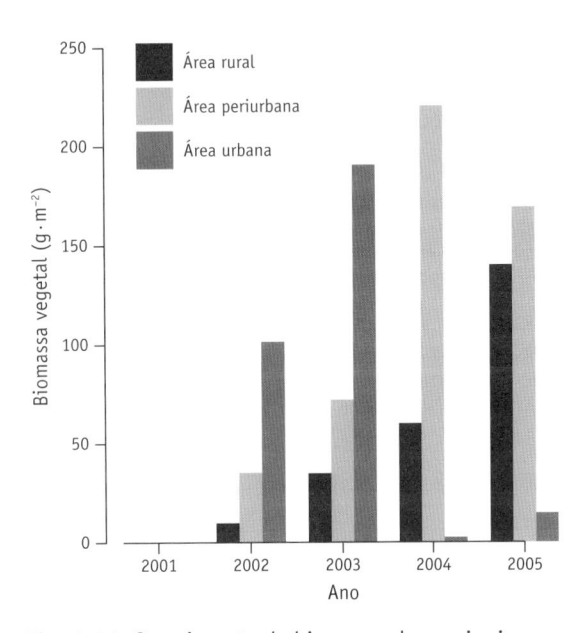

Fig. 4.56 Crescimento da biomassa de carpineira em áreas rurais, periurbanas e urbanas
Fonte: adaptado de Ziska, George e Frenz (2007).

segundo hipóteses, a causa seria a redução do frio do inverno, de que as plantas precisam para provocar a germinação na primavera (Gazal et al., 2008). Pode ser difícil separar os efeitos fisiológicos da temperatura de outras mudanças relacionadas, como o aumento do dióxido de carbono ou do ozônio.

A ilha urbana de calor pode criar estresse significativo. Muitas plantas urbanas apresentam mudança morfológica, com folhas mais rijas para resistir melhor ao calor e à seca (Knapp et al., 2008). As árvores que crescem perto da pavimentação enfrentam, ao mesmo tempo, temperatura mais alta e menos disponibilidade de água, e a reação comportamental a esse estresse é um período diário menor de transpiração ativa (Wilson, 2011). Em Phoenix, o oleandro, *Nerium oleander*, pequena árvore muito cultivada, cresce mais depressa, no outono e no inverno, nos terrenos mais quentes perto do asfalto e, na primavera e no verão, na paisagem mésica mais fresca e coberta de vegetação (Mueller; Day, 2005).

No caso dos animais, a ilha urbana de calor pode criar novos hábitats e oportunidades. A temperatura e a precipitação atmosférica de Melbourne, na Austrália, aumentaram, com mais água encanada e estagnada. Esse clima alterado permitiu que o *Pteropus poliocephalus*, espécie nômade de morcego, povoasse a cidade. Na verdade, só há na cidade populações recentemente estabelecidas dessa espécie (Parris; Hazell, 2005).

Embora quando adulta a maioria das aves seja fisiologicamente tolerante à variação moderada de temperatura (Shochat et al., 2004), a combinação de invernos mais brandos, verões mais longos e mais alimento do que nos hábitats não urbanos circundantes promoveu a redução do comportamento migratório de populações urbanas de melro-preto, pisco-de-peito-ruivo (*Erithacus rubecula*) e junco-de-olhos-escuros (Partecke; Gwinner, 2007). As aves que escolhem invernar na cidade têm maior sobrevivência no inverno e obtêm uma vantagem na

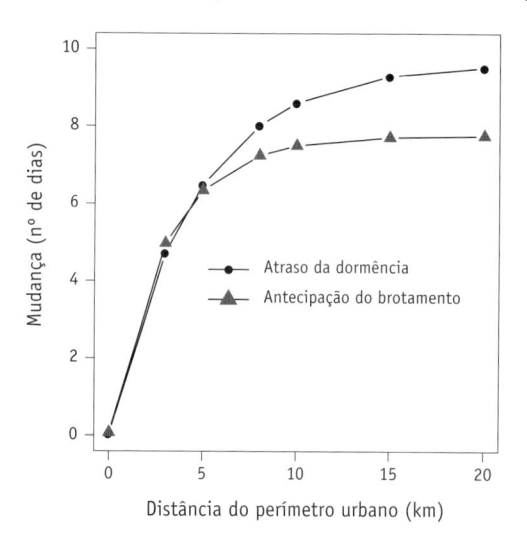

Fig. 4.57 Mudança dos períodos de dormência e brotamento de novas folhas (em dias) em função da distância da periferia urbana
Fonte: adaptado de Zhang et al. (2004).

aptidão por começar a se reproduzir antes do retorno das aves migratórias (Partecke; Gwinner, 2005). Os gaios-do-mato-da-flórida, *Aphelocoma coerulescens*, que vivem em cidades começam a procriar três semanas antes dos gaios não urbanos (Fleischer; Bowman; Woolfenden, 2003).

No caso do melro-preto, a mudança do comportamento migratório é diferente entre os sexos. Os machos urbanos, mas não as fêmeas, migram menos do que os não urbanos (Partecke; Gwinner, 2007). No caso dos machos, o risco de não migrar pode ser compensado pelo benefício de ser o primeiro a marcar território. Os machos maiores também podem vencer as fêmeas na competição por recursos durante o inverno em locais urbanos, reduzindo ainda mais a vantagem das fêmeas que não migram. Os juncos-de-olhos-escuros do *campus* de San Diego da Universidade da Califórnia aproveitam o clima urbano mais quente reduzindo a migração e pondo ovos duas vezes por ano, em vez de uma só. Como a competição por parceiras e territórios costuma ser mais intensa entre os machos que acabam de voltar do hábitat de inverno, a migração reduzida, por sua vez, pode ser responsável por uma mudança comportamental, a diminuição da agressividade com que esses machos reagem ao canto de possíveis intrusos (Newman; Yeh; Price, 2006).

### Luz

A energia que os humanos levam para os ecossistemas urbanos se converte numa variedade de formas, como calor, luz e ruído. A luz urbana pode transformar os ciclos de atividade naturais (Fig. 4.58). Em ecossistemas não urbanos, por exemplo, as fases da Lua têm papel importante na determinação do comportamento noturno dos roedores; muitos roedores pequenos são mais ativos nas noites mais escuras de Lua nova do que quando a Lua cheia os torna mais visíveis para os predadores (Lockard; Owings, 1974). Na verdade, esses roedores são noturnos principalmente para evitar predadores. Os seres humanos diurnos alteram o meio ambiente urbano para ampliar a luz do dia por meio da iluminação artificial. Alguns animais urbanos, como os predadores, usam a luz para ampliar a atividade de busca de alimento e passam do comportamento diurno para o mais noturno (Ditchkoff; Saalfeld; Gibson, 2006). Em contraste, alguns roedores passam de noturnos a diurnos em ecossistemas urbanos, talvez como reação ao aumento da luz e da predação à noite ou à oferta de alimento humano durante o dia (Meyer; Klemann; Halle, 2005).

Em virtude da iluminação artificial, as aves urbanas começam a cantar mais cedo pela manhã do que os indivíduos não urbanos da

Fig. 4.58 A iluminação das ruas, em Dublin, pode servir de armadilha ecológica para insetos e modificar os ciclos urbanos de luz e escuridão

mesma espécie. Os corvos urbanos pernoitam em locais bem iluminados, talvez para evitar a predação por corujas (Longcore; Rich, 2004). No caso do estorninho-comum, as aves urbanas se reúnem em grandes grupos à noite e formam grandes poleiros noturnos, o que não acontece com indivíduos coespecíficos não urbanos (Ditchkoff; Saalfeld; Gibson, 2006).

A imagem de mariposas e outros insetos esvoaçando em torno da iluminação humana é bem conhecida. Trata-se de um comportamento extremamente mal-adaptado, associado ao declínio mundial de insetos noturnos. Entretanto, para predadores como aves e morcegos as lâmpadas oferecem locais ideais para se alimentar. As pegas de Budapeste descobriram que as moscas-d'água confundem com água a luz polarizada refletida por prédios revestidos de vidro e se alimentam regularmente perto das edificações ao nascer e ao pôr do sol (Robertson et al., 2010). Portanto, esses corvídeos inteligentes aproveitam a armadilha ecológica que vitima as suas presas, insetos cujo comportamento é menos flexível.

Ruído

O campo pacífico e a cidade barulhenta são quase clichês. Os animais que usam o som para se comunicar têm de alterar o seu comportamento mudando a hora, o volume ou o tom das vocalizações. Na

Austrália, em poleiros próximos a vias largas, os melifagídeos *Manorina melanocephala* reagem com mais barulho aos cães, possivelmente para serem ouvidos acima do som ambiente (Lowry; Lill; Wong, 2012). Os rouxinóis, *Luscinia megarhynchos*, cantam mais alto em locais com nível elevado de ruído do tráfego e aumentam o volume de 77 Db para 91 Db, pressão sonora mais de cinco vezes maior, como mostra a Fig. 4.59 (Brumm, 2004). Outro indício da flexibilidade desse comportamento é que as aves urbanas cantam mais baixo nos fins de semana.

Os piscos-de-peito-ruivo urbanos cantam mais à noite do que os colegas rurais. Embora os locais com ruído diurno excessivo tenham forte relação com os que têm maior intensidade luminosa à noite, o ruído diurno é um fator que permite prever melhor esse comportamento canoro noturno (Fuller; Warren; Gaston, 2007).

Muitos ruídos urbanos são de baixa frequência. O chapim-real canta em frequência mais aguda em locais urbanos (Slabbekoorn; Peet, 2003), possivelmente para ser ouvido acima do ronco de fundo. Os machos cantam menos notas graves e substituem muitas canções típicas de duas a quatro notas por uma combinação de canções rápidas de uma nota ou outras mais longas com cinco ou mais notas agudas (Slabbekoorn; Boer-Visser, 2006). Na América do Norte, ocorrem mudanças semelhantes no canto do pintarroxo-do-méxico, *Carpodacus mexicanus*, e do pardal-canoro, *Melospiza melodia*, como mostra a Fig. 4.60 (Wood; Yezerinac, 2006).

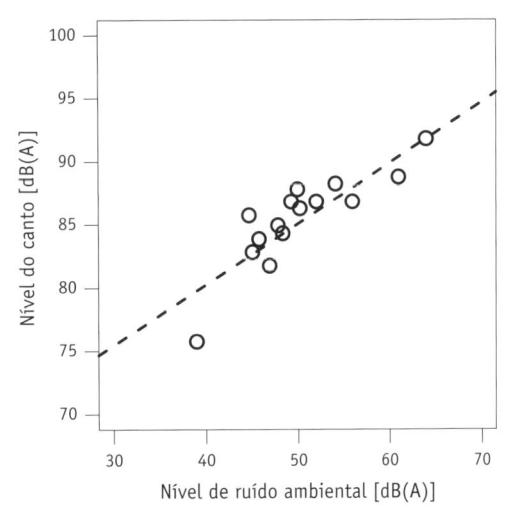

Fig. 4.59 Volume do canto dos rouxinóis em função do nível de ruído ambiente
Fonte: adaptado de Brumm (2004)

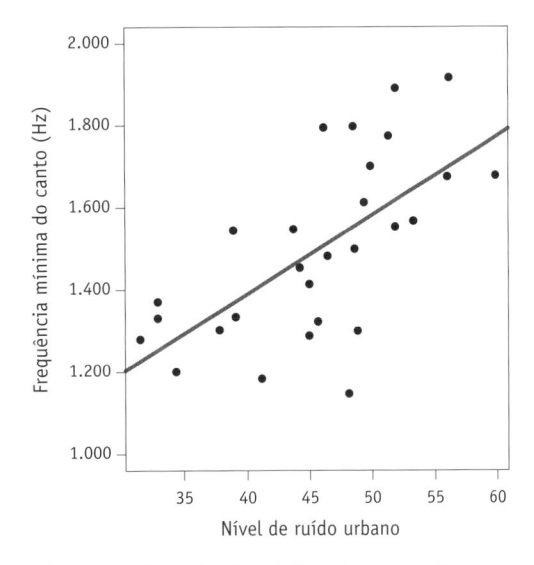

Fig. 4.60 Frequência mínima do canto de pardais-canoros em função do ruído urbano de baixa frequência
Fonte: adaptado de Wood e Yezerinac (2006).

Em Viena, o melro-preto tem canto mais curto, com menos elementos e motivos de volume e frequência mais altos do que os pássaros do vizinho Bosque de Viena (Nemeth; Brumm, 2009). Entretanto, há poucas provas diretas de que essa seja uma reação comportamental adaptativa. Como explicação alternativa, o estresse pode ter efeito semelhante sobre o canto, e as aves urbanas podem sofrer estresse suficiente, como o causado pela alta densidade populacional, para provocar as mudanças diretamente.

Alguns pássaros aprendem imitando o que ouvem, e as notas que os pássaros jovens não conseguirem escutar no burburinho urbano, portanto, podem sair do seu repertório. Os chamados entre os pássaros costumam ser vocalizações mais simples, usadas como alarme e em comunicações sociais. Na Austrália, em muitas cidades distantes os chamados do *Zosterops lateralis* mostram padrão semelhante, com tom mais agudo na faixa de baixa frequência. Em geral, os chamados não são aprendidos, o que transforma em mistério a rapidez com que ocorreram essas mudanças no canto dos pássaros (Potvin; Parris; Mulder, 2011).

*Efeitos de interações ecológicas*

A urbanização está associada à redução da predação quando o tamanho maior, a sensibilidade a pesticidas e outros estresses afastam os grandes predadores de meios ambientes urbanos (seção 4.3). Quando a presa sofre menos predação, a sua população será mais regulada pelos recursos, provocando competição mais intensa. A concentração dos recursos torna ainda mais importante coletá-los com eficiência e excluir competidores. A ênfase na competição favorece toda uma série de características comportamentais, como agressividade maior e menos timidez.

A *densidade de desistência* constitui um método para quantificar a importância relativa dada pelos indivíduos à predação e à competição. Para obter essa medida, os animais procuram pequena quantidade de alimento em ambientes protegidos de predadores ou expostos a eles. Quando temem predadores, os animais desistem mais cedo de procurar em presença de predadores e deixam mais comida para trás, produzindo alta densidade de desistência. Quando temem menos os predadores e já se ajustaram à competição intensa, os animais continuam a procurar alimento mesmo quando este se torna difícil de achar, produzindo baixa densidade de desistência, como ilustra a Fig. 4.61 (Brown, 1988).

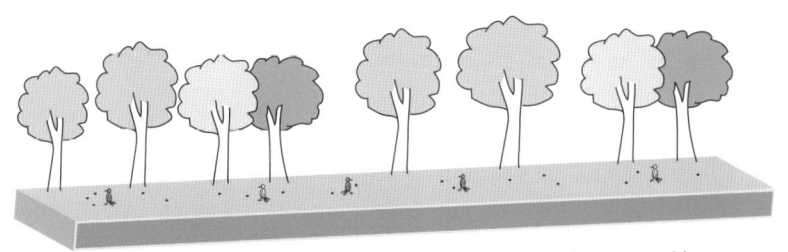

Fig. 4.61 Densidade de desistência: comportamento esperado de espécies sensíveis a predadores

Em hábitat exposto e potencialmente perigoso, as aves de parques próximos a Phoenix param de procurar sementes em comedouros mais depressa do que em hábitats mais seguros entre os arbustos. Por outro lado, as aves da cidade não só recolhem mais sementes como são indiferentes aos perigos percebidos no hábitat, como mostra a Fig. 4.62 (Shochat et al., 2004). As espécies com densidade de desistência mais baixa também diferem em ambientes urbanos e não urbanos: no deserto, são as espécies pequenas; na cidade, as maiores. As espécies grandes e eficientes como o pombo *Zenaida macroura* têm uma característica comportamental, a baixa densidade de desistência, que lhes dá uma vantagem na competição por exploração, e uma característica morfológica, o tamanho maior, que lhes dá uma vantagem na competição por interferência. Combinadas,

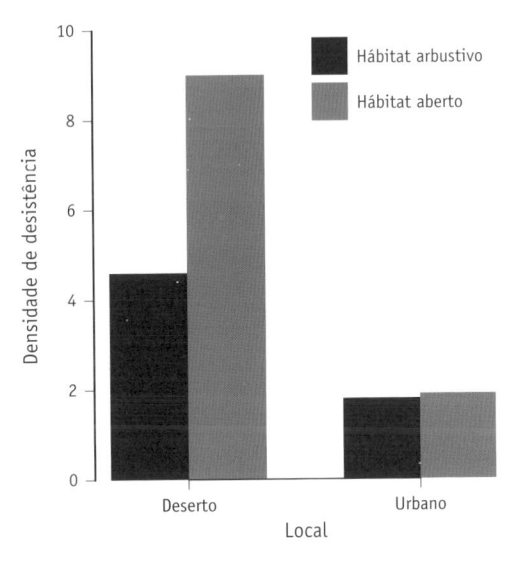

Fig. 4.62 Densidade de desistência de aves urbanas e do deserto
Fonte: adaptado de Shochat (2004).

essas características podem levar à elevada abundância e ao domínio do hábitat urbano (Shochat et al., 2010).

Ao longo de um gradiente urbano-não urbano no norte da Virgínia, em áreas urbanas os esquilos-cinzentos, *Sciurus carolinensis*, têm densidade de desistência muito mais baixa do que em áreas não urbanas (Fig. 4.63A). Os esquilos urbanos podem estar mais desesperados pela comida, ter menos medo de predadores ou, como parece ser o caso nesse sistema, as duas coisas (Bowers; Breland, 1996). Eles costumam ser abun-

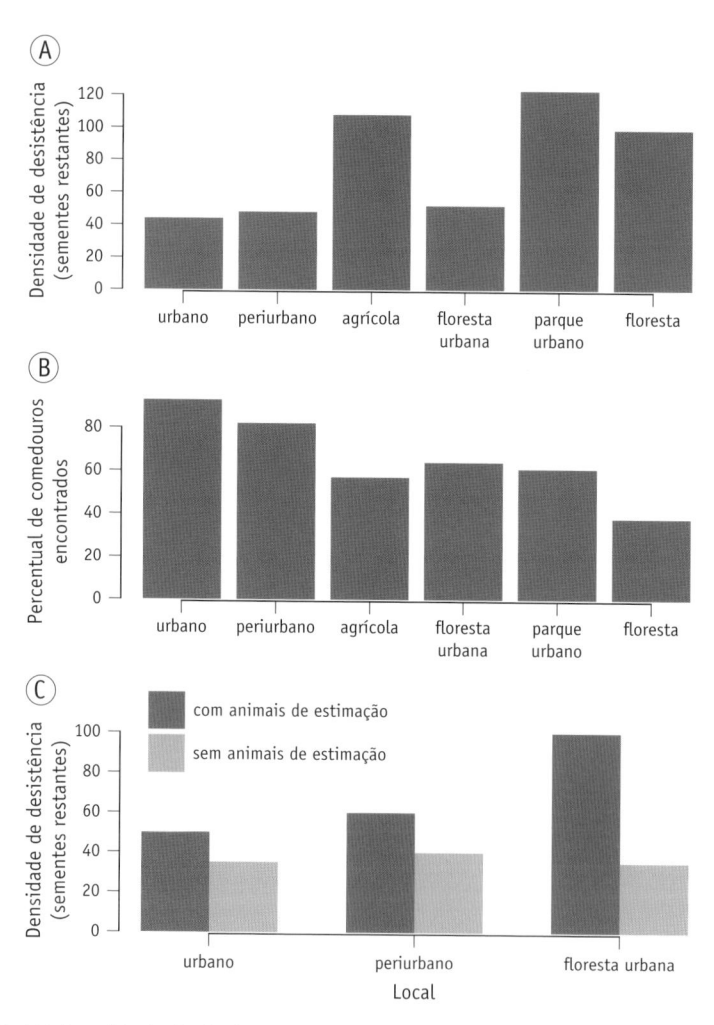

Fig. 4.63 (A) Densidade de desistência de esquilos, (B) fração de comedouros localizados por esquilos num conjunto de ambientes no norte do estado americano da Virgínia e (C) densidade de desistência em reação a animais de estimação em três ambientes contrastantes

Fonte: adaptado de Bowers e Breland (1996).

dantes em parques urbanos (Parker; Nilon, 2008) e localizam nas áreas urbanas um percentual maior de comedouros do que os esquilos não urbanos (Fig. 4.63B). Os esquilos em áreas com animais de estimação apresentam densidade de desistência muito mais alta, indicando que a predação por animais de estimação continua a ser uma ameaça real (Fig. 4.63C).

O tempo gasto na procura de predadores ou na vigilância dá outra ideia de como os animais percebem o equilíbrio entre predação e competição. Caso a predação seja comumente baixa em ambientes urbanos e a competição, alta, os animais deverão passar menos tempo vigilantes e mais tempo buscando alimentos. O esquilo-raposa adulto urbano, *Sciurus niger*, cumpre a essa previsão, mesmo quando exposto a chamados de coiotes ou de búteos-de-cauda-vermelha (Mccleery, 2009). Os esquilos urbanos jovens exibem o mesmo nível de vigilância contra predadores dos esquilos não urbanos, indicando que os esquilos urbanos adultos se habituaram às perturbações da cidade.

O cão-da-pradaria-de-rabo-preto, *Cynomys ludovicianus*, reage à urbanização de forma bem diferente dos esquilos-raposas. Os cães-da-pradaria urbanos passam mais tempo em vigilância e dão mais chamados de alarme na primavera e no outono, como mostra a Fig. 4.64 (Ramirez; Keller, 2010). Esse comportamento aparentemente mal-adaptado pode resultar da incapacidade dos cães-da-pradaria de aprender a reconhecer como inofensivas as perturbações urbanas mais comuns e é ainda mais surpreendente pelo risco maior de caça por seres humanos nas áreas rurais.

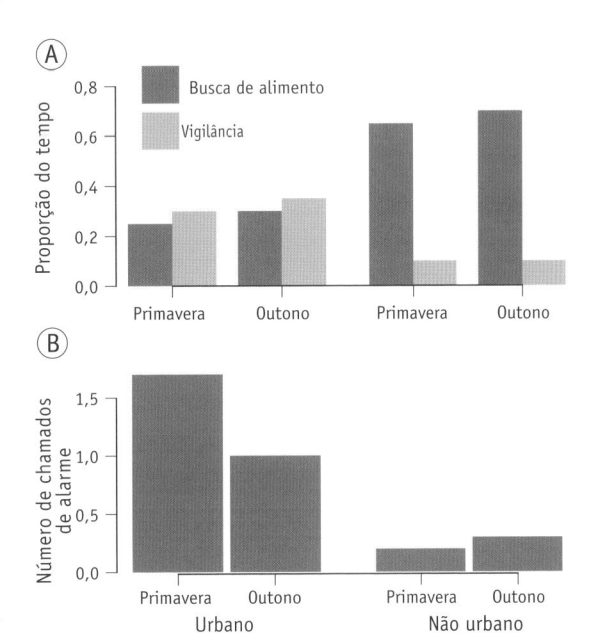

Fig. 4.64 Comportamento do cão-da-pradaria em hábitats rurais e urbanos
Fonte: adaptado de Ramirez e Keller (2010).

As aves reagem a perturbações voando para longe. Como os cães-da-pradaria, as aves urbanas enfrentam mais interrupções de carros e seres humanos que passam, e voar a cada sensação de ameaça pode ser energeticamente esgotante. A *distância de início de voo* é a distância a que seres humanos podem se aproximar antes que as aves voem, e seria de se prever que as aves urbanas reagiriam às interrupções constantes com distância de início de voo menor. Em geral, as aves urbanas cumprem essa previsão, e a diferença entre a distância de início de voo de aves urbanas e não urbanas aumenta com o número de gerações desde que a população se instalou no meio ambiente urbano, indicando um processo contínuo de adaptação (Møller, 2008).

Na cidade argentina relativamente jovem de Bahia Blanca, o melhor previsor de sucesso urbano foi o *coeficiente de variação* da distância de início de voo. O coeficiente de variação mede a variabilidade dentro da mesma espécie, ou seja, a espécie que apresentar a variabilidade mais extensa desse comportamento estará mais associada a áreas urbanas, como mostra a Fig. 4.65 (Carrete; Tella, 2011). Cada pássaro mantém um comportamento específico, indicando que as espécies bem-sucedidas são generalistas por meio da variação intraespecífica, mais do que por ajuste individual. Entre espécies, essa variabilidade se relaciona intimamente com o tamanho relativo do cérebro, encaixando-se na generalização de que a flexibilidade comportamental derivada da maior capacidade cognitiva permite às espécies lidarem melhor com os novos estresses do meio ambiente urbano (Maklakov; Immler, 2011).

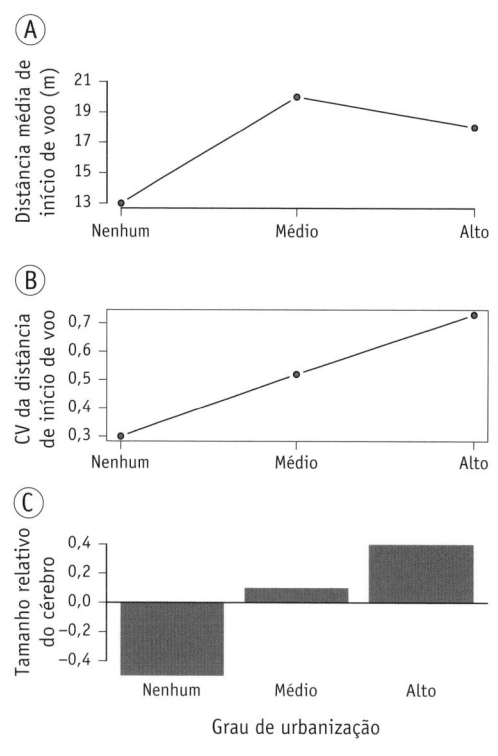

Fig. 4.65 (A) Distância média de início de voo, (B) coeficiente de variação (CV) da distância de início de voo e (C) tamanho relativo do cérebro de espécies de aves com graus diferentes de urbanização
Fonte: Carrete e Tella (2011).

É comum associar a redução da distância de início do voo a mudanças do comportamento agressivo. Os melros-pretos urbanos, *Turdus merula*, são mais agressivos do que os indivíduos coespecíficos das florestas e atacam em grupo predadores simulados, enquanto nas florestas é mais comum recuarem (Luniak; Mulsow, 1988). Mesmo em cidades pequenas de mil habitantes, os pardais-canoros mostram essa mesma combinação de agressividade e ousadia diante de seres humanos (Scales; Hyman; Hughes, 2011). Nas cidades, as aves têm menor distância de início do voo e chegam mais perto do alto-falante que toca o canto de indivíduos da mesma espécie (Fig. 4.66).

A densidade populacional elevada e a capacidade de ignorar interrupções constantes se combinam numa síndrome comportamental urbana de aumento da agressividade contra indivíduos coespecíficos e redução do medo de predadores. Perto de Washington e Baltimore, os esquilos-cinzentos urbanos, assim como as aves urbanas, são mais agressivos contra indivíduos da mesma espécie e apresentam menor distância de fuga de predadores e outras ameaças, como mostra a Fig. 4.67 (Parker; Nilon, 2008). Como tantas outras generalizações da Ecologia Urbana, as exceções ajudam a esclarecer as causas. Viu-se que os juncos-de-olhos-escuros urbanos exibem menos agressão intraespecífica, talvez porque o efeito da modificação do clima e do hábitat supere o da perturbação e dos recursos.

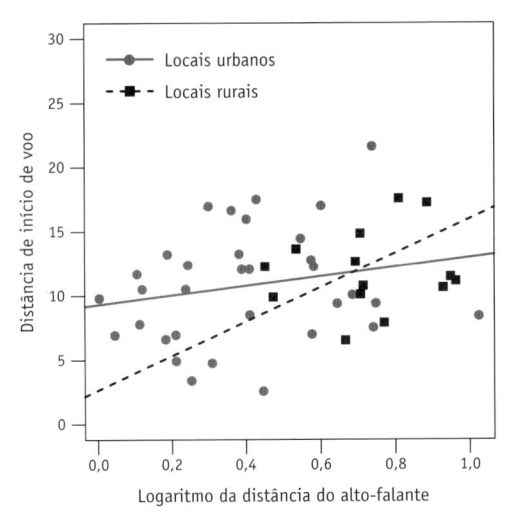

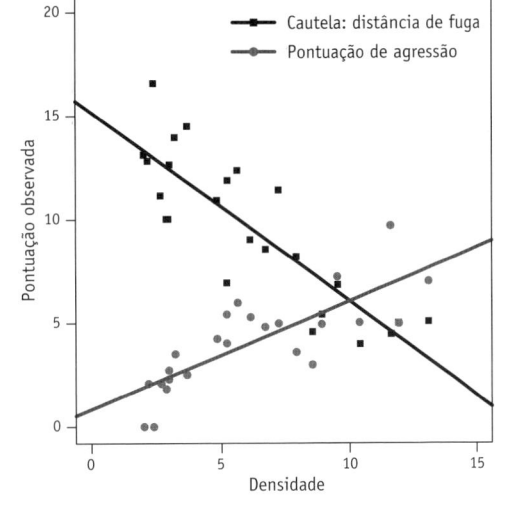

Fig. 4.66 Relação entre a distância de início de voo e a proximidade de um alto-falante entre pardais-canoros de cidades e áreas rurais
Fonte: adaptado de Scales, Hyman e Hughes (2011).

Fig. 4.67 Efeito da densidade sobre a cautela e a agressividade dos esquilos
Fonte: adaptado de Parker e Nilon (2008).

### 4.5.3 Estudos de caso sobre interação de processos

A modificação do hábitat, o aumento da entrada de recursos, a saída sob a forma de poluição, a densidade populacional elevada e outros efeitos da urbanização se unem para criar um conjunto de síndromes de características urbanas, como a combinação de maior ousadia e agressividade encontrada em aves e esquilos urbanos. Examinam-se síndromes resultantes de estresse crônico e mudanças do tamanho corporal e depois se retorna aos bem estudados pardal-doméstico e melro-preto para verificar como as suas características interagem e se desenvolvem com o tempo.

*Estresse crônico*

A reação adequada ao estresse é necessária para que qualquer organismo reaja adequadamente a predadores e outros perigos. Os vertebrados liberam hormônios esteroides glucocorticoides que concentram a atenção e a memória para facilitar a reação adaptativa de curto prazo a condições estressantes. A longo prazo, o nível elevado de hormônios esteroides glucocorticoides pode prejudicar as funções imunológica, cerebral e reprodutiva. Para evitar esse custo, os organismos urbanos, diante de interrupções novas e frequentes, deveriam exibir uma reação menos extremada ao estresse do que a dos indivíduos não urbanos. Pelo menos em parte, os melros-pretos urbanos cumprem essa previsão. Embora o seu nível básico de glucocorticoide não seja diferente das aves não urbanas, em situações estressantes esse nível sobe muito menos em pássaros urbanos do que em não urbanos, pelo menos nos meses do inverno e da primavera (Partecke; Schwabl; Gwinner, 2006).

A complexidade dessas reações ao estresse está apenas começando a ser examinada. Nos melros-pretos, a reação ao estresse é diferente em cada estação do ano. Em outras espécies, a reação ao estresse é diferente entre os sexos. Machos e fêmeas do pardal-de-coroa-branca, *Zonotrichia leucophrys*, comparados em locais urbanos e não urbanos na Califórnia e em Washington, mostram reações diferentes ao estresse. Os machos urbanos têm nível básico de corticosteroides mais alto do que os machos não urbanos, e entre as fêmeas o nível não apresenta diferenças (Bonier et al., 2007). Entretanto, no meio ambiente urbano o nível de corticosteroide das fêmeas tem relação negativa com o sucesso reprodutivo. Os indivíduos mais capazes de lidar com o meio ambiente urbano por meio da manutenção de um nível mais baixo de estresse podem canalizar energia com mais eficiência para a reprodução.

O lagarto-das-árvores urbano, *Urosaurus ornatos*, mostra redução do nível básico de glicocorticoides e do nível provocado por estresse quando comparado a indivíduos coespecíficos não urbanos. Com base na contagem de células importantes para combater infecções, os indivíduos urbanos também apresentam imunocompetência maior do que os indivíduos não urbanos da mesma espécie (French; Fokidis; Moore, 2008). Ainda não se sabe se essa imunocompetência mais alta se deve à reação menos intensa ao estresse ou a outros fatores, como maiores dificuldades imunológicas ou maior reserva de energia.

*Tamanho corporal*

Em latitude setentrional, é comum as aves urbanas terem corpo menor do que os indivíduos coespecíficos rurais (Chamberlain et al., 2009). Vários fatores poderiam explicar essa característica morfológica:

i) o tamanho pequeno pode ser adaptativo em ambientes urbanos para evitar predadores, principalmente gatos;
ii) aves pequenas de má qualidade talvez só consigam sobreviver e se reproduzir em áreas urbanas, por conta do subsídio alimentar;
iii) as aves urbanas podem estar *vivendo a crédito* e manter baixa reserva de gordura porque o alimento é extremamente previsível (Shochat, 2004);
iv) a alimentação urbana pode existir em grande quantidade, mas ter baixa qualidade e produzir filhotes pouco saudáveis e adultos menores.

Como indício dessa última hipótese, em ninhos urbanos o estorninho-comum que explora áreas urbanas produz filhotes menores e em menor número do que em ninhos não urbanos, em parte em razão da baixa qualidade da comida, como mostra a Fig. 4.68 (Mennechez; Clergeau, 2006).

Para aves migratórias como o papa-mosquito, *Empidonax virescens*, indivíduos pequenos podem se restringir a hábitats urbanos. Estes podem ser menos preferíveis que os não urbanos, principalmente quando espécies de aves urbanas não migratórias já se instalaram nos melhores pontos da cidade. Os papa-mosquitos grandes e dominantes poderiam escolher locais não urbanos superiores, deixando os locais urbanos inferiores para pássaros pequenos e subordinados (Rodewald; Shustack, 2008). Mesmo que o hábitat fosse suficientemente favorável, essa população urbana de pássaros mais fracos provavelmente seria um sumidouro que pouco contribuiria para a persistência da espécie.

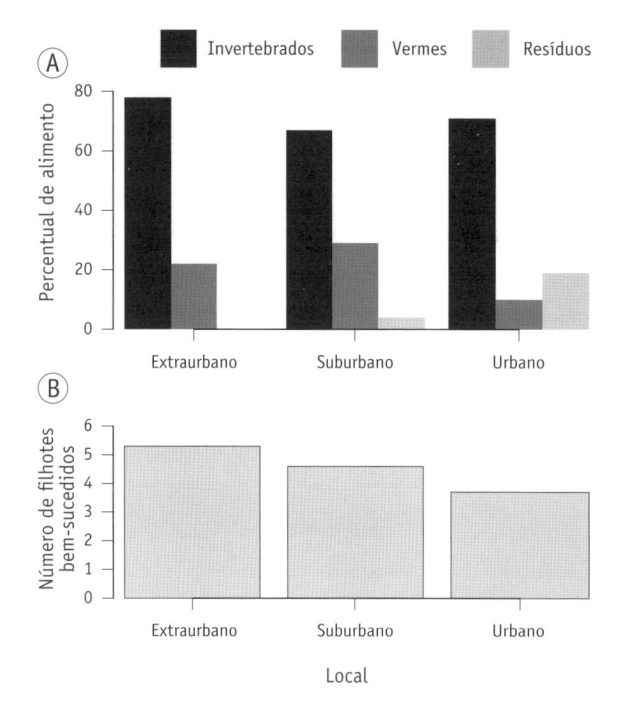

**Fig. 4.68** (A) Taxa de alimentação e (B) sucesso de filhotes de estorninho em locais extraurbanos, periurbanos e urbanos
Fonte: adaptado de Mennechez e Clergeau (2006).

Como as aves, alguns besouros carabídeos urbanos são menores do que os não urbanos, provavelmente por razões diferentes (Ishitani; Kotze; Niemela, 2003; Niemela et al., 2002). Esses besouros consomem biomassa orgânica, principalmente material vegetal apodrecido, em geral menos disponível em locais urbanos. O nível elevado de competição resultante poderia restringir o tamanho do besouro urbano. Como indício de que o alimento tem mesmo papel importante nesses saprófagos, as espécies predadoras de besouros terrestres não apresentam esse padrão de tamanho e têm nível mais baixo de competição (Ulrich; Komosinski; Zalewski, 2008). Talvez seja mais importante que as espécies de besouros pequenos tenham asas relativamente grandes, enquanto as espécies grandes costumam não ter asas. Coerente com a importância da dispersão, os besouros pequenos (Magura; Tóthmérész; Molnár, 2004) ou as espécies de asas grandes dominam algumas áreas urbanas (Sadler et al., 2006).

### De volta ao pardal-doméstico

O pardal-doméstico (Fig. 4.69) é um dos oportunistas urbanos mais disseminados, mas a população vem declinando em toda a Europa, sendo a disseminação do gavião-da-europa uma causa provável (seção 4.3). Os pardais capturados em locais urbanos são superados em massa, comprimento e estado do corpo pelos capturados em áreas não urbanas (Liker et al., 2008). Essas diferenças persistem mesmo quando os pássaros são mantidos em aviários com condições idênticas.

Os pardais-domésticos urbanos enfrentam o duplo desafio da competição intensa e da elevada predação (Bókony; Kulcsár; Liker, 2010).

Mesmo que pudessem ficar maiores com alimentação de baixa qualidade, os pardais-domésticos teriam de evitar o excesso de peso para não aumentar a probabilidade de captura por gatos ou gaviões. O crescimento lento dos pardais-domésticos urbanos também pode resultar em área vital menor nos hábitats das manchas urbanas. Em Ghent, na Bélgica, as manchas urbanas têm poucos lugares onde eles possam se esconder dos gaviões, bastante ativos na área (Vangestel et al., 2010). A falta de esconderijos obriga os pássaros a ficar mais vigilantes e se alimentar com menos eficiência e por menos tempo.

Portanto, o declínio da população de pardais-domésticos em áreas urbanas pode dever-se a uma interação entre efeitos de baixo para cima e de cima para baixo (seção 4.3). No inverno, quando o alimento é menos abundante, o peso menor aumenta o risco de morrer de fome, enquanto o peso maior aumenta o risco de predação. Como prova das opções difíceis desses pássaros, os pardais-domésticos urbanos não aumentam a densidade de desistência a uma distância maior do abrigo, como faz o pardal-espanhol, *Passer hispaniolensis*, intimamente aparentado e muito menos urbanizado (Tsurim; Abramsky; Kotler, 2008). As aves urbanas podem sofrer competição tão intensa que não têm opção senão correr riscos para buscar alimento.

Fig. 4.69 O pardal-doméstico, estudo de caso sobre os desafios da vida urbana

*O processo de adaptação*

Embora costumem ocorrer mais depressa do que a evolução genética (seção 4.6), as mudanças fisiológicas e comportamentais também podem demorar muitas gerações. Algumas espécies que hoje são completamente urbanas levaram muito tempo para chegar a essa condição. O melro-preto, uma espécie florestal, colonizou algumas cidades da Europa ocidental por volta de 1820 (Fig. 4.70). Essa expansão de hábitat foi provocada pela ilha urbana de calor no inverno, pela disseminação de comedouros de pássaros, pela redução da caça urbana e por mudanças da paisagem (Evans et al., 2010). Nos dois séculos seguintes, esses pássaros colonizaram muitas cidades diferentes, e essa colonização mais parece uma troca múltipla de hábitats do que disseminação das aves urbanas de uma cidade a outra (Evans et al., 2009). Até hoje, os melros-pretos continuam ausentes de algumas cidades da Europa oriental. Atualmente, o tordo-comum, *Turdus philomelos*, seu parente próximo, colonizou apenas algumas cidades, e o tordo-zornal, *Turdus pilaris*, só começou a cantar em Varsóvia em 1975. Espantosamente, o pombo-comum só colonizou cidades do Turcomenistão e do Uzbequistão na década de 1980 (Evans et al., 2010).

Em parte, a lenta disseminação resulta do tempo necessário para que os animais aprendam novos comportamentos e os transmitam às gerações seguintes. Na Nova Guiné, o milhafre-preto, *Milvus migrans*, só aprendeu a se alimentar de animais atropelados em áreas urbanas depois de algumas décadas, e o periquito *Psitteuteles goldiei* começou a se alimentar de sementes disponíveis depois de um tempo semelhante (Diamond, 1986). O cariacu ou veado-de-cauda-branca, *Odocoileus virginianus*, se tornou comum nas cidades úmidas do leste dos Estados Unidos, e a lebre-da-califórnia, *Lepus californicus*, está começando a invadir Phoenix e pode acabar se tornando comum (Faeth et al., 2005). Os insetos herbívoros especialistas só colonizam lentamente as plantas não nativas, por causa da necessidade de reação comportamental e fisiológica complexa à química vegetal (Tallamy, 2007). Pode levar séculos para montar essa fauna de insetos, com as plantas não nativas acumulando apenas uns 2% da riqueza de espécies de insetos nativos depois de cem anos.

Fig. 4.70 O melro-preto

### 4.5.4 Conclusões

As plantas e os animais urbanos têm em comum uma gama de similaridades que os distinguem de indivíduos coespecíficos não urbanos, como mudanças do comportamento social e da construção de ninhos, dos ciclos diários ou sazonais e da agressividade (Kark et al., 2007; Luniak; Mulsow, 1988). Embora haja muitas exceções, as aves urbanas costumam ter uma síndrome de características específica (Quadro 4.3).

**Quadro 4.3** Características típicas de aves urbanas bem-sucedidas e malsucedidas

| Bem-sucedidas | Menos bem-sucedidas |
| --- | --- |
| Exóticas | Nativas |
| Generalistas | Especialistas |
| Cérebro maior/comportamento flexível | Cérebro menor |
| Distribuição ampla | Distribuição restrita |
| Onívoras/uso de alimentos vegetais | Insetívoras |
| Ninho em árvores | Ninho no chão ou em arbustos |
| Sedentárias | Migratórias |
| Ousadas | Tímidas |
| Alta fecundidade | Fecundidade mais baixa |

*Fonte: Chace e Walsh (2006), Evans et al. (2011), Luck e Smallbone (2010), Møller (2009).*

O pombo-comum permite um estudo de caso das características que levam ao sucesso urbano (Jarvis, 2011). Esses pássaros relativamente grandes e pesados tendem a permanecer junto ao lugar onde nasceram e mantêm características genéticas, oriundas de anos de domesticação, que reduzem o medo de seres humanos. Têm alta fecundidade e podem produzir até 12 filhotes por ano. A população não explode porque apenas um em cada dez jovens sobrevive para se reproduzir, mas permanece relativamente estável porque nove em cada dez adultos sobrevivem para ter uma oportunidade de procriar no ano seguinte. Os pombos subsistem com alimentos fornecidos por seres humanos (e, aliás, colaboram com o ciclo do nitrogênio ao converter esses alimentos em 11,5 kg de excrementos por ano). Portanto, mantêm a biomassa elevada (Fig. 4.7) por meio de uma combinação de fisiologia, comportamento e história de vida que converte recursos urbanos em filhotes capazes de aumentar rapidamente a população caso os recursos se tornem abundantes.

Com a mudança rápida da variedade de hábitats, as áreas urbanas favorecem espécies capazes de aceitar muitas condições por meio de tolerância, flexibilidade ou variações intraespecíficas. Essas características favorecidas, como a capacidade de usar novos hábitats e prosperar em densidade elevada, são semelhantes àquelas que preveem o sucesso de invasores biológicos, o que ajuda a explicar por que as áreas urbanas são tão suscetíveis a invasões.

Não se sabe se as aves e outros animais urbanos são mais *malandros* e capazes de aprender mais depressa a lidar com novos estímulos. Um estudo geral de aves israelenses não encontrou indícios dessa tendência

(Kark et al., 2007), enquanto uma comparação entre espécies que se adaptam e que evitam o meio urbano em 12 cidades da França e da Suíça verificou que os pássaros urbanos realmente têm o cérebro maior, mesmo na mesma família de aves (Maklakov et al., 2011). Duas famílias com cérebros igualmente grandes, os corvídeos (gralhas, gaios, pegas e corvos) e os parídeos (chapins) também estão entre as mais constantemente urbanas.

As mudanças sociais, comportamentais, fisiológicas e morfológicas estão entre as consequências não intencionais mais inesperadas da urbanização. Quer os seres humanos configurem o meio ambiente de acordo com a própria conveniência, como no caso da iluminação noturna das ruas, quer como subproduto da rede de transportes, como o ruído criado pelo trânsito, as plantas e animais que vivem no mesmo ambiente têm de encontrar maneiras de se adaptar. É claro que o fato de as aves reagirem à luz noturna criando imensos locais de repouso ou ao ruído de baixa frequência modificando o seu canto não fazia parte do projeto urbano.

Até mudanças urbanas intencionais, como a alimentação dos pássaros e a eliminação de grandes predadores, acabam produzindo efeitos não intencionais sobre o comportamento. Quem pensaria que o estereótipo do jovem urbano *durão* se transferiria para os pássaros canoros que habitam um jardim? Mas a concentração de alimentos, a remoção de predadores e a interrupção constante por seres humanos obriga os pássaros a se tornarem menos tímidos e mais agressivos (Fig. 4.71).

A lenta disseminação do melro-preto, o desenvolvimento de novos comportamentos e o declínio de oportunistas urbanos vigorosos como o pardal-doméstico e o estorninho-comum mostram que os ecossistemas urbanos continuam a mudar. Comportamento e fisiologia flexíveis podem permitir que muitas espécies novas colonizem áreas urbanas, mesmo enquanto espécies conhecidas desaparecem. Há pouca dúvida de que as

Fig. 4.71 As aves urbanas demonstram menos medo de seres humanos e, às vezes, agem de forma agressiva. (N.T.) Fala inscrita no balão: "tá olhando o quê?"
Desenho: C. L. Adler.

espécies urbanas continuarão a nos surpreender, provocar e, às vezes, desapontar.

Os seres humanos também são desafiados pelas muitas mudanças e estresses do meio ambiente urbano, que vão de luz, ruído, calor e poluição à elevada densidade populacional e ao conflito por recursos. Suas reações físicas e psicológicas, consideradas como saúde humana, podem corresponder às de outros animais urbanos (seção 5.1). Compreender as características dos animais urbanos pode ser um passo rumo à compreensão que os seres humanos têm de si mesmos.

## 4.6 Evolução urbana

As características dos organismos urbanos resultam de três processos: (i) seleção dos que conseguem sobreviver; (ii) ajuste das características como reação ao meio ambiente; e (iii) *evolução* genética de características que promovam a sobrevivência e a reprodução (seção 4.5). A evolução exige o conjunto mais restrito de condições e, desses processos, é o mais difícil de identificar e estudar. Verificar diferenças entre populações urbanas e não urbanas não demonstra a evolução, porque as diferenças podem dever-se à seleção de indivíduos, à plasticidade fenotípica e ao aprendizado.

Embora a evolução demore muitas gerações, foram documentados exemplos de evolução urbana, mesmo com a existência relativamente breve dos ambientes urbanos. Isolar as causas das diferenças fenotípicas entre populações urbanas e não urbanas e identificar casos de evolução genética são desafios fundamentais da Ecologia Urbana. Esta seção apresenta os princípios da evolução e depois os casos mais estudados de evolução em reação a hábitats, recursos, processos do ecossistema e interações ecológicas urbanas.

### 4.6.1 Princípios da evolução em ambientes urbanos

A evolução exige que variantes genéticas diferentes de uma espécie tenham *aptidões* (níveis de reprodução) distintas e que essas diferenças sejam *herdáveis* (possam ser passadas dos pais para a prole). A frequência das variantes genéticas favoráveis e com aptidão elevada aumenta na população, e elas acabam se tornando comuns ou mesmo *fixadas* e transmitidas por todos os indivíduos da população. A velocidade com que uma variante favorável passa a dominar uma população depende da intensidade da *seleção natural*, a diferença entre a sua aptidão e a de outros tipos. Até uma diferença relativamente pequena, como aptidão 10% maior, faz aquele tipo dominar a população em dez a vinte gerações (Fig. 4.72).

A aptidão depende da interação entre o organismo e o meio ambiente. Uma característica favorecida em determinado ambiente, talvez uma cor clara para se disfarçar na neve, pode ser prejudicial em outra, como em locais onde não haja neve. Nesse caso, os predadores visualmente orientados são a força seletiva. Nesse exemplo e em muitas situações reais, a seleção mais intensa depende de outros organismos. Muitas interações mais intensas acontecem com indivíduos da mesma espécie, como competição por recursos, território ou parceiros. Os biólogos costumam distinguir da seleção natural a *seleção sexual*, na qual os organismos evoluem para atrair parceiros com canto ou cores visíveis ou para derrotar membros do próprio sexo com ferramentas especializadas para a luta.

A aptidão também depende da interação de características diferentes do mesmo indivíduo. Quase toda mudança genética provoca múltiplos efeitos no fenótipo. Por exemplo, as mudanças genéticas que conduzem à evolução de um cérebro grande criam mudanças do desenvolvimento que afetam outras partes do corpo. Além disso, cada mudança de fenótipo tem efeitos múltiplos sobre o sucesso. Essas pressões possivelmente conflitantes criam compensações. A mudança de cor para evitar a predação também pode alterar o equilíbrio energético ou a atração de parceiros. Já foi visto que a redução do comportamento de evitação de predadores pela diminuição do medo pode estar relacionado a maior agressividade intraespecífica.

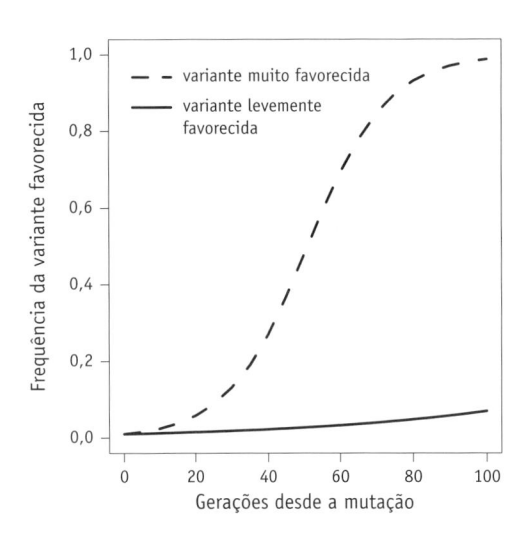

Fig. 4.72 Disseminação de uma variante genética favorável numa população

Mesmo o alelo altamente favorável de um gene que modifique tanto o portador quanto os filhotes para que tenham melhor desempenho em meio ambiente urbano pode não se disseminar por quatro razões principais (Evans, 2010) (Fig. 4.73):

   i) populações extremamente pequenas ou fundadas por poucos indivíduos talvez não apresentem essa variante e ela pode levar muito tempo para surgir por mutação. Assim, pequenas populações remanescentes e novas populações que acabaram de colonizar um novo hábitat podem não ter a variação genética de que a evolução precisa para funcionar;

ii) os ambientes urbanos podem formar pequenas ilhas de hábitat numa matriz não urbana muito maior. Em espécies que persistem em ambos os hábitats e se deslocam livremente de um a outro, o tipo urbano mais apto pode não evoluir por ser sobrepujado pelo *fluxo gênico* do hábitat circundante, no qual as suas características podem não ser adaptativas;

iii) uma nova característica favorável pode carregar consigo outras menos favoráveis por meio de compensações que reduzem a probabilidade de penetrar ou se disseminar numa população;

iv) a evolução genética pode ser contornada pela plasticidade fenotípica. Se os indivíduos conseguirem ajustar as suas características para se adaptar a um novo desafio urbano, a mutação genética que tiver o mesmo papel pode ser desnecessária e trazer pouco ou nenhum benefício adicional.

Ainda assim, já se observaram casos de evolução provocada por seres humanos. Um caso bem estabelecido é o do percevejo-do-saboeiro, *Leptocoris tagalicus*, da Austrália. Esse inseto se alimenta de sementes ocultas dentro dos frutos, e o seu aparelho bucal é adequado ao tamanho do alimento preferido, o rambutão da Austrália, *Alectryon tomentosus*. Quando o balãozinho, *Cardiospermum grandiflorumtosus*, trepadeira invasora com fruto de cápsula maior, se espalhou pelo leste da Austrália, o aparelho bucal desses insetos evoluiu para ficar mais comprido (Carroll et al., 2005). O aparelho bucal dos percevejos-do-saboeiro, *Jadera haematoloma*, do sudeste dos Estados Unidos evoluiu para um tamanho menor nos locais onde os hospedeiros nativos preferidos foram substituídos por espécies hortícolas de fruto menor (Carroll; Boyd, 1992).

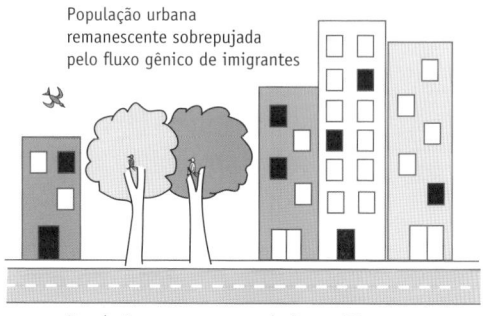

Fig. 4.73 Fatores capazes de impedir a evolução adaptativa em meio ambiente urbano

Os seres humanos foram chamados de *maior força evolutiva do mundo* por três razões principais (Palumbi, 2001):

i) muitos organismos criam resistência às tentativas humanas de controle, como bactérias a antibióticos, plantas a herbicidas e insetos a inseticidas;

ii) as espécies invasoras disseminadas por seres humanos, além de induzir reações evolutivas nas espécies nativas, como no caso do percevejo-do-saboeiro, também evoluem rapidamente no novo hábitat;

iii) espécies intensamente coletadas, com os peixes, evoluem com mudanças de tamanho ou comportamento reprodutivo para evitar o novo predador tecnologicamente avançado que enfrentam.

Embora essas forças ocorram no mundo inteiro, muitas se concentram perto de áreas urbanas, foco dos imensos empreendimentos humanos de assistência médica, coleta de alimentos e movimento de espécies e materiais.

### 4.6.2 Evolução em ambientes urbanos

Os estudos da evolução urbana começam mostrando que as populações urbanas têm a diversidade genética necessária em face do pequeno fluxo gênico e da pequena população. Já foi visto o camundongo-de-pata-branca, *Peromyscus leucopus*, adaptado ao meio urbano como agente da disseminação da doença de Lyme, principalmente em áreas periurbanas residenciais norte-americanas (seção 4.4). No entanto, mesmo no ambiente densamente construído da cidade de Nova York, 20% do hábitat é florestado, e esses camundongos habitam fragmentos de floresta pequenos e isolados onde atingem densidade populacional altíssima. A densidade populacional pode se elevar por muitas razões: entrada de recursos, invernos menos rigorosos por conta da ilha urbana de calor, predação reduzida e talvez a incapacidade de se dispersar pelos hábitats interpostos inóspitos e perigosos quando há acúmulo populacional. Aparentemente, o grande número de indivíduos protegeu essas populações da perda de diversidade genética, e o isolamento criou diferenças genéticas substanciais entre elas (Munshi-South; Kharchenko, 2010). Portanto, elas têm potencial para evoluir diante de novos estresses urbanos.

Existe potencial evolutivo semelhante em três espécies de libélula encontradas na área metropolitana de Tóquio. As manchas em área urbana têm diversidade genética semelhante às de áreas não urbanas e, em termos genéticos, são mais diferenciadas entre si (Sato et al., 2008). A violeta-lisa-amarela, *Viola pubescens*, apresenta pouca perda de diversidade genética em ambientes urbanos próximos a Cincinnati, no estado americano de Ohio (Culley; Sbita; Wick, 2007). Polinizadores extremamente móveis têm impedido a diferenciação substancial entre as populações e podem permitir um fluxo gênico suficiente para evitar a evolução urbana. Entretanto, em áreas urbanas as populações de dente-de-leão exibem diversidade genética menor, e as que enfrentam grave estresse de poluição têm diversidade menor ainda (Keane; Collier; Rogstad, 2005). Nesse caso, as populações que enfrentam a força de seleção potencialmente intensa criada pelos poluentes podem evoluir devagar em consequência da baixa variabilidade genética.

Mesmo quando essas condições genéticas são atendidas, identificar os casos de evolução genética em meio ambiente urbano exige experimentação meticulosa para distinguir a evolução de outras reações. O experimento mais importante costuma ser a criação de organismos num mesmo ambiente para eliminar os efeitos do ajuste fisiológico ou comportamental.

### Efeitos da modificação do hábitat urbano

Os hábitats urbanos envolvem materiais novos e alteração dos existentes. O caso clássico de evolução urbana envolve o *melanismo industrial* da mariposa *Biston betularia*. Essas mariposas repousam em troncos de árvore durante o dia, e as camufladas para se parecer com a casca são mais capazes de evitar predação. Quando as árvores se cobriram de fuligem durante a revolução industrial, as mariposas evoluíram para uma forma escura ou melanística (Kettlewell, 1961). Com a redução do uso do carvão, as árvores retornaram à cor clara original, assim como as mariposas, como mostra a Fig. 4.74 (Cook; Turner, 2008).

A fragmentação de hábitats característica dos ambientes urbanos, além de alterar a variação genética necessária para a evolução, também cria pressões seletivas próprias. O ambiente segregado em pequenas manchas de hábitat adequado separadas por áreas

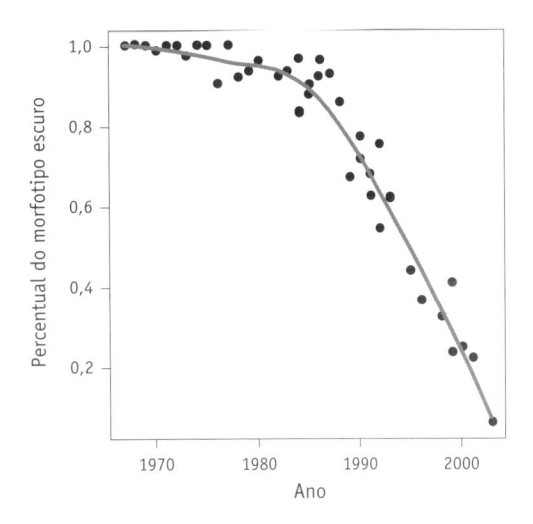

Fig. 4.74 Declínio das mutantes escuras de mariposa *Biston betularia* geneticamente determinadas na Inglaterra
Fonte: adaptado de Cook (2003).

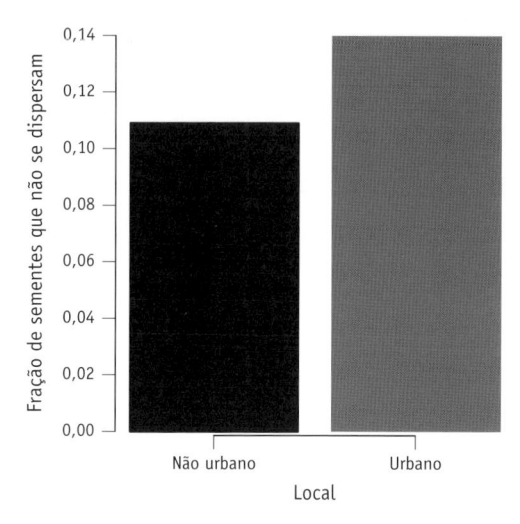

**Fig. 4.75** Fração mediana de sementes que não se dispersam (com franja reduzida) de *Crepis sancta* de várias populações urbanas e não urbanas
Fonte: adaptado de Cheptou et al. (2008).

hostis e inóspitas pode favorecer a queda da dispersão, porque a maioria dos indivíduos que sai de uma mancha cairá na matriz inadequada circundante. Nas calçadas de Montpelier, na França, a pequena planta florida *Crepis sancta* cresce em manchas minúsculas de solo em torno das árvores, enquanto fora da cidade as plantas brotam em grandes áreas não fragmentadas (Dornier; Pons; Cheptou, 2011). Quando as plantas desses dois hábitats contrastantes crescem juntas na mesma estufa, as plantas da área urbana produzem menos sementes com as franjas peludas que lhes permitem flutuar no ar (Fig. 4.75). As sementes sem franjas tendem a cair perto da planta original (Cheptou et al., 2008). Portanto, as plantas urbanas têm menos probabilidade de se dispersar do que as plantas não urbanas, e a plantação na mesma estufa indica que as mudanças são realmente uma reação evolutiva ao perigo da dispersão em área urbana.

### Efeitos da entrada de recursos urbanos

Como nas plantas, a evolução da redução do movimento ocorre em aves urbanas que abandonam a migração (Partecke; Gwinner, 2007) (seção 4.5). Ao contrário das plantas que reduzem o movimento para evitar a matriz inóspita, as aves reduzem o movimento para aproveitar os recursos alimentícios adicionais e os invernos menos rigorosos. A tendência migratória menor dos melros-pretos urbanos em relação aos não urbanos persistiu quando os pássaros foram criados no mesmo ambiente, indicando mudança genética, embora os pássaros pudessem ter recebido algum sinal fisiológico de um dos pais quando ainda no ovo (Partecke; Gwinner, 2007). Outros efeitos comportamentais, como reação menos intensa ao estresse e maior domesticidade, também persistem em aves urbanas criadas nas mesmas condições, indicando, mais uma vez, pelo menos algum componente genético na reação (Partecke; Schwabl; Gwinner, 2006).

A toutinegra-de-barrete-preto, *Sylvia atricapilla*, em vez de reduzir a migração, criou uma rota migratória totalmente nova. As toutinegras que invernam na Grã-Bretanha vêm da Europa continental e não são procriadoras de verão que ali permaneceram. Essa nova tendência de migração para Oeste, que substitui a costumeira migração para Sudoeste rumo às áreas mais quentes do Mediterrâneo ocidental, é herdada pelos filhotes (Berthold et al., 1992). Em essência, essa invernada é possível em virtude da maior disponibilidade de alimento em áreas urbanas durante o inverno, mas ainda não se disseminou pela Europa continental, onde os pássaros não são bem-sucedidos na invernada (Mokwa, 2009).

As populações em procriação dessas toutinegras são potencialmente segregadas das várias regiões de invernada pela época de retorno à área europeia de reprodução. As aves que vêm do Norte chegam primeiro e se acasalam antes da chegada das aves que passam o inverno no Sul (Bearhop et al., 2005 ). Esse processo já provocou divergência genética substancial dentro da população, como formato e cor diferentes de asas e bicos (Rolshausen et al., 2009). Só o tempo dirá se a urbanização está no processo de criar uma nova espécie.

Os alimentos oferecidos por seres humanos, além de disponíveis em época diferente, podem ter propriedades bem diversas dos alimentos não urbanos. As sementes de girassol que os seres humanos fornecem a pintarroxos-do-méxico em Phoenix e cercanias são muito maiores e difíceis de quebrar do que as sementes de cacto e gramíneas encontradas no deserto circundante. Os pintarroxos urbanos têm bico maior e aumento correlato da força do bico, como mostra a Fig. 4.76 (Badyaev et al., 2008). Embora para essas aves seja fácil voar entre os diversos hábitats, as populações apresentam diferença genética significativa, criando as condições apropriadas para o prosseguimento da evolução. Mostrar que as diferenças se devem à genética e não à plasticidade fenotípica fica mais fácil com a compreensão do desenvolvimento. As proteínas ósseas morfogenéticas envolvidas no crescimento do bico são mais ativas nas populações urbanas, mesmo no início da vida, indicando que os bicos maiores não se devem apenas à experiência com sementes grandes.

As aves usam o bico para outras coisas além de quebrar sementes. Os pintarroxos-do-méxico urbanos têm cantos mais simples com trinados mais lentos, talvez por conta da dificuldade de mover rapidamente o bico maior. Não se conhecem efeitos dessas mudanças na capacidade

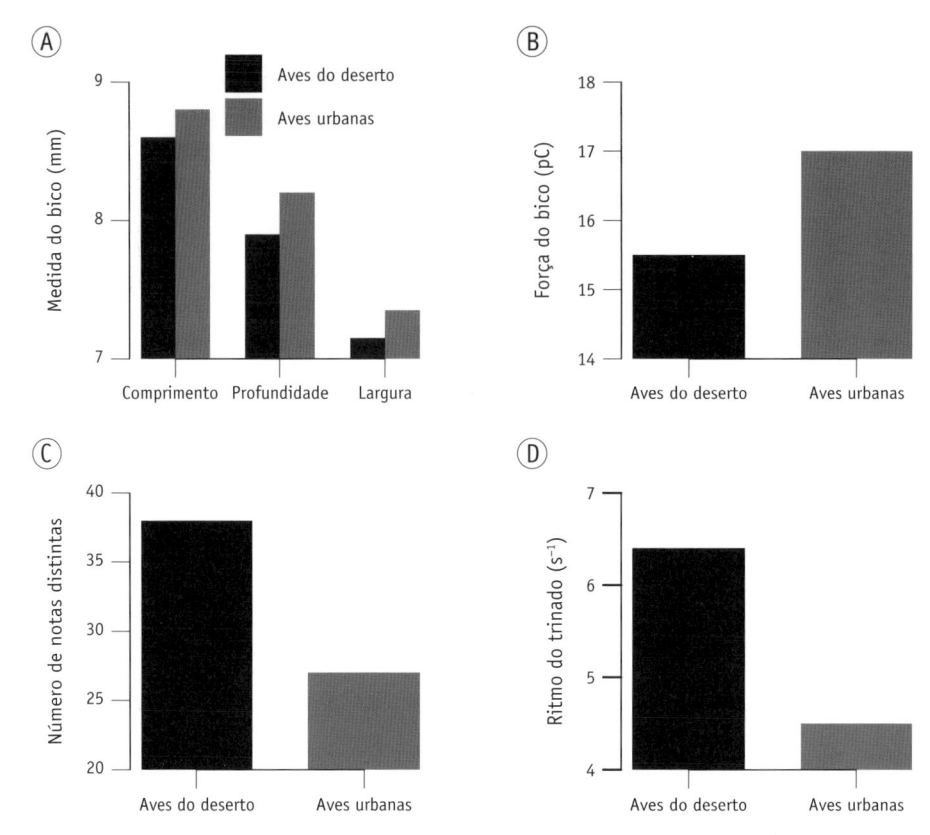

Fig. 4.76 Mudanças em (A) tamanho geral do bico, (B) força do bico, (C) número de notas do canto e (D) ritmo de trinados em pintarroxos-do-méxico
Fonte: adaptado de Badyaev et al. (2008).

dos pintarroxos machos de atrair parceiras. Outros estudos do canto dos pássaros mostram mudanças em resposta ao ruído urbano (seção 4.5), embora seja difícil distinguir a evolução do ajuste comportamental nessas espécies com aprendizado rápido (Patricelli; Blickley, 2006). Se afetar a seleção de parceiros, a mudança do canto poderá provocar uma reação evolutiva rápida. As fêmeas talvez prefiram cantos semelhantes aos que ouviram dos pais perto do ninho em que foram chocadas. Se preferirem se acasalar com machos que tenham cantos *urbanos* semelhantes, o fluxo gênico entre as populações urbana e não urbana declinará e permitirá maior diferenciação genética (Rolshausen et al., 2009).

### Efeito de processos do ecossistema urbano

Os efeitos do ruído e do calor urbanos sobre a fisiologia e o comportamento são generalizados. Como sempre, é muito mais difícil determinar se essas dificuldades urbanas provocam reações evolutivas. O chamado da rã-arborícola-castanha, *Litoria ewingii*, tem frequência mais alta em áreas urbanas, possivelmente para ser ouvido acima do ruído urbano de baixa frequência (Parris; Velik-Lord; North, 2009). Embora em geral as fêmeas prefiram chamados mais graves, que indicam um macho grande, a audibilidade dos chamados mais agudos pode superar a atratividade reduzida. Ao contrário das aves, as rãs não aprendem o seu canto, e essa mudança pode resultar de mudanças genéticas recentes.

Embora a ilha urbana de calor seja uma das mudanças mais generalizadas do ecossistema urbano, poucas reações evolutivas foram demonstradas. As plantas urbanas, como as plantas do mundo inteiro, ampliaram a temporada de crescimento em resposta ao aquecimento climático (Fig. 4.57) (Cleland et al., 2007). Até agora, poucos estudos demonstraram que essas mudanças são genéticas (Franks; Sim; Weis, 2007). A ilha urbana de calor aumenta o estresse térmico, e alguns fungos que vivem em solo urbano apresentam maior capacidade de tolerar altas temperaturas, aparentemente por causa da evolução genética, como mostra a Fig. 4.77 (Blair, 2001). Algumas dessas espécies de fungos que toleram o calor crescem mais devagar em temperatura baixa, indicando uma possível compensação que os impediria de crescer em áreas não urbanas mais frias.

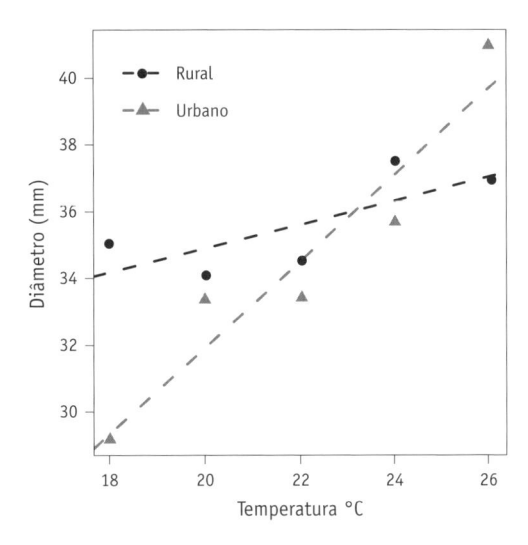

Fig. 4.77 Crescimento do fungo *Chrysosporium pannorum* em diversas temperaturas
Fonte: adaptado de McLean, Angilletta e Williams (2005).

*Efeitos de interações ecológicas urbanas*

Embora provoquem uma das seleções naturais mais intensas, as interações ecológicas são difíceis de estudar experimentalmente. Na população de juncos-de-olhos-escuros que colonizou o *campus* urbanizado da Universidade da Califórnia em San Diego, viu-se que a preferência de lugares para ninhos mudou (seção 4.3). Os indivíduos que fazem ninho acima do solo sofrem predação muito menor e, portanto, são mais aptos. Entretanto, a evolução dessa nova característica parece ser atrapalhada pela baixa correlação entre mães e filhas. A característica pode não ser suficientemente herdável para evoluir.

Contudo, nessa mesma população a quantidade de branco na cauda, que, nos machos, serve de sinal de agressão e tem função durante a corte, se reduziu (Yeh, 2004). Essa diferença persiste quando os pássaros são criados em cativeiro, indicando que provavelmente a característica é genética, embora seja possível que algum sinal venha da mãe. A evolução aparentemente rápida dessa mudança poderia resultar de fatores que alterassem a importância da competição social. O hábitat urbano permite uma temporada de procriação mais longa, o que dá aos machos mais oportunidades para se acasalar com a mesma fêmea e pode favorecer o investimento de mais energia no cuidado dos filhotes do que na competição por parceiras (Price; Yeh; Harr, 2008). A importância relativa da sinalização social pode se reduzir com a baixa densidade da população, que não pode usar boa parte do hábitat extensamente construído, ou com a alta visibilidade num hábitat mais aberto que reduza a necessidade de sinalização de parceiros ou competidores a grande distância.

### 4.6.3 Conclusões

As mudanças evolutivas dos organismos urbanos estão entre as consequências não intencionais mais inesperadas. A alimentação de pássaros com a intenção de atraí-los altera o formato do seu bico. Plantar árvores em calçadas altera o movimento das sementes das pequenas plantas floridas que se aglomeram em torno delas em manchas isoladas de solo. A ilha urbana de calor favorece mudanças do deslocamento dos organismos e da tolerância a temperaturas mais altas.

A noção de armadilha ecológica sumariza algumas dificuldades de lidar com o novo ambiente (Schlaepfer et al., 2005). Quando as áreas urbanas são totalmente inadequadas, a espécie simplesmente se extingue no local e não consegue evoluir, mesmo que tenha potencial para isso. Quando as áreas urbanas são atraentes, mas bastante inadequadas, a população urbana permanece como sumidouro, no qual a população só sobrevive por causa da imigração de alguma população-fonte externa. Para evoluir, essa população tem de lutar muito contra o pequeno número e o pouco fluxo genético.

Entretanto, a expansão da área dos hábitats urbanos, o seu envelhecimento crescente, os desafios extremos que cria e a entrada constante de novas espécies torna cada vez mais provável que a evolução supere essas barreiras. A mudança que apenas começou nas populações urbanas pode amplificar-se nas próximas décadas, e variedades e até espécies novas e distintas podem se unir à biogeoquímica e às comunidades urbanas como produtos ecológicos inesperados da cidade.

### Perguntas e leituras

#### Perguntas para discussão

*Sobre a seção 4.1*
1. Como as mudanças de clima, água e nutrientes afetam a biodiversidade dos ecossistemas urbanos?
2. Esboce uma série de efeitos iniciada com a modificação do hábitat e terminada com alterações da biodiversidade.
3. Esboce outra dessas séries que comece com o aumento das entradas.
4. Por que às vezes os ecossistemas urbanos são mais diversificados do que a área circundante? Isso é verdade no local onde você mora? Em que tipos de organismo você está pensando?
5. Perto de você, que áreas têm alta e baixa diversidade? Por que pensa que é assim? A sua resposta mudaria se você aumentasse ou diminuísse a escala das áreas consideradas?
6. É importante pensar na biodiversidade em cidades? Por quê? E as espécies não nativas deveriam ser consideradas da mesma forma que as nativas? Por quê?
7. Você pensou nos efeitos da urbanização sobre a biodiversidade dentro e fora da cidade quando desenvolveu a sua pegada ecológica? Por que acha que deveria ou não incluí-los?

*Sobre a seção 4.2*
1. Que aspectos da urbanização aumentam a probabilidade de espécies invasoras se estabelecerem e que aspectos reduzem essa probabilidade?
2. De acordo com a pergunta 1, todas as áreas urbanas têm a mesma probabilidade de facilitar o estabelecimento de espécies invasoras? Por quê ou por que não?
3. Em que os efeitos ecológicos de espécies invasoras sobre o meio ambiente diferem entre os ecossistemas urbano e não urbano? Imagine um experimento para dar apoio a sua resposta a esta questão.

4. Por que o meio ambiente urbano é uma possível armadilha ecológica? Quais espécies teriam maior probabilidade de cair numa armadilha ecológica? As nativas ou as exóticas?
5. As espécies não nativas deveriam ser consideradas da mesma forma que as nativas na avaliação da biodiversidade? Por quê?
6. Há espécies não nativas que você gostaria de ver removidas da sua área ou outras que gostaria de manter? Quais as suas razões? O que você faria para atingir essa meta?
7. Leia o artigo sobre a biologia do câncer "The hall marks of cancer", de Hanahan e Weinberg (2000), e use-o para comparar e contrastar os estágios do avanço do câncer com os passos da invasão exemplificados pela regra dos dez.

*Sobre a seção 4.3*
1. Insira os efeitos da urbanização na Fig. 4.31, no começo deste capítulo. Quantos efeitos podem atuar de maneira contraditória?
2. Como a urbanização afeta a predação e a competição por recursos? Por que essa resposta poderia ser diferente caso se considerem espécies nativas ou não nativas e partes diferentes do hábitat urbano?
3. Quais animais grandes vivem na sua cidade e, na sua opinião, o que controla o seu crescimento populacional? Esses animais viveriam na área se não fosse urbanizada? Caso vivessem, os mecanismos de regulação da população seriam os mesmos?
4. Com tanta energia e nutrientes importados, por que há escassez de predadores em ecossistemas urbanos? Que predadores vivem na sua cidade? São nativos da área? Como persistem?
5. Desenvolva uma hipótese que explique a interessante observação de que as aves urbanas, nos hemisférios norte e sul, utilizam estratégias competitivas tipicamente diferentes. Como você comprovaria essa hipótese?
6. Você esperaria que os ecossistemas urbanos tivessem proporção de mutualismos maior, igual ou menor do que os ecossistemas não urbanos circundantes? Por quê?

*Sobre a seção 4.4*
1. Escolha uma doença dessa seção e construa um diagrama como a Fig. 4.47 para mostrar especificamente como a urbanização altera a prevalência e os efeitos da doença.

2. Com a inclusão de conceitos dos Caps. 3 e 4, como a urbanização afetaria de forma diferente a transmissão direta e indireta de doenças?
3. Os hábitats urbanos são mais suscetíveis à dinâmica das doenças epidêmicas ou endêmicas? Por quê?
4. Como a urbanização afeta a transmissão de doenças entre espécies? Esses efeitos são sempre visíveis no ambiente urbano propriamente dito?
5. Explique as tendências opostas de linces e raposas na Fig. 4.45. Que tipos de relação semelhante existem na sua área?
6. Com base nas interações entre espécies da seção 4.3, como a doença pode afetar a competição e a predação em ambientes urbanos?

*Sobre a seção 4.5*
1. Cite algumas mudanças comportamentais dos seres humanos para viverem em cidades. Como essas mudanças afetam o meio ambiente físico e as outras espécies que ali vivem?
2. Esboce séries de efeitos que comecem com a modificação do hábitat e terminem com a alteração de pelo menos dois dos cinco tipos de características. Faça o mesmo com o aumento das entradas.
3. Por que os hábitats urbanos geralmente favorecem os generalistas? O que significaria ser um especialista urbano? Existe alguma espécie assim?
4. Quais as diferenças do modo como animais urbanos e não urbanos lidam com o estresse? Na sua opinião, isso também vale para seres humanos?
5. Em que as reações de plantas e animais urbanos diferem e se assemelham? Como as características das plantas urbanas correspondem às das aves urbanas do Quadro 4.3?
6. Resuma os estresses enfrentados pelos pardais-domésticos urbanos e descreva um conjunto de medidas e experimentos para entender quais são as mais importantes para causar tamanho corporal pequeno ou redução populacional.
7. Descreva um caso em que as mudanças urbanas provocaram mudanças de características e depois mudanças da interação entre espécies e outro em que as mudanças da interação entre espécies provocou mudanças de características. Essas séries de causa e efeito parecem previsíveis? Por quê ou por que não?

8. Foram vistos casos em que a predação urbana é mais baixa e outros em que é mais alta do que a predação não urbana. É possível encontrar um padrão nessas diferenças?
9. Projete um experimento para determinar se a densidade de desistência em hábitats urbanos, mais baixa do que em hábitats não urbanos, se deve à redução do medo de predação ou ao aumento da competição.

*Sobre a seção 4.6*

1. Que fatores reduzem a probabilidade de características favoráveis ao ambiente urbano surgirem por evolução? Como essas dificuldades foram superadas nos casos de evolução urbana?
2. Por que os seres humanos são uma força evolutiva tão potente? Essa força afeta (ou afetou) os seres humanos? Por quê ou por que não?
3. Por que é difícil distinguir a mudança evolutiva das mudanças morfológicas, fisiológicas ou comportamentais em ambientes urbanos? Como projetar um experimento para fazer essa distinção?
4. Faça uma lista de todas as características adaptativas em que conseguir pensar para que três organismos específicos prosperem em ambiente urbano. O mais provável seria que essas características surgissem por pré-adaptação, plasticidade fenotípica ou evolução genética?

## Exercícios

*Sobre a seção 4.1*

1. O índice de diversidade de Simpson é um modo de quantificar a diversidade em comparação com a riqueza de espécies. É a recíproca da probabilidade de que dois indivíduos escolhidos ao acaso venham da mesma espécie.
    a. Suponha primeiro que haja apenas duas espécies que sejam igualmente comuns. Qual é a probabilidade de que dois indivíduos escolhidos venham da mesma espécie? A recíproca disso é o índice de diversidade de Simpson, que deveria se igualar à riqueza de espécies.
    b. Suponha de novo que haja duas espécies, mas que 80% dos indivíduos venham de uma delas e apenas 20% da outra. Qual a probabilidade de que dois indivíduos consecutivos venham

da primeira espécie? Some isso à probabilidade de que dois indivíduos consecutivos venham da segunda espécie para encontrar a probabilidade total. Qual é o índice de diversidade de Simpson e por que é menor do que a riqueza de espécies?

c. Agora suponha que as duas espécies representem as frações $p$ e $1-p$ da população, sendo que $0 < p < 1$. Calcule e faça o gráfico do índice de diversidade de Simpson em função de $p$.

d. Com $n$ espécies que constituam as frações $p_1, p_2, \ldots, p_n$ da população, o índice de diversidade de Simpson $D$ assume o valor

$$D = \frac{1}{p_1^2 + p_2^2 + \ldots + p_n^2}$$

Explique essa fórmula. Quando $D = n$?

e. Experimente essa fórmula no exemplo do livro, no qual $n = 5$, $p_1 = 0{,}96$ e $p_2, p_3, p_4$ e $p_5$ são todos iguais a 0,01. Acha que $D$ dá uma ideia aproveitável dessa comunidade?

2. Considere os seguintes dados do Quadro 4.4.

Quadro 4.4  Presença (1) ou ausência (0) de dez espécies em oito manchas diferentes

| Mancha | Espécie | | | | | | | | | |
|---|---|---|---|---|---|---|---|---|---|---|
| | A | B | C | D | E | F | G | H | I | J |
| 1 | 0 | 1 | 1 | 1 | 0 | 0 | 0 | 1 | 0 | 1 |
| 2 | 0 | 0 | 1 | 1 | 0 | 0 | 1 | 1 | 1 | 1 |
| 3 | 0 | 0 | 0 | 1 | 1 | 0 | 0 | 1 | 1 | 0 |
| 4 | 1 | 1 | 1 | 1 | 0 | 0 | 1 | 1 | 1 | 1 |
| 5 | 1 | 0 | 0 | 0 | 0 | 1 | 1 | 1 | 1 | 0 |
| 6 | 1 | 0 | 1 | 1 | 1 | 0 | 0 | 1 | 1 | 1 |
| 7 | 0 | 0 | 1 | 1 | 0 | 1 | 0 | 1 | 1 | 1 |
| 8 | 1 | 0 | 1 | 1 | 0 | 1 | 1 | 1 | 1 | 1 |

a. Qual a riqueza de espécies de cada mancha?
b. Com que frequência cada espécie é vista?
c. É possível fazer um gráfico da curva de acumulação de espécies encontrando-se o número de espécies da mancha 1, depois das manchas 1 e 2, depois das manchas 1, 2 e 3 etc. Quantas manchas são necessárias para encontrar o conjunto completo de espécies?

d. Como fica a curva caso se incluam as manchas na ordem inversa (começando com a mancha 8, depois 8 e 7, depois 8, 7 e 6)? É preocupante que fique diferente?

3. A teoria da biogeografia das ilhas descreve o número de espécies no ponto de equilíbrio de uma ilha ou parque em função da razão de colonização e extinção.

   a. Suponha que as espécies cheguem à razão de 2,0/ano e cada espécie presente se extinga com probabilidade de 0,1 num ano dado. Quantas espécies estarão presentes quando o número médio que se extingue (número de espécies vezes a probabilidade de extinção) for igual ao número que chega?

   b. Suponha que a probabilidade de extinção seja função da área $A$ do parque em hectares, de acordo com a fórmula $\frac{1,0}{1,0+A}$. Que tamanho tem o parque em (a)? Quantas espécies você esperaria encontrar num parque de área $A$ se a razão de colonização for de 2,0 espécies/ano? Quando será menos de uma espécie?

   c. Agora suponha que a razão de colonização dependa da distância $x$, em km, entre o parque e uma floresta que cerca a cidade, de acordo com a fórmula $\frac{10,0}{4,0+0,5x}$. Qual o isolamento do parque em (a)? Quantas espécies esperaria encontrar num parque a uma distância $x$ se a probabilidade de extinção for de 0,1 para cada espécie? Quando será menos de uma espécie?

   d. Agora junte os dois efeitos e calcule uma fórmula para encontrar o número de espécies em função de $A$ e $x$. Ela combina com a Fig. 4.6?

*Sobre a seção 4.2*

Os dois primeiros problemas se baseiam nos seguintes dados da Tab. 4.1 (Jeschke; Strayer, 2005).

1. Pode-se usar esses valores para calcular os índices de similaridade de Simpson e Jaccard para os dois continentes antes e depois da intervenção humana.

   a. Calcule os índices de similaridade de Simpson e Jaccard para peixes, mamíferos e aves antes dos seres humanos usando apenas os valores de espécies nativas.

   b. Calcule os índices de similaridade de Simpson e Jaccard depois dos seres humanos encontrando o número de espécies em comum (some as nativas a ambos ao número de espécies estabelecidas com sucesso em ambas as direções).

Tab. 4.1  Espécies nativas, introduzidas e invasoras de peixes, mamíferos e aves na América do Norte e na Europa

|  | Peixes | Mamíferos | Aves |
|---|---|---|---|
| Nativas de Europa e América do Norte | 11 | 20 | 104 |
| Nativas apenas da Europa | 220 | 207 | 361 |
| Introduzidas na América do Norte | 14 | 13 | 40 |
| Estabelecidas na América do Norte | 9 | 11 | 12 |
| Invasoras na América do Norte | 5 | 8 | 8 |
| Nativas apenas da América do Norte | 713 | 342 | 419 |
| Introduzidas na Europa | 35 | 9 | 28 |
| Estabelecidas na Europa | 19 | 7 | 7 |
| Invasoras na Europa | 12 | 5 | 2 |

    c. Em que grupo de espécies esses valores foram mais alterados pelos seres humanos? Acha que são extremamente homogeneizados?

2. Podem-se usar os valores do exercício anterior para verificar a regra dos dez.
    a. Calcule a fração de espécies introduzidas que se estabelecem.
    b. Calcule a fração de espécies estabelecidas que se tornam invasoras.
    c. Como os seus resultados se comparam à regra dos dez? Por que acha que os percentuais são tão mais altos?
    d. Há uma diferença constante entre as espécies que se deslocam da Europa para a América do Norte e vice-versa? As espécies europeias são realmente mais bem-sucedidas como invasoras?
    e. Calcule a fração de todas as espécies nativas que são introduzidas. Esse valor difere nas duas direções?

*Sobre a seção 4.3*
1. Embora a matemática envolvida seja um pouco complicada, pode-se estudar graficamente as diferenças e interações entre o controle de baixo para cima e de cima para baixo.
    a. Faça um gráfico de como os recursos e a população de consumidores podem mudar no decorrer do tempo quando a

taxa de oferta de recursos aumenta. Se o controle for puramente de baixo para cima, o número de consumidores acabará aumentando o suficiente para reduzir os recursos ao nível original.

b. Faça um gráfico de como os recursos, a população de consumidores e a população de predadores mudariam com o tempo na situação (a). Com controle puramente de baixo para cima, apenas a população de predadores ficará maior.

c. Faça um gráfico da mesma situação com controle de cima para baixo.

d. Faça um gráfico da mesma situação com interação entre controle de baixo para cima e de cima para baixo, como descrito no texto, na qual os recursos possam ser usados por consumidores para se proteger de predadores.

2. A densidade $D$ da população de herbívoros em número de mamíferos por quilômetro quadrado é de, aproximadamente, $D = 50W^{-0,75}$ (conforme indicado na questão 2 em "Exercícios" sobre a seção 2.3). São necessários cerca de 10.000 kg de presas para manter 90 kg de predadores (Carbone; Gittleman, 2002).

   a. Quantas presas de 100,0 g de massa sobreviveriam numa mancha de 0,5 km²?
   b. Que massa de predadores elas sustentariam?
   c. De que tamanho teria de ser o parque capaz de sustentar uma pequena população de 12 raposas que pesem 5,0 kg cada?
   d. Como a sua resposta mudaria se a presa pesasse 1,0 kg?

3. Pode-se estimar diretamente quantas aves são mortas por gatos e tentar avaliar o seu efeito sobre o sucesso reprodutivo. Suponha que haja cerca de duas vezes mais aves do que seres humanos (como em Sheffield, na Inglaterra, de acordo com Fuller, Tratalos e Gaston (2009)), que haja cerca de 0,25 vezes mais gatos do que seres humanos e que os gatos matem aproximadamente 12 aves por ano (Heezik et al., 2010).

   a. Que fração das aves seria morta de acordo com essas estimativas? Isso parece estranho?
   b. Suponha que os gatos só matem filhotes de aves e que, em média, uma ave tenha quatro filhotes por ano. Que fração dos filhotes seria morta por gatos? Você acha que os gatos poderiam levar as aves à extinção?

c. Como a situação seria diferente se 10% das aves mortas por gatos fossem adultas e o restante, filhotes?

*Sobre a seção 4.4*

1. Os epidemiologistas, cientistas que estudam a disseminação das doenças, costumam se concentrar no *número básico de reprodução* $R_0$, que é o número de infecções novas criadas pelo primeiro indivíduo contaminado. Se o valor for maior do que um, a doença se disseminará, porque cada indivíduo contaminado cria novas infecções em número mais do que suficiente para substituir a si mesmo depois de recuperado.
    a. Em doenças transmitidas diretamente, encontra-se o valor de $R_0$ multiplicando a razão em que os indivíduos são contaminados pela duração da infecção. Suponha que os guaxinins são contaminados por um parasita que persiste dez dias em média em cada indivíduo. Quantos guaxinins teriam de ser contaminados por dia para a doença se espalhar?
    b. A razão de infecção é proporcional à razão de contato, ou seja, a razão em que os indivíduos se encontram. Suponha que cada indivíduo tenha uma probabilidade de contato de 0,01 por dia e que o contato provoque infecção em metade das vezes. De que tamanho precisa ser a população para a doença se espalhar?
    c. Como esse valor mudaria se os guaxinins urbanos tivessem maior oferta de alimento e fossem menos suscetíveis à infecção, só se contaminando em 20% das vezes em que houvesse contato com um guaxinim infectado?
2. Nas doenças transmitidas por vetores, como a doença de Lyme transmitida por carrapatos, as visitas a hospedeiros que não têm a doença são *desperdiçadas* e podem reduzir a disseminação. Esse é o mecanismo por trás do efeito de diluição. Suponha que os carrapatos só consigam transmitir a doença se visitarem consecutivamente dois hospedeiros competentes (que possam ter a doença).
    a. Suponha que 50% dos hospedeiros são competentes. Calcule a probabilidade de que dois hospedeiros competentes sejam visitados em sequência. Até que ponto a transmissão será menor do que se todos os hospedeiros fossem competentes?

b. Suponha que a fração *p* de hospedeiros seja competente. Como a probabilidade de transmissão depende de *p*? Como isso afeta o valor de $R_0$ definido no problema anterior?

c. O efeito de diluição está ligado à probabilidade de sucesso na transmissão de pólen por polinizadores. Suponha que o pólen só funciona se o polinizador visitar consecutivamente duas plantas da mesma espécie. Que fração de pólen é transmitida se 80% das plantas forem de uma espécie e 20%, de outra? Isso não lhe recorda o índice de diversidade de Simpson? Como o cultivo de jardins extremamente diversificados afeta a polinização de plantas nativas?

3. Suponha que uma doença contamine indivíduos de uma população que cresce 10% ao ano. Especificamente, antes da doença, 80% dos indivíduos sobrevivem até o ano seguinte e 30% conseguem produzir um descendente.

    a. O que acontece se a doença reduzir em 10% a probabilidade de sobrevivência de adultos?

    b. O que acontece se a doença reduzir em 10% a probabilidade de reprodução?

    c. O que aconteceria se a doença só matasse machos?

*Sobre a seção 4.5*

1. Os rouxinóis cantam mais alto quando há ruído ambiente, seguindo mais ou menos a equação $L = A/3+65$, em que *A* é o ruído ambiente em decibéis (dB) e *L*, o volume do canto do rouxinol (Brumm, 2004).

    a. Qual o volume esperado do canto do rouxinol com 40 dB de ruído ambiente? E com 70 dB?

    b. Suponha que um aumento de 10 dB exija que o rouxinol use 10% mais energia para cantar. Quanta energia a mais o rouxinol usaria num local barulhento?

    c. Dez vezes mais potência é necessária para criar um som 10 dB mais alto. Quanta potência a mais o rouxinol precisa produzir no ambiente barulhento?

    d. A pressão é a raiz quadrada da potência. Quanta pressão a mais o rouxinol precisa gerar no ambiente barulhento?

2. A densidade de desistência descreve a densidade de alimento quando o organismo desiste de procurá-lo num local específico.

a. Suponha que o comedouro de um parque comece com cem sementes e que o tempo para encontrar uma semente seja de $300,0/S$, em que $S$ é o número de sementes num momento dado. Quanto tempo será necessário para encontrar a primeira semente?
b. Suponha que um pássaro pare de procurar quando precisar de dez segundos para encontrar uma semente. Quantas sementes deixará para trás?
c. Com um predador presente, o pássaro deixa de procurar quando precisa de 25 segundos para encontrar uma semente. Quantas sementes restarão na bandeja?
d. Quanto tempo antes o pássaro abandonará o comedouro caso o predador esteja presente?
e. Suponha que cada semente forneça 0,5 kcal. Quanta energia o pássaro sacrifica quando parte mais cedo?
f. Qual a razão média de coleta de energia no tempo a mais que o pássaro fica quando não há predadores? É possível usar esse valor para quantificar o medo que o pássaro tem do predador?

3. Nos Estados Unidos, os habitantes oferecem às aves selvagens cerca de 450 milhões de quilos de alpiste por ano. Suponha que uma ave precise, em média, de 10 kcal diárias para sobreviver e que o alpiste ofereça, em média, 3,0 kcal/g.
   a. Quantas calorias os habitantes oferecem por dia?
   b. Quantas pessoas esse total sustentaria?
   c. Quantas aves esse total poderia sustentar?
   d. Quantas aves por pessoa isso representa? Se cerca de 20% das pessoas alimentam aves, quantas cada uma sustenta?

4. Suponha que a temperatura mude linearmente da média mínima diária de 0,0 °C, em 1° de janeiro (no meio do inverno do hemisfério norte) para o máximo de 25,0 °C em 1° de julho (no meio do verão no hemisfério norte) e depois caia linearmente.
   a. Faça um gráfico da temperatura média diária no decorrer de um ano (o seu gráfico deve lembrar um triângulo).
   b. Suponha que as plantas cresçam quando a temperatura estiver acima de 15,0 °C. Quando começarão a crescer e quando pararão? Quanto tempo dura a temporada de crescimento?
   c. Suponha que a ilha urbana de calor aumente em 3,0 °C a temperatura média diária. Quanto a temporada de crescimento aumentará?

d. Suponha que a ilha urbana de calor aumente em 5,0 °C a temperatura média diária no inverno e em 1,0 °C no verão (mas que o gráfico ainda lembre um triângulo). Isso altera a temporada de crescimento mais ou menos do que a ilha urbana de calor constante? Por quê?

*Sobre a seção 4.6*

1. Suponha que as plantas anuais com uma nova característica em ambiente urbano produzam uma média de 1,1 rebento por ano, enquanto as que têm a característica original produzam a média de 1,0 rebento por ano.
   a. Se, a princípio, houver dez do tipo novo e mil do tipo original, como será a população dos dois tipos 10 anos depois?
   b. Qual é a fração inicial do novo tipo? Qual será a fração 10 anos depois?
   c. Quanto tempo o novo tipo levará para constituir 90% da população?
   d. Como esses valores mudariam se o tipo novo só produzisse, em média, 1,01 rebento por ano?
   e. Essa população continuaria a crescer sem limites. O que acha que mudaria quando o novo tipo se tornasse mais comum? Como você incluiria isso no modelo?
   f. Como incluir nesse modelo o fluxo gênico, sob a forma de imigração do tipo original?
2. As pressões humanas provocaram mudanças da história de vida dos organismos, com consequências potencialmente enormes para a aptidão.
   a. A pesca pode favorecer peixes que se reproduzam mais cedo, mesmo que produzam menos filhotes. Suponha que um peixe que se reproduz aos 3 anos produza dez ovos que sobreviverão até a idade adulta, enquanto o que se reproduz aos 2 anos produza apenas cinco. Se o peixe morrer depois de se reproduzir, que população crescerá mais depressa? Um modo de calcular isso é verificar que população seria maior em 6 anos, ou seja, duas gerações para os que se reproduzem de 3 em 3 anos e três gerações para os que se reproduzem de 2 em 2 anos.
   b. Suponha que metade dos peixes são pescados com idade entre 2 e 3 anos. Que idade de reprodução passa a ser favorecida? Que outros efeitos isso causaria sobre a população?

c. Compare essa situação com o efeito de abandonar a migração. Que informações seriam necessárias para calcular se as aves que passam o inverno nas cidades terão resultado melhor do que as que continuam a migrar?

## Outras leituras

### Sobre a seção 4.1

P. G. Angold, J. P. Sadler, M. O. Hill, et al. Biodiversity in urban hábitat patches. *The Science of the Total Environment*, **360** (2006), 196–204.

R. B. Blair. Land use and avian species diversity along an urban gradient. *Ecological Applications*, **6** (1996), 506–519.

J. F. Chace and J. J. Walsh. Urban effects on native avifauna: a review. *Landscape and Urban Planning*, **74** (2006), 46–69.

K. R. Crooks and M. E. Soulé. Mesopredator release and avifaunal extinctions in a fragmented system. *Nature*, **400** (1999), 563–566.

B. Drayton and R. B. Primack. Plant species lost in an isolated conservation area in Metropolitan Boston from 1894 to 1993. *Conservation Biology*, **10** (1996), 30–39.

S. H. Faeth, C. Bang, and S. Saari. Urban biodiversity: patterns and mechanisms. *Annals of the New York Academy of Sciences*, **1223** (2011), 69–81.

K. J. Gaston. Biodiversity and extinction: species and people. *Progress in Physical Geography*, **29** (2005), 239–247.

M. Guirado, J. Pino, and F. Roda. Understorey plant species richness and composition in metropolitan forest archipelagos: effects of forest size, adjacent land use and distance to the edge. *Global Ecology and Biogeography*, **15** (2006), 50–62.

D. Hope, C. Gries, W. X. Zhu, et al. Socioeconomics drive urban plant diversity. *Proceedings of the National Academy of Sciences*, **100** (2003), 8788–8792.

J. M. Marzluff. Island biogeography for an urbanizing world: how extinction and colonization may determine biological diversity in human-dominated landscapes. *Urban Ecology*, **8** (2008), 355–371.

M. L. McKinney. Effects of urbanization on species richness: a review of plants and animals. *Urban Ecosystems*, **11** (2008), 161–176.

E. Shochat, P. S. Warren, S. H. Faeth, N. E. McIntyre, and D. Hope. From patterns to emerging processes in mechanistic urban ecology. *Trends in Ecology & Evolution*, **21** (2006), 186–191.

J. Tratalos, R. A. Fuller, K. L. Evans, et al. Bird densities are associated with household densities. *Global Change Biology*, **13** (2007), 1685–1695.

### Sobre a seção 4.2

F. A. La Sorte and M. L. McKinney. Compositional similarity and the distribution of geographical range size for assemblages of native and non-native species in urban floras. *Diversity and Distributions*, **12** (2006), 679–686.

A. Loram, K. Thompson, P. H. Warren, and K. J. Gaston. Urban domestic gardens (XII): the richness and composition of the flora in five UK cities. *Journal of Vegetation Science*, **19** (2008), 321–330.

M. L. McKinney. Urbanization as a major cause of biotic homogenization. *Biological Conservation*, **127** (2006), 247–260.

R. M. Plowes, J. G. Dunn, and L. E. Gilbert. The urban fire ant paradox: native fire ants persist in an urban refuge while invasive fire ants dominate natural hábitats. *Biological Invasions*, **9** (2007), 825–836.

M. von der Lippe and I. Kowarik. Do cities export biodiversity? Traffic as dispersal vector across urban–rural gradients. *Diversity and Distributions*, **14** (2008), 18–25.

## Sobre a seção 4.3

S. H. Dreistadt, D. L. Dahlsten, and G. W. Frankie. Urban forests and insect ecology. *Bioscience*, **40** (1990), 192–198.

S. H. Faeth, P. S. Warren, E. Shochat, and W. A. Marussich. Trophic dynamics in urban communities. *Bioscience*, **55** (2005), 399–407.

L. Heneghan, J. Steffen, and K. Fagen. Interactions of an introduced shrub and introduced earth worms in an Illinois urban wood land: impact on leaf litter decomposition. *Pedobiologia*, **50** (2007), 543–551.

D. A. Holway and A. V. Suarez. Homogenization of ant communities in mediterranean California: the effects of urbanization and invasion. *Biological Conservation*, **127** (2006), 319–326.

M. J. Raupp, P. M. Shrewsbury, and D. A. Herms. Ecology of herbivorous arthropods in urban landscapes. *Annual Review of Entomology*, **55** (2010), 19–38.

A. D. Rodewald, L. Kearns, and D. Shustack. Anthropogenic resource subsidies decouple predator–prey relationships. *Ecological Applications*, **21** (2010), 936–943.

V. Sims, K. L. Evans, S. E. Newson, J. A. Tratalos, and K. J. Gaston. Avian assemblage structure and domestic cat densities in urban environments. *Diversity and Distributions*, **14** (2008), 387–399.

Y. van Heezik, A. Smyth, A. Adams, and J. Gordon. Do domestic cats impose an unsustainable harvest on urban bird populations? *Biological Conservation*, **143** (2010), 121–130.

## Sobre a seção 4.4

C. W. Boal and R. W. Mannan. Comparative breeding ecology of Cooper's hawks in urban and exurban areas of southeastern Arizona. *Journal of Wildlife Management*, **63** (1999), 77–84.

C. A. Bradley and S. Altizer. Urbanization and the ecology of wildlife diseases. *Trends in Ecology & Evolution*, **22** (2007), 95–102.

P. Deplazes, D. Hegglin, S. Gloor, and T. Romig. Wilderness in the city: the urbanization of *Echinococcus multilocularis*. *Trends in Parasitology*, **20** (2004), 77–84.

C. D. Soulsbury, G. Iossa, P. J. Baker, et al. The impact of sarcoptic mange *Sarcoptes scabiei* on the British fox *Vulpes vulpes* population. *Mammal Review*, **37** (2007), 278–296.

## Sobre a seção 4.5

V. Bókony, A. Kulcsár, and A. Liker. Does urbanization select for weak competitors in house sparrows? *Oikos*, **119** (2010), 437–444.

G. Buczkowski. Extreme life history plasticity and the evolution of invasive characteristics in a native ant. *Biological Invasions*, **12** (2010), 3343–3349.

M. Carrete and J. L. Tella. Inter-individual variability in fear of humans and relative brain size of the species are related to urban invasion in birds. *PLoS ONE*, **6** (2011), e18859.

S. S. Ditchkoff, S. T. Saalfeld, and C. J. Gibson. Animal behavior in urban ecosystems: modifications due to human-induced stress. *Urban Ecosystems*, **9** (2006), 5–12

K. L. Evans, K. J. Gaston, A. C. Frantz, et al. Independent colonization of multiple urban centres by a formerly forest specialist bird species. *Proceedings of the Royal Society B: Biological Sciences*, **276** (2009), 2403–2410.

S. Kark, A. Iwaniuk, A. Schalimtzek, and E. Banker. Living in the city: can anyone become an "urban exploiter"? *Journal of Biogeography*, **34** (2007), 638–651.

S. Knapp, I. Kühn, R. Wittig, et al. Urbanization causes shifts in species' trait state frequencies. *Preslia*, **80** (2008), 375–388.

A. A. Maklakov, S. Immler, A. Gonzalez-Voyer, J. Rönn, and N. Kolm. Brains and the city: big-brained passerine birds succeed in urban environments. *Biology Letters*, **7** (2011), 730–732.

E. Nemeth and H. Brumm. Blackbirds sing higher-pitched songs in cities: adaptation to hábitat acoustics or side-effect of urbanization? *Animal Behaviour*, **78** (2009), 637–641.

J. Partecke, I. Schwabl, and E. Gwinner. Stress and the city: urbanization and its effects on the stress physiology in European blackbirds. *Ecology*, **87** (2006), 1945–1952.

E. Shochat. Credit or debit? Resource input changes population dynamics of city-slicker birds. *Oikos*, **106** (2004), 622–626.

L. H. Ziska, K. George, and D. A. Frenz. Establishment and persistence of common ragweed *Ambrosia artemisiifolia* (L.) in disturbed soil as a function of an urban–rural macroenvironment. *Global Change Biology*, **13** (2007), 266–274.

## Sobre a seção 4.6

A.V. Badyaev, R. L. Young, K. P. Oh, and C. Addison. Evolution on a local scale: developmental, functional, and genetic bases of divergence in bill form and associated changes in song structure between adjacent hábitats. *Evolution*, **62** (2008), 1951–1964.

P. O. Cheptou, O. Carrue, S. Rouifed, and A. Cantarel. Rapid evolution of seed dispersal in an urban environment in the weed *Crepis sancta*. *Proceedings of the National Academy of Sciences*, **105** (2008), 3796–3799.

L. M. Cook. The rise and fall of the carbonaria form of the peppered moth. *The Quarterly Review of Biology*, **78** (2003), 399–417.

J. Munshi-South and K. Kharchenko. Rapid, pervasive genetic differentiation of urban white-footed mouse (*Peromyscus leucopus*) populations in New York City. *Molecular Ecology*, **19** (2010), 4242–4254.

S. R. Palumbi. Humans as the world's greatest evolutionary force. *Science*, **293** (2001), 1786–1790.

G. Rolshausen, G. Segelbacher, K. A. Hobson, and H. M. Schaefer. Contemporary evolution of reproductive isolation and phenotypic divergence in sympatry along a migratory divide. *Current Biology*, **19** (2009), 2097–2101.

P. J. Yeh. Rapid evolution of a sexually selected trait following population establishment in a novel hábitat. *Evolution*, **58** (2004), 166–174.

### Laboratórios

A. Usando as contagens de espécies dos laboratórios anteriores ou desenvolvendo novas contagens, calcule a riqueza de espécies e a biodiversidade de cada local de amostragem. Tabule os dados e os valores médios ao longo do gradiente urbano-rural e examine gráficos de como a biodiversidade depende de outras informações do hábitat local, como temperatura, tipo de solo e perturbações. Em cada local, registre o valor de venda dos imóveis. Há alguma relação entre o valor dos imóveis e as características do hábitat ou a riqueza de espécies?

B. Usando os dados sobre espécies de A, determine quantas são nativas e investigue relações possíveis entre características do hábitat e espécies nativas, como a distância do núcleo urbano. Compare os valores de biodiversidade com os valores de espécies nativas de cada local.

C. Nos mesmos locais de amostragem, escolha uma espécie decídua comum e registre as datas em que as folhas se desenvolvem e caem. Compare essas datas em locais urbanos e não urbanos.

D. Nos locais de amostragem usados em A, deixe uma quantidade conhecida de alpiste num quadrado de 1m × 1m. Registre o número máximo de aves que se alimentam simultaneamente em cada quadrado, a densidade de desistência de alimento em cada local com um predador simulado por perto (por exemplo, um gato) e a distância mínima a que se pode chegar andando na direção da caixa antes que todas as aves parem de se alimentar e saiam do quadrado. Compare esses dados em locais urbanos e não urbanos.

E. Releia os princípios e fatores apresentados na seção 1.4. Dê exemplos de como cada um deles mudou no ambiente urbano. Faça um mapa ou diagrama conceitual para mostrar como essas mudanças se inter-relacionam.

# 5 Consequências da Ecologia Urbana

Provavelmente as cidades surgiram quando os seres humanos se juntaram para se proteger e obter alimento. Entretanto, essas aglomerações começaram a alterar as necessidades humanas quase no mesmo momento em que passaram a existir. Novas formas de governo, sociedade e transporte se desenvolveram e, com elas, o início da infraestrutura que define as áreas urbanas modernas. Desse modo, a regulação da população humana não se encaixava mais nos modelos ecológicos de cima para baixo ou de baixo para cima; ela passou a resultar de forças sociais, políticas e econômicas complexas, não da disponibilidade local de alimento ou outros recursos.

Este livro examinou como essa transformação da Ecologia humana altera o funcionamento do ecossistema e a estrutura das comunidades ecológicas que coexistem com os seres humanos no ambiente construído. Essas mudanças são profundas, e vão do modo como as moléculas se movem e são processadas à maneira como as populações interagem e os organismos evoluem, a maioria delas como consequência não intencional de atividades humanas projetadas com outras metas e outros propósitos.

Este capítulo delineia algumas implicações dessas consequências não intencionais do ponto de vista humano. Em primeiro lugar, os habitantes humanos das áreas urbanas, assim como os outros organismos que ali vivem, passaram a sofrer novos tipos de estresse. A primeira seção se concentra nos efeitos da vida urbana sobre a saúde humana, muitas vezes paralelos aos efeitos sobre os outros animais. Esses efeitos sobre a saúde fazem parte de uma série muito maior de efeitos sobre os seres humanos com papel considerável na determinação da qualidade de vida dentro das cidades, inclusive o acesso a recursos sociais e culturais, estética, segurança e igualdade. Toda decisão de planejamento urbano traz consigo implicações tanto para o ecossistema urbano quanto para os seus moradores humanos, que geralmente se associam a sistemas de valores bem diferentes. A maioria dessas questões está além do alcance deste livro, mas os princípios ecológicos lançam nova luz sobre elas. A seção 5.2 examina as decisões políticas sob a perspectiva científica. Como a ciência da Ecologia Urbana afeta ou esclarece as consequências de escolhas políticas? E como as escolhas políticas afetam a capacidade de conduzir a ciência? O livro conclui com um vislumbre do futuro ecológico pela lente cada vez mais focalizada da Ecologia Urbana.

## 5.1 Doença e saúde humana

Um estudo clássico de recuperação em hospitais separou em dois grupos os pacientes que se recuperavam de cirurgia de vesícula: um deles tinha janelas que davam para um pátio com árvores, o outro para um muro de tijolos. Os pacientes que viam árvores se recuperaram mais depressa, se queixaram menos e usaram muito menos analgésicos do que os que viam o muro (Ulrich, 1984). Embora hoje a maioria dos seres humanos more em cidades e passe boa parte do tempo vendo muros, a mente e o corpo humanos parecem ansiar pelo mundo mais verde onde evoluíram. Muitas formas históricas de interação dos seres humanos com a natureza – mover-se por ela, observar e interagir com outros seres vivos – continuam a fazer parte da vida de moradores urbanos, como caminhadas, brincadeiras com animais de estimação, jardinagem e estudo da natureza (Kaplan, 1995).

Até recentemente, os efeitos insalubres das cidades resultavam principalmente de doenças infecciosas. O controle do flagelo das pragas e pandemias provocadas pela elevada densidade populacional urbana e pelo ar e água sujos teve de esperar o século XIX (Omram, 2001). Os hospitais também concentravam doenças infecciosas. Como as áreas urbanas tinham mais hospitais, até a década de 1870 a mortalidade infantil era mais alta na Alemanha urbana do que na rural. Só depois, com a melhora da higiene, a mortalidade infantil urbana caiu (Galea; Vlahov, 2005). O planejamento urbano do final do século XIX brotou da compreensão crescente de que as doenças infecciosas podiam ser controladas com a limpeza da água potável, a remoção dos esgotos e a eliminação do hábitat de procriação de mosquitos que transmitiam doenças extremamente disseminadas como malária e febre amarela (Perdue; Gostin; Stone, 2003). Em geral, a melhora da higiene pública se espalhou dos subúrbios residenciais para o centro da cidade e criou a noção ainda existente de que as cidades são menos saudáveis do que os arredores menos densamente povoados. Essa melhora da saúde pública teve efeito maior sobre a expectativa de vida humana do que os antibióticos e outras descobertas médicas posteriores.

Poucas cidades tinham população autossuficiente na época das doenças infecciosas e, portanto, elas agiam como sumidouros ecológicos humanos (Cairns, 1998). Mas os seres humanos se mudavam para as cidades, como ainda fazem, por razões que incluíam *fatores de expulsão*, como pobreza e desastres naturais que os impeliam para fora das áreas rurais, e *fatores de atração*, principalmente as oportunidades econômicas e culturais da cidade (Godfrey; Julien, 2005). A migração, mais do que o crescimento interno, levou, nos últimos anos, ao crescimento explosivo de megacidades como a Cidade do México, no México, e Xangai, na China. Quando uma população crescente de imigrantes supera a capacidade da infraestrutura de saúde pública existente, setores dessas cidades podem retornar à época do saneamento insuficiente e dos surtos de doenças.

Com exceção de algumas áreas paupérrimas, o acesso à assistência médica tende a manter baixa a mortalidade urbana atual (Godfrey; Julien, 2005). Embora seja difícil comparar, estatísticas recentes da Escócia situam a expectativa de vida mais baixa em áreas urbanas, tanto para homens quanto para mulheres, e a mais alta em áreas rurais remotas (General Register Office, 2009). Essas diferenças são relativamente pequenas, uma questão de dois ou três anos para pessoas com bem mais de setenta.

### 5.1.1 Princípios de saúde humana urbana

Foram estudadas as três reações gerais dos organismos ao meio ambiente: seleção, ajuste fenotípico e evolução genética (seção 4.5). Os seres humanos têm as mesmas reações potenciais, mas complementadas e transformadas pela sua condição de engenheiros do ecossistema (seção 1.1) e pela sua capacidade de transformar o próprio meio ambiente. Essas mudanças, assim como as suas consequências intencionais, tornam perfeitamente habitáveis ambientes antes inadequados, como os desertos. Dificilmente surpreenderia que algumas dessas transformações tenham efeito negativo não intencional sobre a saúde humana.

A migração e o movimento complicam a análise de características de plantas e animais no meio ambiente urbano e, do mesmo modo, dificultam a avaliação dos efeitos da vida urbana sobre a saúde. Algumas pessoas vicejam nas cidades enquanto outras não as toleram. Ter liberdade social e econômica suficiente permite aos indivíduos selecionar seu meio ambiente preferido. A menor expectativa de vida nas cidades pode se dever não aos efeitos diretos da vida urbana, mas ao fato de as pessoas que se mudam para as cidades ou nelas preferem ficar serem menos saudáveis do que as que permanecem no campo ou para lá se mudam (Verheij, 1996). Efeitos mais sutis, como problemas psicológicos ou doenças autoimunes, estão profundamente relacionados com as escolhas pessoais dos indivíduos quanto ao modo de viver e ao local onde morar na cidade.

Os efeitos negativos sobre a saúde humana podem ser considerados como reações fisiológicas ou psicológicas a um meio ambiente novo: a obesidade é a reação do organismo ao desequilíbrio entre ingestão de alimentos e uso de energia; a asma é uma reação fisiológica indesejada aos alérgenos e poluentes. As reações adaptativas, como a capacidade de dormir com ruídos ou ajustar o próprio horário ao nível alterado de luz, também têm o seu papel na determinação de quem vive bem nas cidades, mas ainda não foram meticulosamente estudadas.

Apesar de muitos problemas de saúde enfrentados por seres humanos nas cidades, como obesidade e asma, terem um forte componente genético, há poucos indícios de que sejam reações evolutivas específicas aos desafios urbanos. Entretanto, os alelos de resistência à tuberculose, doença mais comum em densidade populacional elevada, têm maior frequência em lugares com histórico mais antigo de urbanização (Barnes et al., 2011). Os seres humanos e as suas sociedades mudam rapidamente por meio da *evolução cultural*, a disseminação de ideias e tecnologia capaz de resolver problemas muito mais depressa do que a evolução genética. Já se propôs que alguns alelos conferem certa resistência à varíola (Galvani; Slatkin, 2003), mas no mundo atual esse aspecto do fenótipo tornou-se irrelevante graças às inovações culturais que permitiram a erradicação dessa doença.

### 5.1.2 Saúde humana nas cidades

Os efeitos da vida urbana sobre a saúde dependem dos ambientes social e físico intimamente ligados (Hertzen; Haahtela, 2004). Os seres humanos enfrentam a mesma variedade de desafios dos outros animais, desafios que provocam reações fisiológicas, comportamentais e evolutivas a novos hábitats, disponibilidade de recursos, processos do ecossistema e interações ecológicas. A maior diferença entre os seres humanos e os outros animais urbanos é a interação com outras espécies, principalmente a eliminação quase completa da competição e da predação e a atual redução das doenças infecciosas.

*Efeitos da modificação do hábitat urbano*
A urbanização induz a redução do movimento dos animais, tanto da distância de fuga quanto da propensão a migrar (seção 4.5). A infraestrutura urbana, com a sua ênfase no automóvel, tende a fazer o mesmo com os seres humanos (Frumkin, 2002). Hoje, na maioria das cidades americanas, mais de 90% das viagens são feitas com as pessoas sentadas num carro. Essa tendência se acelerou recentemente. Embora 70% dos pais de hoje fossem a pé para a escola, apenas 22% dos filhos fazem o mesmo (Anderson; Butcher, 2006). Esses padrões comportamentais diferem dentro da cidade. A inconveniência de dirigir e estacionar em cidades grandes podem levar os moradores dos bairros centrais a andar mais do que os moradores das áreas periurbanas (Brownson; Boehmer; Luke, 2005).

Nos Estados Unidos, o espraiamento urbano está associado a menos minutos de caminhada e nível mais alto de obesidade (Ewing et al., 2008). Embora seja difícil determinar os efeitos disso sobre a saúde, em cidades chinesas a obesidade aumentou de 1,5% em 1989 para 12,6% em 1997, mas diminuiu nas áreas rurais no mesmo período. Entretanto, em áreas urbanas e não urbanas dos Estados Unidos o nível de obesidade não difere de forma significativa (Anderson; Butcher, 2006), embora o percentual de área verde nos bairros tenha correlação com a prevalência de obesidade em crianças (Liu et al., 2007).

A aparência e o funcionamento do ambiente físico afetam a psicologia e o comportamento humanos. Um ambiente construído em decadência pode provocar depressão (Galea; Vlahov, 2005). Incômodos cotidianos como defeitos do equipamento da cozinha, queda do aquecimento e tinta descascada, além de perigos como edificações deterioradas e incêndios, agem como fatores de risco dessa doença (Galea et al., 2005).

Há muitos tipos de espaço verde urbano, de parques e ruas ladeadas de árvores a cemitérios e áreas recreativas (seção 1.2). As áreas verdes urbanas podem melhorar a saúde, o bem-estar e aspectos comportamentais e cognitivos, além de ampliar as redes sociais, embora seja difícil corrigir o possível desvio de que pessoas mais saudáveis prefiram morar perto delas (Tzoulas et al., 2007). A sobrevivência de idosos de Tóquio em cinco anos foi mais alta entre os que tinham acesso a espaços verdes (Takano; Nakamura; Watanabe, 2002). A frequência de visitas a

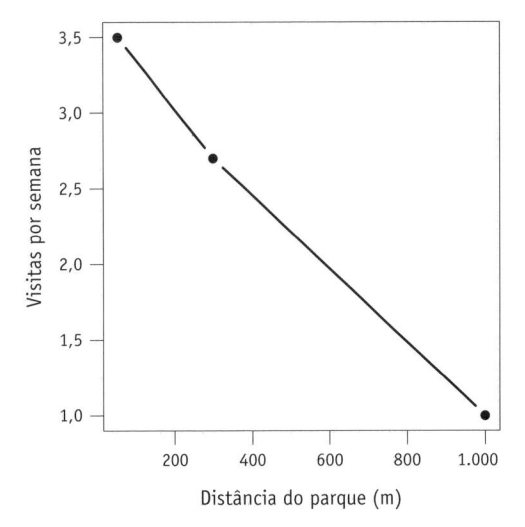

**Fig. 5.1** Frequência de visitas a espaços verdes em função da distância
Fonte: adaptado de Barton e Pretty (2010).

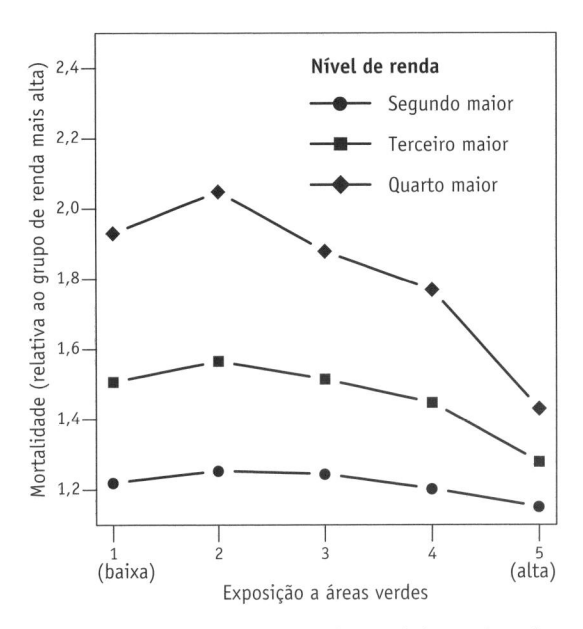

**Fig. 5.2** Interação de efeitos do nível de renda e do acesso a áreas verdes sobre todas as causas de mortalidade, relativa ao grupo de renda mais alta
Fonte: adaptado de Mitchell e Popham (2008).

áreas verdes se reduz drasticamente com a distância entre essas áreas e a moradia, como mostra a Fig. 5.1 (Barton; Pretty, 2010). Em Sheffield, na Inglaterra, a distância média de áreas verdes públicas é de 400 m, com 36,5% dos habitantes morando a 300 m ou menos dessas áreas (Hale et al., 2010).

O meio ambiente deteriorado, perigoso ou desagradável ao ar livre, com pouco acesso a áreas verdes, além de provocar bem-estar mental menor (Guite; Clark; Ackrill, 2006), também reduz ainda mais a atividade física. Tipicamente, esses ambientes são habitados por pessoas com baixa condição socioeconômica. Esses bairros também tendem a apresentar alta densidade populacional, que provoca o efeito oposto de aumentar a proporção dos que vão a pé para o trabalho e usam transporte público (Guite; Clark; Ackrill, 2006). Embora seja difícil determinar as causas, verificou-se que o aumento de mortalidade associado à renda mais baixa é bem menos acentuado entre os que têm mais acesso a áreas verdes, como mostra a Fig. 5.2 (Mitchell; Popham, 2008). Esse grande estudo de habitantes de toda a Inglaterra não conseguiu controlar o desvio de seleção já mencionado nem outros fatores não mensurados.

No caso dos animais, o ambiente físico urbano provoca uma torrente constante de perturbações que eles têm de aprender a filtrar ou ignorar para serem capazes de se alimentar e se reproduzir (seção 4.5). Os seres humanos têm de fazer o mesmo sob o risco de sofrer de fadiga mental, custo coletivo de prestar atenção às exigências da vida urbana, que variam de dirigir a conversar e planejar (Kaplan, 1995). Visitar ou até ver a natureza pode dar descanso à mente e provocar mais saúde mental e menos estresse. Por exemplo, animais e cavernas são intrinsecamente fascinantes para os seres humanos e ajudam a restaurar a mente por atrair atenção involuntária. Indivíduos relataram mais reflexão e senso de identidade depois de passar algum tempo em lugares com maior riqueza de espécies vegetais e mais sensação de continuidade com o passado em lugares com maior riqueza de espécies de aves (Fuller et al., 2007), embora não se tenha determinado o efeito mais amplo sobre a saúde. Paradoxalmente, a sensação de bem-estar pode ser menor com elevada riqueza de espécies vegetais, e na verdade poucas pessoas conseguiriam identificar 12 espécies urbanas comuns, como mostra a Fig. 5.3 (Dallimer et al., 2012).

Num estudo controlado num condomínio residencial de Chicago, as mulheres que moravam em prédios de apartamentos cercados de

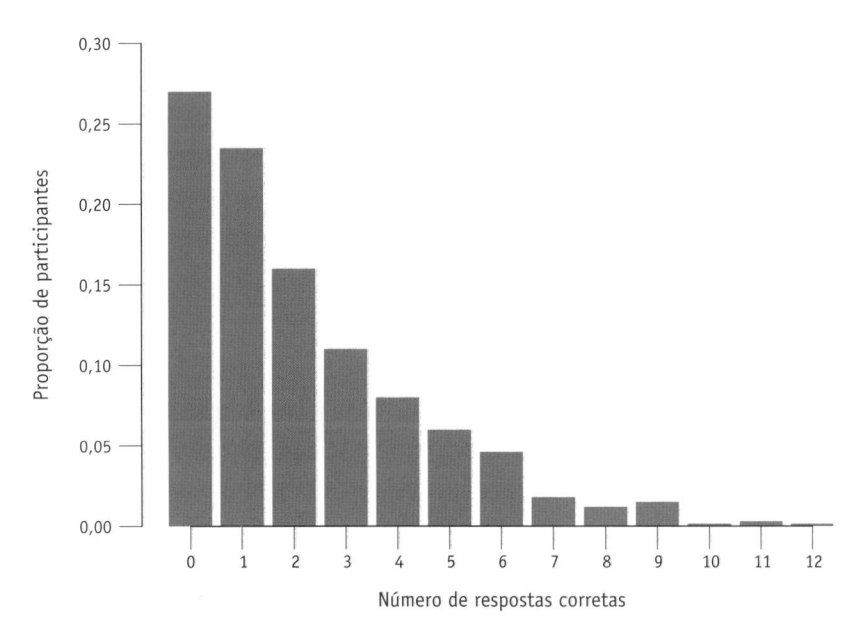

Fig. 5.3 Fração de indivíduos com cada número de respostas corretas na identificação pelo nome comum ou científico de 12 espécies urbanas relativamente comuns, sendo quatro aves, quatro borboletas e quatro plantas
Fonte: adaptado de Dallimer et al. (2012).

vegetação apresentaram menos agressividade com parceiros e filhos do que as cercadas por pavimentação, como mostra a Fig. 5.4 (Kuo; Sullivan, 2001). Como uma pista para entender o mecanismo, o efeito da paisagem verde se explica, em grande parte, pela melhora da pontuação num teste de memória, indicando que a agressividade pode ser causada pela fadiga atencional.

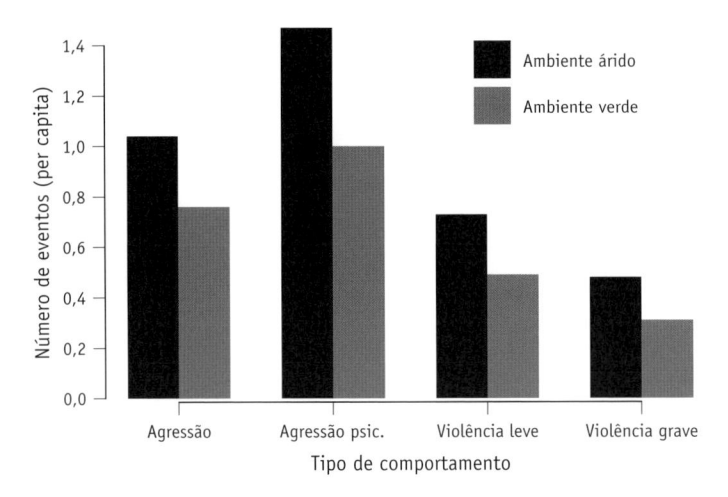

Fig. 5.4 Efeito da vista para a paisagem verde sobre o número de incidentes agressivos contra o parceiro no ano anterior (segundo Kuo e Sullivan, 2001).

A reação das pessoas aos parques com densa cobertura vegetal em áreas urbanas pode ser polarizada. Algumas se sentem atraídas pelo hábitat natural e outras temem que a vegetação esconda criminosos (Tilt, 2011). A vegetação mais dispersa, como no terreno de um condomínio de prédios de apartamentos, pode estimular grupos de pessoas a passar mais tempo ao ar livre sem medo do crime, além de reduzir o estresse. Em outro condomínio residencial de Chicago, a incidência de crimes, tanto contra a propriedade quanto contra pessoas, foi mais baixa em prédios cercados por mais vegetação (Kuo; Sullivan, 2001).

### Efeitos da entrada urbana de recursos

Os moradores urbanos dos países desenvolvidos têm acesso à quantidade essencialmente ilimitada de alimentos do mundo inteiro (seção 3.4), mas a natureza desse alimento depende do tipo de cidade e de bairro dentro da cidade. As áreas com baixa condição socioeconômica têm razão mais alta de lanchonetes de *fast-food* em relação a supermercados, o que promove o consumo de uma dieta rica em alimentos industrializados gordurosos e salgados e pobre em alimentos frescos (Booth et al., 2005). Ter nas vizinhanças uma loja que venda frutas, verduras e legumes frescos prevê o consumo de uma alimentação mais equilibrada (Morland; Wing; Roux, 2002). A obesidade, pelo menos em parte, resulta do consumo de alimentos muito calóricos e se exacerba com a redução do nível de atividade (Anderson; Butcher, 2006). Entretanto, como observado anteriormente, a obesidade realmente não é uma doença urbana.

*Efeito de processos do ecossistema urbano*
As mudanças do clima, principalmente a ilha urbana de calor, podem criar estresse térmico substancial capaz de levar à morte, principalmente entre idosos e pobres das áreas urbanas (Galea; Vlahov, 2005). As ondas de calor são a maior fonte de mortalidade ligada às condições climáticas nos Estados Unidos (Borden; Cutter, 2008), e a frequência de internação aumenta rapidamente com a subida da temperatura (Shimoda, 2003). O calor pode exacerbar a poluição do ar e facilitar a expansão do alcance de hospedeiros animais e de mosquitos vetores de novas doenças infecciosas (Patz; Olson, 2006).

Os poluentes do ar, como ozônio, monóxido de carbono, óxidos de nitrogênio e particulados, se concentram em áreas urbanas (seção 3.4). O efeito resultante sobre a saúde depende do poluente, da duração da exposição e da sensibilidade da pessoa exposta (Frumkin, 2002). A mortalidade ligada ao ozônio aumenta nas cidades em função do nível mais alto de ozônio na semana anterior (Bell et al., 2004). Exercitar-se com particulados finos e ultrafinos amplifica o efeito e pode aumentar a probabilidade de enfartes e arritmias nas horas e dias posteriores à exposição (Sharman; Cockcroft; Coombes, 2004). As crianças, com sistema imunológico imaturo, área pulmonar relativamente grande e hábito de brincar ao ar livre, enfrentam os desafios da asma em vez dos problemas cardíacos dos mais idosos (Byrd; Joad, 2006).

O nível de asma na cidade pode ser o dobro do nível em áreas não urbanas e resultar de uma variedade de causas características do meio ambiente urbano, sendo a poluição do ar uma das principais. Dois experimentos naturais dão alguma ideia da sua importância. Nas Olimpíadas de Atlanta, o tráfego caiu temporariamente em 22% e o ozônio, em 28%, levando a uma queda grande e comparável da internação de pacientes com asma (Friedman et al., 2001). No estado americano de Utah, a greve de uma grande siderúrgica provocou 50% de redução da internação de pacientes com asma, com forte correlação com o nível de particulados (Pope 3rd, 1989). O aumento da exposição a poluentes com a proximidade de ruas com veículos movidos a diesel ou com a prática de esportes ao ar livre em áreas muito poluídas acentua o risco de asma, assim como a presença de alérgenos de baratas, ácaros, camundongos e ratos (Byrd; Joad, 2006).

Os moradores urbanos enfrentam poluentes na água e na terra, além do ar. Em termos históricos, a água suja foi o maior condutor de patógenos fatais, como o da cólera, mas até hoje as aglomerações de cidades com crescimento rápido na China têm volume substancial de água não potável por causa do fluxo de águas residuais industriais e domésticas não tratadas (Shao et al., 2006). Os resíduos sólidos de aterros sanitários podem ser um recurso econômico, ainda que perigosíssimo e capaz de contribuir para a poluição da água e a procriação de mosquitos (Moore; Gould; Keary, 2003).

A poluição da água pode interagir com doenças infecciosas pelo comportamento de insetos vetores, como os mosquitos. O *Culex quinquefasciatus*, principal vetor da febre do Nilo no sudeste dos Estados Unidos, prefere pôr ovos na água enriquecida de nutrientes que resulta do transbordamento do esgoto em cursos d'água depois de chuvas fortes (Chaves et al., 2009). O esgoto não tratado que sai da área urbana, depois de uma série complexa de eventos que envolvem o comportamento dos mosquitos e a infecção e o movimento das aves, volta sob a forma de aumento de casos humanos de uma doença infecciosa potencialmente perigosa.

As cidades são barulhentas e muito iluminadas. Até o advento da eletricidade, as noites eram escuras, e mesmo a iluminação interna com velas e lampiões era limitada. A luz elétrica difere em intensidade, espectro e horário da luz solar natural, e agora fornece boa parte da luz à qual os seres humanos se expõem durante o dia e a noite. Embora seja difícil determinar a causa, os idosos de Tóquio cuja residência recebe luz solar têm maior probabilidade de ter cinco anos a mais de vida (Takano; Nakamura; Watanabe, 2002). As mudanças do horário e do tipo de luz podem desorganizar o relógio circadiano que controla o comportamento diário e provocar disfunção do sistema endócrino, provocando depressão, anomalias reprodutivas e até aumento da taxa de câncer de mama em consequência da alteração do nível de melatonina (Stevens; Rea, 2001). O ruído urbano pode provocar o estresse mais alto, e o barulho dos vizinhos foi um dos fatores identificados mais claramente com o baixo bem-estar mental (Guite; Clark; Ackrill, 2006).

*Efeitos de interações ecológicas*

Embora os seres humanos enfrentem pouca competição, a não ser de insetos, moluscos e mamíferos que consomem hortaliças de hortas urbanas, alguns tipos de predação têm aumentado recentemente. Os coiotes vêm se tornando mais comuns e aclimatados à presença humana em áreas urbanas, como na Califórnia, causando aumento de ataques, em geral a animais de estimação, mas às vezes a crianças, com riscos semelhantes provocados por suçuaranas e jacarés.

As doenças infecciosas, historicamente a interação ecológica mais importante para seres humanos em cidades, podem estar voltando a aumentar por causa das mudanças dos padrões de construção de imóveis e da invasão dos arredores não urbanos por áreas urbanas densamente povoadas. Esses padrões de povoamento disperso aumentam o contato de seres humanos e seus animais de estimação com animais selvagens. Embora se pudesse imaginar que as áreas rurais fossem os principais pontos de contato entre seres humanos e animais selvagens ou domesticados, surgem mais doenças infecciosas novas em áreas com alta densidade populacional humana (Jones et al., 2008).

A evolução da resistência a antibióticos é outra fonte importante de novas doenças infecciosas, em geral concentradas em hospitais urbanos (seção 4.6). Ainda assim, a maioria das doenças que surgem em seres humanos continuam a derivar de outros animais. A maior parte delas, aliás, vem de animais selvagens, com uma parte menor vinda de espécies agropecuárias (Fig. 5.5), e todas essas fontes se tornam mais importantes em áreas de densidade populacional elevada. Mais uma vez, as áreas urbanas apresentam elevada biodiversidade, embora nesse caso não seja o tipo de biodiversidade valorizada por muitos habitantes urbanos.

O fatal vírus Hendra é transmitido pela raposa-voadora, morcego do gênero *Pteropus*, inclusive o de cabeça cinzenta que se tornou residente urbano na Austrália (seção 4.5). Alguns desses morcegos urbanos abandonaram as migrações, vivem em alta densidade e podem deixar o vírus em terras usadas por cavalos que, por sua vez, o transmitem a seres humanos (Plowright et al., 2011). Esses fatores podem interagir para criar transbordamentos. Populações com alta densidade de morcegos podem perder a resistência por ficar temporariamente isoladas do

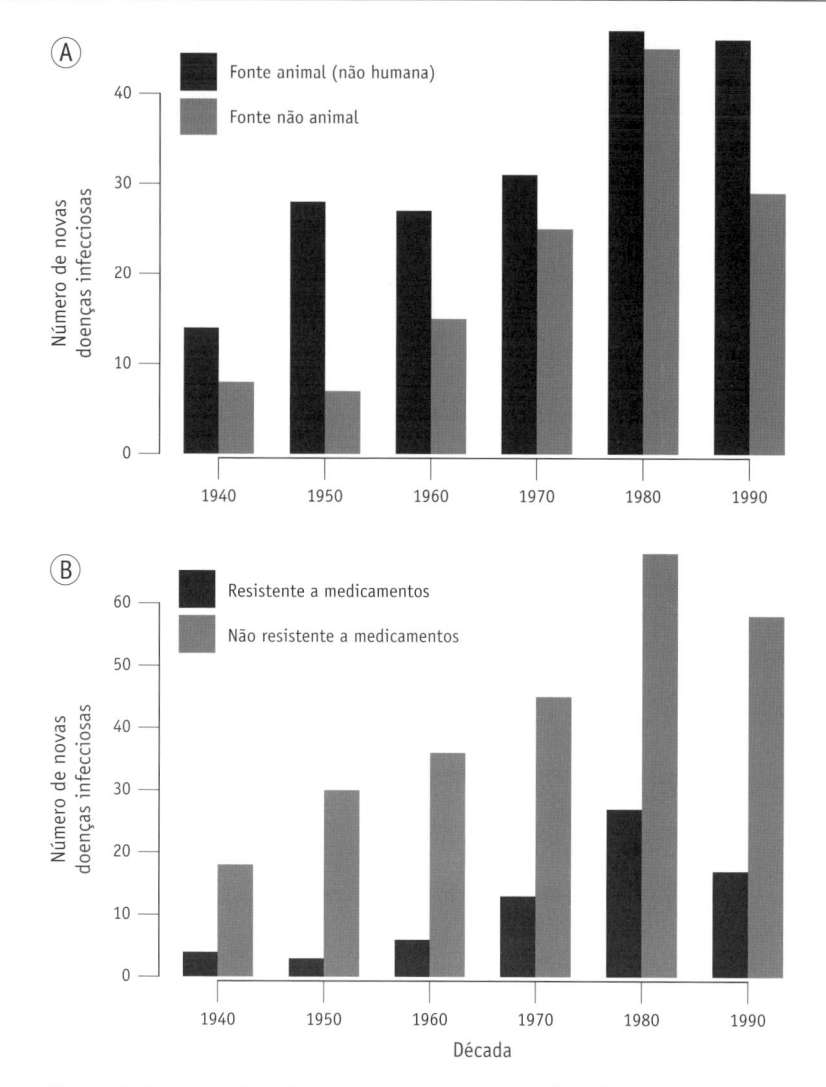

Fig. 5.5 Percentual de doenças novas, comparando (A) fontes animais e não animais e (B) fontes resistentes e não resistentes a medicamentos
Fonte: adaptado de Jones et al. (2008).

vírus em virtude da falta de migração. Quando o vírus é reintroduzido, os morcegos urbanos podem sofrer uma epidemia com pouco efeito sobre a sua saúde, mas aumentando muito a prevalência e a possibilidade de transmissão a cavalos e, finalmente, a seres humanos.

No Colorado, moradores da periferia urbana encontram cães-da-pradaria, *Cynomys ludovicianus*, infectados com peste bubônica que só podem ser removidos do local com grande risco e despesa (Daszak; Cunningman; Hyatt, 2001). O platelminto *Echinococcus multilocularis* (seção

4.4) pode provocar equinococose alveolar em seres humanos. Como esse patógeno se transfere facilmente entre raposas e cães, o risco humano é mais alto no limite rural-urbano, onde pessoas e cães têm contato mais frequente com raposas ou com os seus excrementos (Deplazes et al., 2004). Nos Estados Unidos, houve surtos de erliquiose, infecção bacteriana transmitida por carrapatos e propagada principalmente por veados, em várias comunidades de aposentados em campos de golfe cercados por reservas de vida selvagem (Standaert et al., 1995). Numa interação incomum com o comportamento humano, os golfistas pobres com elevada pontuação têm mais probabilidade de contrair a infecção, por conta provavelmente da necessidade de recuperar as bolas em áreas cobertas de vegetação.

No núcleo urbano propriamente dito e nas áreas periurbanas muito construídas e com alto nível de manejo, em geral os seres humanos têm pouco contato com solo ou animais. A alta prevalência de alguns transtornos do sistema imunológico, como a dermatite atópica e a esclerose múltipla, foi relacionada a pouquíssima exposição ao solo e a patógenos comuns. A *hipótese da higiene* propõe que os seres humanos precisam de contato com o solo e a sua população residente de micro-organismos para treinar adequadamente o sistema imunológico a não atacar o próprio corpo, como mostra a Fig. 5.6 (Hertzen; Haahtela, 2006). As crianças da zona rural têm nível mais baixo de asma, assim como as crianças expostas a mais bactérias dentro de casa, talvez pela modulação do sistema imunológico ou porque bactérias inócuas deem proteção contra bactérias prejudiciais (Ege et al., 2011). Na Finlândia, o nível de *atopia* é mais baixo em pessoas com mais vegetação num raio de 3 km de casa (Hanski et al., 2012). Mais especificamente, a baixa diversidade de plantas com flores e de um grupo específico de bactérias da pele, as gamaproteobactérias, permite prever mais atopia. Como indício do mecanismo, as gamaproteobactérias estão ecologicamente associadas a plantas com flores e ligadas a determinados mecanismos da regulação imunológica.

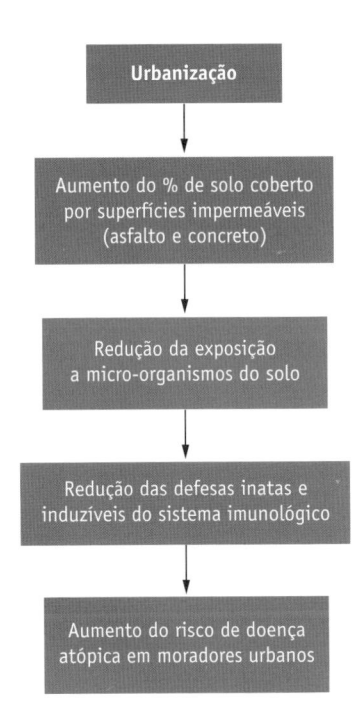

**Fig. 5.6** Possível série de eventos que vai da mudança do hábitat urbano ao aumento do risco de doença atópica
Fonte: adaptado de Hertzen e Haahtela (2006).

Os seres humanos são animais sociais, mas para muita gente as cidades oferecem um excesso de interação social. O ajuntamento pode provocar estresse (Evans, 2003) e criar condições para muitos efeitos secundários. A prevalência de gonorreia, patógeno sexualmente transmissível, pode ser duas vezes maior em áreas urbanas (Leviton; Snell; McGinnis, 2000). Nelas, o nível de crimes violentos também é elevado. Além dos efeitos diretos da violência, a exposição à violência em casa pode ter um papel tão importante quanto a exposição a antígenos na promoção da asma, talvez por causa do efeito do estresse crônico sobre o sistema imunológico (Byrd; Joad, 2006).

O excesso de ajuntamento e, talvez com maior importância, o ambiente social que não faz sentido para os moradores urbanos criam condições para patologias que vão das doenças mentais à violência. Vários estudos, embora não todos, encontraram em áreas urbanas nível de doenças mentais mais alto do que em áreas não urbanas. Psicoses leves e graves são mais comuns nas áreas urbanas do norte da Europa, mas não nos Estados Unidos nem no Reino Unido (Os et al., 2001). Crescer em ambiente mais urbanizado pode estar associado à esquizofrenia, e mudar-se mais tarde para um ambiente urbano pode aumentar o risco dessa doença mental (Peen; Dekker, 2013).

Uma pista do mecanismo por trás desses problemas é que as minorias e os solteiros são mais suscetíveis quando o grupo a que pertencem é relativamente raro num dado bairro (Krabbendam; Os, 2005). Sentir-se deslocado entre estranhos com os quais se tem pouco em comum constitui o *isolamento social* que pode levar às doenças mentais. A violência também tende a ser mais alta em cidades com mais desigualdade de renda (Frumkin, 2002).

O conceito mais amplo de *desorganização social*, caracterizada por instabilidade residencial, desorganização familiar e heterogeneidade étnica, pode levar à violência (Peen; Dekker, 2013). Ainda não se sabe se e como outros animais urbanos sofrem de isolamento e desorganização social.

### 5.1.3 Conclusões

A ladainha dos maus efeitos do meio ambiente urbano sobre a saúde humana é longa: HIV e outras doenças sexualmente transmissíveis, drogas e álcool, mortalidade infantil, envenenamento por chumbo, asma, falhas da vacinação, tuberculose, pneumonia, suicídio e desnutrição (Leviton et al., 2000). Mas, para a maioria, as cidades não são as armadilhas fatais que foram na época das doenças infecciosas desenfreadas.

Pode existir imensa disparidade de expectativa de vida entre quarteirões. As causas primárias não são as doenças infecciosas do passado nem as drogas e a violência que, com justiça, recebem atenção substancial, mas doenças mais complexas resultantes de uma grande variedade de desafios ambientais, estéticos e sociais urbanos: asma, doença cardiovascular, diabete e doença renal (Fleischman; Barondess, 2004). A tecnologia moderna, quando sustentada por recursos financeiros suficientes, isola muitos moradores urbanos, mas não todos, dos efeitos prejudiciais à saúde da deterioração dos serviços do ecossistema (Levy; Daily; Myers, 2012).

Os desafios fisiológicos da vida urbana, parecidos em muitos aspectos com os enfrentados por outros animais urbanos, interagem com os desafios sociais da elevada densidade populacional para criar um conjunto urbano distinto de doenças. Em animais, ser subordinado costuma criar estresse crônico. Pessoas com muita proximidade podem sofrer a sensação mais forte de *privação relativa*, ou seja, exposição a outros com bem-estar econômico muito maior que o seu. A privação relativa pode provocar mais estresse crônico do que a privação absoluta, na qual todas as pessoas se encontram mais ou menos na mesma situação (Fleischman; Barondess, 2004).

Mas William Wordsworth, poeta inglês famoso como profeta da natureza, no alto da ponte de Westminster, no coração de Londres, no início da manhã de 3 de setembro de 1802, se inspirou para escrever um soneto elogiando a beleza da cidade, que começa assim:

> Não tem a terra nada mais belo para mostrar:
> Pobre de espírito seria aquele que pudesse ignorar
> Esta visão tão comovente na sua majestade[1]

Os moradores de cidades famosas do mundo como Paris, Nova York, São Francisco e Buenos Aires podem dar testemunho da sua extraordinária beleza, que coexiste com a feiura mais implacável. Essa justaposição estranha e contrastada é a imagem superficial das muitas conjunções que caracterizam o ecossistema urbano: abundância e privação, simplicidade e complexidade, diversidade e uniformidade. O

---

1. Tradução feita pelo poeta português Jorge Sousa Braga, encontrada em <http://poesiailimitada.blogspot.com.br/2012/03/william-wordsworth.html>. (N. T.)

ser humano está apenas começando a aprender como sua mente e seu corpo reagem a esses contrastes e como projetar cidades para melhorar a saúde.

## 5.2 Princípios ecológicos e política urbana

Toda ação humana para planejar ou usar a cidade cria uma série de consequências intencionais ou não. Conseguir que políticas específicas realmente cumpram as metas intencionais é o principal desafio dos planejadores urbanos. Uma nova rua reduzirá os engarrafamentos? Um novo estádio levará desenvolvimento econômico a um bairro decadente? Além da dificuldade de cumprir as metas intencionais, uma grande variedade de consequências não intencionais e muitas vezes inesperadas persegue os planejadores urbanos. A rua nova pode provocar a construção de novas residências e acabar aumentando o tráfego ou isolar um bairro antes vibrante. O estádio novo pode sustentar apenas setores sazonais e acabar exportando riqueza para outras áreas.

Em virtude das características inigualáveis de cada cidade e cada bairro, usar experiências anteriores e modelos computadorizados para prever consequências não intencionais continua a ser, para os planejadores urbanos, ciência e arte ao mesmo tempo. Além disso, muitas consequências resultam menos do planejamento e mais do comportamento humano não planejado. As pessoas escolhem onde morar, quando partir, aonde ir, onde trabalhar e se divertir. As famílias decidem se alimentam pássaros e o que plantam nos gramados e jardins. Embora em geral essas escolhas sigam tendências previsíveis, ações imprevistas podem ter consequências políticas, sociais e ecológicas significativas.

Este livro descreveu e avaliou algumas consequências não intencionais da política urbana e do comportamento humano para ecossistemas, plantas e animais. A ciência da Ecologia Urbana está na infância, e as mudanças complexas criadas por decisões humanas continuam difíceis de prever (Dale et al., 2000). Sem tentar ser abrangente, esta seção traz exemplos de como decisões políticas urbanas afetam processos do ecossistema e das comunidades e conclui com uma discussão dos desafios e oportunidades para a pesquisa ecológica no meio ambiente urbano.

### 5.2.1 Políticas que afetam hábitats e ecossistemas urbanos

Os seres humanos dominam os fluxos de recursos que entram e saem dos sistemas urbanos, e até mudanças sutis de planejamento ou de materiais de construção podem se propagar por todo o ecossistema urbano. A interligação entre os fluxos de água, energia e recursos faz com que políticas adotadas para controlar um problema possam, indiretamente, resolver ou agravar outros. Os exemplos seguintes ilustram como os princípios ecológicos ajudam a entender as consequências não intencionais da política urbana.

*Hábitats urbanos*

As áreas urbanas são definidas pela quantidade de hábitat construído, mas avaliadas tanto como lugares para morar quanto pelas áreas verdes que sustentam processos do ecossistema urbano, mantêm a biodiversidade urbana e promovem a saúde e o bem-estar humanos. As questões políticas variam da proteção do espaço aberto contra a incorporação imobiliária e do manejo desse espaço com propósitos humanos e ecológicos à restauração de terrenos abandonados. Embora alguns benefícios e funções do espaço verde urbano tenham sido determinados, o modo eficaz de equilibrar os desafios da ecologia, da política e da economia ao planejar e projetar continua a ser, talvez necessariamente, um problema a ser resolvido caso a caso (James et al., 2009).

Até a avaliação de custos e benefícios da escolha e do manejo de árvores urbanas é complexa (Pataki et al., 2011). A propriedade diversificada dos terrenos onde vivem as árvores complica todas as tomadas de decisão, como mostra a Fig. 5.7 (Heynen; Perkins; Roy, 2006). Para equilibrar custos e benefícios das árvores urbanas, é preciso contabilizar muitos efeitos potencialmente conflitantes, listados no Quadro 5.1 (McPherson et al., 2005). Esses elementos dependem do tamanho e do clima da cidade, e a razão entre a estimativa de custo e de benefício varia muito, mesmo nas cidades do oeste dos Estados Unidos, como ilustra a Fig. 5.8 (McPherson et al., 2005).

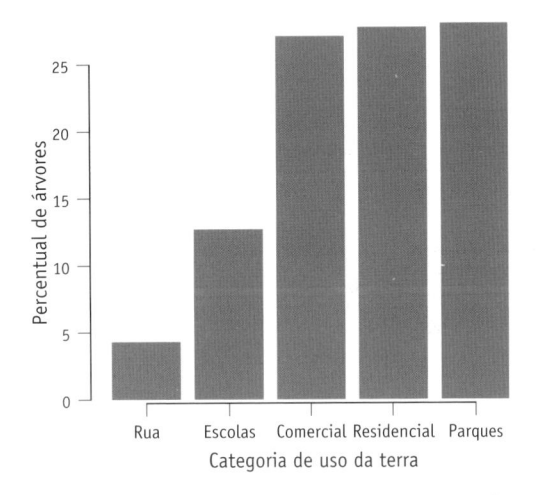

Fig. 5.7 Percentual de árvores por categoria de uso da terra em Milwaukee, nos EUA
Fonte: adaptado de Heynen, Perkins e Roy (2005).

Quadro 5.1  Alguns custos e benefícios das árvores urbanas

| Benefícios | Custos |
|---|---|
| Estético | Administração e inspeção |
| Melhora da qualidade do ar | Produção de alérgenos e compostos orgânicos voláteis |
| Controle de águas pluviais | Irrigação |
| Melhora da temperatura | Poda, plantio e remoção |
| Sequestro de dióxido de carbono | Danos e riscos à infraestrutura |

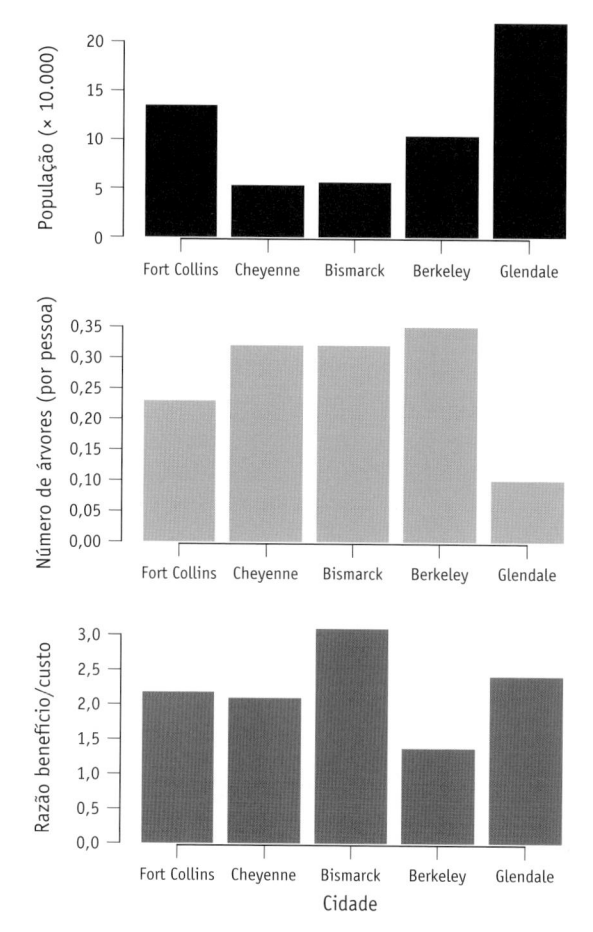

Fig. 5.8 Características de cinco cidades do oeste dos Estados Unidos e estimativa de custos e benefícios de árvores (segundo McPherson et al., 2005)

As políticas devem considerar a distribuição de espaço verde em relação à condição socioeconômica. As árvores de Milwaukee se concentram em áreas de renda mais alta com menos moradores de origem hispânica (Heynen; Perkins; Roy, 2006). Em Los Angeles, a Proposition K, que criou títulos públicos para financiar praças e parques, tentou, com sucesso irregular, aumentar o acesso de todos os moradores da cidade a áreas verdes (Wolch; Wilson; Fehrenbach, 2005). No entanto, os bairros com muitas crianças receberam menos dólares por criança, enquanto bairros com melhor acesso a parques receberam mais. As características da população e o acesso a parques ainda diferem muito, e os grupos não brancos apresentam maior densidade, mais crianças e menos área de parques por pessoa (Fig. 5.9). Como quem não visita espaços verdes na infância tem menos probabilidade de visitá-los quando adulto, a desigualdade pode ter consequências vitalícias (Thompson; Aspinall; Montarzino, 2008). Numa reviravolta surpreendente, menos moradores brancos de

Los Angeles moram perto de parques, por conta do espraiamento criado por bairros ricos com baixa densidade que acompanham os montes Santa Monica sem serem adjacentes a eles (Wolch; Wilson; Fehrenbach, 2005).

Embora muitos parques preservem hábitats que, relativamente, não foram afetados por modificações humanas, outros são criados por meio da restauração de hábitats. O Reino Unido tem um grande programa de regeneração urbana em Birmingham (Donovan; Sadler; Bryson, 2005). O Eastside é uma área industrial que, atualmente, tem muitos terrenos abandonados, e os planejadores pretendem usá-la para ampliar o centro da cidade com fins de aprendizado, lazer e proteção do patrimônio histórico. Os hábitats atuais são edificações desocupadas, colonizadas por algumas aves e morcegos, e vários tipos de espaços abertos abandonados, ao lado de parques manejados dominados por gramíneas e plantas lenhosas introduzidas. Os terrenos abandonados costumam ter maior diversidade de plantas e insetos do que os terrenos manejados. Para preservá-la, os planejadores propuseram ideias novas como telhados *marrons* para substituir os campos abandonados enquanto estes são reaproveitados e a redução do corte da grama e do manejo nos espaços verdes mais tradicionais.

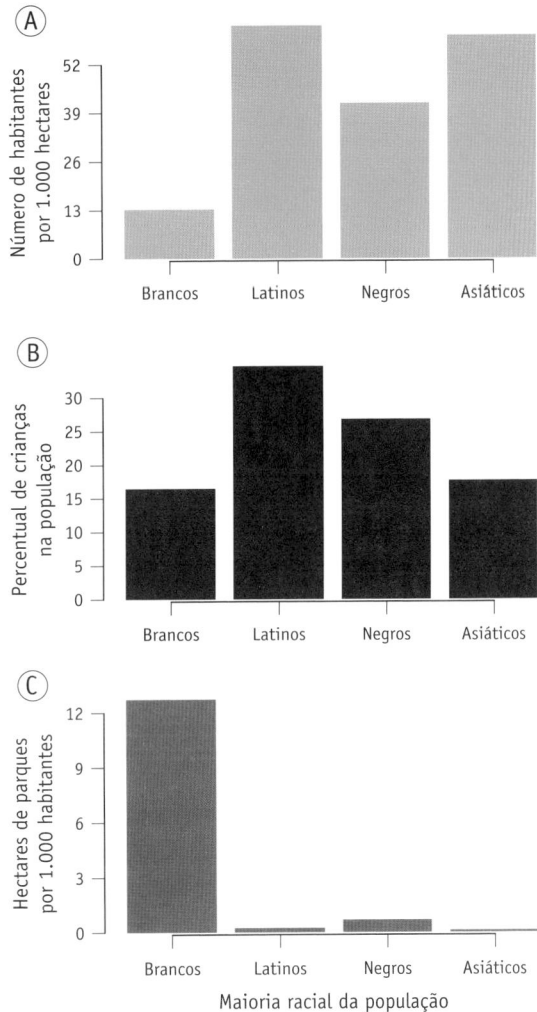

Fig. 5.9 (A) Densidade populacional do bairro, (B) percentual de crianças e (C) acesso a parques em bairros com populações majoritárias diferentes em Los Angeles
Fonte: Wolch, Wilson e Fehrenbach (2005).

*O ciclo urbano da água*

As áreas urbanas, com a sua extensa superfície impermeável, apressam o movimento da água, principalmente durante e após tempestades. O escoamento rápido reduz a infiltração no solo, leva nutrientes e poluentes acumulados e pode sobrecarregar a exportação de água e a capacidade de limpeza.

A política urbana da água com base ecológica adota quatro linhas principais.

- *Retardar o movimento da água* exige reduzir a área impermeável e aumentar a vegetação. Os planos de zoneamento podem criar mais espaço verde, com terrenos residenciais menores ligados por ruas mais estreitas e entradas de garagem mais curtas ou a inclusão explícita de lagos ou charcos para reter o fluxo mais alto (Mason et al., 2007). Por exemplo, King Farm, empreendimento imobiliário nos arredores de Maryland, com foco no trânsito, usa uma densidade residencial mais alta para reduzir a superfície impermeável e preservar áreas ripárias e úmidas delicadas (Bernhardt et al., 2008).
- *Remover poluentes dentro do meio ambiente urbano* impede os efeitos a jusante ao aproveitar a capacidade da vegetação, principalmente de florestas e charcos, de filtrar e desnitrificar a água (Nowak; Walton, 2005). A intervenção direita, como a limpeza mais frequente e eficaz das ruas, pode remover os poluentes antes que as tempestades os arrastem a jusante.
- *Melhorar a capacidade de tratamento* exige separar os sistemas de esgotamento de águas pluviais e águas residuais. Embora seja padrão nas cidades mais novas, muitas cidades antigas têm sobrecarga dos sistemas de tratamento quando o escoamento de grandes tempestades penetra no sistema conjunto (Finnemore; Lynard, 1982).
- *Reduzir o uso da água* exige tanto irrigação mais apropriada de gramados e jardins quanto maior eficiência no uso industrial e residencial.

O retardamento do fluxo de pico também pode melhorar a saúde dos cursos d'água (Booth et al., 2004). A integridade biológica melhora em cursos d'água cercados por hábitat ripário com maior cobertura vegetal e menor superfície impermeável. A saúde dos cursos d'água urbanos de Melbourne, na Austrália, era má quando o percentual de superfície impermeável excedia os 10%, e as políticas que aumentem a vegetação sem reduzir esse percentual têm pouco efeito (Walsh; Fletcher; Ladson, 2005). Em Puget Sound e arredores, embora a extensão de superfície impermeável permita prever baixa biodiversidade nos cursos d'água, o número de cruzamentos de ruas constitui um previsor ainda melhor. Os cruzamentos podem concentrar perturbações, poluentes e sedimentos diretamente acima e ao longo do canal (Alberti et al., 2007) e dar oportunidade ao desenvolvimento de novas abordagens na construção civil.

O controle de inundações combina elementos que aceleram o fluxo de água com métodos para armazenar temporariamente os picos de fluxo, geralmente com *bacias de retenção*, que podem ser de dois tipos: *on-line* ou *off-line* (Fig. 5.10). Embora projetados com o mesmo propósito, esses tipos têm consequências hidrológicas e ecológicas diferentes.

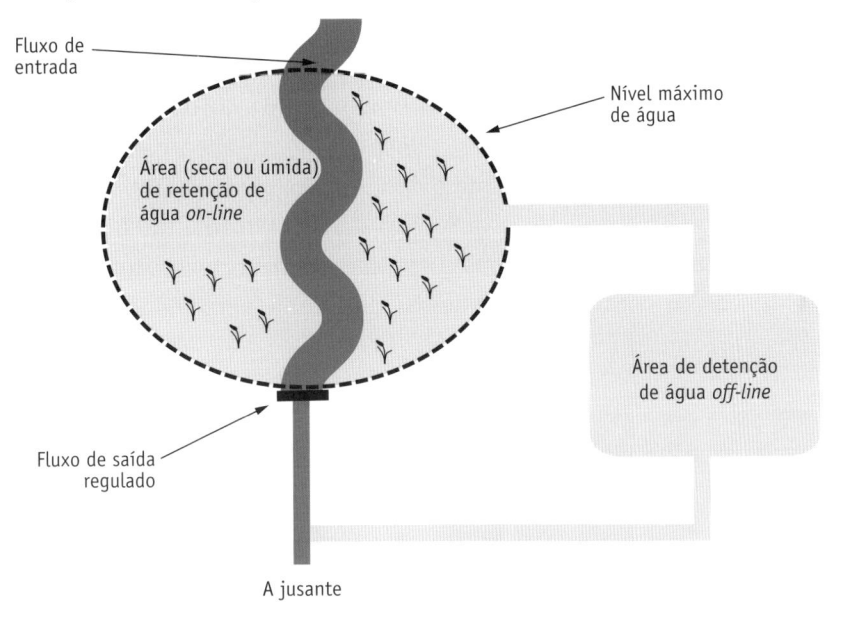

Fig. 5.10 Os dois tipos de bacia de retenção

- As bacias *on-line* confinam o fluxo do rio continuamente ou durante enchentes. Esse confinamento tende a aumentar a temperatura da água e a deposição de sedimentos, pode impedir a migração de peixes a montante ou a jusante, facilita a multiplicação de algas e pode servir de ponto de introdução de espécies não nativas.
- As bacias *off-line* se enchem durante inundações e depois, aos poucos, liberam a água de volta ao sistema de cursos d'água conforme o nível baixa (detenção) ou permitem que a água se infiltre aos poucos abaixo da superfície ou evapore (retenção). Por só coletarem água quando necessário, as bacias *off-line* tendem a produzir menos consequências não intencionais, mas podem aquecer a água e sustentar espécies não nativas.

## Clima urbano

A ilha urbana de calor cria dificuldades para a saúde de seres humanos, provoca estresse fisiológico em plantas e animais e aumenta a produção urbana de ozônio. Numa retroalimentação positiva, o aumento de 1 °C na temperatura eleva a demanda de energia para resfriamento no verão em até 2% a 4% (Akbari; Pomerantz; Taha, 2001). Como as superfícies pavimentadas, mais uma vez, têm papel principal, muitas políticas tentam alterar ou reduzir a pavimentação.

A temperatura mínima noturna na cidade densamente urbanizada de Nova York excede em até 4,0 °C a temperatura não urbana (Gedzelman et al., 2003). Entre as estratégias para mitigar esse efeito estão aumentar a área de vegetação com florestamento urbano, aumentar o uso de telhados verdes e alterar a capacidade de absorção de calor do pavimento com o uso de materiais de cor mais clara. As árvores podem reduzir a temperatura com o aumento da evapotranspiração e o resultante fluxo de calor latente, mas o efeito de resfriamento dos gramados se localiza na área diretamente acima da grama, sem resfriar sequer as paredes adjacentes (Heilman; Gesch, 1991).

Dependendo da localização, métodos diferentes de controle do calor têm potencial para reduzir substancialmente a temperatura, embora, mesmo combinados, estejam longe de ser suficientes para eliminar inteiramente a ilha urbana de calor (Fig. 5.11). Edificar com materiais de cor clara pode ter o maior potencial, em virtude da imensa área afetada, principalmente em locais intensamente construídos (Wilson, 2011). O plantio de árvores na calçada pode criar benefícios adicionais, como limpar o ar e reduzir a demanda de energia com o sombreamento (Rosenzweig et al., 2009), mas, como foi visto,

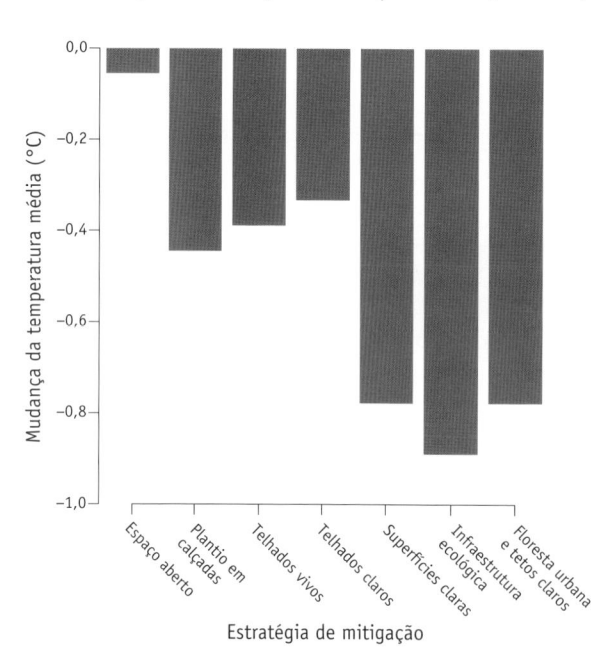

Fig. 5.11 Projeção dos efeitos de estratégias para reduzir a ilha urbana de calor de Nova York. A infraestrutura ecológica inclui florestas urbanas e telhados vivos
Fonte: adaptado de Rosenzweig et al. (2009).

também cria um conjunto próprio de dificuldades e compensações (Quadro 5.1).

*Dinâmica urbana de nutrientes*

Cada nutriente, seja carbono, nitrogênio ou fósforo, tem fontes e efeitos diferentes sobre o ecossistema. Para ilustrar o pensamento sobre a política urbana de nutrientes, esta seção se concentra no nitrogênio, nutriente com o ciclo biológico mais complexo e um dos graus mais altos de amplificação humana (Vitousek et al., 1997).

As políticas para reduzir o fluxo de nitrogênio se comparam às projetadas para a água urbana: retardar a entrada, controlar a saída e aumentar a reciclagem (Bernhardt et al., 2008).

- Reduzir a importação de nitrogênio envolve cada fonte antropogênica, principalmente os fertilizantes, o esgoto e as emissões de combustíveis fósseis. Os proprietários de imóveis e outros manejadores de gramados podem ser instruídos a usar menos fertilizante. Estimular o transporte público ou as caminhadas pode reduzir as emissões. Atualmente, as leis de controle da poluição nos Estados Unidos não regulamentam as emissões veiculares de amônia, fonte substancial de nitrogênio urbano e possível alvo de controle futuro.
- Tratar melhor as águas residuais inclui o acréscimo de níveis potencialmente caros de tratamento e a antiga tradição de reciclar dejetos humanos como fertilizante agrícola. Entretanto, em muitas cidades grandes, os campos agrícolas são pouquíssimos ou demasiado distantes, e o transporte de grande quantidade de dejetos parcialmente tratados pode provocar risco de doenças.
- Melhorar a retenção e a desnitrificação se compara às abordagens para reduzir o escoamento de águas pluviais com coleta local, biorretenção e restauração de charcos e zonas ripárias. Entretanto, a capacidade de um charco de desnitrificar e absorver amônio e nitratos pode ser superada pela carga excessiva de nitrogênio ou por condições aeróbicas criadas pela urbanização. Nesse caso, os charcos podem liberar formas indesejáveis de nitrogênio, como amônia volátil, além do $N_2$ inerte (seção 3.3). A *restauração de cursos d'água*, que traz à superfície cursos d'água antes enterrados, pode reduzir a canalização, desacelerar o fluxo de água e permitir mais tempo e mais área para a desnitrificação em zonas ripárias (Cadenasso et al., 2008). A desnitrificação também libera na atmosfera óxidos de nitrogênio que participam da

criação de ozônio e agem como potentes gases do efeito estufa. Diante do grande problema de remover o excesso de nitrogênio, não é provável que alguma solução isolada seja suficiente.

Solos, árvores e gramados urbanos têm potencial de sequestrar volume substancial de dióxido de carbono. Entretanto, a energia usada para aparar, irrigar e criar adubo para esses hábitats pode liberar dióxido de carbono suficiente para compensar esse sequestro e excedê-lo quando o uso de fertilizante é intenso (Townsend-Small; Czimczik, 2010). Além disso, a liberação de óxido nitroso tem, sozinha, potencial de aquecimento global suficiente para exceder o efeito de sequestro de carbono dos gramados.

*Poluição urbana*

Os ecossistemas urbanos, com a densidade de edificações e o nível do fluxo de água, materiais e energia, estão entre os mais intensos do planeta. As consequências vão da amplificação dos processos naturais da água, do clima e dos nutrientes até a adição de novas substâncias químicas sob a forma de poluição. O controle da poluição exige a redução do nível de uso ou movimento de materiais, a captura de poluentes na fonte ou o aumento da reciclagem de materiais poluídos. Podem-se atingir essas metas diretamente, por meio de regulamentação, ou com sistemas de controle e comércio, que estabelecem um limite máximo e permitem aos produtores pagar efetivamente pelo direito de poluir até aquele limite. Esses programas foram eficazes para reduzir o dióxido de enxofre envolvido na chuva ácida (Napolitano et al., 2007) (seção 3.3).

Os aterros sanitários para resíduos sólidos podem ser repensados não como lugares para depositar produtos indesejados, mas como lugares para reciclagem. Além disso, podem prestar outros serviços. Por exemplo, em vez de usar grande quantidade de energia para tratar subprodutos do lixo, os aterros sanitários podem ser usados alternativamente para produzir metano e substituir parte dessa energia importada.

A vegetação tem papel fundamental para desacelerar o movimento da água e capturar nitrogênio, além de muitos outros nutrientes. As plantas também capturam poluentes, por exemplo, 20 ha de telhados verdes em Chicago, metrópole densa com pouco espaço aberto para vegetação, removeram 1.675 kg de poluentes do ar num único ano (Fig. 5.12). Os telhados são mais eficazes na temporada de crescimento da primavera e do verão, inclusive no mês muito quente e geralmente poluído de junho no hemisfério norte (Yang; Yu; Gong, 2008), mas ainda assim só removem uma pequena fração da carga total de poluição (Fig. 3.40). A carga mais baixa de particulados observada em algumas áreas recreativas (Jim; Chen, 2008) se deve à combinação de remoção pela vegetação, menos fontes (como os veículos) e alterações do movimento do ar.

### 5.2.2 Políticas que afetam a Ecologia de Populações e Comunidades

A maioria dos animais e plantas que habitam o meio ambiente urbano atrai pouca ou nenhuma atenção dos seres humanos. Grande parte das políticas, portanto, se concentra na minoria perceptível, preservando espécies desejáveis ou eliminando as indesejáveis. Essas políticas costumam produzir efeitos indiretos sobre as espécies menos visíveis. O modo como as políticas alteram o funcionamento mais sutil de organismos específicos em sua fisiologia, comportamento, interações e evolução mal começou a receber a atenção dos decisores políticos (Jokimäki et al., 2011).

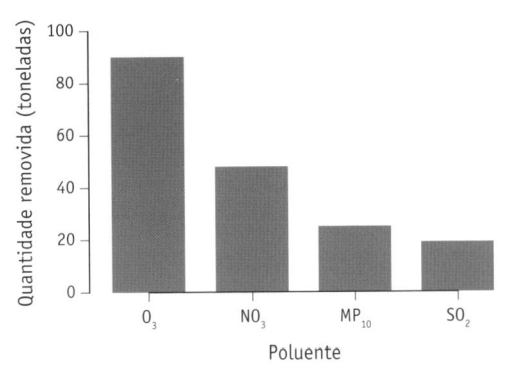

Fig. 5.12 Componentes da poluição removidos por 20 ha de telhados verdes. Entretanto, o percentual total de poluição atmosférica removida é pequeno
Fonte: adaptado de Yang, Yu e Gong (2008).

*Biodiversidade urbana*

O hábitat é fundamental para a biodiversidade. O espaço habitável em áreas urbanas pode ser preservado, manejado ou interligado de modo a promover espécies-alvo. Jardins e quintais podem ser manejados para promover a biodiversidade, principalmente a biodiversidade nativa.

A biodiversidade perto de residências pode ser ativamente estimulada com a criação de hábitats para organismos específicos. Por exemplo, espécies nativas de pássaros perto de Tucson, no Arizona, preferem residências cujos jardins tenham vegetação nativa (Hope et al., 2003). No clima mais úmido da Inglaterra, vários métodos para aumentar a biodiversidade dos quintais foram testados, com graus variados de sucesso (Gaston et al., 2005):

i) a criação de ninhos artificiais para abelhas e vespas solitárias conseguiu recrutar mais espécies;

ii) os ninhos artificiais específicos para mamangabas não conseguiram atrair essas abelhas grandes e atraentes;

iii) o trabalho extenso necessário para criar pequenos lagos só conseguiu aumentar a biodiversidade quando os organismos desejados, como as rãs, puderam migrar pela matriz de hábitat interposta. Entretanto, os insetos que colonizaram mais depressa esses lagos foram as larvas geralmente indesejáveis de mosquitos;

iv) permitir que madeira morta se acumule pode oferecer hábitat para vários fungos, mas poucas espécies surgiram durante os dois anos do experimento;

v) urtigas como a *Urtica dioica* não atraíram borboletas.

Os campos de golfe se destacam entre os hábitats urbanos manejados pela grande área que ocupam e pela variedade de planos de manejo (Colding; Folke, 2008). Um campo de golfe com 18 buracos tem área média de 54 ha, em cerca de metade dos quais não se joga, o que os deixa disponíveis para espécies que não sejam grama e golfistas. Comparados a áreas verdes vizinhas, os campos de golfe, na maioria dos casos, têm maior riqueza de espécies, mas principalmente quando o próprio hábitat vizinho é muito perturbado (Fig. 5.13). Ainda que costumem ter grande riqueza de espécies, os campos de golfe não podem compensar totalmente os efeitos do manejo porque, em geral, lhes faltam as espécies que evitam o meio urbano e precisam de hábitat não perturbado.

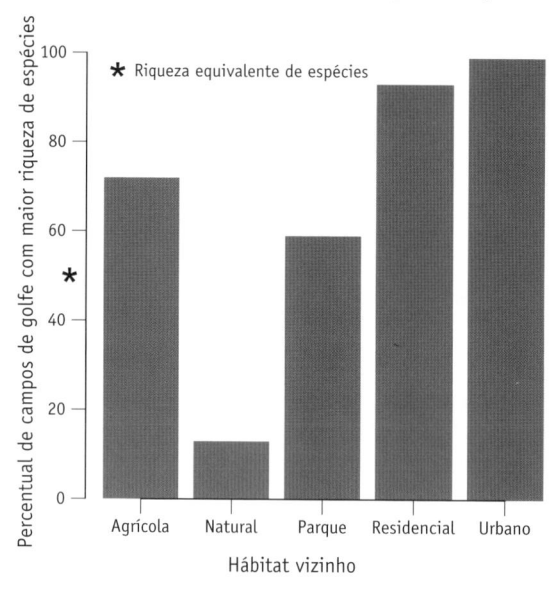

Fig. 5.13 Percentual de campos de golfe com maior riqueza de espécies do que hábitats de comparação vizinhos
Fonte: adaptado de Colding e Folke (2008).

Os campos de golfe são apenas parte do mosaico urbano de hábitats, a mistura diversificada de hábitats que caracteriza as cidades. A teoria da biogeografia das ilhas (seção 4.1) descreve o modo como o isolamento e o tamanho dos hábitats configuram a biodiversidade. Para uma quantidade dada de hábitat, a sua distribuição espacial é importante, e muitas manchas pequenas espaçadamente distribuídas sustentam a população com menos eficácia do que um pequeno número de manchas menos espaçadas (Dale et al., 2000). Os corredores criam ligações com hábitat suficientemente condutor para permitir e estimular a dispersão entre essas manchas (seção 4.1). Foi visto que as tartarugas-pescoço-de-cobra usam bueiros periurbanos como corredores não intencionais entre manchas de hábitat adequado (Rees; Roe; Georges, 2009) (seção 4.5). Por outro lado, em Christchurch, na Nova Zelândia, os bueiros foram uma barreira significativa para o movimento a montante de moscas-d'água (Blakely et al., 2006).

As estradas servem de barreiras perigosas para muitas espécies. Perto de Los Angeles, passagens subterrâneas e dutos de drenagem são usados por coiotes, veados, guaxinins, linces, roedores e seres humanos para a travessia (Ng et al., 2004). O hábitat circundante tem papel significativo no seu uso, por exemplo, os linces evitam passagens cercadas por edificações, já os coiotes e guaxinins preferem as cercadas por elas.

Para espécies extremamente móveis, como borboletas e besouros carabídeos, os corredores são muito menos importantes do que a qualidade das manchas de hábitat propriamente ditas (Angold et al., 2006). Corredores como trilhas, linhas férreas abandonadas e margens de rio cobertas de vegetação servem mais de hábitat adicional do que de ligação com outras manchas, mas em geral têm qualidade relativamente baixa (Douglas; Sadler, 2011). Corredores verdes urbanos mais estreitos e intensamente manejados, cercados por calçamento ou terra, podem ter pouca riqueza e baixa abundância de espécies, principalmente de espécies florestais sensíveis. Os telhados verdes criam pequenas manchas de hábitat, em geral distantes umas das outras (Fig. 5.14). Ainda assim, em oito anos os telhados verdes de Londres acumularam uma variedade de gramíneas e até 54 espécies de invertebrados (Grant, 2006). Formar telhados com uma camada espessa de terra e pedregulho cria a drenagem de que as plantas precisam para sobreviver às secas e contribui para uma maior diversidade de besouros e aranhas nos telhados de Basileia, na Suíça (Brenneisen, 2006).

*Espécies invasoras*

Alguns governos locais regulamentam a importação de plantas potencialmente invasoras, mas a maioria das espécies invasoras chegam sem convite nem regulamentação. Raramente é possível eliminar espécies indesejáveis, entretanto, em áreas pequenas como os parques, métodos intensos e constantes de erradicação direta podem ser eficazes. A remoção única e repetida de plantas exóticas do sub-bosque da floresta de um parque urbano em Raleigh, na Carolina do Norte, reduziu o número de espécies exóticas em comparação com o controle em que nada foi removido (Vidra; Shear; Stucky, 2007). A longo prazo, a riqueza de espécies nativas não se recuperou, porque a abundância de sementes exóticas, tanto no banco de sementes do solo quanto caídas do céu, permitiu que as espécies não nativas se recuperassem rapidamente depois da remoção única. Somente estudos de longo prazo poderão determinar se a remoção contínua de plantas exóticas adultas permitiria a recuperação das espécies nativas ou se seriam necessários métodos de restauração adicionais e mais ativos.

Fig. 5.14 Telhados verdes em Monte Carlo

Em locais com mais manejo, como os gramados, os proprietários podem usar plantas nativas ou não, mas têm de superar o temor de que os gramados nativos fiquem mais secos e sujeitos à infestação de ervas daninhas. A grama-bermudas, *Cynodon dactylon*, é classificada como erva daninha invasora e prejudicial em algumas regiões, mas popular como gramado por tolerar pisoteio e repelir ervas daninhas (Simmons et al., 2011). Contudo, comparada à grama-de-búfalo nativa, *Bouteloua dactyloides*, ou a misturas de plantas nativas, a população de ervas daninhas foi maior na monocultura de grama-bermudas.

*Interações e doenças*

Como os estudos da riqueza urbana de espécies estão apenas começando e tendem a se concentrar em uma ou poucas espécies (Garden et al., 2006), a compreensão de como as políticas podem alterar as interações entre espécies continua limitada. Muitos projetos de restauração se concentram em plantas relativamente fáceis de adquirir e introduzir nos locais desejados. No *sage scrub* (cerrado de sálvia) do litoral da Califórnia, a restauração conseguiu reconstruir uma comunidade vegetal semelhante à dos locais não urbanos vizinhos. No entanto, mesmo muitos anos depois, os artrópodes da área não se recuperaram, com menos coletores e predadores nativos. Embora a maior parte das plantas exóticas tenha sido removida, os artrópodes exóticos, como a formiga-açucareira e a lacrainha-europeia, permaneceram abundantes e continuam a alterar a estrutura da comunidade (Longcore, 2003).

O meio ambiente urbano concentra os animais e os põe em contato íntimo com os seres humanos e os animais de estimação, que podem ser tanto fontes quanto alvos de doenças. A invasão humana encolhe o hábitat selvagem e aumenta a densidade dos animais selvagens e o seu nível de contato com seres humanos e animais de estimação (Daszak; Cunningham; Hyatt, 2000), como no caso dos cães-da-pradaria contaminados pela peste bubônica, o que cria o dilema político de controlar as comunidades humanas que se espalham rapidamente ou remover os cães-da-pradaria com risco e despesa elevados (Daszak; Cunningman; Hyatt, 2001) (seção 4.4).

Por outro lado, as doenças de animais de estimação podem se espalhar e pôr em risco animais selvagens em áreas urbanas e perto ou longe delas, a jusante. Provavelmente, a toxoplasmose que contribui para retardar o crescimento das populações de lontras-marinhas na Califórnia (seção 4.4) é disseminada por fezes de gatos depositadas ao ar livre ou descartadas no granulado higiênico compostável ou solúvel. Para os donos de gatos, isso cria um conflito entre metas diferentes. O granulado higiênico compostável reduz a necessidade de descarte de resíduos e a pegada ecológica do gato, mas pode promover a disseminação de doenças (Conrad et al., 2005).

*Características de organismos urbanos*

A política ecológica urbana raramente se dá ao luxo de abordar questões mais sutis do que a presença e a sobrevivência de animais desejáveis (Jokimäki et al., 2011). A atividade popularíssima de alimentar pássaros, combinada à mudança climática, contribuiu para mudanças do comportamento migratório (seção 4.5). Esses fatores reduziram o fluxo gênico entre populações migratórias e não migratórias da toutinegra-de-barrete-preto a ponto de dar início aos primeiros passos da especiação (seção 4.6). Os seres humanos deveriam ajustar o próprio comportamento e esperar para só encher os comedouros depois que as aves migratórias partirem para a invernada e, desse modo, só oferecer suplementação aos residentes durante o inverno? Algumas entidades ornitológicas costumavam recomendar que se aguardasse para encher os comedouros depois que os migrantes partissem para não induzi-los a ficar em condições consideradas inadequadas, mas não fazem mais isso.

Muitas aves parecem capazes de se ajustar rapidamente ao inverno urbano. Em outros casos, a novidade do ambiente urbano pode exceder a capacidade da espécie de se ajustar adequadamente, com o potencial de criar uma armadilha ecológica. Por exemplo, as borboletas pierídeas põem ovos na invasora erva-alheira, ainda que esta não possa sustentar a maturação das larvas. Uma política proposta cria refúgios para espécies nativas que são suficientemente protegidos para manter a população, mas novos o bastante para permitir a adaptação ao novo meio ambiente (Schlaepfer et al., 2005).

As dificuldades fisiológicas que o meio ambiente urbano impõe à saúde física e psicológica dos seres humanos foram tema de muito debate e estudo. A princípio, o planejamento urbano começou a desacelerar a disseminação de doenças infecciosas (seção 5.1). Os planejadores de hoje assumem a tarefa de abordar os novos problemas de saúde enfrentados pelos habitantes urbanos, como doenças autoimunes, obesidade e doenças mentais. Essas questões complexas estão bem além do alcance deste livro, mas o desafio de testar se a melhora pode ser atribuída a alguma política específica, de avaliar efeitos positivos e negativos e de observar as consequências não intencionais se assemelha muito ao de avaliar outras políticas ecológicas urbanas (Thomson et al., 2006).

### 5.2.3 A ciência no meio ambiente urbano

Os ecologistas buscaram durante muito tempo trabalhar em ecossistemas não perturbados, não só por causa dos conhecimentos que oferecem sobre a dinâmica das comunidades a longo prazo como também à conveniência logística de trabalhar em campos de trabalho com propriedade determinada e protocolos de pesquisa. As áreas urbanas, por sua vez, envolvem necessariamente um mosaico complexo de uso da terra e tipos de hábitat e, portanto, uma mistura complicada de propriedade e acesso que os cientistas têm de contornar. Muitos resultados examinados neste livro vêm de *estudos de observação* ou *não controlados*, nos quais os cientistas aproveitam a variação existente. As abordagens incluem (Szlavecz; Warren; Pickett, 2011):

- uso do gradiente urbano-rural;
- estudo da biodiversidade dentro de manchas, usando o arcabouço da Biogeografia das Ilhas;
- estudo da dinâmica das manchas propriamente ditas, como sucessão ecológica e dinâmica dos hábitats da matriz;
- comparação da reação de espécies nativas e exóticas;
- estudos do funcionamento do ecossistema, como os ciclos de nutrientes.

Embora constituam a base de qualquer ciência nova, os estudos de observação não podem controlar as variáveis nem os efeitos correlatos do mesmo modo que os experimentos controlados.

Os experimentos científicos são projetados para fazer perguntas específicas em condições controladas, com amostras e medições suficientes para determinar causa e efeito (Quadro 5.2). Experimentos controlados de pequena escala (como o estudo da carpineira, de Ziska, George, Frenz (2007), da seção 4.5) são possíveis, mas os estudos em escala maior continuam difíceis e incomuns.

Os planejadores urbanos também experimentam abordagens diferentes para atingir as suas metas, mas quase nunca conseguem obter o nível de controle ou possibilidade de reprodução que os cientistas buscam. Tanto cientistas quanto planejadores têm de trabalhar dentro de restrições logísticas e financeiras, e ambos precisam se dispor cada vez mais a ampliar o ponto de vista para incluir toda a variedade de efeitos dos seres humanos sobre os ecossistemas. O maior desafio da política urbana, portanto, é encontrar maneiras de obter as informações necessárias para compreender melhor a Ecologia Urbana, as séries de consequências não intencionais e os resultados da tomada de decisões. A interação entre ciência e planejamento cria o chamado "problema perverso" (*wicked problem*): além de difícil de formular, o próprio estudo muda necessariamente o seu objeto (Gaston, 2010a).

Quadro 5.2   Comparação entre diversas abordagens de experimentos ecológicos urbanos

| Pontos fracos | Abordagem | Pontos fortes |
| --- | --- | --- |
| Inter-relacionados, pouco controle de variáveis de confusão | Gradiente urbano-rural | Não manipulativos, fáceis de encontrar |
| Pouco controle | Intervenções sociais | Abrangentes |
| Limitados a processos em pequena escala | Experimentos em pequena escala | Rigorosos e discretos |
| Inter-relacionados, pouco controle de variáveis de confusão | Análise temporal | Não manipulativos, fáceis de encontrar |
| Implementação, colaboração e financiamento difíceis | Experimentos projetados | Rigorosos, passíveis de reprodução, valor educativo |

*Fonte: adaptado de Felson e Pickett (2005).*

Ao contrário das áreas naturais nas quais a manipulação experimental age como forma de perturbação humana desconhecida, os meios ambientes urbanos são manipulados e perturbados constantemente em todas as escalas, do quintal individual a bacias hidrográficas inteiras. Cooperar com esses *experimentos* existentes e não controlados cria oportunidades para mais *experimentos projetados* que incorporem princípios científicos de controle e interpretação a planos e projetos já em andamento. Em alguns casos, podem-se fazer comparações diretas entre pares controlados de comunidades, como os realizados na enseada de Jordan Cove, em Waterford, no estado americano de Connecticut (Felson; Pickett, 2005). A comunidade de controle segue princípios de projeto comuns, com terrenos bem espaçados, esgotamento de águas pluviais e ruas largas pavimentadas com materiais impermeáveis e com sarjetas para canalizar a água. A comunidade experimental tem construção de baixo impacto, com residências mais concentradas, jardins para absorver as águas pluviais e ruas mais estreitas de superfície porosa e sem sarjetas. Esses projetos permitem a absorção de parte da água da chuva, enquanto o resto escoa para áreas gramadas ao longo das ruas.

O acompanhamento com um programa conjunto de monitoramento é o importantíssimo passo seguinte (Carter et al., 2009). Embora muitas cidades tenham desenvolvido programas de restauração de cursos d'água, poucas reuniram os dados necessários para avaliar os benefícios de saúde, ecológicos e econômicos da mudança (Buchholz; Younos, 2007). Em Jordan Cove, as medições subsequentes mostraram que o movimento da água realmente se desacelerou e o pico de fluxo se reduziu (Hood; Clausen; Warner, 2007) (Fig. 5.15). O próprio processo de construção constitui uma forma de controle, já que a quantidade de área impermeável aumenta com o tempo. No projeto habitacional de controle, o escoamento e a saída de nitrogênio e fósforo aumentaram rapidamente durante a construção, sem que esse aumento se observasse no projeto habitacional de baixo impacto (Dietzand; Clausen, 2008).

O envolvimento de grande variedade de pessoas na comunidade, de planejadores e construtores a moradores, é essencial para criar estudos científicos eficazes em áreas urbanas. Em alguns casos, os habitantes podem até se envolver na coleta de dados (Szlavecz; Warren; Pickett, 2011). A alimentação de pássaros é um experimento mundial e uma oportunidade global de pesquisa (Jones; Reynolds, 2008). O projeto FeederWatch, administrado pelo Laboratório Cornell de Ornitologia, envolve *cientistas cidadãos* que coletam dados sobre os pássaros que veem e que podem ser integrados a mapas de distribuição e comportamento das aves que incorporam muito mais dados do que um pesquisador individual ou uma equipe comum de pesquisa seria capaz de recolher. É claro que a qualidade dos dados coletados por muita gente com nível diferente de experiência e motivação pode variar bastante, criando outro conjunto de dificuldades que poucos cientistas estão preparados para enfrentar.

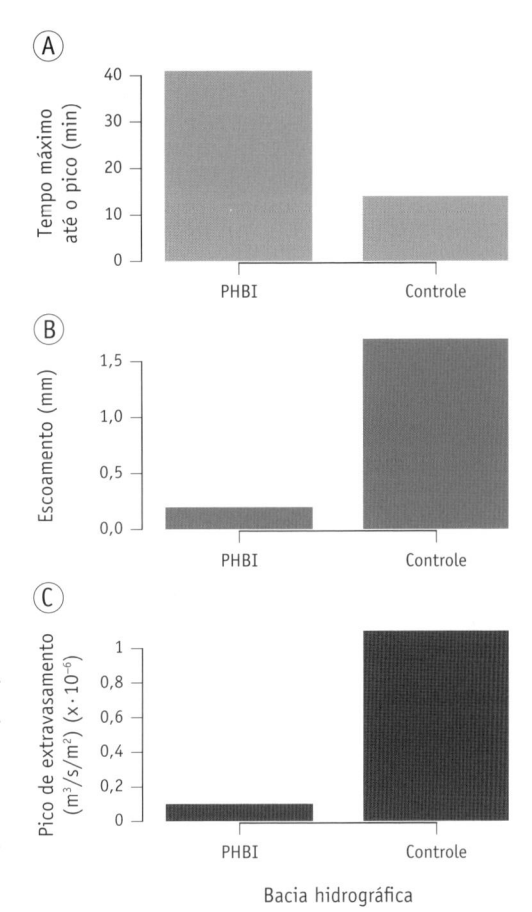

Fig. 5.15 Diferença do fluxo d'água entre o projeto habitacional de baixo impacto (PHBI) e o projeto habitacional de controle em Jordan Cove, mostrando (A) o retardo entre a chuva e o pico de escoamento, (B) o escoamento total depois da chuva e (C) o nível máximo de fluxo de água depois da chuva
Fonte: adaptado de Hood, Clausen, Warner (2007).

### 5.2.4 Conclusões

Em geral, as áreas naturais perturbadas nos estimulam a imaginar a restauração da natureza a um estado pré-humano, embora o máximo que se consiga atingir com realismo talvez seja o manejo da extensão dos efeitos humanos. A política ecológica urbana não enfrenta essa contradição interna. Os planejadores têm de decidir como a população quer que o meio ambiente urbano seja e como os seres humanos interagem com os outros seres vivos que o compartilham. A espécie humana enfrenta o desafio de equilibrar a sua necessidade com a de outros organismos e buscar soluções que, idealmente, beneficiem a todos.

As áreas naturais permanecem de várias formas em meios ambientes urbanos, como ruínas que escaparam à expansão imobiliária, locais manejados como parques e campos de golfe e ressurgências espontâneas em cantos abandonados e não manejados da paisagem (Yli-Pelkonen; Niemela, 2005). O modo como esses diversos hábitats são percebidos afeta o modo como são tratados. Há quem veja terra à espera de incorporação imobiliária enquanto outros veem manchas de vida selvagem na cidade com benefícios ecológicos, psicológicos e econômicos e que deveriam ser protegidas. As políticas urbanas mais bem-sucedidas podem seguir a deixa dos sistemas naturais em que hábitats diferentes se avizinham e enfatizar que usos diferentes, como recreação, educação e compras, do mesmo modo que pessoas de diferentes idades, classes sociais e grupos étnicos, não deveriam ser segregados (Alexander, 1965). As interligações cruzadas entre pessoas e propósitos podem criar uma cidade mais vibrante para os seres humanos e os outros organismos urbanos, principalmente quando os espaços verdes se integram às edificações e à arquitetura (Snep; Opdam, 2010).

As políticas urbanas podem reduzir a pegada ecológica da cidade? Em 1979, Portland, no estado americano do Oregon, estabeleceu um limite de crescimento urbano. Poucas construções foram permitidas fora do limite, com imóveis mais densos e de uso misto estimulados dentro dele, sendo essa abordagem chamada, por estudiosos de políticas urbanas, de intensificação urbana ou movimento das *cidades compactas*. Para reduzir o trânsito veicular, a cidade desenvolveu um sistema de veículos leves sobre trilhos e servidões de passagem para veículos não motorizados. Essa política, acoplada a projetos imobiliários de baixo impacto, telhados verdes e outras abordagens para desacelerar o metabolismo urbano, pode deter a expansão da pegada e do uso de recursos associada ao espraiamento urbano. Mas deu certo? Como sempre, os fatores de confusão dificultam avaliar. A densidade de moradias dentro do limite realmente aumentou, assim como o acesso de pedestres e a conectividade entre elementos diferentes (Song; Knaap, 2004). Entretanto, os efeitos sobre os processos ecológicos e as decisões econômicas que os provocam ainda não foram totalmente avaliados.

Esta seção oferece apenas alguns exemplos de como o pensamento ecológico pode configurar a formulação de políticas. Muito conhecimento foi aplicado para equilibrar as funções ecológicas, econômicas e humanas das cidades. Quanto mais vozes se envolverem na tomada de decisões, inclusive as de cientistas familiarizados com as séries complexas de consequências não intencionais que caracterizam a Ecologia Urbana, melhor será o planejamento.

## 5.3 AS CIDADES E O FUTURO

Durante o século XX, os seres humanos se tornaram imensamente mais eficazes no domínio da energia e dos recursos para atender a necessidades próprias. Ao mesmo tempo, os indivíduos e as suas necessidades se concentraram nas cidades. O início do século XXI foi um marco da história humana, com a maioria das pessoas ocupando áreas urbanas pela primeira vez. Essas tendências criaram condições para os temas deste livro:

- o ambiente construído consiste em uma grande variedade de *hábitats modificados*;
- a concentração de seres humanos que demandam energia e recursos em áreas urbanas exige enorme *entrada* e *saída* de materiais e nutrientes;
- a modificação de hábitats e o aumento de entrada e saída cria séries de *consequências intencionais ou não intencionais* para o ecossistema urbano e as plantas e animais que o ocupam.

Como será a Terra em 2100? As consequências específicas desses temas nas cidades de hoje são o melhor guia de que dispomos. As cidades de hoje têm:

- temperatura elevada e padrão alterado de precipitação atmosférica;
- movimento acelerado da água;
- aumento do nível de dióxido de carbono, nitrogênio e outros nutrientes;
- fragmentação da terra em diversos hábitats alterados por seres humanos;

- numerosas espécies exóticas e nativas extralimites;
- alteração da estrutura das comunidades e simplificação das interações tróficas;
- conjuntos típicos de características dos organismos urbanos sobreviventes; e
- espécies e indivíduos que se adaptam rapidamente a novas circunstâncias.

Esses efeitos já chegam bem além da fronteira urbana e arrastam a Terra inteira para a órbita ecológica das cidades. Conforme essa influência continuar se espalhando no próximo século, boa parte do planeta ficará mais quente, mais rico em nutrientes, diretamente modificado por seres humanos e homogeneizado em termos biológicos e funcionais.

A perda de espécies é uma das preocupações ecológicas de maior destaque hoje. Os seguintes fatores foram identificados como os mais prováveis a afetar a biodiversidade global no próximo século (Sala et al., 2000):

- mudança do uso da terra;
- mudança climática;
- deposição de nitrogênio;
- troca biótica;
- aumento do dióxido de carbono.

Esses efeitos são exatamente os que se concentram nos hábitats urbanos. Mais uma vez, o meio ambiente urbano constitui uma janela para o futuro do planeta e para as espécies que sobreviverão num mundo em mudança.

Sem dúvida, o crescimento urbano continuará durante algumas décadas, pelo menos. Esse crescimento exigirá mais área terrestre, e a extensão física das cidades também continuará a aumentar. Os seres humanos e as suas instituições continuarão a se adaptar a esse meio ambiente ainda relativamente novo. As plantas e animais, cada vez mais incapazes de evitar os desafios urbanos, desaparecerão, se adaptarão fisiologicamente ou evoluirão. As cidades provocarão um surto de mudança biológica quase sem precedentes, indo da extinção à especiação.

Para os seus habitantes humanos, as cidades do futuro poderão ser mais heterogêneas do que hoje. As diferenças entre áreas ricas e empobrecidas podem se acentuar, juntamente com as consequentes diferenças locais ambientais da ilha urbana de calor, da biodiversidade e da disseminação de doenças. O modo como esses efeitos locais se desenvolverão e atingirão cidades inteiras tem um papel imenso e desconhecido no futuro das cidades.

Embora os cientistas naturais e os primeiros ecologistas previssem que a Ecologia Urbana seria uma parte fundamental da Ecologia Global, os processos ecológicos em ação nas cidades foram quase sempre deixados de lado até recentemente (Young, 2009). O estudo científico do ecossistema urbano explodiu nos últimos tempos e, na verdade, cresceu mais depressa do que as próprias áreas urbanas. Os estudos de longo prazo iniciados na década de 1990 terão o ponto de vista de décadas de mudança. A teoria e o pensamento ecológicos se ampliarão para entender novos resultados e observações. Novos arcabouços conceituais que incluam o comportamento e as instituições humanas na ciência interdisciplinar mais ampla da *Ecologia de Cidades* se tornarão novos campos estabelecidos (Grimm et al., 2008; Pickett et al., 2008). Em termos ideais, a política será integrada aos dados científicos, e estes serão coletados de acordo com decisões políticas.

É impossível prever se novas tecnologias mudarão o curso das tendências ecológicas atuais, como mudança climática, aumento da carga de nutrientes e perda de biodiversidade. Métodos para absorver ou sequestrar dióxido de carbono com eficiência, novas fontes de energia, novos materiais de construção e a Engenharia Genética podem transformar alguns processos ecológicos. O surgimento da internet e das comunicações modernas estimulou os seres humanos a viverem num mundo virtual, comunicando-se a grande distância aparentemente livres das limitações da natureza. Mas ainda que a tecnologia continue a avançar, os alimentos que se come, o ar que se respira e a energia para as máquinas continuarão a vir do mundo físico.

Apesar da realidade virtual, a percepção de que o empreendimento humano enfrenta limites impostos por sistemas ecológicos se tornará mais generalizada. Espera-se que essa consciência seja complementada com o aumento da conscientização do ecossistema urbano diante de quem sai ao ar livre. As mudanças desse ecossistema e o modo como se interage com ele podem exigir que o ser humano repense quem ele é, o modo como vive e o que é a própria natureza.

O modo como as cidades e a percepção delas se desenvolverem e mudarem determinará qual metáfora terá mais força para configurar a opinião (Cap. 2):

- cidades eficientes e boas para se viver poderão ser, cada vez mais, consideradas *superorganismos*, com partes que trabalham juntas para atingir metas em comum;

- a integração de processos do ecossistema numa área urbana pode fazer as cidades se parecerem mais com *comunidades ecológicas*, persistindo por meio de vínculos entre processos e organismos diferentes;
- a separação entre as necessidades urbanas e as áreas que as sustentam pode fazer as cidades se parecerem ainda mais com *parasitas* que têm de aceitar ou ignorar os danos que causam para sobreviver;
- o crescimento urbano e a incorporação imobiliária incontroláveis podem deixar as cidades parecidas com *cânceres*, tumores fatais da necessidade humana de se reproduzir, consumir e inovar;
- o fato de as cidades enfrentarem um conjunto de problemas em constante mudança que podem ser diagnosticados e tratados permite que elas sejam vistas como *pacientes*.

A metáfora escolhida, uma dessas ou qualquer outra, não é uma consequência inevitável do desenvolvimento urbano. Em vez disso, a metáfora vai determinar o modo como as cidades são imaginadas e terá um papel fundamental, ainda que inconsciente, na configuração da política urbana.

Em 2100, a semente de uma árvore germinará no centro de uma das grandes cidades do mundo, largada talvez por uma árvore que germinou perto dali no mundo muito diferente do século anterior. A água a despertará; o nitrogênio a adubará; a luz e o dióxido de carbono lhe darão energia; insetos e patógenos a atacarão; o novo mundo de materiais novos, espécies exóticas e atmosfera alterada, bem como as pessoas e os veículos que passarem a estressarão e perturbarão. O entendimento de como essa árvore e a comunidade de plantas e animais que a cercarem reagirão a esses fatores vem diretamente da compreensão da Ecologia Urbana de hoje. Se os princípios da Ecologia realmente se aplicarem a áreas urbanas e se continuarem a se aplicar no futuro, a ciência em desenvolvimento esboçada neste livro será o alicerce do entendimento dos novos ambientes criados hoje e do futuro de todo o planeta.

## Perguntas e leituras

### Perguntas para discussão

*Sobre a seção 5.1*

1. Em que os efeitos fisiológicos da urbanização são iguais ou diferentes para seres humanos quando comparados a outros animais que habitam as cidades? Como a compensação dos seres humanos se diferencia dos outros animais?
2. Se os seres humanos se sentem melhor olhando árvores em vez de tijolos, por que nos ambientes urbanos se veem muito mais tijolos do que árvores? Todos os aspectos do ambiente construído provocam reação tão negativa?
3. Qual o papel dos fatores sociológicos e ecológicos na sua resposta à pergunta 2? Em termos gerais, os vínculos entre fatores sociológicos e ecológicos em hábitats urbanos diferem qualitativa e/ou quantitativamente dos hábitats não urbanos? Por quê?
4. Nas cidades, quais os custos e os benefícios do exercício ao ar livre para a saúde? Como avaliar diferentes tipos de exercício?
5. Em termos históricos, por que as áreas urbanas têm incidência tão alta de doenças e mortalidade? Que fatores das cidades mudaram essa tendência? De que maneira as áreas urbanas estão voltando a se tornar pontos de grande incidência de doenças?

*Sobre a seção 5.2*

1. Boa parte deste livro tratou de consequências, intencionais ou não, relativas ao processo de converter ecossistemas em ecossistemas urbanos. Faça uma lista de 12 itens exclusivos de ecossistemas urbanos. Em cada item, cite o seu propósito intencional e pelo menos um efeito não intencional.
2. Que aspectos da cidade levam seres humanos não urbanos a se mudarem para lá e que aspectos da cidade os fazem partir? Que papel os fatores sociológicos e ecológicos têm em cada caso?
3. Com base na resposta à pergunta anterior, como o planejamento poderia ser modificado para tornar as cidades mais hospitaleiras? Imagine dez políticas específicas (incluindo material do livro inteiro) que sejam coerentes com o seu modo de pensar. Como essas ideias tornariam as cidades mais hospitaleiras? Elas seriam mais hospitaleiras também para outros organismos? Para cada ideia, escreva uma possível consequência não intencional.

4. Que dificuldades enfrentadas por planejadores urbanos e formuladores de políticas são menos problemáticas em ecossistemas menos urbanizados? Há alguma vantagem em planejar e formular políticas em áreas urbanizadas? Pense na sua resposta a ambas as perguntas em termos locais e globais. Há alguma incoerência?
5. Por que os ecologistas se interessaram historicamente pelo estudo de hábitats não perturbados? Como e por que isso está mudando? Que tipo de estudo ecológico seria mais útil para o planejamento urbano? Com base nos exemplos deste livro, os estudos que vêm sendo feitos são desse tipo?
6. Que dificuldades existem para integrar os estudos ecológicos da cidade ao planejamento urbano? Como superá-las?

*Sobre a seção 5.3*
1. Que aspectos da Ecologia Urbana provocam mais preocupação na próxima década? Que problemas relacionados devem ser incluídos para abordar a questão? Embora esses vínculos sejam comuns em todos os estudos ecológicos, por que, em geral, são mais inevitáveis na Ecologia Urbana?
2. Como a sua resposta à pergunta anterior seria diferente no caso de preocupações a respeito do próximo século em vez da próxima década?
3. Em termos históricos, por que a Ecologia foi considerada um campo de estudo não urbano? Os ecologistas deveriam dedicar o seu esforço a estudar apenas locais urbanos e extremamente perturbados? Há algum valor em buscar e estudar locais relativamente intocados?
4. Como a concentração ecológica no meio ambiente urbano mudaria o ponto de vista dos indivíduos relativamente ao lugar onde moram, aos organismos que também vivem ali, de onde vêm e para onde vão a sua energia e os seus alimentos? Que efeitos isso teria em termos locais e globais?
5. As respostas à pergunta anterior, sem dúvida, foram positivas, mas como você começaria a provocar essa mudança de ponto de vista? Por exemplo, a conscientização basta para provocar mudanças do comportamento humano?
6. Como acha que serão as cidades e o planeta Terra daqui a cem anos? As preocupações ecológicas globais relativas à mudança

climática e à perda de biodiversidade são exageradas, inevitáveis ou destinadas a serem superadas pela engenhosidade humana?
7. Se um ecologista viajasse no tempo e voltasse de cem anos no futuro, qual seria a primeira pergunta científica que você lhe faria?

Exercícios

*Sobre a seção 5.1*
1. Até uma época relativamente recente, as cidades eram sumidouros populacionais para os seres humanos e se mantinham por meio da imigração.
    a. Suponha que uma população humana aumente 5% ao ano por reprodução, mas diminua 10% em virtude da mortalidade causada por doenças infecciosas. Com que rapidez ela declinaria? Quantos anos uma população de $1,0 \times 10^6$ levaria para se reduzir à metade?
    b. Nessas mesmas circunstâncias, suponha que 2.000 pessoas por ano imigrem para a cidade, vindas de áreas rurais próximas. O que aconteceria à população de uma cidade que tivesse $1,0 \times 10^6$ habitantes? Aumentaria ou se reduziria? E uma cidade com $1,0 \times 10^5$ habitantes?
    c. Se programas de saúde pública reduzissem a probabilidade de mortalidade para 5%, o que aconteceria com a população dessa cidade?
    d. Se programas de saúde pública reduzissem a probabilidade de mortalidade para 2%, a cidade cresceria mesmo sem imigração. Que diferença a imigração faria se a cidade tivesse $1,0 \times 10^5$ habitantes?
2. Tanto o número quanto a localização específica de praças e parques determinam a distância que os moradores têm de percorrer para chegar até eles. Para simplificar, suponha que a cidade tenha uma grade de ruas perfeita, com 0,1 km de distância entre as ruas e praças localizadas como na Fig. 5.16 e responda às questões a seguir:
    a. a que distância máxima de uma praça é possível morar?
    b. que fração de habitantes moraria a 300 m de uma praça?
    c. de acordo com os dados da Fig. 5.1, com que frequência a média das pessoas iria a uma praça?

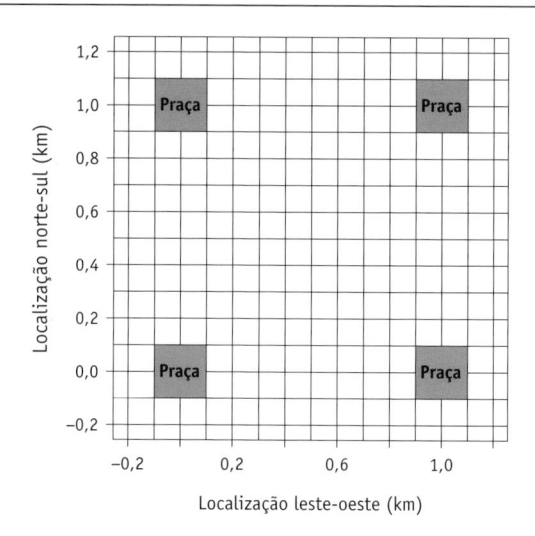

**Fig. 5.16** Ilustração de cidade imaginária com uma grade de ruas perfeita, com 0,1 km de distância entre as ruas e praças. O restante da área é preenchido com residências

   d. as praças mostradas ocupam quatro quarteirões. Qual seria o efeito sobre a distância se houvesse quatro vezes mais praças, cada uma ocupando apenas um quarteirão? Qual seria o seu melhor posicionamento? Como avaliar se essa seria uma abordagem melhor?
3. Em Osaka, no Japão, o número $H$ de pacientes com intermação necessitados de ambulância é determinado pela temperatura máxima diária $T$, de acordo, aproximadamente, com (Shimoda et al., 2003):

$$H = \begin{cases} 0 & \text{se } T < 30 \\ T - 30 & \text{se } T > 30 \end{cases}$$

   Considere os dados da Tab. 5.1 e responda às questões a seguir:
   a. quantos pacientes com intermação haveria num ano de 365 dias? Que pressupostos você teve de fazer?
   b. quanto esse número aumentaria se a temperatura subisse 2 °C? Você teve de fazer algum pressuposto adicional?
   c. quanto esse número aumentaria se a temperatura subisse 4 °C?

*Sobre a seção 5.2*
1. Considere a Tab. 5.2 e responda às questões adiante.
   a. Converta as milhas quadradas em hectares.
   b. Calcule o número de habitantes e árvores por hectare em cada cidade.

Tab. 5.1  Fração de dias com temperatura máxima nas faixas

| Faixa de temperaturas (°C) | Fração de dias |
|---|---|
| 26-28 | 0,08 |
| 28-30 | 0,05 |
| 30-32 | 0,02 |
| 32-34 | 0,01 |
| 34-36 | 0,005 |
| 36-38 | 0,002 |
| 38-40 | 0,001 |
| >40 | 0,0005 |

Tab. 5.2  Valor dos custos e benefícios de árvores urbanas em cinco cidades do oeste dos Estados Unidos

| Dados estatísticos | Fort Collins | Cheyenne | Bismarck | Berkeley | Glendale |
|---|---|---|---|---|---|
| População | 135.000 | 53.011 | 56.234 | 104.000 | 220.000 |
| Área (milhas quadradas) | 49,4 | 22,9 | 27,5 | 18,1 | 59,0 |
| Árvores nas ruas | 16.409 | 8.907 | 17.821 | 30.779 | 13.184 |
| Árvores em praças | 14.534 | 8.103 | 0 | 5.706 | 8.297 |
| Benefícios (em dólares) | 2.170.799 | 688.029 | 979.094 | 3.247.545 | 665.856 |
| Custos (em dólares) | 997.638 | 327.897 | 316.640 | 2.372.000 | 276.436 |

Fonte: McPherson et al. (2005).

    c. Como os custos e benefícios por árvore diferem entre as cidades? E os custos e benefícios por pessoa?
    d. Examine o artigo original e verifique os componentes de custos e benefícios. Algum se destaca?
2. Considere a disposição de praças da Fig. 5.16.
    a. Onde você acrescentaria corredores para interligá-los? Qual o comprimento dos seus corredores?
    b. Com corredores de larguras diferentes, que área ocupariam? Como essa área se compara à área das praças propriamente ditas?
    c. Como os seus corredores mudariam a distância entre a moradia dos habitantes e o espaço verde público?
    d. Que problemas criaria essa disposição de corredores?

3. Suponha que a densidade residencial seja, em média, de 20 casas por hectare.
   a. Se a cidade tivesse uma grade como a da Fig. 5.16, como você disporia casas, praças e ruas para minimizar a superfície impermeável? Que largura têm as suas ruas? Que tamanho têm os seus quintais?
   b. Veja os projetos de ruas de Jordan Cove (Hood; Clausen; Warner, 2007). Eles ajudariam a reduzir a área de superfície impermeável? É possível chegar a um valor menor que 10%, acima do qual o movimento da água muda significativamente (Shuster et al., 2005)?

## Outras leituras

### Sobre a seção 5.1

R. S. Byrd and J. P. Joad. Urban asthma. *Current Opinion in Pulmonary Medicine*, **12** (2006), 68–74.

G. W. Evans. The built environment and mental health. *Journal of Urban Health*, **80** (2003), 536–555.

A. R. Fleischman and J. A. Barondess. Urban health: a look out our windows. *Acade Medicine*, **79** (2004), 1130–1132.

H. Frumkin. Urban sprawl and public health. *Public Health Reports*, **117** (2002), 201–217.

S. Galea and D. Vlahov. Urban health: evidence, challenges, and directions. *Annual Review of Public Health*, **26** (2005), 341–365.

R. Godfrey and M. Julien. Urbanisation and health. *Clinical Medicine*, **5** (2005), 137–141.

H. F. Guite, C. Clark, and G. Ackrill. The impact of the physical and urban environment on mental well-being. *Public Health*, **120** (2006), 1117–1126.

S. Kaplan. The restorative benefits of nature: toward an integrative framework. *Journal of Environmental Psychology*, **15** (1995), 169–182.

G. C. Liu, J. S. Wilson, R. Qi, and J. Ying. Green neighborhoods, food retail and childhood over weight: differences by population density. *American Journal of Health Promotion*, **21** (2007), 317–325.

R. Mitchell and F. Popham. Effect of exposure to natural environment on health inequalities: an observational population study. *Lancet*, **372** (2008), 1655–1660.

J. Peen and J. Dekker. Is urbanicity an environmental risk-factor for psychiatric disorders? *Lancet*, **363** (2004), 2012–2013.

K. Tzoulas, K. Korpela, S. Venn, et al. Promoting ecosystem and human health in urban areas using Green Infrastructure: a literature review. *Landscape and Urban Planning*, **81** (2007), 167–178.

*Sobre a seção 5.2*

H. Akbari, M. Pomerantz, and H. Taha. Cool surfaces and shade trees to reduce energy use and improve air quality in urban areas. *Solar Energy*, **70** (2001), 295–310.

M. Alberti, D. Booth, K. Hill, *et al.* The impact of urban patterns on aquatic ecosystems: an empirical analysis in Puget lowland sub-basins. *Landscape and Urban Planning*, **80** (2007), 345–361.

E. S. Bernhardt, L. E. Band, C. J. Walsh, and P. E. Berke. Understanding, managing, and minimizing urban impacts on surface water nitrogen loading. *Annals of the New York Academy of Sciences*, **1134** (2008), 61–96.

R. Donovan, J. Sadler, and J. Bryson. Urban biodiversity and sustainable development. *Engineering Sustainability*, **158** (2005), 105–114.

A. J. Felson and S. T. A. Pickett. Designed experiments: new approaches to studying urban ecosystems. *Frontiers in Ecology and the Environment*, **3** (2005), 549–556.

D. N. Jones and S. J. Reynolds. Feeding birds in our towns and cities: a global research opportunity. *Journal of Avian Biology*, **39** (2008), 265–271.

J. Mason, C. Moorman, G. Hess, and K. Sinclair. Designing suburban greenways to provide hábitat for forest-breeding birds. *Landscape and Urban Planning*, **80** (2007), 153–164.

G. McPherson, J. R. Simpson, P. J. Peper, S. E. Maco, and Q. Xiao. Municipal forest benefits and costs in five US cities. *Journal of Forestry*, **103** (2005), 411–416.

C. Rosenzweig, W. D. Solecki, L. Parshall, *et al.* Mitigating New York City's heat island: integrating stakeholder perspectives and scientific evaluation. *Bulletin of the American Meteorological Society*, **90** (2009), 1297–1312.

J. Wolch, J. P. Wilson, and J. Fehrenbach. Parks and park funding in Los Angeles: an equity-mapping analysis. *Urban Geography*, **26** (2005), 4–35.

J. Yang, Q. Yu, and P. Gong. Quantifying air pollution removal by green roofs in Chicago. *Atmospheric Environment*, **42** (2008), 7266–7273.

*Sobre a seção 5.3*

N. B. Grimm, S. H. Faeth, N. E. Golubiewski, *et al.* Global change and the ecology of cities. *Science*, **319** (2008), 756–761.

S. T. A. Pickett, M. L. Cadenasso, J. M. Grove, *et al.* Beyond urban legends: an emerging framework of urban ecology, as illustrated by the Baltimore ecosystem study. *Bioscience*, **58** (2008), 139–150.

O. E. Sala, F. S. Chapin III, J. J. Armesto, *et al.* Global biodiversity scenarios for the year 2100. *Science*, **287** (2000), 1770–1774.

## Laboratórios

A. Na cidade onde mora ou numa cidade próxima, desenvolva um protocolo de amostragem para registrar o número de árvores plantadas nas ruas, em escolas, em propriedades comerciais, em propriedades residenciais e em praças. Como esses valores se comparam aos de Milwaukee, no estado americano de Wisconsin (Fig. 5.7)? Use esses dados para estimar o número de árvores por pessoa nessa cidade. Como esse valor se compara a outras cidades de tamanho semelhante e diferente (Fig. 5.8)? Quem toma decisões de planejamento sobre árvores na sua cidade e quais são os critérios usados?

B. Com o Google Earth, desenvolva um protocolo de amostragem para determinar a quantidade de praças ou espaços verdes em amostras de 1 $km^2$. Descubra o preço médio de venda de residências em cada amostra e determine se há alguma correlação entre o valor dos imóveis e o número de praças da cidade.

C. Encontre um local de retenção de água na sua cidade e recolha amostras a montante e a jusante. Compare características como temperatura, nível de oxigênio, nível de nutrientes, toxinas e outros contaminantes e organismos presentes nas suas amostras. Registre a abundância e a diversidade de plantas perto do local de retenção e compare-as a uma praça ou parque urbano e um espaço verde não urbano. A bacia de retenção cria serviços ou desserviços ecológicos além da modificação do fluxo da água?

# Glossário

**Abiótico:** componentes não vivos de um ecossistema, como radiação solar, água e nutrientes.

**Abundância:** número de indivíduos de uma espécie presentes num ecossistema. A abundância relativa é a proporção dessa espécie.

**Adaptação:** processo evolutivo pelo qual uma espécie se ajusta melhor ao ambiente por meio da seleção natural.

**Adaptada ao meio urbano:** espécie que tolera seres humanos e fatores antropogênicos, mas não precisa deles para a persistência em hábitats urbanos.

**Adaptativa:** reação apropriada ao ambiente, que melhora a adequação de um organismo.

**Aerossol:** suspensão em meio gasoso de pequenas partículas sólidas ou líquidas, como água, pólen ou fumaça.

**Água cinza:** resíduo de água de uso doméstico, com exceção do esgoto, que pode ser reaproveitada na irrigação.

**Albedo:** percentual de radiação, como a energia solar, refletida por um objeto. O albedo varia de 0 (uma superfície preta que absorva 100% da radiação que recebe) a 1 (uma superfície branca que reflita 100% da radiação que recebe).

**Ambiente biótico:** Organismos, plantas e animais que compartilham e modificam um hábitat.

**Ambiente construído:** ambiente construído ou infraestrutura construída pelo homem.

**Ambiente físico:** condições circundantes de um organismo, com exceção das coisas vivas.

**Anaeróbico:** sem oxigênio, por exemplo, um ambiente onde não haja presença de oxigênio ou um organismo que viva sem ele.

**Aptidão:** sucesso de um organismo na sobrevivência e na reprodução e, portanto, na transmissão dos seus genes à geração seguinte.

**Aquífero:** área de águas subterrâneas confinadas por camadas de rochas permeáveis ou impermeáveis e da qual é possível extrair água.

**Área de biodiversidade:** área necessária para manter a biodiversidade nativa definida por cálculos de pegada ecológica.

**Área de energia:** área necessária para produzir energia ou receber dióxido de carbono fixado pela fotossíntese. Essa área é qualificada pela pegada ecológica.

**Áreas úmidas, brejos, charcos, pântanos (wetlands):** áreas em que o solo está saturado de água e a vegetação é dominada por plantas que toleram inundação.

**Armadilha ecológica:** situação em que os organismos interpretam erroneamente as pistas ambientais e se instalam num hábitat atraente, mas de baixa qualidade.

**Arqueófito:** espécie vegetal não nativa introduzida numa região há muito tempo, em geral antes de 1500 d.C.

**Assembleia de comunidades:** processo pelo qual as espécies passam a coexistir numa área comum.

**Atopia:** suscetibilidade a reações alérgicas como urticária, rinite e asma.

**Autotrófico:** organismo que consegue fixar carbono orgânico a partir de compostos inorgânicos com o uso de energia luminosa ou química.

**Bacia de retenção:** lago artificial para recolher águas pluviais e assim impedir inundações a jusante e recarregar o suprimento de água subterrânea.

**Bactérias fixadoras de nitrogênio:** bactérias que usam a enzima nitrogenase para converter nitrogênio atmosférico em amônia.

**Balanço energético superficial:** mecanismo contábil que quantifica a energia que entra e sai e o uso de energia numa região específica.

**Banco de sementes:** reservatório de sementes em dormência no solo.

**Biodiversidade:** número e abundância relativa de diferentes espécies que representam a heterogeneidade do processo biológico nos ecossistemas e na biosfera. A biodiversidade pode ser genética, funcional ou estrutural.

**Biomassa:** quantidade ou massa de organismos vivos dentro de um hábitat ou ecossistema num momento dado.

**Bolha pseudotropical:** descrição do modo como o ambiente urbano imita a temperatura e a sazonalidade reduzida dos trópicos por causa de processos antropogênicos.

**Camada do dossel urbano:** porção da atmosfera de áreas urbanas que vai da abóbada ao topo das edificações e à camada-limite na qual a poluição e os particulados ficam presos.

**Camada-limite urbana:** porção da atmosfera acima da atmosfera urbana inferior e a ela misturada.

**Campo abandonado (*brownfield*):** terreno comercial ou industrial abandonado.

**Cânion urbano:** ambiente construído no qual as estruturas verticais criam propriedades físicas semelhantes às dos cânions naturais.

**Capacidade térmica:** medida da capacidade de armazenamento de calor de uma substância, definida como quanta energia térmica é necessária para elevar a sua temperatura.

**Carboidrato:** composto orgânico, como açúcares e celulose, formado pelos elementos carbono, oxigênio e hidrogênio e capaz de armazenar energia e formar estruturas.

**Célula de circulação:** movimento do ar em padrão cíclico, por causa da energia térmica, em que o ar quente sobe e é substituído por ar mais frio. O ar que sobe esfria, espalha-se, desce e substitui o ar frio, completando o ciclo.

**Ciclo da água:** movimento da água entre os estados sólido, líquido e gasoso nos oceanos, continentes, atmosfera e sistemas subterrâneos. Também chamado de ciclo hidrológico.

**Ciclos biogeoquímicos:** processo biológico, geológico e químico pelo qual substâncias ou elementos se deslocam pelos reservatórios físico e biótico da Terra.

**Cidade compacta:** conceito de projeto urbano que enfatiza densidade residencial elevada, transporte público eficiente, uso misto da terra, baixo consumo de energia *per capita* e interação social entre os habitantes.

**Ciência cidadã:** coleta de dados em grande escala ou disseminação de informações por meio de uma rede pública de voluntários.

**Clima:** condições de temperatura, umidade, pressão atmosférica, vento e precipitação que caracterizam determinada região.

**Coeficiente de variação:** medida de variabilidade igual à razão entre o desvio padrão e a média.

**Coespecíficos:** dois ou mais organismos ou populações que pertençam à mesma espécie.

**Coevolução:** evolução conjunta de plantas e animais, plantas e plantas ou animais e animais. Representa uma coadaptação evolutiva ao longo do tempo.

**Coexistência:** situação na qual duas espécies ocupam a mesma área.

**Compactação do solo:** processo pelo qual o ar entre as partículas do solo se desloca, como pela pressão de máquinas pesadas.

**Competição:** concorrência entre indivíduos ou grupos pela obtenção de um recurso limitante.

**Competição por exploração:** disputa de um recurso limitante, como no caso em que o consumo do recurso por um competidor o torna indisponível para os outros.

**Competição por interferência:** disputa direta por um recurso limitante na qual os competidores interagem entre si, por meio de lutas ou outras formas de conflito.

**Composto orgânico:** qualquer molécula ou combinação de moléculas que contenha o elemento carbono.

**Comunidade:** conjunto de populações de várias espécies em interação.

**Comunidade de não equilíbrio:** comunidade ecológica à qual novas espécies chegam continuamente enquanto outras se extinguem e em que a interação entre espécies está sempre mudando.

**Condutividade térmica:** medida da rapidez do movimento do calor ao atravessar uma substância ou sair dela.

**Controle de baixo para cima:** regulação da população com base na produção orgânica pelos produtores primários.

**Controle de cima para baixo:** regulação de uma população por predação, herbivoria ou outras formas de consumo.

**Controle e comércio:** incentivo econômico para o controle da poluição com a determinação de limites para o total de emissões e a permissão de venda e revenda de licenças para a emissão de poluentes.

**Convecção:** movimento de moléculas dentro de líquidos ou gases, geralmente incluindo difusão e advecção, responsável pela transferência em grande escala de calor e materiais.

**Corredor:** hábitat que permite o movimento de indivíduos entre populações que foram separadas, geralmente pela atividade humana.

**Curva de abundância:** representação visual da riqueza de espécies num hábitat na qual a abundância relativa de cada espécie no eixo vertical é mostrada em relação à sua posição em termos de abundância no eixo horizontal.

**Curva de acumulação de espécies:** representação gráfica do número de espécies encontradas em função do número de locais pesquisados.

**Curva de área de espécies:** representação gráfica do número de espécies encontradas em função da área pesquisada.

**Decompositores:** organismos, geralmente bactérias e fungos, que usam material orgânico morto ou apodrecido como fonte de alimento.

**Densidade de desistência:** quantidade de alimento que um animal deixa numa mancha.

**Densidade populacional:** número de membros de uma espécie por unidade de área.

**Desnitrificação:** redução de nitratos ($NO_3$) a gás nitrogênio ($N_2$) por meio da respiração bacteriana. Essa parte do ciclo do nitrogênio devolve este elemento à atmosfera e costuma ocorrer em ambientes anaeróbicos, como solos ou brejos.

**Desorganização social:** teoria que liga diretamente patologias sociológicas como a criminalidade à decomposição da família ou da estrutura social.

**Desserviços do ecossistema:** custos financeiros, de saúde ou outros criados pela urbanização nos ecossistemas naturais.

**Dispersão:** mecanismo ecológico, fisiológico ou comportamental pelo qual as espécies se colocam ou deslocam sementes, pólen ou indivíduos jovens.

**Distância de início de voo:** distância em que uma ameaça é percebida pelas aves e as faz voar.

**Diversidade filogenética:** medida da biodiversidade de uma região que inclui o grau de parentesco entre espécies, computada como a soma das distâncias evolutivas entre essas espécies.

**Dívida de extinção:** número de espécies que desaparecerá no futuro em consequência de eventos atuais que resultarão na perda total de uma espécie.

**Doença endêmica:** doença mantida dentro de uma população por longo período.

**Domo urbano de $CO_2$:** combinação de fatores biogênicos e antropogênicos que levam à elevada concentração de dióxido de carbono em centros urbanos.

**Domo urbano de poeira:** fenômeno no qual o ar circula, saindo da área urbana e a ela voltando, cada vez acumulando poluição e matéria particulada.

**Dormência:** período da vida de um organismo em que crescimento, desenvolvimento e atividade se reduzem temporariamente para promover a sobrevivência ou a conservação de energia, geralmente em períodos de condições ambientais desfavoráveis.

**Ecologia Comportamental:** estudo da relação entre as ações de um organismo e a sua capacidade de persistir no ambiente.

**Ecologia de Cidades:** extensão da Ecologia em Cidades que inclui o estudo dos fatores sociológicos, econômicos e políticos que configuram o ambiente.

**Ecologia de Comunidades:** estudo de distribuição, abundância, demografia e interação entre as populações que ocupam a mesma área geográfica.

**Ecologia de Ecossistemas:** estudo dos fluxos de energia, água, nutrientes e outros materiais e a sua interação com os organismos que vivem numa área específica.

**Ecologia de Populações:** estudo do tamanho da população de uma determinada espécie e do modo como interage com os ambientes físico e biológico.

**Ecologia em Cidades:** estudo da distribuição, abundância e interação das espécies com o seu ambiente físico e biológico em meio urbano.

**Ecologia Evolutiva:** estudo da adaptação de uma espécie ao ambiente biótico e abiótico.

**Ecologia Fisiológica:** estudo de como os organismos funcionam num ambiente dado.

**Ectotermo:** organismo que controla a temperatura do corpo por meio de fontes ambientais.

**Efeito da barreira de edificações:** processo pelo qual a estrutura vertical do ambiente construído reduz ou redireciona o vento sinóptico e os padrões climáticos.

**Efeito de diluição:** processo pelo qual a elevada diversidade de espécies reduz o impacto de uma interação específica entre elas, em geral a prevalência de uma doença.

**Endotérmico:** organismo que controla a temperatura do corpo por meio de processos metabólicos internos.

**Energia:** capacidade de um sistema físico de atuar sobre outro sistema físico.

**Energia solar recebida:** energia recebida por um ecossistema sob a forma de radiação de ondas curtas vinda do Sol.

**Engenheiro do ecossistema:** organismo que modifica substancialmente o seu hábitat.

**Epidemia:** surto de doença infecciosa numa comunidade acima do nível-base típico.

**Equilíbrio:** estado de um sistema em que forças opostas se anulam, caracterizado por pouca ou nenhuma mudança.

**Escala:** tamanho, duração ou magnitude que caracteriza um fenômeno ou processo.

**Escala espacial:** tamanho, comprimento, área ou distância que caracteriza um fenômeno ou processo.

**Escala temporal:** duração ou período que caracteriza um fenômeno ou processo.

**Especialista:** espécie que utiliza uma variedade pequena de condições ou recursos ambientais.

**Espécie-chave:** espécie com efeito desproporcionalmente grande sobre o ambiente local em relação à sua abundância nesse ambiente.

**Espécie endêmica:** espécie encontrada apenas numa região específica.

**Espécie exótica:** espécie que vive fora da sua faixa de distribuição nativa.

**Espécie naturalizada:** espécie não nativa de uma região que se estabelece e persiste, mas não provoca os efeitos prejudiciais das espécies invasoras.

**Espécies invasoras:** organismos não nativos de uma área que têm efeito negativo sobre ecossistemas e espécies nativas.

**Espraiamento urbano:** crescimento e extensão da cidade que leva ao desenvolvimento de áreas periurbanas dependentes do automóvel, ligadas econômica e culturalmente ao centro urbano.

**Estômatos:** poros das folhas das plantas capazes de se abrir para permitir a entrada de dióxido de carbono e se fechar para evitar a perda de água.

**Estrutura trófica:** descrição da estrutura de uma comunidade em termos dos recursos ou outros organismos consumidos por uma determinada espécie.

**Estudo de observação:** investigação na qual se fazem inferências sobre o efeito de um tratamento ou processo sem que o investigador controle onde, como e a quem se aplica o tratamento.

**Estudo não controlado:** experimento no qual se aplica um tratamento a um grupo de indivíduos e a sua reação é registrada sem ser comparada a um grupo de controle que não recebeu o tratamento.

**Eutrofização:** aumento da biomassa de plantas e algas num corpo d'água em virtude da adição de nutrientes como nitratos ou fosfatos.

**Evaporação:** vaporização de um líquido, que, no caso da água, exige energia substancial e tem papel fundamental no seu ciclo global.

**Evapotranspiração:** água líquida perdida pela superfície da Terra na atmosfera em consequência da evaporação e da transpiração das plantas.

**Evitadora do meio urbano:** espécie mal-adaptada aos seres humanos e aos fatores antropogênicos que persiste em hábitats não urbanos

**Evolução:** processo fundamental que explica a evolução da biosfera, da biodiversidade e da diversificação dos seres vivos no planeta Terra.

**Evolução cultural:** descrição do desenvolvimento das sociedades no decorrer do tempo, geralmente em consequência de mudanças do ambiente social.

**Exclusão competitiva:** princípio pelo qual duas espécies com as mesmas necessidades e os mesmos recursos não podem coexistir indefinidamente.

**Experimento projetado:** exercício de coleta de informações no qual se aplica determinado tratamento a alguns objetos, mas não a outros (controles) para investigar os efeitos do tratamento.

**Exúrbio ou área extraurbana:** área residencial de baixa densidade situada além da área periurbana, da qual os indivíduos se deslocam diariamente para trabalhar no centro urbano.

**Fator de visão do céu:** fração do céu visível de um ponto dado, que varia de 0, quando o céu é completamente bloqueado por edificações, a 1, quando o céu é completamente visível.

**Fecundidade:** reprodução real ou potencial de um organismo ou espécie.

**Fenologia:** periodicidade dos ciclos vitais de plantas e animais, principalmente em reação às estações do ano.

**Fenótipo:** características observáveis de um organismo, resultantes de uma combinação de fatores genéticos e ambientais.

**Fixação do nitrogênio:** processo de converter o nitrogênio atmosférico em amônia.

**Fluxo gênico:** transferência de alelos de genes entre populações.

**Fonte:** ecossistema ou hábitat no qual o tamanho populacional aumenta e os indivíduos excedentes emigram para outras áreas.

**Forrageio de lugar central:** comportamento com o qual o organismo retorna a um lugar específico, como o ninho, para consumir, armazenar ou distribuir o alimento coletado.

**Fotossíntese:** processo de converter o dióxido de carbono atmosférico em compostos orgânicos usando a luz como fonte de energia.

**Fragmentação:** divisão dos hábitats em fragmentos (manchas) separados e geralmente pequenos.

**Fragmentação de hábitats:** criação de descontinuidades no ecossistema por causa dos desmatamentos (no sistema terrestre), barragens em rios, rodovias, ferrovias e portos.

**Generalista:** espécie capaz de usar vários recursos diferentes ou viver em condições ambientais diversas.

**Gigatonelada:** medida de massa igual a $10^9$ toneladas ou um teragrama.

**Gradiente urbano-rural:** descrição da mudança das condições urbanas para rurais quando nos afastamos do centro urbano.

**Granularidade fina:** descrição de um sistema que usa muitos componentes pequenos que dão informações detalhadas sobre uma área concentrada, ou sistema formado por muitos componentes diversos.

**Granularidade grossa:** descrição de um sistema que usa alguns componentes de maior amplitude que oferecem poucos detalhes. Corresponde a um sistema que utiliza algumas informações relevantes que demonstram um quadro geral.

**Guilda:** grupo de espécies que faz uso dos mesmos recursos, geralmente de maneira semelhante.

**Hábitat aquático:** região, local ou nicho onde vivem espécies de plantas e animais em um ecossistema aquático.

**Hábitat de resíduos:** porção de terra ou água perto de povoamento humano onde se descartam resíduos.

**Hábitat ripário:** zona de contato entre água e terra, caracterizada por plantas que exigem um suprimento constante de água.

**Herbivoria:** consumo de plantas por animais.

**Herdável:** característica que pode ser passada de pai para filho por fatores genéticos.

**Heterótrofo:** organismo que usa carbono orgânico para crescer, mas não pode aproveitar o carbono de compostos inorgânicos e precisa adquiri-lo consumindo autótrofos ou outros heterótrofos.

**Hibernação:** estado de dormência animal no qual a inatividade e o ritmo metabólico reduzido ajudam a proteger o indivíduo em períodos de estresse térmico e potencial desidratação.

**Hidrologia:** estudo do movimento, da distribuição e da qualidade da água.

**Hipótese da higiene:** ideia de que a falta de exposição a patógenos, parasitas e micro-organismos simbióticos na infância aumenta a suscetibilidade a doenças alérgicas por não promover o desenvolvimento normal do sistema imunológico.

**Hipótese da perturbação intermediária:** conceito de que a biodiversidade local é mais alta quando as perturbações ecológicas ocorrem com frequência moderada, permitindo assim a coexistência de espécies de sucessão pioneira e tardia.

**Hipótese da produtividade intermediária:** conceito de que a biodiversidade local é mais alta quando a produtividade não é demasiado alta nem baixa.

**Hipoxia:** redução da disponibilidade de oxigênio.

**História de vida:** série de mudanças sofridas por um organismo entre a concepção e a morte, incluindo os períodos de reprodução e a expectativa de vida.

**Homogeneização:** processo de reduzir as diferenças bióticas entre hábitats.

**Homogeneização biótica:** processo pelo qual os tipos de organismos vivos de diversas regiões se tornam semelhantes por meio da introdução e do estabelecimento de espécies não nativas.

**Homogeneização funcional:** criação em ecossistemas de propriedades semelhantes, como razão de uso e movimentação de nutrientes, por meio de alterações do hábitat ou da composição de espécies.

**Hospedeiro:** organismo que abriga outro e lhe fornece recursos, como abrigo ou alimento.

**Hospedeiro excedente:** espécie infectada com um patógeno, mas que, tipicamente, não consegue transmiti-lo.

**Hospedeiro reservatório:** espécie capaz de abrigar um patógeno indefinidamente com pouco ou nenhum efeito prejudicial. Também chamado de reservatório natural.

**Ilha urbana de calor:** fenômeno pelo qual as áreas urbanas ficam mais quentes que os ambientes não urbanos circundantes, principalmente durante a noite e no inverno.

**Índice de Jaccard:** estatística da similaridade entre espécies presentes em duas áreas, igual ao número de espécies encontradas em ambos os hábitats dividido pela soma do número de espécies comuns a ambos os hábitats e exclusivas de cada um deles.

**Índice de similaridade de Simpson:** estatística da similaridade entre as espécies presentes em duas áreas, igual ao número de espécies encontradas em ambos os hábitats dividido pela soma desse número com o número de espécies exclusivas do hábitat com menos espécies exclusivas.

**Infiltração:** processo pelo qual a água da superfície penetra no solo.

**Inimigo natural:** predador, herbívoro, parasita ou parasitoide que ataca ou destrói outro organismo.

**Insolação:** medida da energia radiante do Sol recebida por uma área num período específico, como quilowats-horas por metro quadrado por dia.

**Invasão biológica:** introdução acidental ou proposital de espécies não nativas que podem potencialmente deslocar espécies endêmicas em uma região.

**Isolamento social:** falta de interação com família, amigos e vizinhos com interesses em comum.

**Joule:** unidade de energia igual ao trabalho feito para produzir um watt de potência num segundo.

**Lençol freático:** nível abaixo do qual o solo fica saturado d'água, mas acima dele, não.

**Mal-adaptada:** reação inadequada ou pouco apropriada ao ambiente.

**Mancha:** setor de hábitat relativamente pequeno e isolado, geralmente com algum recurso limitante.

**Melanismo industrial:** aumento da quantidade de pigmentação escura de organismos em reação à poluição antropogênica.

**Mésico:** tipo de hábitat caracterizado por suprimento de água moderado e bem equilibrado.

**Mesopredador:** predador de tamanho médio que ocupa um nível trófico intermediário.

**Metabolismo urbano:** quantificação do fluxo de nutrientes, energia e materiais para dentro, através e para fora de um ecossistema urbano.

**Micorriza:** interação simbiótica, frequentemente mutualista, entre um fungo e as raízes de uma planta, na qual o fungo coloniza as raízes da planta hospedeira. A planta geralmente recebe água e nutrientes minerais enquanto o fungo recebe carboidratos.

**Microclima:** clima associado a uma pequena região que contrasta com a área circundante.

**Mineralização:** processo do solo em que a matéria orgânica se decompõe e se oxida, tornando os compostos químicos disponíveis às plantas.

**Morfologia:** forma e estrutura de um organismo, como o seu tamanho e formato.

**Mutualismo:** interação que beneficia dois organismos ou espécies.

**Nativo extralimites:** espécie não nativa originária do mesmo continente.

**Neófito:** espécie vegetal recentemente introduzida numa área, em geral depois de 1500 d.C.

**Nitrato:** íon de carga negativa formado por um átomo de nitrogênio e três de oxigênio.

**Nitrificação:** processo pelo qual as bactérias do solo oxidam a amônia em nitrato, que pode então ser assimilado pelas plantas.

**Nutriente:** substância do ambiente, química ou não, necessária para que um organismo sobreviva e cresça.

**Nutriente limitante:** recurso que, por conta da pouca disponibilidade, controla o crescimento de um organismo ou população.

**Oportunista do meio urbano:** espécie que se aproveita e em geral precisa dos efeitos ecológicos da urbanização.

**Organismo:** qualquer sistema vivo, planta, animal, bactéria, fungo, alga.

**Paradoxo densidade-diversidade:** situação na qual áreas densamente construídas têm baixa diversidade de espécies, mas elevada densidade populacional geral, por causa do pequeno número de espécies muito bem-sucedidas.

**Parasita de ninhada:** animais, geralmente pássaros, que usam outros indivíduos da mesma espécie ou de outra para criar os seus filhotes.

**Parasitoide:** animal, geralmente inseto, que se desenvolve dentro ou anexado a um animal hospedeiro, que termina sendo esterilizado, morto ou consumido.

**Particulados:** pedacinhos de matéria sólida suspensos em meio líquido ou gasoso. Como poluentes, são chamados de matéria particulada, com o tamanho designado em mícrons; por exemplo, MP10 se refere a partículas menores do que 10 $\mu$m.

**Patógeno:** agente infeccioso que provoca doença no hospedeiro.

**Pegada ecológica:** medida das exigências humanas feitas aos ecossistemas da Terra em termos da quantidade necessária de terra ou mar para produzir os recursos consumidos e processar os dejetos produzidos.

**Perda térmica latente:** energia despendida ou perda de temperatura no ambiente quando um líquido passa ao estado gasoso. Também chamada de resfriamento por evaporação.

**Persistência:** capacidade de uma espécie de permanecer num hábitat específico.

**Perturbação:** mudança temporária das condições ambientais com grande impacto sobre um ecossistema, capaz de alterar ou até remover a comunidade local.

**pH:** medida da concentração de íons hidrônios. Valores baixos indicam soluções ácidas; valores altos, soluções básicas.

**Pirâmide de energia:** representação gráfica do fluxo de energia do Sol para produtores primários, consumidores e, finalmente, saprófagos.

**Plantas anuais:** plantas que germinam, crescem, florescem, produzem sementes e morrem numa única estação.

**Plantas perenes:** plantas que vivem vários anos e sobrevivem a invernos ou períodos de seca na forma de raízes ou com estrutura lenhosa acima do solo.

**Plasticidade fenotípica:** capacidade do organismo de ajustar o seu fenótipo em reação às mudanças do ambiente.

**Poluição:** contaminante indesejado, prejudicial ao ambiente físico e/ou biológico, introduzido numa área.

**Poluição de fonte não pontual:** substâncias indesejadas ou prejudiciais cuja origem não pode ser atribuída a um único local.

**Poluição de fonte pontual:** substâncias indesejadas ou prejudiciais cuja origem pode ser atribuída a um único local.

**Potência:** razão em que o trabalho se realiza ou a energia é usada, tipicamente medida em watts.

**Pré-adaptado:** característica preexistente de um organismo que se mostra adaptativa num ambiente diferente daquele em que evoluiu.

**Predação:** interação biológica em que um organismo, o predador, mata e se alimenta de outro, a presa.

**Pressão de vapor d'água:** pressão criada apenas pelo vapor d'água como componente da atmosfera; medida de umidade absoluta.

**Prevalência:** fração de indivíduos num estado específico; geralmente se aplica à fração de hospedeiros contaminados por uma doença.

**Príon:** proteína infecciosa de forma aberrante que afeta a estrutura do cérebro ou de outros tecidos neurais.

**Privação relativa:** experiência de insatisfação por não ter acesso a algo a que outros têm acesso.

**Produtividade primária:** razão em que os compostos orgânicos são produzidos por fotossíntese num local ou região dada.

**Radiação de ondas curtas:** energia recebida por um ecossistema sob a forma de fótons solares de elevada energia.

**Radiação de ondas longas:** energia que deixa a superfície da Terra como radiação infravermelha de baixa potência.

**Radiação refletida:** radiação que muda de sentido no contato entre dois meios, geralmente a atmosfera e uma superfície refletora, de modo que a onda de radiação retorna para o meio de onde veio.

**Razão de Redfield:** razão molecular entre carbono, nitrogênio e fósforo (106:16:1) desenvolvida por Alfred Redfield para o plâncton marinho.

**Regra dos dez:** probabilidade de que uma espécie introduzida se torne invasora; segundo a regra, cerca de uma em cada dez espécies faz a transição da introdução à naturalização ou da naturalização à invasão.

**Regulação populacional:** processo que limita o crescimento da população, como os mecanismos de cima para baixo ou de baixo para cima.

**Resistência biótica:** capacidade do ecossistema de impedir a invasão de espécies não nativas.

**Respiração:** processo pelo qual os nutrientes são convertidos em energia utilizável, com o dióxido de carbono como principal produto.

**Restauração de cursos d'água:** processo de devolver à superfície cursos d'água que foram canalizados no subsolo.

**Retroalimentação positiva:** mecanismo pelo qual o resultado de um processo é reaplicado à sua origem, aumentando o ritmo ou a magnitude do comportamento do sistema.

**Riqueza de espécies:** número de espécies diferentes numa área dada.

**Saprófagos ou detritívoros:** organismos, como as minhocas, que se alimentam de matéria orgânica morta.

**Seca hidrológica:** redução do nível da água em lagos, aquíferos, solos e outros locais.

**Seleção de espécies:** conceito de que apenas determinadas espécies podem se estabelecer e persistir num hábitat específico em virtude de suas características.

**Seleção natural:** processo pelo qual espécies mais bem-adaptadas às condições ambientais são bem-sucedidas e ocupam espaços, nichos e hábitats, deslocando espécies menos adaptadas.

**Seleção sexual:** diferença de aptidão resultante da competição por parceiros em espécies com reprodução sexuada por meio de características que atraiam o sexo oposto ou eficazes para derrotar rivais do mesmo sexo.

**Sensível à matriz:** descrição de uma espécie adaptada ao meio urbano que depende de hábitat contíguo adequado e não tem bom desempenho em outros hábitats.

**Sequestro:** processo de remover e armazenar algo num reservatório, como carbono em solos ou florestas.

**Serviços do ecossistema:** benefícios oferecidos a seres humanos por processos que ocorrem naturalmente, como limpeza da água, decomposição de dejetos e sequestro de dióxido de carbono.

**Sinantrópicas:** espécies com características necessárias para o sucesso em ambientes urbanos.

**Sinantrópicos:** plantas e animais não domésticos que vivem perto dos seres humanos e se beneficiam de associações íntimas com eles e com os seus efeitos.

**Sinóptica:** observações de um ponto de vista amplo ou escala espacial grande. Na meteorologia, essa escala é de milhares de quilômetros e se refere a grandes padrões climáticos.

**Subsidência:** movimento descendente da superfície da terra em consequência da remoção de lençol freático, minérios ou petroquímicos.

**Substrato:** tipo de superfície na qual vivem organismos.

**Sucessão:** processo pelo qual as espécies de uma comunidade mudam depois de uma perturbação que remova do hábitat a maioria dos organismos.

**Sucessão ecológica:** mudanças da estrutura e da composição de uma comunidade depois de uma perturbação.

**Sucessão pioneira:** espécies que logo colonizam uma área depois de uma perturbação, em geral caraterizadas por dispersão elevada e crescimento rápido.

**Sucessão tardia:** espécies que conseguem se estabelecer e persistir em hábitats muito tempo depois da perturbação. Tipicamente, são espécies de crescimento lento, tolerantes à sombra e fortes competidoras.

**Sulfeto de dimetila:** $(CH_3)_2S$, composto orgânico que contém enxofre emitido por algas marinhas, bactérias em sistemas de esgoto e alguns brejos.

**Sumidouro:** ecossistema ou hábitat em que a população só mantém com a imigração de novos indivíduos de uma fonte populacional.

**Superfícies impermeáveis:** superfícies que não permitem a passagem de fluidos.

**Superorganismo:** coletânea de agentes ou organismos que agem em conjunto para a sobrevivência de todos.

**Tempo:** condições climáticas locais ou de curto prazo, como temperatura, umidade, pressão atmosférica, vento e precipitação.

**Teoria do forrageio:** estudo do comportamento alimentar de organismos em relação aos ambientes físico e biótico, geralmente comparando ganhos (comida obtida) e custos (como a energia gasta ou o risco de predação).

**Teoria evolutiva:** descrição da mudança das propriedades físicas e genéticas de uma espécie em virtude da seleção natural, mutação, migração e deriva genética.

**Teragrama:** $10^{12}$ gramas, igual a uma megatonelada.

**Terra criada:** solo urbano composto em parte de materiais de construção e resíduos urbanos.

**Terrestre:** situado ou ocorrido em terra e não na água.

**Topografia:** características físicas da superfície terrestre.

**Toxina:** substância venenosa, geralmente produzida por células ou organismos vivos.

**Transferência térmica sensível:** troca de energia em que o único efeito é a mudança de temperatura, como por meio do movimento dos fluidos.

**Transmissão:** passagem de uma doença contagiosa de um organismo a outro.

**Transmissão direta:** passagem de uma doença do hospedeiro infectado a outro organismo suscetível por meio de contato físico.

**Transmissão indireta:** passagem de uma doença infecciosa de um hospedeiro a outro por meio de terceiros, como outro organismo, água contaminada ou alguma superfície.

**Transpiração:** evaporação de água líquida pelas plantas.

**Troposfera:** porção inferior da atmosfera da Terra, da superfície até cerca de 20.000 m de altitude.

**Umidade:** quantidade de vapor d'água no ar.

**Umidade relativa:** quantidade de vapor d'água no ar como porcentagem do total que o ar é capaz de conter.

**Unicolonial:** estrutura social, principalmente em formigas, na qual os membros de um ninho ou colônia podem se mover sem restrições para outros ninhos ou colônias de uma ampla área geográfica.

**Variante genética fixa:** característica genética compartilhada por todos os membros de uma população.

**Vetor:** agente que transporta e transmite um patógeno ou agente infeccioso.

**Virulência:** grau de patogenicidade de uma espécie de parasita indicado pelo seu efeito sobre a saúde ou a mortalidade dos hospedeiros.

**Watt:** unidade de potência que descreve a razão da conversão de energia em trabalho, igual a um joule por segundo.

**Xérico:** hábitat caracterizado por pouca umidade, geralmente com menos de 25 cm de precipitação anual.

# Índice de organismos

*Accipiter cooperii*: falcão-do-tanoeiro (seção 4.3.2)

*Accipiter nisus*: gavião-da-europa (seção 4.3.2)

*Acromyrmex*: formiga-cortadeira (seção 2.4.1)

*Ailanthus altissima*: árvore-do-céu (seção 4.3.2)

*Alectryon tomentosus*: rambutão da Austrália (seção 4.6.1)

*Alliaria petiolata*: erva-alheira (seção 4.3.2)

*Ambrosia artemisiifolia*: carpineira (seções 4.5.2 e 5.2.3)

*Angophora costata*: árvore semelhante à gomeira, nativa da Austrália, conhecida como *smooth-barked apple* (macieira de casca lisa) (seção 4.3.2)

*Aphelocoma californica*: espécie de gaio nativo do oeste da América do Norte, conhecido como *western scrub-jay* (gaio-da-califórnia) (seção 4.3.2)

*Aphelocoma coerulescens*: espécie de gaio nativo do leste da América do Norte, conhecido como *Florida scrub-jay* (gaio-do-mato-da-flórida) (seção 4.5.2)

*Aristolochia elegans*: cipó-mil-homens (seção 4.2.2)

*Artemisia vulgaris*: artemísia (seção 4.3.2)

*Atta*: formiga-cortadeira (seção 2.4.1)

*Azteca*: formiga-de-embaúba (seção 2.4.1)

*Baylisascaris procyonis*: nematódeo que parasita guaxinins (seção 4.4.2)

*Biston betularia*: mariposa (seção 4.6.2)

*Blatta orientalis*: barata-oriental (seção 4.2.2)

*Borrelia burgdorferi*: espiroqueta responsável pela doença de Lyme (seção 4.4.2)

*Bouteloua dactyloides*: capim-búfalo (seção 5.2.2)

*Bromus tectorum*: bromo-vassoura (seção 1.1)

*Bryum argenteum*: musgo verde-prateado (seção 1.3.2)

*Buteo jamaicensis*: búteo-de-cauda-vermelha (seção 4.3.2)

*Canis latrans*: coiote (seções 4.1.2 e 4.3.2)

*Canis lupus*: lobo-cinzento (seção 1.3.1)

*Cardiospermum grandiflorumtosus*: balãozinho (seção 4.6.1)

*Carpodacus mexicanus*: pintarroxo-do-méxico (seções 4.5.2 e 4.6.2)

*Cecropia*: embaúba-do-mato ou sambaíba-do-norte (seção 2.4.1)

*Ceratitis capitata*: mosca-das-frutas, mosca-do-mediterrâneo (seção 4.5.2)

*Ceratocystis ulmi*: fungo responsável pela grafiose do olmeiro (seção 4.4.3)

*Chelodina longicollis*: tartaruga-pescoço-de-cobra (seções 4.5.2 e 5.2.2)

*Columba livia*: pombo-comum (seções 1.3, 4.1.2, 4.2.3, 4.5.3 e 4.5.4)

*Corvus corone:* gralha-preta (seção 4.1.2)

*Crematogaster perthensis:* formiga-acrobática (seção 4.3.2)

*Crepis sancta:* almeiroa (seção 4.6.2)

*Culex quinquefasciatus:* pernilongo doméstico (seção 5.1.2)

*Cyanistes caeruleus:* chapim-azul (seção 4.5.2)

*Cynodon dactylon:* capim-bermuda (seção 5.2.2)

*Cynomys ludovicianus:* cão-da-pradaria (seções 4.1.2, 4.5.2, 5.1.2)

*Didelphis virginiana:* gambá-da-virgínia (seção 4.3.2)

*Digitaria:* gênero de gramíneas geralmente chamadas de milhã (seção 3.4.2)

*Echinococcus multilocularis:* platelminto cestoide que parasita canídeos (seções 4.4.2, 4.4.3 e 5.1.2)

*Empidonax virescens:* papa-mosquito (seção 4.5.3)

*Erithacus rubecula:* pisco-de-peito-ruivo (seção 4.5.2)

*Felis catus:* gato doméstico (seções 4.3.2, 4.4.2, 5.2.2)

*Forficula auricularia:* lacrainha-europeia (seções 4.2.2 e 5.2.2)

*Gymnorhina tibicen:* pega-australiana (seção 4.5.2)

*Hylocichla mustelina:* tordo-pintado (seção 1.3.1)

*Hypochrysops halyaetus:* borboleta-azul nativa da Austrália (seção 4.3.2)

*Icteria virens:* polícia-do-mato-grande (seção 4.3.2)

*Jacksonia sternbergiana:* arbusto da Austrália com o nome popular de *stinkweed* (erva-fedida) (seção 4.3.2)

*Jadera haematoloma:* percevejo-do-saboeiro (seção 4.6.1)

*Junco hyemalis:* passarinho nativo da América do Norte, nome popular *dark-eyed junco* (junco-de-olhos-escuros) (seção 4.5.2)

*Lasius neoniger:* formiga-preta comum nos Estados Unidos (seção 4.5.2)

*Laspeyresia cupressana:* mariposa cujas asas se assemelham à casca do cipreste (seção 4.3.2)

*Leptocoris tagalicus:* percevejo da Austrália, da Oceania e das Filipinas (seção 4.6.1)

*Lepus californicus:* lebre-da-califórnia (seção 4.5.3)

*Linepithema humile:* formiga-açucareira ou formiga-argentina (seções 1.5.2, 2.4.2, 4.2.2, 4.3.2, 5.2.2)

*Litoria ewingii:* rã-arborícola-castanha do sul da Austrália (seção 4.6.2)

*Luscinia megarhynchos:* rouxinol (seção 4.5.2)

*Lynx rufus:* lince (seções 4.3.2 e 4.4.2)

*Manorina melanocephala:* pássaro melifagídeo do leste e do sudeste da Austrália (seções 4.3.2 e 4.5.2)

*Melospiza melodia:* pardal canoro norte-americano (seção 4.5.2)

*Milvus migrans:* milhafre-preto (seção 4.5.3)

*Molothrus ater:* pássaro da América do Norte conhecido como *brown-headed cowbird* em inglês e *tordo cabeza café* e *vaquero cabecicafé* em espanhol (seção 4.3.2)

*Mus musculus:* rato-doméstico (seção 1.3.2)

*Mycoplasma gallisepticum:* bactéria causadora de conjuntivite e

sinusite infecciosa em aves (seção 4.4.2)
*Myiopsitta monachus*: caturrita (seção 4.1.2)
*Myodes glareolus*: arganaz comum na Grã-Bretanha, na Europa ocidental e no norte da Ásia (seção 4.4.3)
*Nerium oleander*: oleandro (seção 4.5.2)
*Odocoileus virginianus*: cariacu ou veado-de-cauda-branca (seção 4.5.3)
*Oxyna parietina*: mosca tefritídea que vive em troncos e ramos (seção 4.3.2)
*Parus montanus*: chapim-do-salgueiro (seção 4.5.2)
*Passer domesticus*: pardal-doméstico (seções 4.2.3, 4.3.2, 4.5.3 e 4.5.4)
*Passer hispaniolensis*: pardal-espanhol (seção 4.5.3)
*Peromyscus leucopus*: roedor nativo da América do Norte conhecido em inglês como *white-footed mouse* (camundongo-de-pata-branca) (seções 4.4.2 e 4.6.2)
*Pheidole megacephala*: formiga-de-cabeça-grande (seções 2.4.2 e 4.3.2)
*Pogonomyrmex*: espécie de formiga-cortadeira (seções 2.4.1 e 2.4.3)
*Procavia capensis*: damão-do-cabo (seção 4.5.2)
*Procyon lotor*: guaxinim (seções 1.3.2, 4.3.2, 4.4.2, 5.2.2)
*Pseudaulacaspis pentagona*: cochonilha-branca-do-pessegueiro (seção 4.3.2)
*Psitteuteles goldiei*: psitacídeo da Indonésia e de Papua-Nova Guiné (seção 4.5.3)
*Pteropus poliocephalus*: morcego nativo da Austrália, conhecido como *gray-headed flying fox* (raposa-voadora-de-cabeça-cinzenta) (seção 4.5.2)
*Pulvinaria regalis*: cochonilha-do-castanheiro-da-índia (seção 4.3.2)
*Puma concolor*: suçuarana ou onça-parda (seção 4.3.2)
*Rattus norvegicus*: rato-marrom ou ratazana (seções 1.3.1 e 4.4.3)
*Rattus rattus*: rato-preto (seção 4.4.3)
*Rhamnus cathartica*: escambroeiro-europeu (seção 4.3.2)
*Rhipidura leucophrys*: passarinho nativo de Austrália, Nova Zelândia, Indonésia e ilhas Salomão (seção 4.3.2)
*Rhizobium*: bactéria que fixa nitrogênio (seção 3.3.1)
*Sarcoptes scabiei*: ácaro que provoca a escabiose ou sarna (seção 4.4.2)
*Scardafella inca*: rolinha (seções 4.3.2 e 4.4.2)
*Sciurus carolinensis*: esquilo-cinzento (seção 4.5.2)
*Sciurus niger*: esquilo-raposa (seção 4.5.2)
*Solenopsis geminata*: formiga-lava-pés (seção 4.2.2)
*Solenopsis invicta*: formiga-de-fogo (seção 4.2.2)
*Strepera graculina*: currawong, passarinho nativo da Austrália (seção 4.3.2)
*Sturnus vulgaris*: estorninho-comum (seções 4.2.1, 4.2.3, 4.3.2, 4.5.2, 4.5.3, 4.5.4)
*Sylvia atricapilla*: toutinegra-de-barrete-preto (seção 4.6.2)

*Tapinoma sessile*: formiga doméstica da América do Norte, conhecida como *odorous house ant* (formiga-doméstica-odorosa) (seção 4.5.2)

*Taraxacum officinale*: dente-de-leão (seção 1.3.2)

*Tetramorium caespitum*: formiga-das-calçadas, nativa da Europa (seções 4.2.2 e 4.5.2)

*Toxoplasma gondii*: protozoário que causa a toxoplasmose (seção 4.4.2)

*Trichomonas gallinae*: protozoário responsável pela tricomoníase das galinhas (seção 4.4.2)

*Turdus merula*: melro-preto (seções 4.5.2 e 4.5.3)

*Turdus philomelos*: tordo-comum (seção 4.5.3)

*Turdus pilaris*: tordo-zornal (seção 4.5.3)

*Ulmus americana*: olmeiro-americano (seção 4.4.3)

*Urocyon cinereoargenteus*: raposa-cinzenta (seção 4.3.2)

*Urosaurus ornatus*: lagarto-das-árvores, nativo da América do Norte (seção 4.5.3)

*Urtica dioica*: urtiga-comum (seção 5.2.2)

*Viola pubescens*: violeta-lisa-amarela da América do Norte (seção 4.6.2)

*Vulpes macrotis mutica*: raposinha da América do Norte conhecida como *San Joaquin kit fox* (raposinha-de-são-joaquim) (seção 4.5.2)

*Vulpes vulpes*: raposa-vermelha (seções 1.3.1, 4.4.2, 4.5.2)

*Zea mays*: milho (seção 3.4.2)

*Zenaida macroura*: pombo nativo da América do Norte conhecido como *mourning dove* (seção 4.5.2)

*Zonotrichia leucophrys*: pardal nativo da América do Norte conhecido como *white-crowned sparrow* (pardal-de-coroa-branca) (seção 4.5.3)

*Zosterops lateralis*: passarinho nativo de Austrália, Nova Zelândia e arquipélagos do Pacífico, conhecido como *silvereye* (olho-prateado) (seção 4.5.2)

# Índice remissivo

**A**
abelha(s), 28, 32, 196, 216, 333-334
abiótico, 39
abundância, 182
ácido nítrico, 135, 145, 161
aço, 62-65, 71, 94, 107
Adelaide, Austrália, 184, 213
aerossol(óis), 109, 130, 131
agressão, 252, 273, 290, 316
agricultura, 11, 14, 90, 159
   biodiversidade na, 207, 333
   muito intensiva, 12, 150
   pouco intensiva, 11
     terra destinada à, 74, 76
     urbana, 43
água(s)
   ciclo da, 121, 133
   cinza, 61
   política da, 328
   residuais, 121, 123, 127, 155, 318, 328, 331
albedo, 107, 108
ambiente
   biótico, 40, 41
   construído, 14
     efeitos sobre o ciclo da água, 122
     efeitos sobre o clima, 105-110
     efeitos sobre organismos urbanos, 256-258
     efeitos sobre a saúde humana, 313
   físico, 39
amônia, 135, 136, 138, 141, 143, 145, 161, 331
amônio, 135, 136, 141, 143, 161, 331
anaeróbica(s), 137, 142
animal(is)
   de criação, 241
   de estimação, 32, 310
     atacados por predadores, 319
     doenças de, 240, 246-248, 337
     efeitos sobre o comportamento animal, 271
     resíduos de, 162
antibióticos, resistência a, 310, 319
aptidão, 41
aquífero(s), 120, 127
ar-condicionado, 118
aranha(s), 17, 19, 199, 214
áreas verdes, 21, 194, 232
Argentina, 195, 201
arqueófitas, 210-211

árvore(s)
   custos e benefícios das, 351
   como engenheiras do ecossistema, 9
   estresse térmico das, 117-118, 233
   das ruas, 24
   serviços e desserviços das, 330
asfalto, 108, 109, 113, 117, 126, 264
asma, 145, 312, 317, 318, 321, 322, 323
aterros sanitários, 13, 20-21, 64-65, 150, 155, 165, 170, 318, 332
Atlanta, Geórgia, 130, 242, 317
atopia, 321
Austin, Texas, 215
Austrália
   aves urbanas da, 231, 260, 267
   biodiversidade da, 198
   espécies invasoras da, 209, 213
   formigas invasoras da, 88, 234
   gatos urbanos da, 236
automóvel(is), 71, 162, 313
ave(s)
   biodiversidade das, 192-193
   canto das, 267, 287
   comedouros de, 232, 338
   comportamento das, 273, 279
   formato do bico das, 287
   locais para ninhos das, 258
   migração das, 265

**B**
bacia(s) de retenção, 126, 329
bactérias fixadoras de nitrogênio, 136, 137, 138, 191
Bakersfield, Califórnia, 242, 260
balanço energético
   superficial, 102-103, 104, 105
   urbano, 55, 66
Báltico, região do, 76, 77, 78
Baltimore
   comportamento animal em, 273
   local de pesquisa ecológica a longo prazo, 6
   ilha urbana de calor em, 111, 112
   uso de fertilizantes, 141
Bangcoc, Tailândia, 60
barata(s), 19, 32, 88, 212, 318
Barcelona, Espanha, 27, 196
barreira de edificações, efeito da, 129

beiras de ruas e estradas, 23, 88
Berlim, Alemanha, 210, 211, 237
besouros carabídeos, 196, 214, 255, 276, 335
biodiversidade, 28, 182-207
   efeito sobre a saúde humana, 313
   medição da, 185
   política de, 328
   terra de, 78
biomassa, 29
   combustíveis de, 69, 77
Birmingham, Reino Unido, 196, 327
bolha pseudotropical, 200
borboletas, 24, 193, 194, 196, 205, 216, 232, 334, 335, 338
Boston, Massachusetts, 60, 202, 213
Bristol, Reino Unido, 245
bromo-vassoura, 12, 36, 254
*brownfields*, *ver* campo(s) abandonado(s).
bueiros, 257, 335

C
caçadores-coletores, 10, 71, 159
Cairo, Egito, 130
calçada(s), 19, 44, 286
calor antropogênico, 103, 108
camada
   do dossel urbano, 106-107
   -limite urbana, 106-107, 113
campo(s) abandonado(s) (*brownfield(s)*), 20, 45, 199, 225, 327
campo(s) de golfe, 22, 192-193, 321, 334, 342
camundongo-de-pata-branca, 243, 284
canais, 26
câncer, 57, 318, 346
canteiros centrais, 24, 213, 258
cânion urbano, 106-111
cão(es)
   e doenças infecciosas, 246, 247, 321
   urina e fezes dos, 33, 175
cão-da-pradaria, 195, 271, 337
capacidade térmica, 108
característica(s)
   comportamental(is), 253, 268
   social(is), 253, 261
carbono, 35
   armazenamento do, 152
   ciclo do, 146-148, 151
   dióxido de, 45, 150-152, 262
   monóxido de, 317
   razão relativa ao nitrogênio, 168
   sequestro de, 75, 77, 78, 81, 153, 326, 332
carpineira, 262-263
castor(es), 10-12, 191
célula de circulação, 116

cemitérios, 15, 22
chumbo, 63, 157, 179, 322
cimento, 43, 63, 71, 76, 94, 108, 149, 150, 157
cipó-mil-homens, 216
chaparral, 195, 198, 212
charcos, áreas úmidas, 25, 56, 79-81, 128, 142-143, 217, 328, 331
Chicago, escola de, 6
chuva ácida, 79, 145, 161, 167, 332
ciclos biogeoquímicos, 133
cidades compactas, 342
Cidade do México, 60, 108, 113, 127, 141, 164, 247, 311
ciência urbana, 46, 338
cientistas cidadãos, 341
clima, 32, 101
   urbano, 101, 119
coexistência, 191, 215
coiote(s), 202, 226, 271, 319, 335
colonização, 188, 189
combustíveis fósseis, 36, 43, 45, 73
   como fonte de aerossóis, 109, 130
   como fonte de dióxido de carbono, 76
   como fonte de enxofre, 154
   como fonte de nitrogênio, 138, 141
   como fonte de particulados, 130
compactação (do solo), 166-167, 250
compensações, 282, 283, 347
competição, 221
   por exploração, 221, 223, 234, 269
   por interferência, 221, 223, 234, 269
complexidade, 225
comportamento mal-adaptado, 266, 271
compostos orgânicos voláteis (COVs), 82, 164
comunidades de não equilíbrio, 225
condição socioeconômica, 314, 316, 326
condutividade térmica, 108
controle
   de baixo para cima, 222-225, 237-239, 259
   de cima para baixo, 222-225, 238-239
   e comércio, 332
convecção, 102, 130
corredor(es), 194, 335
corvídeos, 229, 261, 266, 280
crime(s), 118, 316, 322
cultural(is)
   evolução, 312
   produtos, 55, 66
   recursos, 79, 309
curso(s) d'água, 25-26
   restauração de, 331, 340
   canalização de, 122, 128, 132
   poluição de, 161

Curtin, Camberra, Austrália, 122, 124, 174
curva
    de acumulação de espécies, 186, 197
    de área de espécies, 186

**D**
Davis, Califórnia, EUA, 216
decompositores, 148, 167, 168, 221, 224
densidade
    de desistência, 268-270, 277
    -diversidade, paradoxo, 182, 194, 213
    Energética, 94-95
    populacional, 182
dente-de-leão, 33, 285
Denver, Colorado, 60-61, 153, 195
depressão, 313
desnitrificação, 135-146, 161, 331
desorganização social, 322
detergente, 125, 155
detritívoro, *ver* saprófago.
dinâmica populacional, 34, 38
dispersão, 19, 38
    corredores de, 194, 335
    evolução, 286
    em hábitats fragmentados, 256, 335
    papel em invasões, 208
    teoria da, 42
distância de início de voo, 271-273
diversidade filogenética, 186
doença(s)
    da debilidade crônica, 243, 244
    de Lyme, 241-244, 284, 299
    novas, 181, 317, 319-320
domo urbano
    de $CO_2$, 151, 152
    de poeira, 116
dormência, 39-40, 257
dossel urbano, 106-107

**E**
Ecologia
    de Cidades, 47, 345
    de Comunidades, 34, 36-38
    de Populações, 34, 38
    em Cidades, 47
    Comportamental, 34, 39-41
    Evolutiva, 34, 41-43
    Fisiológica, 34, 39-41
ecológica(s)
    amplificação, 159, 171, 230
    armadilha(s), 185, 249
    sucessão
ecossistema(s)
    desserviços ao, 82
    Ecologia de, 35, 36
    engenheiro do, 10, 11-12, 89, 191
    serviços do, 56, 80
    terrestres, 128, 137
ectotermos, 67
efeito
    de diluição, 241, 244
    fim de semana, 131
    oásis, 106, 112
eficiência de conversão, 68
elefante(s), 83, 158
enchente(s)
endêmico(a)
    espécie, 219
    doença, 240
energia, 35, 55, 63, 66
    área de, 75, 77
    pirâmide de, 68
enxofre, 133-134, 154-164, 332
    dióxido de, 154, 161, 163, 164, 332
epidêmica, doença, 240
epidemiologista, 299
erliquiose, 321
erva-alheira, 234, 338
ervas daninhas, 22, 86, 168, 182, 197, 206, 209, 336
Erzurum, Turquia, 119
escala
    espacial, 28, 46, 48
    temporal, 130
escoamento, 81, 121-129, 328
esgoto(s), 45, 61
    sistema de, 26
    transbordamento do, 318
    tratamento de, 81, 155, 331
especialista(s), 7, 189, 219, 233, 234, 254, 255, 279
espécies
    adaptadas ao meio urbano, 233
    -chave, 191
    exóticas, 31, 37, 45, 210-215, 234, 246, 336, 337
    invasoras, 41, 207-215, 335-336
    naturalizadas, 208, 219
    não nativas, 31, 181, 208, 214, 219, 329, 336
    oportunistas, 31, 32, 34
espraiamento urbano, 72, 313, 342
esquilo(s), 22, 229, 261, 270-274
estivação, 257
Estocolmo, Suécia, 80
estômatos, 105, 115, 117, 145, 262
estorninho(s)-comum(ns), 209, 219, 237, 266
estresse, 24-26, 32, 187, 200, 255
    pelo frio, 117, 263

crônico, 274, 322, 323
hídrico, 230
térmico, 117, 263, 289, 317
sobre os solos, 168
redução de, 316
estrutura trófica, 222
estudos de observação, 48, 339
eutróficas, eutrofização, 26, 143
evaporação, 105
evapotranspiração, 105, 108-113, 119, 122-125, 129, 330
evolução, 281-290
excedente condenado, 237
exclusão competitiva, 191
experimentos
  controlados, 46, 339
  projetados, 340
extinção, 79, 183-185, 188-189, 195-197
  dívida de, 184, 189, 198
  de espécies especialistas, 219
extraurbano, 27, 72

F
Fairbanks, Alasca, EUA, 263
falcão-do-tanoeiro, 227, 249
fator de visão do céu, 111, 112, 179
febre do Nilo, 242-246, 318
fecundidade, 38
fenologia, 263
fenótipo, 252, 285, 312
ferro, 63, 65, 156-157
fertilizante(s), 43, 64, 135-158, 160-169, 331-332
Fisiologia, 39, 252, 259
flexibilidade comportamental, 186, 272
florestas urbanas, 21, 80, 142-143
fluxo gênico, 42, 283
fontes, 185
formiga(s), 11
  -açucareira, 46, 88, 198, 212-215, 234, 337
  biodiversidade das, 214
  colhedoras de sementes, 84-86
  -das-calçadas, 213, 258
  -de-cabeça-grande, 88, 234
  -de-fogo, 210
  invasoras, 198, 215-216
  metabolismo e pegada da, 55-90
forrageio de lugar central, 86
fósforo, 35, 154, 158, 341
fotossíntese, 35, 67
  em áreas urbanas, 117
  $C_3$ e $C_4$, 168
  e o ciclo do carbono, 147
fragmentação de hábitats, 21, 37

efeitos sobre a biodiversidade, 186, 195
efeitos sobre as características das espécies, 256
efeitos sobre a evolução, 285
efeitos sobre a interação entre espécies, 226

G
gases do efeito estufa, 82, 114, 119, 144, 160, 332
gato(s), 195, 202, 205, 226-239, 246-249, 275, 277, 337
generalista(s), 254, 279
gigatonelada, 147
glicose, 176
glicocorticoides, 274
gradiente urbano-rural, 48, 53, 151, 179, 306, 339-340
grafiose do olmeiro, 251
gramado(s), 23
  adubação de, 142
  biodiversidade de, 197-198, 336
  e o ciclo do nitrogênio, 142, 331
  e resfriamento, 112
  irrigação de, 61
  sequestro de carbono dos, 332
granulado higiênico para gatos, 248, 337
granularidade
  fina, 185, 192
  grossa, 185
guaxinim(ns), 31-32, 226, 245-247, 261, 299, 335

H
hábitat(s),
  aquático, 15-17, 24-26
  costeiros, 26
  fragmentação, *ver* fragmentação de hábitats.
  verdes, 15-17, 21, 81
  urbano terrestre, 26
Halle, Alemanha, 203
hantavírus, 249-250
hemípteros, 86, 198
herbivoria, 221-229
herdável, 289
heterotróficos, 69
hidrologia, 35, 100, 120
hipótese
  da perturbação intermediária, 190, 199
  da produtividade intermediária, 199
  da higiene, 321
hipoxia, 143
história de vida, 38, 302
  características da, 252, 279
  teoria da, 42

homogeneização
  biótica, 207, 216-220
  funcional, 220
Hong Kong, 60-65, 184
hospedeiro (de doenças), 240-249
  reservatório do, 241
hospedeiros excedentes, 241

I
ilha urbana de calor, 102, 109-115
  efeitos sobre a biodiversidade, 200
  estresse, 117, 118, 263, 315
  políticas para atenuar, 330-331
incêndio, 37, 159, 313
índice
  de área foliar, 176
  de diversidade de Simpson, 294-300
  de Jaccard, 217-218
  de similaridade de Simpson, 217-296
infiltração (de água), 121-132, 140, 142, 174, 175, 328
inimigos naturais, 221, 222, 230, 263
insolação, 106
internação, 317, 318
invasão de água salgada, 127
invasão(ões) biológica(s), 37, 41, 207
isolamento social, 322

J
Jacobs, Jane, 6
jardins, 23
  biodiversidade, 46, 196-198, 333
  em janelas, 17
  papel na introdução de plantas, 211
  uso de água em, 61, 328
  uso de fertilizante em, 141
Jordan Cove, Connecticut, EUA, 340-341, 352
joule, 67
junco(s)-de-olhos-escuros, 258, 264, 273, 289

K
King Farm, Maryland, EUA, 328

L
lagartos, 29, 193
lago(s) e reservatório(s), 26, 328, 334
leguminosas, 136, 138
lençol freático, 127, 166
libélulas, 199, 214, 284
lince(s), 226, 244, 246-247, 293, 335
líquens, 17, 22, 33, 194
lixo, 32, 45, 182
Londres, Reino Unido, 14-16, 59-79, 170, 323, 335

Los Angeles, Califórnia, 60, 82, 126-130, 184-185, 326-335

M
maçã(s), 72, 169, 170, 176
madeira, 43, 62-95, 160, 170, 334
manchas, 17, 186-188
Manchester, Reino Unido, 15-16, 141, 174
megacidades, 14, 65, 311
melanismo industrial, 285
Melbourne, Austrália, 184, 264, 328
melifagídeos, 231, 267
melro-preto, 264, 268, 272, 277, 278
mésico, 112, 201
mesopredadores, 226, 229
metabolismo urbano, 55, 58-66
metais pesados, 64
metano, 65, 94, 138-164, 332
micorrizas, 234
microclima, 35, 81, 203
migração
  de aves, 201, 264, 275, 286
  de morcegos, 319
  de peixes, 329
  de seres humanos, 311
Milwaukee, Wisconsin, EUA, 325-326
minhoca(s), 87, 159, 168, 230, 235
molécula orgânica, 146
Montpellier, França, 131, 200, 286
morcego(s), 18, 195, 264, 319, 327
morfologia, 84, 254, 256
moscas-d'água, 266
mosquito(s), 241-243
mudança
  adaptativa, 253
  climática global, 169
Mumbai, Índia, 13
musgo(s), 17, 33, 143, 194
mutualismo(s), 36, 136, 187, 192, 221-242

N
nativos extralimites, 219
neófitas, 210, 211-213
Neolítico, 59, 60, 63
nicho, 191
nitrato, 128-146, 161, 331
nitrificação, 137, 168
nitrogênio
  absorção do, 76, 81
  ciclo do, 134-140
  fixação de, 135
  mineralização do, 168
  óxidos de, 45, 136, 141-143, 161-163
  redução do, 224

nível trófico, 191
Nova York, EUA
   biodiversidade em, 184, 196, 213, 214
   camundongos em, 284
   ilha urbana de calor em, 112, 330
   olmeiros-americanos de, 251
   ozônio em, 262
   solos de, 168
   uso da água em, 60, 126-129
Nova Zelândia, 72, 170, 219, 236, 335
núcleo urbano, 14, 48, 109, 129, 183, 217-219, 321
número básico de reprodução, 299
nutriente(s), 35, 64, 133-160
   limitante, 133, 137, 172, 223

O
obesidade, 312, 313, 317, 338
oceano(s), 113, 136-155
ondas de calor, 118, 317
Oxford, Ohio, EUA, 231
óxido
   nítrico, 144
   nitroso, 135, 144, 332
ozônio, 82, 144-145, 164, 262-264, 317

P
papel, 43, 63-65, 76
parasita(s), 221, 240
   a cidade como, 56
   de ninhada parasitoide(s), 227, 239
pardal-doméstico, 274, 276-277, 280
paredes e muros, 17-21, 82, 106, 195, 310
parídeos (chapins), 280
Park Grass, experimento de, 159
parques, 22, 194-197, 200, 202
particulados, 80-82, 130, 145, 163-164, 317-318
passagens subterrâneas, 19, 335
patógeno(s), 240-249, 318-322
PCBs, 263
pedregulho, 63, 76
pegada ecológica, 55, 73-82
   limitações da, 78
penhascos, 12, 28, 181, 195, 216, 257
Pequim, China, 127, 164
percevejo-do-saboeiro, 283
perda térmica latente, 103-105, 115
persistência, 240, 275
perturbação, 36
pesticidas, 63-64, 125, 166-167, 262, 268
pH, 145, 159, 167
Phoenix, Arizona, EUA
   abelhas de, 216
   biodiversidade em, 198, 200-201
   comportamento de aves em, 269, 288
   crescimento de plantas em, 264
   domo de $CO_2$ em, 151
   estrutura trófica de, 237
   falcão-do-tanoeiro de, 249
   ilha de calor em, 111-113
   lebre-da-califórnia de, 278
   uso da água em, 60-61
pica-paus, 11
Pietermaritzburg, África do Sul, 199
pintarroxo(s)-do-méxico, 267, 287-288
piscinas, 10, 27, 242
pisoteio, 8, 19, 36, 40, 44, 166, 199, 336
plantas
   anuais, 19, 20, 39, 262
   perenes, 20, 256
plasticidade fenotípica, 253, 281, 283, 287
plástico, 43, 44, 62-65, 76
polinização, 221, 223-224, 232, 256
políticas urbanas, 324, 342
poluição, 160, 332
   de fonte pontual, 161-162
   de fonte não pontual, 161
   luminosa, 39, 265-266, 280, 318
pombo-comum, 6, 28, 193, 219
potência, 67
prados, pradarias, 6, 15, 188, 195-198, 227
praças, 7, 19, 326, 349-354
pré-adaptados, 45, 253
precipitação atmosférica, 101, 117, 128, 264, 343
predação, 221, 222-225, 230-238
pressão de vapor d'água, 173
prevalência, 240-246, 250-251
príon(s), 240, 243
privação relativa, 323
problema perverso (wicked problem), 339
produtividade primária, 35, 70, 190
projeto habitacional de baixo impacto (PHBI), 341

Q
quilocaloria, 67
quilojoule, 67
quilowatt-hora, 67

R
radiação,
   de alta energia (ondas curtas), 103
   de ondas longas, 103
   refletida, 103
raposa(s), 226, 236, 244, 248, 251, 261, 263, 319
ratos, 28, 236, 250
razão de Redfield, 133, 154

reciclagem, 35, 64-65
  de água, 60, 65, 120, 127, 132
  de nitrogênio, 139
  de nutrientes, 47, 137, 224
  políticas de, 331-333
recifes de coral, 35, 68, 73
recreação, 81
regra dos dez, 209
regulação populacional, 222, 224
relâmpago, 130
renda, 71, 113, 198-200
resíduos
  de folhas, 10, 167, 230, 262
  hábitat de, 20
resistência biótica, 208
respiração, 62, 120, 147-151
restauração
  de cursos d'água, 331, 340
  de hábitats, 327
retroalimentação positiva, 118, 330
rio(s), 25
ripário(a,s), 25, 26
  hábitat, 25, 128, 328, 332
  plantas, 212, 235
  cursos d'água, 142
riqueza de espécies, 182-204
rolinha, 233, 249
rouxinóis, 267, 300
ruas, estradas, vias de trânsito , 19
  travessia de, 200
ruído
  efeitos sobre o canto das aves, 266-268
  efeitos sobre chamados de rãs, 289
  efeitos sobre seres humanos, 312, 318
  e poluição sonora, 40-41, 231
  redução de, 81

S
sal, 162-163, 167
San Diego, Califórnia, EUA, 184-185, 258, 265, 289
São Francisco, Califórnia, EUA, 60-61, 184, 185, 215, 246
saprófago, 24, 221, 224, 230, 235, 276
sarna, 245-248, 261
saúde humana
  nas cidades, 312
  e doença mental, 322
  efeitos do monóxido de carbono sobre a, 151
  efeitos do nitrogênio e do ozônio sobre a, 145
Seattle, Washington, EUA, 60-61, 192
seca hidrológica, 128, 142, 166
seleção
  de espécies, 253

natural, 282, 289
sexual, 282
semente(s)
  banco de, 39, 336
  dispersão de, 32-33, 192, 221, 256
sensível à matriz, 194, 195, 203
Sheffield, Reino Unido, 21, 197, 204, 314
sinantrópico ou sinurbanizado, 31, 196, 220
sinóptico, 113, 117, 129, 130
sistema imunológico, 317, 321-322
solo, 160, 165-170
  adubado, 101
  armazenamento de carbono no, 148, 152, 332
  ciclo de nutrientes no, 134-135, 142, 160, 230
  efeito das formigas sobre o, 87
  movimento da água no, 120, 142, 327-328
  poluição do, 140, 160-164
Stanford, Califórnia, 192-193
subsidência da terra, 127
sucessão, 36, 37-38, 45, 188, 197-198, 225
  pioneira, 37
  tardia, 37-38, 190, 225
Suécia, 72, 155, 169, 259
sulfeto de dimetila, 143, 154
sumidouro, 185, 225, 275, 311
superfícies impermeáveis, 15
  efeito sobre as árvores, 233
  efeito sobre o ciclo da água, 120-125, 160
  efeito sobre o clima, 105
  efeito sobre a poluição, 161-163
  política para as, 328, 341
superorganismo, 56, 57, 345
Sydney, Austrália, 228-229

T
tamanho corporal, 231, 254, 274, 275, 293
tartarugas, 257
telhados verdes, 330, 335-336
teoria da biogeografia das ilhas, 188, 191-194, 208, 334
  evolutiva, 42
  do forrageio, 42
tempestades, 118, 129, 131
tempo (clima local), 35, 101
teragrama, 136
terra
  agrícola, 72, 74, 76-77, 128
  criada, 165
tolerância, 39, 224, 254, 279, 290
topografia, 106, 130, 192
Tóquio, 109, 127, 284, 313, 318
toutinegra-de-barrete-preto, 287, 338
toxoplasmose, 244-248, 337
transferência térmica sensível, 103, 107

transmissão (doença), 240
  direta, 241
  indireta, 241, 242
transpiração, 103-105
troposfera, 144-145
Tucson, Arizona, EUA, 233, 333
Turnhout, Bélgica, 203-204

U
umidade, 113, 114, 263
  relativa, 114-119
unicoloniais, 88
urtiga, 26

V
variante genética fixa, 281
veado(s), 243-244, 278, 321, 335
vento, 35, 106-107, 256
vetor (de doença), 241, 299, 317

vida selvagem na cidade, 251, 342
vidro, 62-65, 71, 94
vigilância, 232, 271, 277
virulência, 240, 241
Vitória, Brasil, 195

W
Washington, EUA, 228, 273, 274
watt, 67
Wordsworth, William, 323

X
xérico, 111, 201

Z
zona canina, 33
zona morta, 143
zoneamento, 198, 328